Michaela Huber
Psychotherapie • Supervisorin
Ausbildung in Traumabehandlung
Rosenblathstr. 4 · D - 34121 Kassel
Telefon 0049 - 561 - 28 60 640

D1692682

Bindungen – Paare, Sexualität und Kinder

HERAUSGEGEBEN VON KARL HEINZ BRISCH

Klett-Cotta

Die Beiträge englischsprachiger Autoren (2, 5 – 8 u. 11) wurden von Ulrike Stopfel ins Deutsche übersetzt.

Klett-Cotta
www.klett-cotta.de
© 2012 by J. G. Cotta'sche Buchhandlung Nachfolger GmbH, gegr. 1659, Stuttgart
Alle Rechte vorbehalten
Printed in Germany
Schutzumschlag: Roland Sazinger, Stuttgart
unter Verwendung eines Fotos von fotolia © Nelos
Gesetzt aus der Janson von Kösel, Krugzell
Gedruckt und gebunden von fgb – freiburger graphische betriebe
ISBN 978-3-608-94717-5

Bibliografische Information der Deutschen Nationalbibliothek
Die Deutsche Nationalbibliothek verzeichnet diese Publikation in der Deutschen Nationalbibliografie; detaillierte bibliografische Angaben sind im Internet über <http://dnb.d-nb.de> abrufbar.

Inhalt

Vorwort 7

Einleitung 9

HANS JELLOUSCHEK
Die Bedeutung der Partner-Liebe für das Eltern-Sein 13

KAREN HASSELMO, JAMES A. COAN UND LANE BECKES
Die »Social Baseline«-Theorie und die soziale Regulierung von
Emotionen 22

JULIA BERKIC UND JULIA QUEHENBERGER
Bindungsspezifische Mechanismen der Emotionsregulation bei
Langzeit-Ehepaaren 36

KIRSTEN VON SYDOW
Bindung und Partnerschaft: Forschungsergebnisse und
Implikationen für die Paar- und die Einzeltherapie 61

KATE WHITE
Die Verflechtung von Bindung und Sexualität in der klinischen Arbeit ... 80

ANTONIA BIFULCO
Problematische Partnerschaften und elterliches Erziehungsverhalten:
Ein bindungstheoretischer Blick auf die transgenerationale
Weitergabe von Risiken 96

PHILIP A. COWAN UND CAROLYN PAPE COWAN
Erwachsenenbindung, Paarbindung und Kindesentwicklung:
Ein familiensystemisches Modell und seine Bedeutung für
beziehungs- und bindungsorientierte Interventionen 123

JUDITH A. CROWELL
Frühe Schädigung, Bindungsrepräsentationen und Partnerschaft 147

EGON GARSTICK
Vom Elternwerden zur Elternschaft: Über Identitätskrisen bei Eltern 158

ROLAND KACHLER
Paare nach dem Verlust eines Kindes 177

SUSAN GOLOMBOK
Neue Familienformen.. 195

JOCHEN PEICHL
Destruktive Paarbeziehungen: Wie entsteht die Spirale der Gewalt?..... 226

MICHAELA HUBER
Destruktive Täter-Opfer-Bindungen 244

KARL HEINZ BRISCH
Die Bedeutung von Gewalt in der Paarbeziehung für die
Psychotherapie mit Kindern 269

Adressen der Autorinnen und Autoren 292

Vorwort

Am 13. und 14. November 2010 wurde an der Poli- und Kinderklinik im Dr. von Haunerschen Kinderspital der Ludwig-Maximilians-Universität München von der Abteilung für Pädiatrische Psychosomatik und Psychotherapie eine internationale Konferenz mit dem Titel *Bindungen – Paare, Sexualität und Kinder (Attachment – Couples, Sexuality and Children)* durchgeführt. Die überwältigende Resonanz der Konferenz ermutigt die Veranstalter, die Beiträge mit der Herausgabe dieses Buches einer größeren Leserschaft zugänglich zu machen.

Die Thematik dieses Bandes – wie der Konferenz – umfasst eine Vielfalt von Gesichtspunkten:

- Paarbeziehungen werden durch die frühe Bindungserfahrung der jeweiligen Partner bestimmt. Auf diesem Hintergrund gestaltet sich auch die Art der späteren Liebesbeziehungen. Die Bindungsqualität hat auch Einfluss auf die Sexualität der Paare, die Partnerschaft der Eltern und auf die Entwicklung der Kinder. Trennungen des Elternpaares beeinflussen die Bindungsfähigkeit und die Entwicklungsmöglichkeiten der Kinder.
- Der Verlust eines Kindes ist sicherlich eine der schlimmsten und schmerzvollsten Erfahrungen, die ein Paar machen kann, und beeinflusst langfristig die Paardynamik, wenn der Trauerprozess nicht gut bewältigt werden kann.
- Traumatische Erfahrungen in der Kindheit beeinflussen die Entstehung von destruktiven Täter-Opfer-Bindungen in Paarbeziehungen, die sich dann in den Beziehungen zu den Kindern wiederholen können.
- Wenn Kinder Zeuge von Gewalt zwischen den Eltern werden, hat dies einen gravierenden Einfluss auf ihre Gehirnentwicklung und führt zu pathologischen Bindungen an die Eltern. Es ist eine große Herausforderung für Psychotherapeuten, Kinder nach solchen Erfahrungen zu behandeln, weil sie sich wegen der pathologischen Bindung in einem großen Loyalitätskonflikt befinden. Gerade die äußere Sicherheit der Kinder ist eine Grundvoraussetzung für eine erfolgreiche psychotherapeutische Behandlung.

Vorwort

Durch frühzeitige Interventionen zur Verbesserung der Qualität der Paarbeziehung besteht auch eine hervorragende Möglichkeit der Prävention. Wie Längsschnittstudien zeigen, kann durch die Arbeit mit Paaren eine sichere Eltern-Kind-Bindung gefördert werden, und somit kann die gesamte Entwicklung eines Kindes über die Stärkung der Paarqualität positiv beeinflusst werden.

Ich danke allen Autorinnen und Autoren, dass sie ihre Beiträge für die Publikation zur Verfügung gestellt haben. Ein besonderer Dank gilt Frau Ulrike Stopfel, die sehr engagiert und zuverlässig wiederum alle englischsprachigen Beiträge übersetzt hat. Dank der ausgezeichneten Arbeit von Herrn Thomas Reichert konnten die einzelnen Manuskripte rasch editiert werden. Ich danke Herrn Dr. Heinz Beyer sowie Frau Christel Beck vom Verlag Klett-Cotta, dass sie sich mit großem Engagement für die Herausgabe dieses Buches und die rasche Herstellung beim Verlag Klett-Cotta eingesetzt haben.

Ich hoffe, dass dieses Buch allen, die Paare sowie Eltern mit ihren Kindern und Jugendliche im Rahmen von Therapie, Beratung, Sozialer Arbeit sowie bei der Prävention von frühen Störungen begleiten – wie etwa Paartherapeuten (bzw. allgemein Psychotherapeuten), Psychiater (Kinder- und Jugendpsychiater), Psychologen und Sozialarbeiter, Pädagogen und Heilpädagogen, aber auch Geburtshelfer, Hebammen, Kinderärzte und Krankenschwestern sowie Richter und Politiker –, zahlreiche Anregungen gibt, die sie in ihrer täglichen Arbeit fruchtbar umsetzen können.

Karl Heinz Brisch

Einleitung

Das vorliegende Buch fasst verschiedene Beiträge aus den Bereichen Forschung, Klinik und Prävention zusammen, die sich aus unterschiedlichen Perspektiven mit dem Thema *Bindung – Paare, Sexualität und Kinder* beschäftigen. Es werden sowohl Ergebnisse aus der Grundlagenforschung als auch solche aus der empirischen Forschung, die in Längsschnittstudien zur Prävention mit Paaren gewonnen wurden, dargestellt; zudem werden Erfahrungen aus der klinischen Arbeit beschrieben und anhand von Fallbeispielen veranschaulicht, um die therapeutischen Möglichkeiten und Voraussetzungen für die Arbeit mit Paaren wie auch mit Kindern, die Zeuge oder Opfer von Gewalt in Paarbeziehungen geworden sind, aufzuzeigen.

Hans Jellouschek beschreibt sehr feinfühlig den Unterschied zwischen Partnerschaft und Partnerliebe und zeigt deutlich auf, welchen Einfluss die Liebe zwischen den Eltern speziell auf die langfristige Beziehungsfähigkeit von Paaren hat und wie hierdurch die Entwicklung und das Erleben der Kinder langfristig positiv beeinflusst werden.

Karen Hasselmo, James A. Coan und Lane Beckes haben eine neue Theorie für die Regulierung von Emotionen in sozialen Beziehungen entwickelt, die für das Verständnis von Bindungserfahrungen zwischen Paaren von Bedeutung ist. Die Ergebnisse ihrer Grundlagenforschung zeigen sehr deutlich, dass Menschen wahrscheinlich von Grund auf soziale Nähe erwarten und diese auch zur Unterstützung in stressvollen Situationen erfolgreich nutzen, weil sie hierdurch die Möglichkeit haben, Stress, Schmerzen und Angst weniger intensiv zu erleben.

Viele Paare wünschen sich eine langfristige Beziehung, aber nur wenigen gelingt dies. Julia Berkic und Julia Quehenberger berichten von ihrer Studie über bindungsspezifische Marker der Emotionsregulation, die sie bei Langzeit-Ehepaaren finden konnten. Ihre Untersuchungen helfen zu verstehen, was Paare über viele Jahre zusammenhält und wie diese sich wechselseitig emotional positiv beeinflussen.

Kirsten von Sydow diskutiert Forschungsergebnisse über die verschiedenen Bindungsmuster, die sich bei Paaren finden, und den unterschiedlichen Einfluss dieser Bindungsmuster auf die Zufriedenheit und die Sexualität in Paarbeziehungen. An Fallbeispielen erläutert sie die Implikationen für die Paar- und Einzeltherapie.

Kate White macht an mehreren Beispielen aus der Therapie sehr eindrücklich verständlich, wie sehr frühe Bindungserfahrungen sowie das Erleben von Sexualität und Partnerschaft miteinander verknüpft sind und wie im klinischen Bereich hiermit bindungsorientiert gearbeitet werden kann.

Problematische Partnerschaften haben einen immensen Einfluss auf das elterliche Erziehungsverhalten, wie Antonia Bifulco in ihrem Beitrag zeigt. Aus dieser bindungstheoretischen Perspektive wird auch die Weitergabe von transgenerationalen Risiken und Traumatisierungen von Elternpaaren auf ihre Kinder verständlich.

Bisher gab es kaum Präventionsprogramm, die gezielt die Paarebene unterstützt haben, um die Entwicklung, besonders auch die sichere Bindung von Kindern zu ihren Eltern, zu fördern. Phil und Carolyn Pape Cowan berichten aus ihrem langjährigen Interventionsprogramm mit Paaren. Sie konnten zeigen, dass die Bindungserfahrungen der Erwachsenen sehr deutlich die Qualität der Paarbeziehung bestimmen und hieraus auch Schlüsse für die Entwicklung des Kindes gezogen werden können. Ihr familiensystemisches Modell hat große Bedeutung für die beziehungs- und bindungsorientierten Interventionen. Sie konnten durch eine präventive Verbesserung der Beziehungsqualität auf der Paarebene die Zufriedenheit der Eltern mit ihrer Partnerschaft verbessern. Dies hatte auch langfristig positive Auswirkungen auf die emotionale Entwicklung der Kinder dieser Paare.

Die Studie von Judith A. Crowell gibt Hinweise, wie frühe Schädigungen die Bindungsrepräsentationen der Erwachsenen und damit auch die Art und Weise der Gestaltung der späteren Partnerschaft beeinflussen können.

Egon Garstick berichtet aus seiner klinischen Arbeit mit Eltern, insbesondere auch Vätern, die über die Elternschaft in Identitätskrisen geraten sind und hierbei psychotherapeutische Hilfestellungen in Anspruch nehmen. Garstick zeigt auf, wie durch frühe Interventionen auf der Paarebene schwere Störungen in der Eltern-Kind-Beziehung relativ rasch auf einen besseren, die Entwicklung fördernden Weg gebracht werden können.

Der Verlust eines Kindes ist für die Paarbeziehung immer eine traumatische und höchst belastende Erfahrung, die die Paardynamik über viele Jahre beeinflussen kann. Roland Kachler hat ein neues Behandlungsmodell entwickelt, das sehr bindungsorientiert mit den Trauerprozessen der Eltern umgeht und diesen hilft, langfristig eine positive Repräsentation des verlorenen Kindes zu bewahren.

Einleitung

Susan Golombok berichtet aus ihren Forschungen zu den vielen verschiedenen neuen Familienformen, die weit über die traditionelle Paarbeziehung hinausgehen. Auch diese Familienformen haben einen großen Einfluss auf die Entwicklung von Kindern. Neben den neuen Formen der Partnerschaft und des Zusammenlebens widmet sich Golombok besonders der Bedeutung von Adoptionen.

Spiralen der Gewalt in Paarbeziehungen, die über Jahre eskalieren, stellen in psychotherapeutischen Behandlungen eine große Problematik dar. Nicht selten kommt es zu destruktiv-aggressiven Verhaltensweisen zwischen den Partnern, wie häusliche Gewalt, die beide sowohl als Täter wie auch als Opfer erscheinen lassen. Jochen Peichl stellt ein Modell vor, wie destruktive Paarbeziehungen besser verstanden werden können, und zeigt, wie auf diesem Hintergrund therapeutische Prozesse besser gelingen können.

Es ist immer wieder auffällig, welch starke Bindung zwischen Opfer und Täter besteht, so auch bei destruktiven Paarbeziehungen. Michaela Huber analysiert, wie diese pathologischen Bindungen entstehen, wie sie aufrechterhalten werden und welche Möglichkeiten es gibt, aus diesen destruktiven Bindungen auszusteigen und sie auch zu verarbeiten.

Abschließend berichtet Karl Heinz Brisch an verschiedenen Beispielen, wie Gewalt in der Paarbeziehung Kinder traumatisiert, wenn sie Zeuge dieser Art des Streits zwischen den Eltern werden. Wenn Kinder eine solche Gewalt miterleben, hat dies großen Einfluss auf die Art ihrer psychotherapeutischen Behandlung. An verschiedenen Konstellationen wird verdeutlicht, wie die Voraussetzungen für eine Psychotherapie gestalten werden müssen und wie trotz der Verstrickungen zwischen den Paaren und ihren Kinder eine erfolgreiche Therapie – auf Basis dieser Voraussetzungen – möglich ist.

Alle Beiträge vermitteln zusammen einen umfassenden Überblick darüber, welchen positiven Einfluss liebevolle elterliche Paarbeziehungen auf die Entwicklung von Kindern haben können und wie destruktive Gewalt in der Paarbeziehung sich langfristig auch auf die Entwicklung von Kindern negativ auswirken und frühe Störungen bedingen kann. Auf dem Boden der Grundlagenforschung wird verständlich, wie gesunde, aber auch destruktive Paarbeziehungen entstehen, wie sie sich langfristig entwickeln, welche Möglichkeiten zur Therapie für die Paare, aber auch für die Kinder bestehen und unter welchen Bedingungen erfolgreiche Behandlungen möglich sind. Auf dem Hintergrund dieser Erkenntnisse werden modellhaft neue Wege der psychotherapeutischen Behandlung, sowohl für Paare als auch für ihre Kinder, aber auch Möglichkeiten der frühen Intervention und Prävention aufgezeigt.

HANS JELLOUSCHEK

Die Bedeutung der Partner-Liebe für das Eltern-Sein

Was ist und worin besteht Partner-Liebe?

Partner-Liebe ist eine Beziehungsform, die sich von allen anderen Beziehungsformen unterscheidet: Sie unterscheidet sich von der *Partner-schaft*, denn diese gehorcht der Handlungslogik der *Gerechtigkeit*: Ich gebe dir – und bekomme dadurch einen Anspruch darauf, dass du mir ›wiedergibst‹, Gleichwertiges zurückgibst. Demgegenüber gehorcht die *Partner-Liebe* der Handlungslogik der *Hingabe*: Ich gebe dir, weil ich dich liebe! Der Liebende erwirbt durch seine Liebe keinen Anspruch darauf, dass der andere ihn ›wiederliebt‹. Liebe kann keine Schuldscheine ausstellen, Liebe ist ein Geschenk. Man kann darum die Liebe des anderen nicht »einklagen«. Freilich bleibt der Liebende – jedenfalls auf die Dauer – darauf angewiesen, dass der andere seine Liebe erwidert, sonst wird es eine unglückliche, unerfüllte Liebe, weil Partner-Liebe einseitig nicht wirklich möglich ist.

Oder es wird eine Art *Eltern-Liebe* daraus, wie die Liebe der Mutter oder des Vaters zum Kind. Denn die Elternliebe ist vom Wesen her insofern eine *einseitige Liebe*, als das Kind von seiner Entwicklung her noch gar keine gleichwertige Liebe ›wieder-geben‹ kann. Die Liebe der Eltern zum Kind ist keine Liebe auf der gleichen Ebene wie die Liebe zwischen zwei erwachsenen Partnern. Diese lebt von der Hingabe der Frau an den Mann und des Mannes an die Frau, und sie lebt von der Verbundenheit und Intimität zwischen den beiden, die daraus erwächst: Sie sind gern zusammen, sie tauschen sich aus, sie können sich »riechen« – im übertragenen und durchaus auch im wörtlichen Sinn! Diese Liebe hat also auch eine typische körperliche Komponente: Die beiden sind sich gern auch körperlich nahe, haben darum auch Sexualität miteinander.

In der Partner-Liebe sind Mann und Frau seelisch *und* körperlich miteinander verbunden. Das ist die typische Form der Intimität, welche die Partner-Liebe von jeder anderen Beziehungsform, sowohl von einer lediglich partnerschaftlichen wie der fürsorglichen der Eltern-Kind-Liebe als auch von einer nur freundschaftlichen Beziehung, unterscheidet. Natürlich sind in der Partner-Liebe von all diesen Formen auch Elemente enthalten, vor allem in einer auch auf Dauer angelegten Mann-Frau-Beziehung. Wenn z. B. ein Partner dauerhaft erkrankt und der andere sein Pfleger wird, wird – wie in jeder »Pflege-Beziehung« – auch die Partnerbeziehung zu einer Art Eltern-Kind-Beziehung. Und im gewöhnlichen Alltag, den es miteinander zu bewältigen gibt, spielt das Vorhandensein väterlicher/mütterlicher Elemente der Partner wie natürlich auch eine partnerschaftlich gerechte Aufgabenverteilung zwischen den beiden eine ganz wichtige Rolle. Aber der entscheidende Unterschied, der die Liebesbeziehung ausmacht, sollte dennoch nicht vergessen, sondern immer wieder auch zwischen Paaren gepflegt werden, damit sie lebendig bleibt.

Dies geschieht in der Regel viel zu wenig. Ein wichtiger Grund dafür ist: Der Partner-Liebe wurde in früheren Generationen innerhalb einer Ehe wenig Bedeutung beigemessen. Wichtiger war die Lebensgemeinschaft zwischen Mann und Frau damals für Nachwuchs und als Wirtschaftsgemeinschaft für das gemeinsame Überleben. Heute erleben wir eher das Gegenteil: Da wird der lebendigen Liebe höchste Bedeutung beigemessen, andere Faktoren spielen nur noch eine untergeordnete Rolle. Wenn die Liebe tot ist, ist eine Ehe akut gefährdet.

Darum müssen wir sagen: Die Wahrscheinlichkeit, dass Ehen und damit auch Familien stabil bleiben, erhöht sich, wenn auch die Partner-Liebe stabil bleibt. Das kommt nicht nur den Erwachsenen zugute, sondern vor allem auch den gemeinsamen Kindern. Darauf gehe ich nun im zweiten und dritten Abschnitt dieses Beitrags ein.

Welche Bedeutung hat die Partner-Liebe für Elternschaft und Kinder?

Zur Bedeutung der Partner-Liebe für Elternschaft und Kinder möchte ich die folgenden sechs Thesen aufstellen und jeweils erläutern:

These 1: Die Partner-Liebe fördert den Bestand der Ehe und gibt dadurch auch den Kindern Bindungssicherheit. In der heutigen gesellschaftlichen Situation, in der Paare sich zusammentun, wird immer deutlicher, dass die Partner-Liebe tatsächlich immer ausschließlicher das Einzige ist, das dem Zusammenbleiben von Partnern Bestand verleiht. In früheren Generationen haben viele andere mächtige Faktoren dafür gesorgt, dass Paare, die einander das Ja-Wort gegeben hatten, die einen gemeinsamen Haushalt aufbauten und gemeinsame Kinder aufzogen, beisammen geblieben sind: Im ländlichen Betrieb war dies eine Frage des wirtschaftlichen Überlebens, in adligen Familien war es wichtig für den Bestand des Geschlechts. Die kirchliche Ehe-Ideologie, vor allem die katholische, sprach ein Bannwort über die Scheidungs-Willigen, und dementsprechend war der Druck durch eigene Eltern, Verwandte und Gemeinden auf Paare, die sich trennen wollten, riesengroß, auch dann noch, als staatliche Gesetze die Möglichkeit zu rechtskräftigen Scheidungen eröffneten.

Diese Einflüsse wirtschaftlicher, ideologischer und gesellschaftlicher Art gibt es natürlich auch heute noch in unterschiedlicher Stärke. Aber entscheidend sind sie immer weniger. Das Einzige, das auch heute noch eine Ehe – und damit auch eine Familie – zusammenhält, ist die lebendig erfahrene Liebe zwischen den beiden Partnern.

Eine solche Stabilität aus Liebe ist aber eine sehr günstige Voraussetzung für die Erfahrung einer sicheren Bindung der Kinder an Mutter und Vater – vor allem, wenn die Kinder noch klein sind. Die Bedeutung dieser Erfahrung hat ja die Säuglingsforschung schon lange als zentral für ein gutes Aufwachsen der Kinder erkannt, und diese Erkenntnis wird heute auch von der Neurobiologie in vielfältiger Weise bestätigt.

Die Trennung der Eltern bedeutet für die Kinder, jedenfalls zunächst, immer einen Bindungsverlust. Ein Elternteil ist plötzlich nicht mehr da. Auch dann, wenn es den Eltern gelingt, gut und fair mit dieser Trennung umzugehen, was ja sehr häufig nicht der Fall ist, werden Kinder in ihrer Bindungssicherheit irritiert, verunsichert, durcheinandergebracht. Und vor allem, wenn die getrennten Eltern einander weiterhin grollen, geraten die Kinder in Solidaritätskonflikte, verlieren die Bindung zu einem Elternteil, weil sie vom andern zum Bündnispartner gemacht und gegen den anderen aufgehetzt werden usw.

Dabei möchte ich betonen, dass es einen großen Unterschied macht, ob Eltern, die zusammenbleiben, dies aus Pflichtgefühl, *wegen* der Kinder oder aufgrund der Liebe des einen zum anderen tun. Ich höre in der Therapie von Klienten immer wieder, dass ein Zusammenbleiben ihrer Eltern »aus Pflichtgefühl« für sie als Kinder eine riesige Belastung war; denn sie spürten es ganz deutlich, auch wenn sie noch sehr klein waren, wenn nicht Liebe und Wohlwollen zueinander, sondern sie selbst der – womöglich einzige – Grund für das Zusammenbleiben waren. Das ist für Kinder nur belastend, eine Last, unter der sie manchmal ein ganzes Leben lang leiden.

These 2: Die Partner-Liebe stärkt die Eltern in ihrer Eltern-Funktion. Wenn sie in Liebe verbunden sind, werden sie sich auch gegenseitig unterstützen. Dies fördert auch eine partnerschaftlich gerechte Aufgabenverteilung sowie ganz generell ihre Kooperationsbereitschaft, und dies besonders auch bei der Bewältigung von Stress-Situationen. Die Partner werden bereit, auch im emotionalen und zeitlichen Stress, den Kinder ja immer auch mit verursachen, einander wechselseitig zu entlasten, und so tragen sie zur gemeinsamen Stressreduktion bei. Dies schafft zudem Erfolgserlebnisse, und diese wiederum beleben die Achtung und Liebe der Partner füreinander (»Wir sind ein tüchtiges, ein starkes Paar!«).

Damit ist auch gesagt: Die lebendige Liebe der Partner fördert die Präsenz des Mannes in der Familie. Er ist dann gern zu Hause, und das erhöht seine Ansprechbarkeit für die Kinder. Die Bedeutung, die diesem »Dritten« in der familiären Triade für das Kind zukommt, ist uns in den letzten Jahren ebenfalls sehr stark bewusst geworden: Der Vater bringt in der Regel gegenüber der Mutter andere wichtige Elemente in die Erziehung ein: das größere Interesse am Technischen, die stärkere Betonung des Wettkampfs und Wettbewerbs im Spiel und Ähnliches sind neben anderen Elementen, die im Durchschnitt stärker von den Müttern vertreten werden, ebenfalls wichtige »Steine« im »Mosaik« der ganzheitlichen kindlichen Reifung.

Vor allem für die männlichen Kinder ist es von großer Bedeutung, dass sie im Vater eine präsente Identifikationsfigur ihres eigenen Geschlechts finden, die ihnen Orientierung gibt und den Rücken stärkt in ihrer oft vom Weiblichen überdominierten »Kinder-Welt«. Das Fehlen dieser Orientierung und »Rückenstärkung« durch präsente Väter wird von vielen Pädagogen auch als eine wichtige Ursache für das gegenüber den Mädchen viel häufigere schulische Versagen der Jungen gewertet, für die größere Zahl der Verhaltensauffälligkeiten und Kriminalitätsfälle bei ihnen wie auch die stärkere Gefährdung der männlichen Jugendlichen durch Drogen.

Aber auch für die Identitätsfindung der Mädchen scheint die Präsenz des Vaters in der Familie von großer Bedeutung zu sein: In ihm erleben sie ja die erste wichtige Beziehung zu einem Mann und damit ihrerseits ihr Anders-Sein ihm gegenüber. Der Vater und Mann bleibt für sie nicht die ferne Sehnsuchtsfigur am Horizont, sondern wird erlebte Realität, was sich vor allem später in einer realistischen Beziehung zum Partner als sehr nützlich erweist.

These 3: Die Partner-Liebe kompensiert Unterschiedlichkeiten und Meinungsdifferenzen der Eltern im Hinblick auf die Kinder. Eltern müssen im Umgang mit ihren Kindern nicht immer gleich und einer Meinung sein. Dies kann sich sogar als schädlich erweisen, vor allem dann, wenn sie sich auf der Paar-Ebene nicht lebendig lieben. Kinder erleben das als Doppelbödigkeit, und das verwirrt sie eher. Wenn eine grundlegende gegenseitige Akzeptanz der Eltern auf der Paar-Ebene vorhanden ist, können Unterschiede im Umgang mit den Kindern, sogar wenn diese in Anwesenheit der Kinder ausdiskutiert werden, sogar gut für die eigene Autonomie-Entwicklung der Kinder sein. Sie erfahren: Beim einen geht es so, beim andern eben anders. Man kann es so, man kann es aber auch anders machen. Also kann man auch für sich selber ausprobieren und entscheiden, was für einen besser ist!

Damit will ich natürlich nicht verneinen, dass eine Übereinstimmung der Eltern in Grundsatzfragen der Erziehung wichtig ist. Aber Übereinstimmung muss nicht in allen Einzelfragen bestehen. Eine immer wieder erfahrene einheitliche »Eltern-Phalanx« in allem und jedem kann für Kinder sogar eine schlimme Erfahrung von Ohnmacht bedeuten.

These 4: Eine lebendige Partner-Liebe der Eltern ist ein gutes Lernmodell für die Kinder im Hinblick auf spätere eigene Partnerbeziehungen. Wie Vater und Mutter miteinander umgehen, ist für Kinder das grundlegende Modell, wie ein Mann mit einer Frau und eine Frau mit einem Mann umgeht. Wenn dies in einer liebevollen Weise geschieht, machen sie die zentrale Erfahrung: »Liebe ist möglich« – auch über längere Zeit, auch »auf Dauer«. Dies wird auf diese Weise eine Art Grundüberzeugung, trotz aller Konflikte, die Kinder bei ihren Eltern vielleicht auch erlebt haben. Aber: Sie haben wieder den Weg zueinander gefunden!

Meine Erfahrung als Paartherapeut ist hier: Kinder aus Familien, in denen die Liebe zwischen den Eltern tot war, sind, vor allem wenn noch eine Scheidung mit »Rosenkriegen« dazukam, in ihrem eigenen Erwachsenenleben oft überängstlich, eigene verbindliche Beziehungen einzugehen, oder aber sie versuchen, sich bei jedem Konflikt mit dem Partner ängstlich an diesen anzuklammern und erzeugen gerade damit ein Konfliktmuster, das den Bestand der Ehe gefährden kann.

These 5: Die Partner-Liebe schützt die Kinder vor einer Überfürsorglichkeit der Eltern. Der Grund für diese These ist: Die Partner-Liebe fördert das Bedürfnis der Partner, öfter auch als Paar beieinander und miteinander zu sein, und stärkt darum ihren Willen, auch ab und zu etwas allein, ohne die Kinder, zu unternehmen oder auch einen Bereich in der gemeinsamen Wohnung zu schaffen, der für die Kinder, jedenfalls zu bestimmten Zeiten, »tabu« ist.

Wenn dies nicht der Fall ist, konzentrieren sich Hauptinteresse und Energie der Eltern auf die Kinder – in Form von Überfürsorglichkeit. Dadurch aber werden diese *zu wichtig*. Oft werden sie dadurch zu echten »Familien-Tyrannen«, die die Eltern auch nach Strich und Faden manipulieren, oder sie werden nie erwachsen, bleiben ihr ganzes Leben Kinder, die dauernd Ansprüche an den anderen haben, und sind damit eine furchtbare Belastung für ihre Beziehungspartner.

Oft begegne ich dieser Überfürsorglichkeit auch *in einseitiger Form*: Beispielsweise ›über-versorgt‹ die Mutter die Kinder, während der Vater immer mehr zum »Ausgeschlossenen« wird und sich auch selber immer mehr dazu macht, indem er zu Hause immer weniger präsent ist. Dadurch entsteht eine übermäßige Bindung der Kinder an die Mutter. Wenn diese sich zu einem anderen Zeitpunkt wieder mehr ihrem Mann zuwenden will, wittert eines der Kinder »diese Gefahr« und entwickelt womöglich irgendwelche Symptome, deretwegen die Mutter jetzt erst recht wieder »für das Kind da sein muss«. Dabei beklagt sie sich zudem dann oft darüber, dass sie so wenig Unterstützung von ihrem Mann bekommt. So entstehen beispielsweise die typischen »Muttersöhne« unter den Männern.

Was ich sage, ist in dieser Form vielleicht etwas überpointiert. Es gibt natürlich Familiensituationen, in denen die Kinder (oder das Kind) mit Recht im Mittelpunkt stehen, z. B. in der späten Schwangerschaft und kurz nach der Geburt, wenn die Frau noch stillt. Dann stehen das Kind und dessen Bindung an die Mutter mit Recht im Vordergrund. Oder auch in Zeiten, in denen ein Kind schwerer erkrankt ist oder andere akute Probleme hat. Dann muss für einige Zeit die Elternebene gegenüber der Paar-Ebene Vorrang haben. Auch wenn einer der Partner eine übermäßige Stress-Situation im Beruf erlebt, kann es mit der Pflege der Paarbeziehung sehr schwierig werden. Paare müssen allerdings darauf achten, dass sich solche Zustände nicht »chronifizieren«, wie das in zahlreichen Familien zu beobachten ist.

These 6: Die Partner-Liebe fördert eine gelingende Ablösung der Kinder von den Eltern. Mit dem Vorausgehenden ist dies implizit schon gesagt. Denn Eltern, die auch ein Liebespaar sind und bleiben, geben die Kinder frei für ihr eigenes beginnendes Erwachsenenleben. Das heißt natürlich nicht, dass pubertierende Jugendliche, junge oder auch schon lange »flügge gewordene« Erwachsene nicht noch öfter oder manchmal dringend ihre Eltern als Eltern »brauchten«. Aber das Entscheidende ist: Sie fühlen sich nicht als Kinder von den Eltern festgehalten oder ihnen gegenüber »verpflichtet«.

Wenn das Gegenteil geschieht, wenn beide Eltern oder auch ein Elternteil sich zu viel um die Kinder kümmert, wird – wie Systemische Therapeuten sagen – die »Generationen-Grenze« zwischen Eltern und Kindern verwischt oder verletzt. Kinder, die nicht mit dem Wohlwollen der Eltern in ein eigenes Erwachsenen-Dasein entlassen werden, kommen im Familiensystem in eine »falsche Position«. Sie werden *Eltern-Kinder*, pendeln als überforderte Helfer oder auch »Manipulierer« zwischen den Eltern hin und her; oder sie werden durch

Bindung an einen Elternteil *Muttersöhne* oder *Vatertöchter*, die ein Leben lang an Mutter oder Vater gebunden bleiben, was zur Störung oder sogar zum Scheitern eigener Paarbeziehungen führt, weil solche Erwachsenen nicht frei sind für eigene Beziehungen.

Darum ist eine lebendige und immer wieder verlebendigte Liebe zwischen den Eltern als Paar auch für die Elternschaft von großer Bedeutung. Was dazu erforderlich ist, vor allem in Beziehungen, die auf Dauer angelegt, also darauf angelegt sind, diese Liebe immer wieder zu beleben, darauf kommen wir im folgenden, dritten Teil zu sprechen.

Was braucht die Partner-Liebe, damit sie erhalten bleibt und sich sogar vertieft?

Klar ist, dass im Leben eines Paares die Familienphase, die ja meist nicht nur mit der Kindererziehung, sondern auch mit Existenzaufbau, Bewährung im Beruf, Investitionen in Wohnungskauf oder Hausbau und dergleichen verbunden ist, eine Zeit mit sehr großem Stress darstellt. Und klar ist auch, dass man Liebe nicht »machen« kann. Wenn nie Liebe da war, kann ich auch keine »machen«. Aber man kann Bedingungen schaffen und erhalten, die für das Bestehenbleiben und die Verlebendigung der Liebe wichtig sind. Was bedeutet dies nun konkret?

Es bedeutet z. B.: verbindlich geplante Zeiten und Orte für die Zweisamkeit, für das persönliche Gespräch, für die Pflege gemeinsamer Interessen, für Unternehmungen zu zweit. Diese Gelegenheiten ergeben sich nicht »von selbst«, sie müssen bewusst geschaffen, geplant, vereinbart, durchgeführt werden. So simpel dies klingt, es scheint mir eine der wesentlichen Bedingungen dafür zu sein, dass die Liebe im Stress oder auch in der Gewöhnung des Alltags nicht untergeht. Und es sind Energie und Initiative von beiden Partnern erforderlich, damit solche Zeiten zustande kommen. Sie ergeben sich, wie gesagt, nicht oder nur selten »von selbst«.

Dies gilt – für manche sehr überraschend – auch für die Pflege gemeinsamer Sexualität. Je länger man mit dem Partner zusammen ist, desto weniger treibt es einen »von selber« zum anderen, um »Sex zu machen«. Das ist eine natürliche Entwicklung, und darum ist darauf zu achten, dass man weiterhin diesen Bereich der auch körperlichen Intimität bewusst pflegt und gestaltet. Und dazu gehören auch geschützte Zeiten und Orte, an denen und in denen die Wahrscheinlichkeit einer Störung von außen weitgehend reduziert ist. Der Schwung der Verliebtheit hat früher wie von selber dafür gesorgt, dass Verliebte solche Räume und Zeiten geschaffen haben. In der Dauerbeziehung sind der bewusste Entschluss dazu und die bewusste Sorge beider dafür nötig. Viele Paare unterliegen hier einer »Spontaneitäts-Ideologie« – sehr zum Schaden einer realistischen Liebesbeziehung!

Damit für das Paar solche Räume für Gespräch, Unternehmungen, Pflege gemeinsamer Interessen und Sexualität immer wieder verwirklicht werden, müssen Paare unter Umständen für *Hilfen von außen* sorgen, vor allem, wenn sie noch kleinere Kinder und/oder anspruchsvolle Berufe haben. Natürlich sind die Möglichkeiten dazu in unserer deutschen Gesellschaft sehr vernachlässigt worden, und wir stehen hier, verglichen mit anderen Staaten, noch ganz am Anfang. Aber ich erlebe oft auch, dass sich Paare solche Unterstützung nicht verschaffen, obwohl es Möglichkeiten gäbe – aus den unterschiedlichsten Motiven heraus: Sie wollen den Kindern keine »Fremden« als Babysitter zumuten, sie wollen das Geld nicht dafür ausgeben, obwohl es hier vielleicht besser angelegt wäre als in einem Hausbau zu diesem Zeitpunkt, sie wollen ihre Eltern, auch wenn diese es gern täten, dafür nicht in Anspruch nehmen, sie wollen »keine Fremden« für die Erledigung des Haushalts in ihre Privatsphäre lassen oder sie können sich aus einem übertriebenen Pflichtgefühl heraus so etwas nicht erlauben. Meist ist ihnen nicht bewusst, dass sie dadurch aber die Liebe, das für den Erhalt ihrer Familie Wichtigste, gefährden.

Eine weitere wichtige Bedingung für den Erhalt und die Pflege der Liebe ist schließlich auch die *Wechselseitigkeit* des Engagements beider Partner. Liebe ist zwar auch geduldig, sie verlangt kein Engagement beider zu exakt gleichen Teilen, wie das in einer »bloß« partnerschaftlichen Beziehung, die ja solche Gerechtigkeit verlangt, der Fall wäre. Liebe kann hier auch Zugeständnisse machen, großzügig sein. Aber eine Einseitigkeit des Engagements kann kein Dauerzustand sein. Auch die Liebe braucht Wechselseitigkeit. Gaben brauchen Gegengaben, sonst versiegt der Wille zum Geben und Schenken. Oft verlangt das vor allem ein Umdenken bei den Männern, die auch heute noch – wie ihre Väter und Großväter es getan haben – eher »lieben lassen«, als hier selber ihren Beitrag zu leisten.

Dabei muss eines, das Gesagte ein wenig relativierend, hinzugefügt werden: Ohne Zweifel können Eltern auch gute Eltern sein und bleiben, wenn ihre Liebe zueinander als Paar gestorben und nicht mehr zum Leben zu erwecken ist – auch dann, oder sogar dann eher, wenn sie sich auch äußerlich getrennt haben. Dazu müssen sie sich aber klar bewusstmachen: Mit der Trennung endet die Beziehung auf der Paar-Ebene, aber nicht die auf der Eltern-Ebene. Häufig erleben wir allerdings, dass das viele überfordert. Der getrennt lebende Elternteil – häufig sind das die Väter – wird aus der Familie ausgeschlossen oder schließt sich selber aus, ja man verfolgt einander mit Hass- und Rachegefühlen, und man zieht die Kinder in einseitige Bundesgenossenschaften gegen den anderen hinein. Sicher haben Väter und Mütter in unserer Gesellschaft in den letzten Jahrzehnten hier viel dazugelernt, wie man auch als getrennte Eltern die gemeinsame Elternfunktion einigermaßen kooperativ weiter ausüben kann. Aber das ist nicht einfach und verlangt den Erwachsenen viel ab.

Sehr viel einfacher und für alle befriedigender ist es, wenn die Elternschaft auch von einer lebendigen Liebe der Partner zueinander getragen wird. Darum lohnt es sich in jeder Hinsicht, in die Erhaltung und Vertiefung der wechselseitigen Liebe zu investieren, auch wenn dies immer wieder bewusstes Engagement, hohe Achtsamkeit im Alltag und Toleranz verlangt.

Literatur

Jellouschek, H. (2011): *Achtsamkeit in der Partnerschaft. Was dem Zusammenleben Tiefe gibt.* Freiburg i. Br. (Kreuz-Verlag).
Jellouschek, Hans (2010): *Liebe auf Dauer. Was Partnerschaft lebendig hält.* Freiburg i. Br. (Herder).
Jellouschek, Hans (2008): *Wenn Paare älter werden. Die Liebe neu entdecken.* Freiburg i. Br. (Herder) (Taschenbuchausg. 2011).

KAREN HASSELMO, JAMES A. COAN UND LANE BECKES

Die »Social Baseline«-Theorie und die soziale Regulierung von Emotionen

Jeder Organismus hat den evolutionären Auftrag, zu überleben und sich fortzupflanzen. Um dieses wichtigste aller Ziele zu erfüllen, sind Ressourcen und die entsprechende Energie erforderlich, durch welche diese Ressourcen gewonnen werden können. Die natürliche Selektion wird folglich Anpassungen begünstigen, die es den Organismen ermöglichen, weniger Energie zu verbrauchen als aufzunehmen und sich so viel Energie wie möglich zu bewahren. Dieser Zwang, bekannt als die *Ökonomie des Handelns*, ist ein biologisches Prinzip, dem die Organismen gehorchen müssen, um zu überleben und sich zu reproduzieren (Proffitt 2006). Es führt zu Anpassungen, die den wirtschaftlichen Umgang mit den aktuell vorhandenen Ressourcen regeln, damit künftige evolutionsrelevante Aufgaben wie Nahrungssuche und Paarung ausgeführt werden können.

Ganz ähnlich wie nahrungssuchende Tiere, die ihren Energieverbrauch möglichst gering halten und nach Prioritäten ordnen – in einem Prozess, der als *Theorie der optimalen Nahrungssuche* beschrieben wird (MacArthur & Pianka 1966) –, müssen auch die Menschen mit ihren Energien haushalten und ihre Effizienz maximieren. Menschen besitzen allerdings hochkomplexe Gehirne, die ihre Verhaltensflexibilität ganz erheblich steigern – einschließlich der sehr ausgeprägten Fähigkeiten zur Hemmung und zur Selbstkontrolle. Dabei handelt es sich um Fähigkeiten, die im Rahmen exekutiver Prozesse wie der Zukunftsplanung, der Reaktionshemmung und der selektiven Aufmerksamkeit ins Spiel kommen, die ihrerseits von großer Bedeutung für die Selbstregulierung sind.

Von diesen Fähigkeiten könnte speziell die Selbstregulierung, vor allem soweit es die Regulierung emotionaler Impulse betrifft, »im Visier« der potentiellen Energieerhaltung stehen – dies deshalb, weil die Menschen die zusätzliche Fähigkeit entwickelt haben, sich zum Zweck des schonenden Umgangs mit ihren Energien aufeinander zu verlassen, indem sie zusammenarbeiten, gemeinsame Ziele verfolgen und ihre Aufmerksamkeit teilen. Nach der »Social Baseline«-Theorie (Coan 2010) ist dieses Anliegen in der Stammesgeschichte des Menschen begründet und hat dazu geführt, dass das primäre Umfeld, an das der

Mensch adaptiert ist, *andere Menschen* sind – dass also die »baseline expectation«, die Grundannahme des menschlichen Gehirns, dem Kontakt und der sozialen Nähe gilt. Tatsächlich ist die Fähigkeit, das aufwendige Geschäft der Selbstregulierung auf ein soziales Netzwerk nahestehender anderer auszulagern, eine adaptive Errungenschaft, die erkennen lässt, wie das menschliche Gehirn mit seinen Ressourcen wirtschaftet.

Selbstregulierung und der präfrontale Cortex

Die emotionale Selbstregulierung umfasst die Verstärkung oder Abschwächung von Reaktionen auf emotionale Reize, den Belohnungsaufschub, das Sich-hinweg-Setzen über Impulse, die Gedankenunterdrückung und andere Formen bemühter und damit aufwendiger Kontrolle (Gross & Thompson 2007). Selbstregulierung befähigt die Menschen unter anderem dazu, sich Täuschungen hinzugeben und geduldig auf Belohnungen zu warten (Gross & Thompson 2007). Sie hat insofern Konsequenzen für die menschliche Entwicklung, als Kinder, die eine vergleichsweise bessere Selbstregulierung zeigen, weniger in Gefahr sind, aggressive Tendenzen, Verhaltensstörungen und trotzig-oppositionelle Symptome zu entwickeln (z. B. Crowe & Bair 2008; Beauchaine et al. 2007; Hill et al. 2006; Rydell et al. 2003). Erwachsene, die sich auf die Selbstregulierung verstehen, erleben es, dass ihr allgemeiner Gesundheitszustand sich bessert und ihre Lebenszufriedenheit steigt (Haga et al. 2009; Smyth & Arigo 2009). Und sowohl Erwachsene als auch Kinder, die erfolgreich Taktiken der Selbstregulierung einsetzen, profitieren insofern von dieser kognitiven Kontrolle, als ihr Risiko, eine affektive Störung zu entwickeln, geringer wird (Buckner et al. 2009; Dennis et al. 2007).

Es sind vor allem Roy F. Baumeister und sein Team, deren Interesse der Selbstregulierung und speziell dem Umstand gilt, dass die kognitive Konzentration auf *eine* solche Aufgabe sich darauf auswirken kann, wie nachfolgende derartige Aufgaben bewältigt werden (Gailliot & Baumeister 2007; Baumeister et al. 2008): Ihrer Ansicht nach zapft die Selbstregulierung nämlich eine begrenzte Ressource an, und langfristige derartige Anforderungen führen zu einem Phänomen, das sie als »Ich-Erschöpfung« bzw. »Ich-Entleerung« (»ego depletion«) bezeichnen. Ich-Erschöpfung erschwert die Selbstregulierung, und die betroffenen Menschen sind in diesem Zustand häufig nicht imstande, kognitiv anspruchsvolle Aufgaben auszuführen.

Baumeister und Kollegen meinen, dass die Glukosekonzentration im Blut den

Zusammenhang zwischen Ich-Erschöpfung und kognitiver Kontrolle erklären könnte. Sie tragen ferner die These vor, dass die Fähigkeit zur Selbstregulierung nur für kurze Zeitspannen als legitime Kontrollstrategie dienen könne, da sie das Gehirn – und zumal den präfrontalen Cortex – seiner Ressourcen beraube und damit das weitere Funktionieren der Selbstregulierung beeinträchtige (Gailliott & Baumeister 2007). Zahlreiche Studien stützen die Hypothese der Ich-Erschöpfung. So verbessert z. B. der Konsum eines glukosehaltigen Getränks vor der Ausführung einer kognitiven Aufgabe die entsprechende Leistung (Heatherton & Wagner 2011), und nach der Bewältigung einer solchen schwierigen Aufgabe steigt die Wahrscheinlichkeit, dass der betreffende Mensch ein alkoholisches Getränk zu sich nimmt, bevor er ein Auto bedient (Muraven et al. 2002).

Die Hypothese von der Glukosekonzentration im Blut ist dagegen schwieriger zu bestätigen. So weist Kurzban (2010) z. B. darauf hin, dass die Blutzuckerkonzentration im Gehirn von einer Region zur anderen und auch von einer Reizsituation zur anderen nicht hinreichend variiert, um einen exzessiven Anstieg des Energieverbrauchs als Folge der Aktivität des präfrontalen Cortex zu erklären. Im Gegenteil: Die verschiedenen Hirnregionen verbrauchen Ressourcen etwa im gleichen Verhältnis, und der Großteil der Stoffwechselkosten des Gehirns geht auf das Konto der endogenen Aktivität (d. h. der Aktivität des Gehirns im Ruhezustand) und wird nicht von einem Anstieg der funktionalen Hirntätigkeit infolge der Einführung eines akuten Reizes verantwortet. Neuere Hinweise sprechen zudem dafür, dass die primären und übrigens gut belegten Wirkungen der Ich-Erschöpfung nachlassen, wenn man den Betroffenen ganz einfach sagt, ihre Fähigkeit zur Selbstregulierung sei unbegrenzt (Job et al. 2010). Auch wenn etwas so Simples wie die Blutzuckerkonzentration wohl kaum allein für das Phänomen der Ich-Erschöpfung verantwortlich sein kann, machen Baumeister und Kollegen doch auf eine bedeutsame Tatsache aufmerksam: Kognitive Anstrengungen – zumal solche, die der Selbstregulierung dienen – führen häufig zur Erschöpfung. Und in der Tat besteht kaum ein Zweifel daran, dass zwischen der kognitiven Kontrolle, der Tätigkeit des präfrontalen Cortex und dem Management neuronaler Ressourcen gewichtige Zusammenhänge bestehen.

Diese Zusammenhänge könnten sehr wohl etwas mit der Glukosekonzentration im Blutkreislauf zu tun haben. Das Gehirn ist ein einigermaßen unbewegliches metabolisches System, und das bedeutet, dass es auch bei Anspannung nicht dazu neigt, seine Blutversorgung zu erhöhen – tatsächlich kann es das gar nicht (Raichle & Mintum 2006). Wenn das Gehirn seine Aktivität in *einer* Region erheblich steigert, muss es sich Blut aus einer seiner anderen Regionen holen, d. h. sich *intern* versorgen. Erfordert eine Aufgabe lange Perioden der Selbstregulierung, dann kann dies folglich dazu führen, dass andere neuronale Systeme »unterernährt« bleiben. Das Ganze ist also eine Frage der Prioritäten, und auch wenn der präfrontale Cortex der menschlichen Spezies unendliche Vorteile eingebracht hat, ist er im Allgemeinen doch nicht so maßgeblich für unser Überleben wie andere Systeme. Die Blutzufuhr zum Gehirn in Zeiten hoher emotionaler Intensität oder physischer Aktivität bestätigt dies: In beiden Fällen ist der präfrontale Cortex deutlich weniger aktiv, und dies häufig deshalb, weil Blut von ihm weggeleitet und diesen anderen Systemen zugeführt wird (Coan et al. 2006; Dietrich & Sparling 2004).

Der präfrontale Cortex ist eine jener Hirnregionen, die als Letzte, nämlich erst in der Adoleszenz, zur vollen Ausbildung und Funktion gelangen (Huttenlocher 1990). Zugleich ist er häufig das erste neuronale System, das bei anhaltender Unterbrechung der Sauerstoffzufuhr (Anoxie), infolge von Mangelernährung oder aufgrund des Alterungsprozesses dahinschwindet, was wiederum darauf verweist, dass er im Vergleich zu anderen human-neuronalen Systemen ein relativ luxuriöses und zumindest insofern teures System ist. Sein Einsatz bei Problemen der Selbstregulierung, wie sie durch die Aktivierung negativer Emotionen ins Spiel kommen, kann überdies Opportunitätskosten mit sich bringen, denn der präfrontale Cortex kann seine Möglichkeiten der analytischen Verarbeitung und des Kurzzeit- bzw. Arbeitsgedächtnisses auch zur Bewältigung sehr vieler anderer Aufgaben einsetzen; dies reicht von der kreativen Problemlösung über die Sprachgenerierung bis hin zu dem Versuch, zukünftige Entwicklungen zu prognostizieren. In jeder dieser Hinsichten und noch darüber hinaus bietet der präfrontale Cortex sich also als Adresse für die Ressourcenschonung an, wo immer dies möglich ist.

Der wirtschaftliche Umgang mit dem »Bayes'schen[1] Gehirn«

Um Energien zu bewahren und sein Ressourcenbudget zu optimieren, ist das Gehirn offensichtlich darauf angelegt, den präfrontalen Cortex auf vielfältige Weise zu handhaben. Es kann z. B. notwendig sein, den eher »routinisierten« oder rückkoppelnden Schaltkreisen, die für die Motorik und die Affektkontrolle zuständig sind, die metabolische Priorität einzuräumen oder sparsam mit der Selbstregulierung umzugehen, damit andere Funktionen des präfrontalen Cortex in Dienst genommen werden können. Das setzt voraus, dass das Gehirn fähig ist, ein ständiges Inventar seiner aktuellen Ressourcen und der aus dem Umfeld hereinkommenden Anforderungen anzulegen und bereit zu haben und diese Information in energetische Entscheidungen einzubringen, also in die Frage, wann Energie ausgegeben und wann Energie zurückgehalten werden muss. Das Gehirn agiert also als eine Art Bayes'sche Wettmaschine (bzw. Maschine zur Berechnung von Wahrscheinlichkeit), die mit Informationen über die laufende »Einspeisung« und mit der Überlegung arbeitet, wie viel Energie ein bestimmtes Verhalten in der gegebenen Situation vermutlich kosten wird.

Stefanucci et al. (2005) präsentieren Nachweise dafür, dass und wie das Gehirn seine physischen Ressourcen einteilt, indem es die Wahrnehmung verändert: Ihre Probanden, von denen einige einen schweren Rucksack tragen mussten, sollten den Neigungswinkel und die Längenausdehnung eines Hügels beurteilen. Die Rucksackträger schätzten den Hügel erheblich steiler ein als die Teilnehmer, die kein zusätzliches Gewicht zu tragen hatten: Ihre Gehirne hatten die Steigung kalkuliert, nachdem sie überlegt hatten, welches Mehr an Energie es sie kosten würde, mit dem Rucksack aufzusteigen. Sie orientierten sich bei ihrer Beurteilung also an der Wahrnehmung der Aufgabe als vergleichsweise mühsam. Diejenigen Teilnehmer, die kein Fremdgewicht zu tragen hatten, schätzten die Steigung dagegen als sanfter ein und kamen folglich nicht auf ein solches zusätzliches Ungleichgewicht in ihrer Energieerhaltung.

Die Funktionsweise eines derart mit Budgetfragen befassten Gehirns zeigt sich ferner in der unterschiedlichen regionalen Aktivierung in Reaktion auf distale (= rumpfabgewandte) und proximale (= rumpfzugewandte) Bedrohungen (Mobbs et al. 2007). Die Region, die – im Rahmen eines Experiments – angesichts eines potentiell schmerzhaften, aber relativ weit entfernten (= distalen) Reizes die stärkste Aktivierung erfuhr, war der präfrontale Cortex. Das könnte insofern, als ja noch Zeit war, dem Reiz auszuweichen, eine hochwirksame Strategie des Gehirns sein, denn der präfrontale Cortex kann kreative potentielle Lösungen planen und gestalten. War die Bedrohung bei diesem Experiment aber eher nahe (= proximal), dann »bewegte« sich die Aktivierung weg vom präfrontalen Cortex und hin zum periaquäduktalen Grau, einer Region des Mittelhirns, die für Fluchtreflexe zuständig ist. Auch das ist eine wirksame Strategie, denn wenn die Bedrohung unmittelbar »da« ist, bietet sich kaum noch Gelegenheit, das Problem durch Nachdenken zu lösen. Im Gegenteil: Im Fall einer akuten Bedrohung sind die stammesgeschichtlich bewährten ursprünglichen Strategien wahrscheinlich die beste Wahl.

Dass der präfrontale Cortex seine Aktivität unter den Bedingungen einer proximalen Bedrohung reduziert, ist mit Sicherheit weise, aber das Gehirn muss auch im täglichen Gebrauch Wege finden, seine Ressourcen nach Möglichkeit zu schonen und entsprechend einzuteilen. Wie oben erwähnt, ist der präfrontale Cortex hochgradig aktiv, wenn distale Bedrohungen wahrgenommen werden. Das erklärt sich mit einer der Hauptaktivitäten des präfrontalen Cortex unter einer Vielzahl von Gegebenheiten, nämlich mit der Vigilität oder Wachsamkeit. Häufig handelt es sich dabei um eine Wachsamkeit sowohl in Bezug auf Belohnungen (auf Annäherung ausgerichtete Vigilität) als auch in Bezug auf Bestrafungen (auf Rückzug oder Vermeidung ausgerichtete Vigilität; vgl. Coan & Allen 2004). Interessanterweise kann Vigilität, insbesondere die auf Vermeidung ausgerichtete Hypervigilität, wie sie bei Angststörungen auftritt, recht »teuer« sein, weil sie ja ein erhebliches Maß an kognitivem Aufwand auf Seiten des präfrontalen Cortex erfordert: Ähnlich teuer – weil ähnliche Formen von Vigilität und kognitivem Aufwand im Spiel sind – ist die emotionale Selbstregulierung, eine Manifestation der Versuche des präfrontalen Cortex, die Kontrolle über die eher reflexhafte Affektverarbeitung zu wahren. Nach Coan (2008, 2010) gehören soziale Nähe und Interaktion zu den vorrangigen Strategien, die Menschen einsetzen, um die durch den präfrontalen Cortex vermittelte Vigilität und laufende Selbstregulierung zu reduzieren, die zur kognitiven Belastung, zur subjektiven Erschöpfung oder zu unerwünschten Opportunitätskosten führen können.

Die soziale Regulierung von Emotionen

Ein Beleg für diese letzte Behauptung findet sich in einem unlängst durchgeführten Experiment mit verheirateten Paaren, bei dem die funktionelle Magnetresonanztomographie (fMRT) eingesetzt wurde (Coan et al. 2006). Im Rahmen dieser Studie wurden die Ehefrauen in der Röhre (MRT) leichten Stromstößen, also einer »Bedrohung«, ausgesetzt, und zwar unter drei verschiedenen Gegebenheiten: Einmal hielten sie die Hand ihres Partners, ein weiteres Mal die Hand einer ihnen gänzlich fremden Person, ein drittes Mal lagen sie allein im Scanner. Die für die Wahrnehmung der Bedrohung zuständigen Schaltkreise im Gehirn dieser Frauen waren deutlich weniger aktiv, solange sie die Hand des Partners hielten – dies galt insbesondere für Frauen in besonders glücklichen Beziehungen. Wenn die Frauen die Hand einer fremden Person hielten, nahm die Responsivität des Gehirns zu, und zwar in qualitativer wie in quantitativer Hinsicht: Es wurden mehr Areale aktiviert als im ersten Durchgang, und zugleich stieg die Aktivität derjenigen Areale an, die schon beim Handkontakt mit dem Partner aktiv gewesen waren. Seinen höchsten Pegel erreichte das Antwortverhalten im gesamten Gehirn, als die Frauen allein im Scanner lagen. Bemerkenswerterweise zählte der dorsolaterale präfrontale Cortex (dlPFC) – der intensiv an der emotionalen Selbstregulierung beteiligt ist – zu den Regionen, die deutlich auf die Anwesenheit bzw. Nichtanwesenheit des Partners reagierten. Am aktivsten war diese Region in der Zeit, in der die Frauen allein in der Röhre lagen, weniger aktiv in der Zeit, in der sie die Hand einer ihnen unbekannten Person hielten, und kaum aktiv in der Zeit, in der sie die Hand ihres Partners hielten.

Das spricht stark dafür, dass die regulierende Wirkung sozialer Nähe *nicht* durch den präfrontalen Cortex vermittelt wird, im Gegensatz zu dem, was für die aufwendige Selbstregulierung gilt. Nach unserem Eindruck besagt dieses Ergebnismuster in der Tat, dass der präfrontale Cortex bei sozial vermittelten Formen der Emotionsregulierung eine wichtige »Adresse« für die Ressourcenschonung ist. Mit anderen Worten, das Gehirn macht sich soziale Ressourcen in der Weise zunutze, dass es viele seiner anstrengenderen Aufgaben nach außen verlagert bzw. sozusagen »per Vertrag auslagert«. Das wiederum reduziert sowohl den Energieaufwand, der auf solche Aufgaben verwendet werden muss, als auch die damit verbundenen Begleitkosten, denn die Statistik spricht dafür, dass die Nähe zu sozialen Ressourcen die Notwendigkeit der Wachsamkeit und des Problemlösens reduziert.

Das »Social Baseline«-Modell

Das »Social Baseline«-Modell verheißt Energievorteile dank sozialer Nähe, nämlich durch Risikostreuung und Lastenverteilung. *Risikostreuung* bedeutet in unserem Zusammenhang, dass die enge Nachbarschaft mit anderen Artgenossen es dem Individuum ermöglicht, das Risiko seines bloßen Daseins auf diese in seiner Nähe befindlichen Wesen zu verteilen. Tiere z. B. »streuen« dieses Risiko, indem sie in Herden beisammenstehen: Sie bewahren sich auf diese Weise ihre Körperwärme (Pinshow et al. 1976), minimieren denjenigen Anteil ihrer Körperoberfläche, der den Insekten und Parasiten ausgesetzt ist, und wehren Raubtierattacken ab (Krebs & Davies 1993). Wenn Artgenossen in enger Nachbarschaft leben, dann sind mehr Augen, Ohren und Nasen darauf fixiert, Räuber aufzuspüren. Wesentlich ist dabei, dass die Gehirne von Tieren, die sich diesen Zusammenhang zunutze machen, fähig sind, die Streuung des Risikos abzuschätzen und ihr Verhalten entsprechend auszurichten. Wie Gilbert Roberts (1996) schreibt, zählt »die Reduzierung der individuellen Vigilität bei zunehmender Gruppengröße zu den am häufigsten berichteten Zusammenhängen auf dem Gebiet des Tierverhaltens« (S. 1077). In seinem Beispiel ist es geselligen Tieren dank der Nähe zu ihren Artgenossen möglich, ihre Wachsamkeit in einem gewissen Umfang zu lockern; sie sparen damit Zeit, die andernfalls für das Aufspüren von »Räubern« verwendet werden müsste, und gewinnen Zeit für die Futtersuche.

Wir Menschen profitieren mit großer Wahrscheinlichkeit von der Risikostreuung, und unsere Fähigkeit, Risiken vor dem Hintergrund der Nähe zu den Mitmenschen einzuschätzen, ist fraglos von Einfluss darauf, wieweit wir persönliche Ressourcen darauf verwenden, aufmerksam auf Bedrohungen zu achten. Das dürfte die regulierende Wirkung des Händehaltens mit einer gänzlich fremden Person erklären, von der oben die Rede war. Aber anders als viele oder sogar die meisten geselligen Tiere sind die Menschen fähig, sich noch eine weitere Ebene der Risikostreuung durch soziale Kontakte zunutze zu machen – nämlich das, was wir auch in unserem Zusammenhang als *load sharing*, Lastenverteilung, bezeichnen. *Lastenverteilung* erfordert das Vorhandensein von Artgenossen; sie fußt aber nicht ausschließlich auf Zahlen, sondern setzt Interdependenz, also wechselseitige Abhängigkeit oder Bezogenheit, und vertraute Bande voraus, etwa die genetische Beziehung der Partner, ihre Liebesbeziehung oder schlicht ihre Freundschaft zueinander. Lastenverteilung geschieht, wenn ein Mensch einem anderen beisteht, und zwar so, als wäre dieser andere er selbst. Dabei kann es sich um Wachsamkeit zugunsten dieses anderen, um die »Nahrungssuche« für diesen anderen oder um Fürsorge und Beistand in Bezug auf ihn handeln – ganz ähnlich der Fürsorge einer Mutter für ihr Kind. Derartige Aufmerksamkeit ist vorteilhaft für den Empfänger, mit Sicherheit aber kostspielig für den Geber, denn mit dem Grad der Interdependenz der Partner steigen die Kosten ebenso wie der Gewinn.

Alles in allem aber macht die Fähigkeit zur wirksamen Lastenverteilung die Umgebung eines Menschen sehr viel weniger bedrohlich, und damit wird es auch weniger wahrscheinlich, dass sie neuronale Ressourcen beanspruchen wird. Soziale Nähe »spart« neuronale Aktiviät sowohl durch Risikostreuung als auch durch Lastenverteilung, wobei Lastenverteilung im Augenblick ihres Funktionierens zumeist sehr viel wirksamer, zugleich aber auch potentiell teurer ist. Soziale Ressourcen sind höchst nützlich für das Gehirn, wenn sie berechenbar sind. Je mehr Zeit ein Paar miteinander verbringt, desto berechenbarer werden die Partner füreinander und desto größer wird damit auch ihre wechselseitige Abhängigkeit, was das Bayes'sche Gehirn veranlasst, im Partner eine stabile soziale Ressource zu sehen. Und mit zunehmender Berechenbarkeit der sozialen Umgebung parallel zur abnehmenden Notwendigkeit von Wachsamkeit und aufwendiger Selbstregulierung kann das Gehirn verhaltensmäßig und psychologisch flexibler werden.

Die (potentiellen) Mechanismen der sozialen Regulierung von Emotionen

Soziale Isolation war im gesamten Verlauf der Evolution ein seltenes und gefährliches Phänomen. Tatsächlich kam es während des größten Teils der menschlichen Geschichte selten zu Begegnungen mit Fremden, und viele Menschen lebten ihr Leben, ohne jemals auf einen Fremden zu treffen (Berreman 1978). Dass unser Modell sich auf eine »baseline«, also auf eine »Grundlinie« oder einen Ausgangszustand bezieht, hat u. a. damit zu tun, dass soziale Nähe sehr wahrscheinlich die Grundannahme des menschlichen Gehirns ist. Auf den ersten Blick scheint es sich dabei um eine eher simple Vorstellung zu handeln, tatsächlich bewirkt sie aber einen grundsätzlichen Wandel in unserer Sicht der Menschen und der menschlichen Gehirne – weg von der Vorstellung der einzelnen Person als der kleinsten Analyseeinheit und hin zu der Vorstellung, diese kleinste Analyseeinheit könnten in Wahrheit *zwei* Personen sein; und dieser Wandel wiederum könnte sich spürbar auf unsere Untersuchung und unser Verständnis der neuronalen Mechanismen mitmenschlicher Hilfe und Unterstützung auswirken: Wenn das menschliche Gehirn soziale Nähe als eine Grundbedingung versteht, dann müssen wir als Erstes neu über unser Verständnis von Emotionsregulierung als soziales Phänomen nachdenken. Die neuronalen Mechanismen der Selbstregulierung sind ja zunehmend besser dokumentiert und schließen bekanntlich ein hohes Maß an Aktivierung des präfrontalen Cortex ein. Im Gegensatz dazu sind die neuronalen Mechanismen der Regulierung sozialer Emotionen noch relativ unbekannt. Eines wissen wir in diesem Zusammenhang aber doch – nämlich dass die Regulierung sozialer Emotionen den präfrontalen Cortex mit ziemlicher Sicherheit *nicht* aktiviert.

Das mag daran liegen, dass die Regulierung sozialer Emotionen nicht zur Blockierung einer aktiven emotionalen Reaktion führt, wie dies bei der Selbstregulierung der Fall ist (James Gross, persönliche Mitteilung, Februar 2011). Die sozial-emotionale Regulierung kann vielmehr eine Rückkehr zum oben konstatierten Ausgangszustand des Gehirns mit sich bringen, was bedeutet, dass emotionale Reaktionen nicht so sehr blockiert als vielmehr unnötig werden. Mit anderen Worten, die sozialen Ressourcen werden wohl kaum hemmende Schaltkreise beispielsweise im gesamten präfrontalen Cortex aktivieren, da sie ja eher dazu tendieren, die Wahrnehmung situativer Anforderungen zu verändern, so dass es nicht in erster Linie zur Aktivierung emotionaler Reaktionen kommt (vgl. Coan et al. 2006; Eisenberger et al. 2007). Ein isolierter Mensch findet sich in einer einmalig gefährlichen Lage, und das hat zur Folge, dass mehr neuronale Ressourcen auf Vigilität und andere überlebensrelevante Prozesse verwendet werden müssen. Das bedeutet wahrscheinlich, dass Menschen in der Isolation vergleichsweise rascher und intensiver auf bedrohliche Stimuli reagieren.

All das spricht dafür, dass die regulierende Wirkung sozialer Nähe in den Wahrnehmungssystemen verwurzelt sein muss – insbesondere denjenigen, die unkonditioniert (außerhalb des Lernens) auf soziale Stichworte regieren. Menschen nehmen Intentionalität und biologische Bewegungen sehr rasch und wahrscheinlich unkonditioniert wahr. Diese perzeptuellen Fähigkeiten sind vermutlich an ganz bestimmte eigene Schaltkreise (z.B. an den Sulcus temporalis superior und das fusiforme »Gesichtsfeld«; Pelphrey & Morris 2006) gebunden und bewirken ein »Feedforward«, eine Vorwärtsmeldung, an die evaluativen und repräsentationalen Systeme wie die Amygdala, die Basalganglien, den insulären und den cingulären Cortex und den präfrontalen Cortex. Zu den möglichen Kandidaten für die Umwandlung sozialer Signale hin zur Alarmreduzierung zählen das Neuropeptid Oxytocin, die endogenen Opioide und die mit Belohnungen verbundene dopaminerge Aktivität (Coan 2008).

Eine Fülle von Tier- und Humanstudien hat das Oxytocin als jenen Kitt identifiziert, der soziale Beziehungen festigt. Oxytocin wird durch soziale Kontakte oder durch das Potential für soziale Kontakte ausgeschüttet und fördert die Entstehung und Beibehaltung sozialer Bindungen (Insel & Fernald 2004; Taylor 2006). Wichtig ist: Oxytocin vermittelt – als Konsequenz des Vorhandenseins sozialer Kontakte – auch die Stressreaktion (Taylor & Master 2011). In einer Magnetresonanz-Studie zur BOLD[2]-Reaktion der Amygdala auf negative Reize zeigten diejenigen Teilnehmer, denen ein Oxytocin-Nasenspray verabreicht worden war, eine signifikant reduzierte Aktivierung, verglichen mit Teilnehmern, die ein Placebo-Spray erhalten hatten (Kirsch et al. 2005). Die Amygdala hat teil an der auf Bedrohungen ausgerichteten Vigilität, was es nahelegt, dass diejenigen Probanden, die unter dem Einfluss des Oxytocins standen, sich beim Betrachten unerfreulicher Bilder weniger bedroht fühlten. Das heißt also, eine Person, die enge Nähe zu ihren sozialen Ressourcen wahrt, wird ihre Oxytocinkonzentration wahrscheinlich erhöhen und in der Folge ihre Wahrnehmung von Bedrohungen in der Umgebung reduzieren.

Endogene Opioide werden in Reaktion auf positive Interaktionen mit anderen ebenfalls unkonditioniert ausgeschüttet (Panksepp 1998; Panksepp et al. 1994) und könnten im Zusammenwirken mit Oxytocin eine Rolle bei der Abschwächung der Bedrohungsreaktion des Gehirns spielen. Der dorsale anteriore cinguläre Cortex (dACC) beherbergt bekanntlich eine große Dichte endogener Opioidrezeptoren und wird von Eisenberger und Kollegen als Indikator des Zusammenhangs zwischen sozialen Ressourcen und Bedrohungsreaktionen ins Spiel gebracht (Eisenberger et al. 2007): Ihrer Studie zufolge zeigten diejenigen Probanden, die nach ihren eigenen Worten täglich erhebliche mitmenschliche Unterstützung erfuhren, in Reaktion auf Bedrohungen entsprechend ein niedrigeres Aktivierungsniveau im dACC. Darüber hinaus ist gezeigt worden, dass der dACC nach wiederholter Exposition gegenüber solchen Opioiden unter Umständen weniger stark auf Bedrohungen reagiert (Eisenberger et al. 2007; Harris et al. 2007).

Von anderer Seite ist der Gedanke vorgetragen worden, dass die mit Belohnungen verbundene dopaminerge Aktivität in Kombination mit der unkonditioniert verstärkenden Natur sozialer Kontakte bei »Vorhandensein« solcher Ressourcen, also anderer Menschen, negative Affekte blockieren kann (Depue & Morrone-Strupinsky 2005; Younger et al. 2010). Das klingt plausibel, vor allem weil Oxytocin die dopaminerge Aktivität in den Basalganglien zu verstärken vermag (Coan 2008). Allerdings sind weitere Forschungen nötig, um einschätzen zu können, ob die dopaminerge Aktivität wirklich als Mechanismus mitmenschlicher Unterstützung fungieren kann und nicht nur ein allgemeines Korrelat in diesem Zusammenhang darstellt.

Fazit

Das menschliche Gehirn ist offensichtlich fähig, die Wahrnehmung sozialer Nähe zu nutzen, um analog dem Bayes'schen Theorem darüber zu befinden, wie viel von seinen eigenen Ressourcen es für die Reaktion auf potentiell »herausfordernde« Umgebungen verwenden will. Zu den möglichen Mechanismen dieser Fähigkeit dürften die Aktivität von Neuropeptiden wie des Oxytocin und von Neurotransmittern wie des Dopamin sowie die Aktivität der endogenen Opioide zählen.

Man kann sagen, dass die Menschen ihre Emotionen und ihre Bemühungen um die emotionale Regulierung durch diesen Prozess auf ihre sozialen Netzwerke »auslagern«. Unserer Ansicht nach haben diese Vorgänge damit zu tun, dass die primäre Adaptation des menschlichen Gehirns die Adaptation an andere Menschen ist, dass also andere Menschen die Grundsituation bzw. Grundannahme des menschlichen Gehirns darstellen. So gesehen ist es die Bewegung *weg* von dieser Grundannahme, die eine erhöhte Sensibilität und Reaktivität gegenüber wahrgenommenen Bedrohungen in der Umgebung zur Folge hat, und in ebendiesem Sinne führt soziale Nähe zur »emotionalen Regulierung«. Soziale Nähe wird also an erster Stelle einer notwendigen Aktivierung von Emotionen zuvorkommen, anstatt dem Individuum die Aktivierung eines regulierenden Schaltkreises (wie bei der Selbstregulierung) aufzunötigen.

Wir sprechen im Zusammenhang mit dieser Sicht der Dinge vom »Social Baseline«-Modell, das seinerseits Teil der umfassenderen »Social Baseline«-Theorie (Coan 2010) ist. Ein sozial, also auf die Mitmenschen orientiertes Gehirn ist nicht nur in energetischer Hinsicht von Vorteil; es hat zudem eine glückliche und dabei nicht etwa beabsichtigte Folge: Enge und befriedigende Beziehungen sind das Allerbeste im Leben; nichts betrachten die Menschen als für ihr mentales und physisches Wohlergehen wichtiger und maßgeblicher als ihre engen Beziehungen zu anderen Menschen (vgl. Berscheid & Reis 1998).

Anmerkungen

1 Thomas Bayes, englischer Mathematiker (1702–61), entwickelte eine Formel für das Rechnen mit bedingten Wahrscheinlichkeiten, das sogenannte Bayes-Theorem.
2 BOLD steht für »blood oxygen level dependency«, d.h. für die in der Magnetresonanztomographie festgestellte Abhängigkeit des Bildsignals vom Sauerstoffgehalt in den roten Blutkörperchen.

Literatur

Baumeister, R.F., Sparks, E.A., Stillman, T.F. & Vohs, K.D. (2008): Free will in consumer behavior: Self-control, ego depletion, and choice. *Journal of Consumer Psychology,* 18, S.4–13.
Beauchaine, T.P., Gatzke-Kopp, L. & Mead, H.K. (2007): Polyvagal theory and developmental psychopathology: Emotion dysregulation and conduct problems from preschool to adolescence. *Biological Psychology,* 74, S.174–84.
Berreman, G.D. (1978): Scale and social relations. *Current Anthropology,* 19, S.225–245.
Berscheid, E. & Reis, H.T. (1998): Attraction and close relationships. In: D.T. Gilbert, S.T. Fiske & G. Lindzey (Hrsg.), *The handbook of social psychology* (4.Aufl.). New York (McGraw-Hill), S.193–281.
Buckner, J.C., Mezzacappa, E. & Beardslee, W.R. (2009): Self-regulation and its relations to adaptive functioning in low-income youths. *American Journal of Orthopsychiatry,* 79, S.19–30.
Coan, J.A. (2008): Toward a neuroscience of attachment. In: J. Cassidy & P.R. Shaver (Hrsg.), *Handbook of attachment: Theory, research, and clinical applications* (2.Aufl.). New York (Guilford Press), S.241–265.

Coan, J. A. (2010): Adult attachment and the brain. *Journal of Social and Personal Relationships*, 27, S. 210–217.
Coan, J. A. & Allen, J. J. B. (2004): Frontal EEG asymmetry as a moderator and mediator of emotion. *Biological Psychology*, 67, S. 7–49.
Coan, J. A., Schaefer, H. S. & Davidson, R. J. (2006): Lending a hand: Social regulation of the neural response to threat. *Psychological Science*, 17, S. 1032–1039.
Crowe, S. L. & Blair, R. J. R. (2008): The development of antisocial behavior: What can we learn from functional neuroimaging studies? *Developmental Psychopathology*, 20, S. 1145–59.
Dennis, T. A., Brotman, L. M., Huang, K. Y. & Gouley, K. K. (2007): Effortful control, social competence, and adjustment problems in children at risk for psychopathology. *Journal of Clinical Child and Adolescent Psychology*, 36, S. 442–54.
Depue, A. D. & Morrone-Strupinsky, J. V. (2005): A neurobehavioral model of affiliative bonding: Implications for conceptualizing a human trait of affiliation. *Behavioral and Brain Sciences*, 28, S. 313–350.
Dietrich, A. & Sparling, P. B. (2004): Endurance exercise selectively impairs prefrontal-dependent cognition. *Brain and Cognition*, 55, S. 516–524.
Eisenberger, N. I., Taylor, S. E., Gable, S. L., Hilmert, C. J. & Lieberman, M. D. (2007): Neural pathways link social support to attenuated neuroendocrine stress responses. *Neuroimage*, 35, S. 1601–1612.
Gailliot, M. T. & Baumeister, R. F. (2007): The physiology of willpower: Linking blood glucose to self-control. *Personality and Social Psychology Review*, 11, S. 303–327.
Gross, J. J. & Thompson, R. A. (2007): Emotion regulation: Conceptual foundations. In: J. J. Gross (Hrsg.), *Handbook of emotion regulation*. New York (Guilford Press), S. 3–24.
Haga, S. M., Kraft, P. & Corby, E-K. (2009): Emotion regulation: Antecedents and well-being outcomes of cognitive reappraisal and expressive suppression in cross-cultural samples. *Journal of Happiness Studies*, 10, S. 271–291.
Harris, R. E., Clauw, D. J., Scott, D. J., McLean, S. A., Gracely, R. H. & Zubieta, J. (2007): Decreased central µ-opioid receptor availability in fibromyalgia. *The Journal of Neuroscience*, 27 (37), S. 10 000–10 006.
Heatherton, T. F. & Wagner, D. D. (2011): Cognitive neuroscience of self-regulatory failure. *Trends in Cognitive Sciences*, 15, S. 132–139.
Hill, A. L., Degnan, K. A., Calkins, S. D. & Keane, S. P. (2006): Profiles of externalizing behavior problems for boys and girls across preschool: The roles of emotion regulation and inattention. *Developmental Psychology*, 42, S. 913–28.
Huttenlocher, P. R. (1990): Morphometric study of human cerebral cortex development. *Neuropsychologia*, 28, S. 517–527.
Insel, T. R. & Fernald, R. D. (2004): How the brain processes social information: Searching for the social brain. *Annual Review of Neuroscience*, 27, S. 697–722.
Job, V., Dweck, C. S. & Walton, G. M. (2010): Ego depletion – is it all in your head?: Implicit theories about willpower affect self-regulation. *Psychological Science*, 21, S. 1686–1693.
Kirsch, P., Esslinger, C., Chen, Q., Mier, D., Lis, S., Siddhanti, S., Gruppe, H., Mattay, V. S., Gallhofer, B. & Meyer-Lindenberg, A. (2005): Oxytocin modulates neural circuitry for social cognition and fear in humans. *The Journal of Neuroscience*, 25, S. 11 489–11 493.

Krebs, J. R. & Davies, N. B. (1993): *An introduction to behavioural ecology* (3. Aufl.). Malden, Ma. (Blackwell).
Kurzban, R. (2010): Does the brain consume additional glucose during self-control tasks? *Evolutionary Psychology*, 8, S. 245–260.
MacArthur, R. H. & Pianka, E. R. (1966): On optimal use of a patchy environment. *American Naturalist*, 100, S. 603–609.
Mobbs, D., Petrovic, P., Marchant, J., Hassabis, D., Weiskopf, N., Seymour, B., Dolan, R. J. & Frith, C. D. (2007): When fear is near: Threat imminence elicits prefrontal-periaqueductal gray shifts in humans. *Science*, 317, S. 1079–83.
Muraven, M., Collins, R. L. & Nienhaus, K. (2002): Self-control and alcohol restraint: A test of the self-control strength model. *Psychology of Addictive Behaviors*, 16, S. 113–120.
Panksepp, J. (1998): *Affective neuroscience: The foundations of human and animal emotions*. New York (Oxford University Press).
Panksepp, J., Nelson, E. & Siviy, S. (1994): Brain opioids and mother-infant social motivation. *Acta paediatrica*, 397, S. 40–46.
Pelphrey, K. A. & Morris, J. P. (2006): Brain mechanisms for interpreting the actions of others from biological-motion cues. *Current Directions in Psychological Science*, 15, S. 33–140.
Pinshow, B., Fedak, M. A., Battles, D. R. & Schmidt-Nielsen, K. (1976): Energy expenditure for thermoregulation and locomotion in emperor penguins. *American Journal of Physiology*, 231, S. 903–912.
Proffitt, D. R. (2006): Embodied perception and the economy of action. *Perspectives on Psychological Science*, 1, S. 110–122.
Raichle, M. E. & Mintum, M. A. (2006): Brain work and brain imaging. *Annual Review of Neuroscience*, 29, S. 449–76.
Roberts, G. (1996): Why individual vigilance declines as group size increases. *Animal Behavior*, 51, S. 1077–1086.
Rydell, A.-M., Berlin, L. & Bohlin, G. (2003): Emotionality, emotion regulation, and adaptation among 5- to 8-year-old children. *Emotion*, 3, S. 30–47.
Smyth, J. & Arigo, D. (2009): Recent evidence supports emotion regulation interventions for improving health in at-risk and clinical populations. *Current Opinion in Psychiatry*, 22, S. 205–210.
Schnall, S., Harber, K. D., Stefanucci, J. K. & Proffitt, D. R. (2008): Social support and the perception of geographical slant. *Journal of Experimental Social Psychology*, 44, S. 1246–1255.
Stefanucci, J. K., Proffitt, D. R., Banton, T. & Epstein, W. (2005): Distances appear different on hills. *Perception & Psychophysics*, 67 (6), S. 1052–1060.
Taylor, S. E. (2006): Tend and befriend: Biobehavioral bases of affiliation under stress. *Current Directions in Psychological Science*, 15, S. 273–277.
Taylor, S. E. & Master, S. L. (2011): Social responses to stress: The tend-and-befriend model. In: R. J. Contrada & A. Baum (Hrsg.), *The handbook of stress science: Biology, psychology, and health* (1. Aufl.). New York (Springer), S. 101–110.
Younger, J., Aron, A., Parke, S., Chatterjee, N. & Mackey, S. (2010): Viewing pictures of a romantic partner reduces experimental pain: Involvement of neural reward systems. *PLoS ONE*, 5 (10), e13309 (im Internet herunterzuladen über: http://www.plosone.org/article/info:doi%2F10.1371%2Fjournal.pone.0013309; Zugriff 18.7.2011).

JULIA BERKIC UND JULIA QUEHENBERGER

Bindungsspezifische Mechanismen der Emotionsregulation bei Langzeit-Ehepaaren

Einleitung

Der vorliegende Beitrag gibt zunächst einen Überblick über die bestehende Forschungsliteratur zum Thema »Bindung in erwachsenen Paarbeziehungen«. Im Anschluss daran werden die empirische Studie »Emotionsregulation und Bindung bei Langzeit-Ehepaaren« (Berkic et al. 2007) und deren Ergebnisse dargestellt.[1] Im Rahmen dieser Studie wurde von den Autorinnen anhand von Bindungsinterviews, Verhaltensbeobachtungen und Fragebögen überprüft, ob die generelle und die spezifische Bindungssicherheit von insgesamt 28 Langzeit-Ehepaaren die Genauigkeit der Wahrnehmung in Konfliktsituationen sowie das gegenseitige Bindungsverhalten beeinflussen.

Bindung im Erwachsenenalter

Im Rahmen der Bindungstheorie wird angenommen, dass Bindungsbeziehungen im Erwachsenenalter im Wesentlichen dieselben Merkmale und Funktionen haben wie Bindungsbeziehungen in der Kindheit. Darüber hinaus stellen Eltern-Kind-Beziehungen laut Bindungstheorie einen Prototyp späterer Liebesbeziehungen dar (Fraley 2002; Hazan & Zeifman 1994). Empirische Befunde deuten darauf hin, dass die mentale Repräsentation früher Kindheitserfahrungen noch Jahrzehnte später die Wahrnehmung und das Verhalten in bindungsrelevanten Situationen beeinflusst. Es ist anzunehmen, dass Langzeit-Ehen aufgrund ihrer Beziehungsdauer Bindungsbeziehungen darstellen.

Lange Zeit konzentrierte sich die Bindungsforschung primär auf das Säuglings- und Kindesalter. Das Bedürfnis, sich an wichtige Personen zu binden, welche als *sicherer Hafen* und *sichere Basis* zu Verfügung stehen, ist beim Menschen jedoch ein Leben lang wirksam (Bretherton & Munholland 2008). Meist tritt die Rolle der Eltern als *Fürsorgeperson* im Jugendalter in den Hintergrund, und der Aufbau von Liebesbeziehungen, welche eine gegenseitige Befriedigung von Bindungsbedürfnissen ermöglichen, gewinnt zunehmend an Bedeutung (Stöcker et al. 2003). Eine Partnerschaft, welche die »wichtigste zwischenmenschliche Beziehungsform« (Bodenmann 2000, S. 35) im Erwachsenenalter darstellt, kann demnach auch eine Bindungsbeziehung sein. Der Mensch ist bei der Gestaltung von Beziehungen zu anderen jedoch keine *tabula rasa*, sondern wird dabei von bindungsrelevanten Erinnerungen, Überzeugungen und Erwartungen gelenkt, welche man – zusammenfassend – nach Bowlby (1986) als sogenannte *internale Arbeitsmodelle* bezeichnet. Mit der Entwicklung des *Adult Attachment Interviews* (AAI; George et al., 1985/2001), welches Bindungsrepräsentationen – nämlich die Verarbeitung früherer Bindungserfahrungen mit den Eltern oder elternähnlichen Personen und die Bewertung dieser Erfahrungen aus heutiger Sicht – erfasst, wagten George, Kaplan und Main (1985/2001) methodisch den ›Schritt auf die Ebene der Repräsentationen‹ (Main et al. 1985; zit. n. Main, 2001).

Normative Aspekte von Bindung in Liebesbeziehungen

Aus bindungstheoretischer Sicht lassen sich dauerhafte und stabile Paarbeziehungen als Bindungsbeziehungen deuten (v. Sydow 2002). Bindungsbeziehungen im Erwachsenenalter haben im Wesentlichen dieselben Merkmale und Funktionen wie Bindungsbeziehungen in der Kindheit (Hazan & Zeifman 1994). Diese Annahmen dürften insbesondere für die hier vorliegende Stichprobe zutreffen, da beide jeweiligen (Langzeit-) Ehepartner durchschnittlich etwas mehr als die Hälfte ihres bisherigen Lebens miteinander verbracht haben. Parallel zur Eltern-Kind-Beziehung wird eine Liebesbeziehung dann als Bindungsbeziehung bezeichnet, wenn sie folgende vier Merkmale aufweist: 1.) kontinuierliches Suchen von Nähe zum Partner, 2.) Trennungsprotest, 3.) die Nutzung des Partners als »sicherer Hafen« in Zeiten der Krise (z. B. bei Trauer, Angst, Krankheit, Überforderung) und als 4.) »sichere Basis« für Exploration bei Wohlbefinden (Hazan & Zeifman 1994; v. Sydow 2002).

Neben diesen fundamentalen Überlappungen gibt es jedoch auch grundlegende Unterschiede zwischen einer Bindungsbeziehung zu den Eltern und zu einem Lebenspartner (Weiss 1982; zit. n. Hazan & Shaver 2004). Im Gegensatz zu einer Eltern-Kind-Beziehung ist eine Liebesbeziehung reziprok. Das bedeutet, dass beide Partner sowohl *caregiver* als auch *careseeker* füreinander sein können (Hazan & Zeifman 1994). Das Bindungs- und das Fürsorgesystem sind daher innerhalb einer Bindungsbeziehung zwischen gleichberechtigten Erwachsenen eng miteinander verbunden. Darüber hinaus werden in einer Paarbeziehung auch sexuelle Bedürfnisse befriedigt. Die normativen Komponenten einer prototypischen reziproken Paarbeziehung zwischen zwei Erwachsenen sind demnach Bindung, Fürsorge und Reproduktion.

In den ersten zwei Jahren einer Beziehung stehen zumeist körperliche Attraktion und Sexualität im Vordergrund. Diese Beziehungsphase wird in Anlehnung an die Bindungsentwicklungsstufen nach Ainsworth (1972) auch als »attachment-in-the-making« bezeichnet. Die Motivation, welche der Suche nach Nähe zum Partner zugrunde liegt, ist demnach nicht wie in der Kindheit auf das Bedürfnis nach Sicherheit und Schutz zurückzuführen, sondern auf das Bedürfnis nach sexueller Paarung. Während also Sexualität in der Aufbauphase einer Beziehung überwiegt, spielen Fürsorge und Bindung eher eine untergeordnete Rolle.

Es wird angenommen, dass sich eine Bindung zwischen Liebespartnern stufenweise entwickelt: Am Anfang einer Liebesbeziehung entwickelt sich zuerst der Wunsch nach Nähe, primär reguliert durch das Reproduktionssystem, und danach die Nutzung des Partners als »sicherer Hafen«. Durchschnittlich werden erst bei einer Beziehungsdauer ab zwei Jahren alle Komponenten einer Bindungsbeziehung wirksam. Mit zunehmender Dauer der Beziehung nimmt die Bedeutung von Sexualität ab, während die Rolle des Partners als »sicherer Hafen«, »sichere Basis« und die gegenseitige Fürsorge für ein harmonisches Zusammenleben immer wichtiger werden (Hazan & Shaver 2004). Empirische Studien liefern auf emotionaler, kognitiver, physiologischer und behavioraler Ebene Hinweise dafür, dass eine Liebesbeziehung Merkmale einer Bindungsbeziehung besitzen kann (für einen Überblick siehe Hazan et al. 2004).

In den vergangenen Jahrzehnten bezogen sich Untersuchungen zu Bindungsfragestellungen fast ausschließlich auf junge unverheiratete Paare. Wenig Augenmerk richtete sich dagegen bisher auf stabile Langzeit-Beziehungen – die Studie »Emotionsregulation und Bindung bei Langzeit-Ehepaaren« soll diese Forschungslücke ein Stück weit schließen.

Generelle und spezifische Bindungssicherheit

John Bowlby nahm an, dass die Eltern-Kind-Beziehung den Prototyp aller späteren Liebesbeziehungen darstellt. Diese Idee, welche Bowlby in modifizierter Form in die Bindungstheorie integrierte, stammt ursprünglich von Sigmund Freud (2009, zit. n. Fraley 2002). Aus bindungstheoretischer Sicht sind für die

Übertragung dieses Beziehungswissens auf spätere Beziehungen die in der frühen Kindheit entwickelten internalen Arbeitsmodelle verantwortlich, welche Einfluss auf Erwartungen an neue Beziehungspartner und auf Verhaltensweisen ihnen gegenüber haben. Diese Annahme wird innerhalb unserer Studie indirekt untersucht: Sollte sich herausstellen, dass mit zunehmendem Grad an Bindungssicherheit der andere Partner während einer Konfliktsituation akkurater eingeschätzt wird bzw. sich der erste Partner gegenüber dem anderen bindungssicherer verhält, so ist anzunehmen, dass (in der Kindheit erworbene) internale Arbeitsmodelle die Wahrnehmung des aktuellen Partners und das Verhalten ihm gegenüber beeinflussen.

Die Auswirkungen internaler Arbeitsmodelle auf Wahrnehmungs- und Verhaltensprozesse können jedoch nur überprüft werden, wenn das Bindungssystem aktiviert ist. Zu diesem Zwecke eignen sich insbesondere Problemlösungsdiskussionen über aktuelle und bedeutsame Konfliktthemen, welche beide Partner betreffen (Kobak & Duemmler 1994). Dieses Forschungsparadigma hat in der sozialpsychologischen Paarforschung eine lange Tradition (z. B. Billings 1979; Gottman & Driver 2005; Gottman & Notarius 2000; Vincent et al., 1979) und wird seit etlichen Jahren auch erfolgreich in der Partnerschaftsbindungsforschung eingesetzt (z. B. Bouthillier et al. 2002; Kobak & Duemmler 1994; Kobak & Hazan 1991; Pistole 1989). Forschungsergebnisse zeigen, dass in Abhängigkeit von der Bindungssicherheit und den damit verknüpften emotionsregulatorischen Strategien Unterschiede im Konfliktverhalten und in der Konfliktbewältigung bestehen (Mikulincer & Shaver 2008; Pietromonaco et al. 2004; Simpson et al. 1996).

Viel Aufmerksamkeit wurde in der Bindungsforschung in den letzten zehn Jahren der Frage geschenkt, ob es mit zunehmendem Alter ein generalisiertes Arbeitsmodell für alle Bindungsbeziehungen gibt oder mehrere unterschiedliche, je nach Beziehungstyp. Gilt die Prototyp-Hypothese, dass sich alle späteren Arbeitsmodelle an dem frühen Eltern-Kind-Modell orientieren, oder werden alte Arbeitsmodelle durch neue Erfahrungen überschrieben und modifiziert? Fest steht, dass internale Arbeitsmodelle funktional und dynamisch sind. Sie dienen dazu, das Verhalten anderer zu simulieren und zu antizipieren, um auf Grundlage dieser mentalen Operationen flexibles und angemessenes Verhalten in sozialen Situationen zu planen (Collins & Read 1994). Während internale Arbeitsmodelle im Kindesalter relativ vulnerabel gegenüber qualitativen Veränderungen im Verhalten der Bindungsperson sind, werden sie mit zunehmendem Alter stabiler und damit gegenüber Veränderungen resistenter (Bowlby 1995). Dies trifft insbesondere unter gleichbleibenden Umweltbedingungen zu (Bretherton 2001) und wird u. a. darauf zurückgeführt, dass die Wahrnehmung und die Verarbeitung neuer Informationen arbeitsmodellkonformen Selektions- und Assimilationsprozessen unterliegen, welche auf vergangenen Erfahrungen beruhen (Collins & Read 1994). Mit zunehmendem Alter wächst nicht nur die Stabilität, sondern auch die Komplexität internaler Arbeitsmodelle, da diese permanent durch neue Beziehungserfahrungen re-aktualisiert werden.

In Abgrenzung zu *generellen* internalen Arbeitsmodellen, in welchen frühe Bindungserfahrungen mit den Eltern oder elternähnlichen Personen repräsentiert werden, reflektieren spezifische internale Arbeitsmodelle den gegenwärtigen mentalen Verarbeitungszustand aktueller Bindungsbeziehungen. Bindungsforscher legen hierbei das Augenmerk auf Liebesbeziehungen (Treboux et al. 2004). Zur Erfassung der Partnerschaftsrepräsentation eignet sich insbesondere das *Current Relationship Interview* (Crowell & Owens 1996). Nach heutigem Stand der Forschung wird angenommen, dass generelle und spezifische internale Arbeitsmodelle sich wechselseitig in eine positive oder negative Richtung beeinflussen können (Feeney 2008; Berkic 2006).

Das Adult Attachment Interview (AAI)

Das von George und Kollegen (1985/2001) entwickelte AAI erfasst auf Basis von *Narrativa* (Erzählstrukturen) den *aktuellen mentalen Verarbeitungszustand von Bindungserfahrungen* (entspricht dem englischen »current state of mind with respect to attachment«), welcher auch als *generelle Bindungsrepräsentation* bezeichnet wird. Das AAI ist ein halbstrukturiertes Interview, dessen Fragetechnik beabsichtigt, das »Unbewusste zu überraschen« (George et al. 1985/2001; zit. n. Main 2001). Hierfür ist es notwendig, die vorgeschriebene Reihenfolge der Fragen strikt einzuhalten. Bei der Beantwortung der einzelnen AAI-Fragen wird die interviewte Person gleichzeitig mit zwei Herausforderungen konfrontiert: mit der Reproduktion und Reflexion bindungsrelevanter Erinnerung zum einen und mit der Einhaltung eines durchgängig kohärenten und kollaborativen Diskurses zum anderen (Hesse 2008).

Die Auswertung des AAI stützt sich insbesondere auf die kognitive und emotionale Verarbeitung von Bindungserfahrungen, welche sich in einem mehr oder weniger kohärenten Diskurs ausdrückt. Je kohärenter der Erzählstil, desto sicherer die Bindungsrepräsentation. Dies hängt entscheidend mit der Fähigkeit zum *metakognitiven Monitoring* zusammen, deren Ursprung konsistente internale Arbeitsmodelle sind. Personen, welche aktiv über bindungsrelevante Themen reflektieren können, beziehen in ihre Überlegungen unterschiedliche Perspektiven ein (z. B. wie die Schwester die Beziehung zu den eigenen Eltern wahrnimmt), berichten über positive und negative Erfahrungen und versuchen kontinuierlich den Unterschied zwischen Anschein und Realität zu erkennen (Hesse 2008). Demgegenüber weist ein widersprüchlicher und wenig strukturierter Diskurs auf eine unsichere Bindungsrepräsentation hin. Personen mit inkonsistenten internalen Arbeitsmodellen fällt es schwer, über frühe Bindungserfahrungen zu reflektieren, was zu einem rigiden und inkohärenten Erzählstil führt.

Um individuelle Differenzen im Diskursverhalten zu klassifizieren, werden von den AAIs, die geführt wurden, Wort-für-Wort-Transkripte erstellt und den drei Hauptkategorien *sicher-autonom (F)*, *unsicher-distanziert (Ds)* oder *unsicher-verstrickt (E)* zugewiesen. Aus dieser kategorialen Einteilung kann ein dimensionaler Sicherheitswert gebildet werden, der in der Studie »Emotionsregulation und Bindung bei Lanzeit-Ehepaaren« die Basis der weiteren Berechnungen bildet.

Das Current Relationship Interview (CRI)

Um die *spezifische* Bindungsrepräsentation bezüglich der aktuellen Partnerschaft zu erfassen, wurde von Crowell und Owens (1996) das *Current Relationship Interview* entwickelt, welches hinsichtlich Aufbau und Fragestil an das AAI angelehnt ist und bindungsrelevante Aspekte der aktuellen Paarbeziehung zum Thema hat. Es wurde von Monika Winter ins Deutsche übersetzt (Grossmann & Grossmann 2004; Winter & Grossmann 2002). Das Interview umfasst Fragen zur Beziehungsgeschichte des Paares, zum aktuellen Zustand der Beziehung, zu eigenen Persönlichkeitsmerkmalen und denen des Partners, zum Umgang miteinander, insbesondere dem Umgang mit dem Thema »Unterstützung geben und bekommen«.

Bei der Auswertung wird – ebenso wie im AAI – zusätzlich zur konkreten Inhaltsanalyse des Gesagten beurteilt, inwieweit eine Person in der Lage ist, bindungsrelevante Themen bezüglich der Partnerschaft in einer glaubhaften, widerspruchsfreien, verständlichen und emotional integrierten Narration zu erörtern, um somit Rückschlüsse auf das zugrunde liegende Arbeitsmodell von Partnerschaft ziehen zu können. Es wird also neben inhaltlichen Aspekten vor allem die sprachliche und gedankliche Kohärenz betrachtet (vgl. v. Sydow 2001). Das Auswertungssystem beinhaltet ebenfalls drei Hauptklassifikationen: 1.) *sicher in Partnerschaft und Diskurs*, 2.) *distanziert in Partnerschaft und Diskurs* oder 3.) *verstrickt/unklar in Partnerschaft und Diskurs*. Hier ist, ebenso wie bei den AAI–Kategorien, die Parallelität zu den kindlichen Bindungsmustern zu erkennen. Auch hier kann aus den einzelnen Kategorien ein dimensionaler Sicherheitswert gebildet werden.

Bindung und Partnerschaft im Kontext von Langzeit-Ehen

In Deutschland gibt es rund 18 Millionen Ehepaare und ca. 2,6 Millionen nichteheliche Lebensgemeinschaften (Statistisches Bundesamt Deutschland [DESTATIS] 2009a). Pro Jahr werden um die 400 000 Ehen neu geschlossen, jedoch auch ca. 200 000 Ehen geschieden (DESTATIS 2009b; BMJ 2009). Die durchschnittliche Ehedauer bei der Scheidung betrug im Jahre 2009 14 Jahre und 4 Monate (Statistisches Bundesamt 2011). Diese Zahlen zeigen, dass der Bund der Ehe bei knapp der Hälfte der Einwohner Deutschlands nach wie vor die Lebensform der Wahl darstellt, auch wenn die »Ehe auf Lebenszeit« immer mehr aus der Mode kommt, wie die wachsenden Scheidungsraten der letzten Jahrzehnte belegen (DESTATIS 2009c).

Die an der vorliegenden Untersuchung teilnehmenden Ehepaare sind seit durchschnittlich 28,4 Jahren in erster Ehe verheiratet und haben – bis auf ein Paar – mindestens ein Kind. Damit erfüllen alle Paare das von Cuber und Haroff (1965; zit. n. Bachand & Caron 2001) als Cut-off-Wert für eine sogenannte Langzeit-Ehe festgesetzte Kriterium von zehn Jahren Ehedauer. Freilich gibt es über diese Zeitgrenze in der Forschungsgemeinschaft keinen Konsens, was sich in der unterschiedlichen angewandten Mindestgrenze von 10 bis 50 Ehejahren als Definitionsmerkmal einer Langzeit-Ehe ausdrückt (Bachand & Caron 2001). Darüber hinaus stellt sich die Frage, ob eine rein zeitliche Grenze der Sache gerecht wird oder ob es nicht vielmehr sinnvoll ist, zusätzlich qualitative Kriterien heranzuziehen. Zum Beispiel könnte man daran denken, Ehen, die länger »halten« als die durchschnittliche »Scheidungsehe«, als Langzeit-Ehen anzusehen. Langzeit-Ehen hätten dann, bezogen auf die deutsche Bevölkerung, eine Dauer von mindestens 14,4 Jahren (siehe oben).

Ein wesentliches Merkmal von Langzeit-Ehen ist, dass sie in ihrem Verlauf mit einer Vielzahl von mehr oder weniger erwartbaren Entwicklungsaufgaben konfrontiert werden. Nach Schneewind und Wunderer (2003) lässt sich die normative Entwicklung von Paaren in fünf Phasen einteilen: 1.) Paare in der Frühphase ihrer Beziehung, 2.) Paare mit kleinen Kindern, 3.) Paare mit älteren Kindern und Jugendlichen, 4.) Paare in der nachelterlichen Phase (»empty nest«) und 5.) Paare in der späten Lebensphase. Da Ehedauer und Alter miteinander konfundiert sind (Levenson et al. 1994), müssen diese beiden kontextuellen Variablen gleichzeitig betrachtet werden. Die Ehepartner in unserer Studie befinden sich im mittleren und hohen Erwachsenenalter (37–73 Jahre, SD = 8,2). Demnach sind sie nicht nur mit Entwicklungsaufgaben aus den Paarzyklusphasen 3), 4) oder 5) konfrontiert, sondern gleichzeitig auch mit ihrem eigenen Älterwerden. Wichtige Veränderungen wie der Auszug des Kindes oder das Ausscheiden aus dem Arbeitsleben stehen bevor oder sind gerade zu meistern (Schneewind & Wunderer 2003). Infolgedessen »findet eine Refokussierung auf die Partnerschaft statt, was oftmals als Bereicherung empfunden wird, im Falle problematischer Partnerschaften jedoch auch zu vermehrtem Konflikt führen kann« (ebd., S. 227). Nicht nur eigene körperliche Veränderungen, die durch das Altern bedingt sind (z. B. Menopause; Krankheit), sondern auch die Pflegebedürftigkeit der Eltern oder Schwiegereltern können während dieser Übergänge im Familienlebenszyklus eine zusätzliche Belastung darstellen.

Kontinuität vs. Diskontinuität internaler Arbeitsmodelle

Die Ergebnisse von Längsschnittstudien, welche die Korrespondenz zwischen Bindungsmustern im Säuglingsalter, gemessen mit dem Fremde-Situations-Test (FST), und Bindungsrepräsentationen im Jugendalter, gemessen mit dem AAI, überprüft haben, sind widersprüchlich: Waters, Merrick, Treboux, Crowell und Albersheim (2000) und Hamilton (2000) konnten über einen Zeitraum von ca. 19 Jahren eine Übereinstimmung von 72 % (kappa = .44, p < .001) bis 77 % (kappa = .49, p < .01) jeweils zwischen sicheren und unsicheren (dichotom eingeteilten) Bindungsklassifikationen feststellen. In anderen Längsschnittstudien hingegen war Diskontinuität der Hauptbefund (Grossmann et al. 2006; Lewis et al. 2000; Weinfield et al. 2000). Die Behauptung, der Einfluss frühkindlicher Bindungserfahrungen auf die Bindungsrepräsentation im Erwachsenenalter sei zufällig und daher bedeutungslos, weisen Grossmann und Grossmann (2004) als »logischen Fehlschluss« (S. 506) zurück. Da Bindung als ein dynamischer Prozess konzeptualisiert ist, können sowohl Stabilität als auch Veränderung mit der Bindungstheorie erklärt werden, wobei grundsätzlich davon ausgegangen wird, dass in der Kindheit entstandene internale Arbeitsmodelle stabil sind und über die gesamte Lebensspanne Kognitionen und Emotionen sowie Verhalten in zwischenmenschlichen Beziehungen beeinflussen (Fraley 2002). Karin und Klaus E. Grossmann (2004) betrachten die Bindungsentwicklung eines Menschen als adaptiven Prozess, innerhalb dessen Kontinuität bzw. Diskontinuität ein adaptives Muster von Kognition, Emotion und Verhalten darstellt. Veränderungen internaler Arbeitsmodelle werden folglich als Anpassungsleistung an veränderte Lebensumstände infolge von kritischen Lebensereignissen (z. B. Tod einer nahestehenden Person, Trennung vom Partner oder gravierende gesundheitliche Probleme) verstanden. Weinfield und Kollegen (2000) konnten zeigen, dass unter konstant widrigen Lebensumständen während der Kindheit und Jugend (z. B. Depression der Mutter, Misshandlung) nicht nur die Entwicklung einer sicheren Mutter-Kind-Bindung, sondern auch die Entwicklung und vor allem die Konservierung eines sicheren generellen internalen Arbeitsmodells von Bindung gefährdet ist.

Um zu überprüfen, ob frühkindliche Bindungserfahrungen prototypisch erhalten bleiben (Prototypmodell) oder ob jegliche Beziehung im weiteren Lebensverlauf eine revidierte und somit von bisher gemachten Bindungserfahrungen unabhängige Bindungsrepräsentation etabliert, verwendete Fraley (2002) zwei unterschiedliche mathematische Modelle, welche die gegensätzlichen Annahmen widerspiegeln. Die dabei aus 27 Längsschnittstudien meta-analytisch aufbereiteten Daten passten eindeutig besser zum Prototypmodell.

Zusammenfassend lässt sich aus diesen empirischen Befunden die Annahme ableiten, dass die Repräsentation früher Bindungserfahrungen einen Einfluss auf Verhalten und Wahrnehmung im Erwachsenenalter haben dürfte.

Bindungssicherheit als Prädiktor für eine akkurate Partnerwahrnehmung

Innerhalb der Bindungstheorie wird demnach angenommen, dass internale Arbeitsmodelle einen Einfluss auf Wahrnehmungs-, Emotionsregulations- und Informationsverarbeitungsprozesse haben (Bretherton & Munholland 2008; Mikulincer & Shaver 2008; Maier et al. 2005). Folglich können »differences in attachment state of mind ... also be described as different information processing styles« (Maier et al. 2005, S. 68).

Erwartungsgemäß vermeiden Personen mit einer unsicher-distanzierten Bindungsrepräsentation bindungsrelevante Stimuli, während Personen mit einer unsicher-verstrickten Bindungsrepräsentation im übersteigerten Maße ihre Aufmerksamkeit auf diese richten. Dieses Muster lässt sich konsistent bei Säuglingen im FST und bei Erwachsenen im AAI beobachten (Ainsworth et al. 1978; Hesse 2008; Roisman et al. 2004). Die Fixierung auf bindungsrelevante Reize bzw. deren Abwehr während des AAI kann als eine strategische »Wahrnehmungsentrückung« interpretiert werden, welche dazu dient, ein Gefühl der

Sicherheit aufrechtzuerhalten (Maier et al. 2005). Gleichermaßen inflexibel regulieren Personen mit unsicheren internalen Arbeitsmodellen auch ihre Emotionen (Unterdrückung bzw. Übertreibung).

Aus der sozialpsychologischen Forschung weiß man, dass die Genauigkeit, mit der man Menschen einschätzt, auch durch die Befindlichkeit des Beurteilers beeinflusst wird (Forgas 1994). Darüber hinaus ist anzunehmen, dass Wahrnehmung selektiv und zielgerichtet ist (Collins & Read 1994; Forgas 1994). In Bezug auf internale Arbeitsmodelle bedeutet das, dass Personen in bindungsrelevanten Situationen dazu tendieren, Stimuli wahrzunehmen, welche leicht in ihr bestehendes Wissen über sich selbst und andere assimiliert werden können, und dass die internalen Arbeitsmodelle einem spezifischen übergeordneten Ziel dienen: Unsicher-verstrickte Personen verfolgen das Ziel, von ihrer Bindungsfigur anerkannt und nicht zurückgewiesen zu werden. Aus Angst vor einer Trennung von dieser werden sie sich auf Informationen konzentrieren, welche diese Angst bestätigen, was wiederum hyperaktivierende Emotionsregulationsstrategien in Gang setzt bzw. verstärkt. Collins und Read (1994) sprechen in diesem Zusammenhang von einem »egocentric attentional bias«, welcher dazu führt, dass inkonsistente oder als nicht relevant erachtete Informationen (z. B. mein Partner geht auf mich ein) ignoriert werden. Im Gegensatz dazu sind unsicher-distanzierte Personen sensibel gegenüber Reizen, welche eine Einschränkung ihrer Autonomie andeuten. Bindungsbedürfnisse, seien es ihre eigenen, seien es die anderer, werden folglich abgewehrt. Es ist daher zu vermuten, dass sich Personen mit einer unsicheren Bindung, wenn sie vorhersagen, wie ihr Partner etwas erleben wird, mit relativ geringer Wahrscheinlichkeit an adäquaten internalen und externalen Hinweisen orientieren, was in der Konsequenz zu verzerrten bzw. diskrepanten Einschätzungen führen kann (Collins & Read 1994). Personen mit einer sicheren Bindungsrepräsentation hingegen zeigen bei der Durchführung des AAI einen kompetenten Umgang mit bindungsrelevanten Informationen. Dies äußert sich insbesondere in einem kohärenten Diskurs, in welchem sich die Fähigkeit zum metakognitiven Monitoring und zur angemessenen Emotionsregulation spiegelt (Hesse 2008). Erwartungsgemäß ist davon auszugehen, dass Bindungssicherheit zu einer akkurateren bzw. weniger verzerrten Wahrnehmung der Erlebnisweise des Partners führt.

Auch bei Paarinteraktionen unter leichtem Stress (hier in einer Problemlösungsdiskussion) konnten – in Abhängigkeit von der Bindungssicherheit und -aktivierung – erwartungsgemäß entweder angemessene, deaktivierende oder hyperaktivierende Emotionsregulationsstrategien auf physiologischer Ebene gemessen werden (Roisman 2007). Primäre bzw. sekundäre Emotionsregulationsstrategien, welche im Zusammenhang mit Bindungssicherheit bzw. Unsicherheit stehen, sollten sich daher auch während bindungsrelevanter Paarinteraktionen (z. B. einer Konfliktsituation) in einer mehr oder weniger akkuraten Wahrnehmung des Partners und angemessenem bzw. unangemessenem Verhalten ihm gegenüber manifestieren.

Konfliktverhalten und Emotionsregulation in Paarbeziehungen in Abhängigkeit von der Bindungssicherheit

Eine bedeutsame Quelle von Stress innerhalb Paarbeziehungen sind Konflikte. Es wird angenommen, dass insbesondere Konflikte, welche die Beziehung beider Partner betreffen, das Bindungssystem und damit verbundene Kognitionen, Emotionen und Verhaltensweisen aktivieren (Pietromonaco et al. 2004). Das Besondere an Paarkonflikten ist, dass sie im Falle einer erfolgreichen Bewältigung eine Bereicherung für die Partnerschaft darstellen können (Simpson et al. 1996). Allerdings besitzen Konflikte, wenn sie nicht bewältigt werden können oder sogar eskalieren, das Potenzial, eine Partnerschaft zu gefährden. Ob Konflikte einen positiven oder negativen Einfluss auf eine Paarbeziehung ausüben, hängt entscheidend davon ab, wie sie interpretiert werden und was für Verhaltensweisen dadurch aktiviert werden (Pietromonaco et al. 2004).

Innerhalb der Bindungstheorie wird angenommen, dass Unterschiede in den Reaktionen auf Konflikte auf Unterschiede in der Beschaffenheit internaler Arbeitsmodelle beider Partner zurückzuführen sind. Personen mit sicheren internalen Arbeitsmodellen, welche von der Feinfühligkeit und Verfügbarkeit ihres Partners überzeugt sind, sollten Konflikte demnach als eine Möglichkeit wahrnehmen, den eigenen Partner besser kennenzulernen. Diese positive Erwartungshaltung sollte sich durch eine verständnisvolle offene Kommunikation und konstruktive Bewältigungsstrategien in Konfliktsituationen ausdrücken (Kobak & Duemmler 1994). Im Gegensatz dazu wird angenommen, dass Personen mit unsicheren internalen Arbeitsmodellen Konflikte als Bedrohung entweder der eigenen Unabhängigkeit oder der Beziehung empfinden (Pietromonaco et al. 2004). Die Angst vor einem Verlust der eigenen Unabhängigkeit und ein damit verbundenes Vermeidungsverhalten werden als prototypische Merkmale von Personen mit einer unsicher-distanzierten Bindungsorganisation erachtet. Demgegenüber äußern Personen mit einer unsicher-verstrickten Bindungsorganisation ein übertriebenes Bedürfnis nach Nähe zum Partner, aus Angst, diesen zu verlieren. Ihre Aufmerksamkeit dürfte sich während des Konflikts folglich primär auf Stimuli richten, welche die Angst vor dem Verlust der Verfügbarkeit des Partners belegen. Konflikt signalisiert unsicher-verstrickten Personen folglich nicht nur Gefahr, sondern auch Intimität. Da Personen mit einer unsicher-vermeidenden Bindungsorganisation hingegen Konflikte ausschließlich als aversiv erleben, werden sie versuchen, sich sowohl gedanklich als auch emotional von bindungsbezogenen Reizen zu distanzieren. Personen mit einer sicheren Bindungsorganisation, so wird angenommen, zeigen hingegen Flexibilität bezüglich der Regulation von Nähe und Distanz und können sich daher mehr auf das tatsächliche Konfliktgeschehen konzentrieren (Pietromonaco et al. 2004). Nach Pistole (1994) können Schwierigkeiten in der Regulation von Nähe und Distanz zum Partner den aktuellen Konflikt nicht nur beeinflussen, sondern auch hervorrufen. Ein Nähe-Distanz-Konflikt ist in der Regel sehr emotionsgeladen, da beide Partner danach streben, Bedürfnisse nach Nähe oder Distanz innerhalb der Beziehung zu befriedigen, welche sich gegenseitig ausschließen.

Es gibt jedoch etliche empirische Befunde, welche einen Zusammenhang zwischen den Ergebnissen des AAI und bei Paaren beobachtetem Konfliktverhalten nachweisen konnten (Bouthillier et al. 2002; Cohn et al. 1992; Creasey 2002; Creasey & Ladd 2004; Paley et al. 1999). Zusammengefasst legen diese Studienergebnisse nahe, dass Personen mit sicheren internalen Arbeitsmodellen mehr konstruktives Verhalten während einer Konfliktsituation zeigen als Personen mit unsicheren internalen Arbeitsmodellen (Pietromonaco et al. 2004). In unserer Studie wurde Bindungsverhalten in der Konfliktsituation mittels eines standardisierten Auswertungssystems, des *Secure Base Scoring System* (SBSS, Crowell et al. 2002), von trainierten Beobachtern beurteilt, die sich dabei auf gefilmte Problemlösungsdiskussionen beriefen.

Das Secure Base Scoring System (SBSS, Crowell et al. 2002)

Um das Bindungsverhalten in Partnerschaften im Erwachsenenalter systematisch zu beurteilen, wurde von Judith Crowell und Kollegen (2002) ein Kodiersystem entwickelt, welches auf einer siebenstufigen Skala getrennt für beide Partner videographierte Konfliktsituationen hinsichtlich des Care-Seeking- und Care-Giving-Verhaltens beurteilt. Dabei werden – ähnlich wie in der Fremden Situation Verhaltensweisen des Kindes und der Mutter beobachtet werden – Aspekte des Erwachsenenverhaltens betrachtet (z.B. *Care-Seeking*: »an den Partner mit einem Anliegen herantreten«, »sich beruhigen lassen«, bzw. auf der Ebene des *Care-Givings*: »das Anliegen des Partners erkennen«, »es richtig interpretieren«). Anschließend kann jeweils ein Gesamtwert für das individuelle Bindungsverhalten der Person gebildet werden.

Das Projekt »Emotionsregulation und Bindung bei Langzeit-Ehepaaren«

Stichprobe

Um die Emotionsregulation und Bindung bei Langzeit-Ehepaaren zu untersuchen, wurde von 2007 bis 2009 ein Forschungsprojekt durchgeführt. Die Datenbasis der für die Beantwortung dieser Fragestellung durchgeführten Studie bildeten 28 Paare im Alter von durchschnittlich 53,4 Jahren (SD = 8,2), die zwischen 15 und 45 Jahre lang (M = 28,5 Jahre) verheiratet waren. Die Paare sind eine Unterstichprobe der längsschnittlich in der von der DFG geförderten Studie »Was hält Ehen zusammen? – Bedingungen und Konsequenzen ehelicher Stabilität« (Wunderer & Schneewind 2008) untersuchten Population von Ehepaaren.

Methode

Für die Erfassung der generellen und spezifischen Bindungssicherheit wurden die im Abschnitt »Generelle und spezifische Bindungssicherheit« dargestellten halbstrukturierten Bindungsinterviews (AAI bzw. CRI) getrennt voneinander mit beiden Partnern durchgeführt. Um das Bindungsverhalten und die Genauigkeit der Wahrnehmung des Partners zu erfassen, wurden beide Ehepartner während einer Problemlösungsdiskussion gefilmt. Innerhalb der Bindungsforschung wird angenommen, dass mit Hilfe konflikträchtiger Problemlösungsdiskussionen eine Aktivierung des Bindungssystems systematisch herbeigeführt werden kann. Um das Bindungsverhalten zu bewerten, wurden die Videoaufzeichnungen im Anschluss von je zwei unabhängigen »Ratern« mit dem SBSS (vgl. oben) hinsichtlich des gezeigten Care-Seeking- und Care-Giving-Verhaltens beurteilt. Danach sollten die Ehepartner anhand der ersten drei Minuten der Videoaufzeichnung bei sich selbst und ihrem Partner mittels eines Fragebogens die Ausprägung positiver und negativer Emotionen einschätzen (Video-Recall). Es wurden insgesamt zwei zehnminütige Problemlösungsdiskussionen mit jeweils anschließendem Video-Recall durchgeführt. Die Selbst- und Partnereinschätzung diente zur Berechnung absoluter Differenzwerte der Wahrnehmungsakkuratheit. Insgesamt liegen für 56 Ehepartner Werte zur generellen Bindungsrepräsentation (AAI), Einschätzungen zum Bindungsverhalten (SBSS) und Wahrnehmungsdiskrepanzwerte (Video-Recall) vor. Bezüglich der spezifischen Bindungsrepräsentation (CRI) ist die Stichprobenzahl etwas reduziert, hier sind Werte für 48 Ehepartner verfügbar. Ist die generelle Bindungsrepräsentation Untersuchungsgegenstand, so wird im Folgenden mit einer Stichprobenzahl von N = 56 gerechnet, bildet die spezifische Partnerschaftsbindungsrepräsentation den Untersuchungsgegenstand, ist von einer Stichprobengröße von N = 48 auszugehen.

Fragestellungen

Aufgrund der dargestellten empirischen Befundlage wurde in der Studie angenommen, dass die Partnerwahrnehmung umso akkurater und das Bindungsverhalten umso positiver sei (d.h. mehr Careseeking und mehr Caregiving), je höher der Grad an Bindungssicherheit ist. Um die gegenseitige Abhängigkeit dyadischer Daten zu berücksichtigen, wurden die Daten anhand des *Actor-Partner Interdependence Model* (APIM; Kashy & Kenny 2000) analysiert. Dieses erlaubt eine Betrachtung der untersuchten Zusammenhänge nicht nur auf individueller Ebene, sondern auch auf der Paar-Ebene. Das heißt, es kann geprüft werden, ob die Sicherheit des einen Partners (Actor-Effekt) nicht nur die eigene Wahrnehmungsgenauigkeit und das eigene Verhalten beeinflusst, sondern auch die des anderen Ehepartners (Partner-Effekt).

Ergebnisse

Bindungssicherheit bei Langzeit-Ehepaaren
In der vorliegenden Untersuchung zeigt die Auswertung der Adult Attachment Interviews folgendes Muster: Während die Verteilung der Kategorien bei den Frauen der Stichprobe derjenigen entspricht, die man in der Normalbevölkerung erwarten würde (68% der Frauen haben eine sichere Bindungsrepräsentation, 18% eine unsicher-vermeidende und 14% eine unsicher-verstrickte), widerspricht die Verteilung bei den Männern dieser erwarteten Verteilung insofern, als fast die Hälfte aller Ehemänner eine unsicher-vermeidende Bindungsrepräsentation aufweisen, nur 32% hingegen haben eine sichere Repräsentation und immerhin 21% eine unsicher-verstrickte. Insgesamt wurde 37% der Ehepartner die Zusatzklassifikation »ungelöst-traumatisiert« zugeordnet.
Innerhalb der (Paar-) Bindungsforschung zählen bisher sowohl ältere Menschen als auch Langzeit-Ehen bisher zu den wenig untersuchten Populationen (Bradley & Cafferty 2001; Consedine & Magai 2003; Magai 2008; v. Sydow

2002; Wensauer & Grossmann 1998). Bisher liegen kaum Ergebnisse zur Verteilung von Bindungssicherheit im höheren Erwachsenenalter vor. Die Studien, die existieren, deuten allerdings darauf hin, dass sich in Stichproben mit älteren Erwachsenen ein höherer Prozentsatz an unsicher-vermeidenden und ein geringerer Prozentsatz an unsicher-ambivalenten Personen befindet (Magai, 2008). Bindungssicherheit wurde in diesen Studien jedoch fast ausschließlich mit Fragebögen erfasst.

Auch für die Männer der vorliegenden Studie trifft dieses Verteilungsmuster zu, nicht jedoch für die Frauen der Stichprobe. Unterschiede in der Verteilung von Bindungsstilen bei jüngeren und älteren Erwachsenen können historische (z. B. Kriegs- oder Nachkriegsgeneration), kulturelle (z. B. unterschiedliche Erziehungsnormen) oder entwicklungsbedingte Gründe haben (z. B. Auseinandersetzung mit dem Tod, Verlust wichtiger Bindungspersonen durch Tod). Die Klärung der Frage, ob es sich um einen Kohorten-, einen Geschlechts- oder Entwicklungseffekt handelt, steht bis zum gegenwärtigen Zeitpunkt noch aus (Magai 2008).

In Bezug auf die Partnerschaftsbindungsrepräsentation (erhoben mit dem CRI) zeigt sich in der vorliegenden Stichprobe folgende Besonderheit: Der Prozentsatz unsicher-verstrickter Repräsentationen ist im Vergleich zu jüngeren Stichproben (vgl. Crowell et al. 2008) deutlich erhöht (37,5 %). Das kommt möglicherweise daher, dass ein Teil der Probanden der Stichprobe durch hohe Trennungsbarrieren (wie z. B. viele gemeinsame Kinder, ländliche Umgebung, Religiosität) zwar unglücklich in ihrer Ehe sind, aber dennoch in der Partnerschaft verbleiben. Diese stabil-unglücklichen Bindungsgeschichten werden in dem herkömmlichen CRI-Klassifikationssystem noch am ehesten durch die »unsicher-verstrickte« Kategorie abgebildet, könnten jedoch treffender als *resigniert* bezeichnet werden. Die Interviews mit diesen Studienteilnehmern sind jedoch größtenteils durchaus kohärent und reflektiert. Es wäre denkbar, eine Modifikation bzw. Erweiterung des Auswertungssystems anzustreben, um auch älteren Paaren gerecht zu werden und die vorliegende Form einer vernunftgeleiteten Zweckgemeinschaft abbilden zu können, ohne diese Strategie zwangsläufig als »unsicher« bezeichnen zu müssen.

Individuelle und dyadische Übereinstimmung genereller und spezifischer Bindungssicherheit

Vergleicht man die individuelle Übereinstimmung zwischen genereller Bindungssicherheit (aus der eigenen Herkunftsfamilie) und spezifischer Bindungssicherheit (in der Partnerschaft), zeigt sich folgendes Bild (Abb. 1): Entsprechend der Prototyp-Hypothese hat die überwiegende Mehrheit der untersuchten Personen eine kongruente Bindungsstrategie in Bezug auf die aktuelle Partnerschaft wie auch in Bezug auf die Geschichte der Herkunftsfamilie. Die Übereinstimmung von 66% (kapp = .34, p = <.05) ist signifikant. Immerhin 10 Personen (20%) haben trotz einer unsicheren Repräsentation in Bezug auf die Herkunftsfamilie eine sichere Bindung an den Partner erarbeitet. Und 6 Personen befinden sich trotz einer sicheren Repräsentation im AAI in ihrer Langzeit-Ehe in einem unsicheren Status.

	Herkunftsfamilie AAI	
Partnerschaft CRI	n = 48	sicher	unsicher
	sicher	16	10
	unsicher	6	16

Abb. 1: Konkordanz genereller und spezifischer Bindungssicherheit auf individueller Ebene

Die Frage nach der Übereinstimmung der Repräsentationen auf dyadischer Ebene (d.h. die Frage danach, ob sich sicher bzw. unsicher gebundene Personen überzufällig häufig zusammenfinden) lässt sich für die vorliegende Stichprobe folgendermaßen beurteilen: Während die Übereinstimmung auf der Ebene der *generellen* Bindungssicherheit (AAI) mit 41,6% unter dem Zufallsniveau (kappa = –.01) liegt, findet sich in Bezug auf die *spezifische* Partnerschaftsbindungssicherheit (CRI) eine signifikante Übereinstimmung von 83,3% (kappa: .67, p < .01):

Diese Befunde entsprechen den existierenden empirischen Befunden der letzten Jahrzehnte. Die Repräsentation der eigenen Kindheitsgeschichte (AAI) scheint generell kein Merkmal zu sein, nach dem sich Liebespartner zusammenfinden (vgl. Owens et al. 1995; van IJzendoorn & Bakermans-Kranenburg 1996). Die spezifische Bindungssicherheit in der aktuellen Beziehung scheint sich mit zunehmender Beziehungsdauer einander anzunähern und stimmt somit – v.a. bei Langzeit-Beziehungen – häufig bei beiden Partnern überein (vgl. Crowell & Treboux 2001).

Vorhersage der Wahrnehmungsakkuratheit und des Bindungsverhaltens aufgrund der Bindungssicherheit

Aufgrund der gegenseitigen Abhängigkeit innerhalb einer Paarbeziehung ist anzunehmen, dass das Bindungsmuster von Partner A nicht nur seine eigene Reaktion auf Konflikte (Wahrnehmung bzw. Verhalten) beeinflusst (Actor-Effekt), sondern auch die des Partners B (Partner-Effekt). Darüber hinaus sollte sich auch die *Konstellation* der Bindungsmuster beider Partner (Paar-Effekt) auf die Beschaffenheit und Handhabung von Konflikten auswirken (Feeney 2004). Aus bindungstheoretischer Sicht sollten folglich Paare mit zwei im AAI bzw. CRI als sicher klassifizierten Partnern eine genauere Emotionswahrnehmung und einen kompetenteren Umgang in Konflikten zeigen als Paare mit zwei als unsicher klassifizierten Partnern. Ebenso ist anzunehmen, dass die Bindungssicherheit wenigstens eines Partners als »Puffer« wirken kann und somit weniger negatives Konfliktverhalten innerhalb des Paares erwarten lässt.

Überprüft man statistisch die Vorhersagekraft der generellen Bindungssicherheit bezüglich der Wahrnehmungsdiskrepanz und des Bindungsverhaltens in Konfliktsituationen, so ergibt sich folgendes Ergebnismuster: Auf *individueller* Ebene zeigt sich, dass ein Partner die Emotion des anderen Partners umso genauer erkennen kann und in Konfliktsituationen umso mehr Care-Giving und Care-Seeking zeigt, je sicherer seine generelle Bindungsrepräsentation ist. Bindungssicherheit erweist sich in Konfliktsituationen also als signifikanter Prädiktor nicht nur von Wahrnehmungsgenauigkeit, sondern auch von sicherem Bindungsverhalten. Die generelle Bindungssicherheit lässt jedoch nicht nur auf individueller Ebene, sondern auch auf der Paar-Ebene auf eine akkurate Partnerwahrnehmung, nicht aber auf das Bindungsverhalten schließen: Das bedeutet: Je höher der Grad an Bindungssicherheit von Partner A ist, desto akkurater ist die Partnerwahrnehmung seitens Partner B. Es fällt also auch dem Gegenüber leichter, die Gefühle des anderen zu beurteilen, wenn es sich um einen bindungssicheren Partner handelt, welcher sich dadurch auszeichnet, dass er kohärent handelt und seine Gefühle kohärent ausdrückt.

Darüber hinaus ergab sich, dass der Zusammenhang zwischen Bindungssicherheit und Wahrnehmungsdiskrepanz erwartungsgemäß durch die *Konstellation* der Bindungsrepräsentationen innerhalb eines Paares moderiert wird: Ehepaare mit jeweils zwei unsicheren internalen Arbeitsmodellen weisen die höchste Wahrnehmungsdiskrepanz auf. Bereits ein Partner mit einem sicheren Arbeitsmodell führt zu einer genaueren gegenseitigen Emotionswahrnehmung. Dies könnte im Sinne der Pufferhypothese darauf zurückgeführt werden, dass bindungssichere Ehepartner aufgrund ihrer Bereitschaft zur Selbstöffnung automatisch einen positiven Einfluss auf die Kommunikationskultur innerhalb der Partnerschaft ausüben und die bindungsunsicheren Ehepartner sich mit der Zeit eventuell daran anpassen. Bei Paar-Konstellationen mit zwei sicheren Partnern war die Abweichung der Einschätzung der gegenseitigen Gefühlslage hypothesenkonform besonders gering.

Die berichteten Befunde deuten darauf hin, dass mit zunehmender Kohärenz des Diskurses über Bindungserfahrungen aus der Kindheit (AAI) die Akkuratheit der Partnerwahrnehmung und das sichere Bindungsverhalten dem Partner gegenüber wächst. Für die spezifische Bindungssicherheit (CRI) konnten diese Effekte auf Wahrnehmung und Verhalten wider Erwarten nicht nachgewiesen werden.

Diskussion und Ausblick

Die Ergebnisse zeigen auf beeindruckende Weise den weitreichenden Einfluss früher bindungsbezogener Erfahrungen: Je kohärenter eine Person über ihre frühen Bindungserlebnisse erzählen kann, desto genauer kann diese Person – fünfzig Jahre später – die Gefühle ihres Ehepartners beurteilen und angemessen auf sie reagieren. Zudem konnte gezeigt werden, dass die Bindungssicherheit eines Partners nicht nur – wie theoretisch angenommen – seine eigene Wahrnehmung und sein eigenes Verhalten beeinflusst, sondern auch das seines Gegenübers mitbestimmt. Dieser Befund untermauert die Bedeutung von Bindung in Paarbeziehungen als dynamisches, interpersonelles und reziprokes Phänomen.

Die Tatsache, dass sich in 22 von 28 Langzeit-Ehepaaren (80 %) mindestens ein gemäß dem AAI sicher gebundener Partner befindet, bestätigt ebenfalls die stabilisierende Wirkung, die der kohärenten Wahrnehmung der eigenen Lebensgeschichte auch in Bezug auf andere soziale Beziehungen zugesprochen wird. Allerdings zeigt dieses Ergebnis ebenso, dass auch *ohne* eigene Bindungssicherheit eine stabile Langzeit-Beziehung möglich ist – über die Hälfte der ehelichen Kombinationen (16 Paare) bestehen schließlich aus einem sicheren und einem unsicheren Partner. Hier kann einerseits von einem Puffer-Effekt durch den sicheren Partners ausgegangen werden – dieser Befund wirft jedoch auch die Frage auf, inwiefern eventuell auch Bindungs*unsicherheit* stabilisierende Aspekte in Bezug auf eine Beziehung haben kann: So zeichnen sich Personen mit vermeidender Bindungsstruktur beispielsweise oft dadurch aus, dass sie Probleme nicht gerne ansprechen und unangenehme Situationen eher aussitzen, anstatt Konflikte eskalieren zu lassen oder gar die Beziehung zu verlassen. In Kombination mit einer sicher gebundenen Person kann dies anscheinend durchaus eine konservierende Wirkung auf eine Ehe haben – vorausgesetzt, die Vermeidung hält sich in gewissen Grenzen. Zudem kann Bindungssicherheit selbstverständlich nur als *ein* Moderator unter vielen für Wahrnehmung und Verhalten in einer Partnerschaft angesehen werden; Intelligenz, gewisse Persönlichkeitseigenschaften (wie Offenheit oder Neurotizismus) und kultureller Hintergrund wären z. B. als weitere wichtige Faktoren zu nennen.

Die diskutierten Effekte zeigen sich nur in Bezug auf die generelle Bindungssicherheit, erfasst mit dem AAI. Die Tatsache, dass die spezifische Partnerschaftsbindungssicherheit (CRI) in der vorliegenden Studie wenig Vorhersagekraft hat, könnte folgende Gründe haben: Zum einen besteht eine starke Selektivität in der Stichprobenauswahl. Die Ehepaare sind überdurchschnittlich zufrieden, auskunftsbereit und gebildet, was die Varianz der Daten in Bezug auf die Partnerschaftsaussagen stark einschränkt. Außerdem besteht Anpassungsbedarf bezüglich der Auswertungskategorien des CRI für Langzeit-Beziehungen im höheren Erwachsenenalter (siehe den Abschnitt »Das Projekt ›Bindungsspezifische Emotionsregulationsmechanismen bei Langzeit-Ehepaaren‹«). Aufgrund der geringen Stichprobengröße sind die Befunde dieser Studie zudem nicht generalisierbar. Es wäre wünschenswert, dass die Ergebnisse in zukünftigen Forschungsvorhaben mit größeren Stichproben repliziert werden.

Die präsentierten Ergebnisse beinhalten dennoch wichtige Implikationen auch für die therapeutische Praxis: Die Arbeit mit und an grundlegenden emotionsregulatorischen Strategien, die bereits in der Kindheit angelegt wurden, kann anscheinend die Wahrnehmung aktueller eigener und fremder Gefühle beeinflussen. Sie sollte in einzel- und paartherapeutischen Settings genug Raum einnehmen und im Hinblick auf bestehende Konflikte beleuchtet und hinterfragt werden. Dysfunktionale Dynamiken in Paarbeziehungen können so mit Hilfe der dargestellten bindungstheoretischen Überlegungen verständlich gemacht und – im besten Fall – im Sinne der Partnerschaft verändert werden.

Anmerkung

1 Aus dem laufenden Projekt sind bereits verschiedene Publikationen hervorgegangen (vgl. Berkic et al. 2009; Berkic & Quehenberger 2009; Berkic & Schmidt 2008, Berkic & Fischer 2008). Die hier vorgestellten Daten werden in diesem Beitrag und dem ihm zugrunde liegenden Vortrag erstmals öffentlich gemacht.

Literatur

Ainsworth, M. D. S. (1972): Attachment and dependency: A comparison. In: J. L. Gewirtz (Hrsg.), *Attachment and dependency*. Washington, DC (Winston and Sons), S. 97–137.
Ainsworth, M. D. S., Blehar, M. C., Waters, E. & Wall, S. (1978): *Patterns of attachment. A psychological study of the strange situation*. Hillsdale, NJ (Erlbaum).
Bachand, L. L. & Caron, S. L. (2001): Ties that bind: A qualitative study of happy long-term marriages. *Contemporary Family Therapy*, 23 (1), S. 105–121.
Bartholomew, K. (1991): *Attachment style prototypes*. Unveröffentlichtes Manuskript, University of British Columbia.
Bartholomew, K. & Horowitz, L. M. (1991): Attachment styles among young adults: A test of a four-category model. *Journal of Personality and Social Psychology*, 61, S. 226–244.
Berkic, J. (2006): *Bindung und Partnerschaft bei Langzeit-Ehepaaren*. Berlin (Rhombos).
Berkic, J. & Fischer, S. (2008): Stabilität von Bindungssicherheit bei Langzeit-Ehepaaren und Zusammenhänge mit dem subjektiven Erleben in der Partnerschaft. Einzelbeitrag auf der 5. Münchner Tagung für Familienpsychologie.
Berkic, J. & Quehenberger, J. (2009): Bindungsspezifische Emotionsregulationsmechanismen bei Langzeit-Ehepaaren: Bindung auf Repräsentations- und Verhaltensebene und Zusammenhänge zur Wahrnehmungsgenauigkeit eigener Gefühle und der des Partners in einer Konfliktsituation. Symposiumsbeitrag auf der 19. Tagung der Fachgruppe Entwicklungspsychologie DGP's in Hildesheim.
Berkic, J. & Schmidt, M. (2008): Stability of general and specific representations in long term couples and predictors of secure base behavior. Symposiumsbeitrag auf dem Biennial Meeting of the International Society of Social and Behavioral Development (ISSBD) in Würzburg (14.–17. Juli 2008).
Berkic, J., Quehenberger, J. & Schmidt, M. (2007): »Emotionsregulation und Bindung bei Langzeitehepaaren«, Forschungsprojekt, gefördert durch die Köhlerstiftung.
Berkic, J., Quehenberger, J. & Schmidt, M. (2009): Does attachment security in long term couples predict the accuracy of perception during a conflict situation? Posterbeitrag auf dem International Attachment Congress 2009 in Barcelona.
Billings, A. (1979): Conflict resolution in distressed and nondistressed married couples. *Journal of Consulting and Clinical Psychology*, 47 (2), S. 368–376.
Bodenmann, G. (2000): *Stress und Coping bei Paaren*. Göttingen (Hogrefe).
Bouthillier, D., Julien, D., Dubé, M., Bélanger, I. & Hamelin, M. (2002): Predictive validity of adult attachment measures in relation to emotion regulation behaviors in marital interactions. *Journal of Adult Development*, 9 (4), S. 291–305.
Bowlby, J. (1986): *Trennung. Psychische Schäden als Folge der Trennung von Mutter und Kind*. München (Kindler).
Bowlby, J. (1995): Bindung: Historische Wurzeln, theoretische Konzepte und klinische Relevanz. (Gekürzte Version des Vortrags von John Bowlby anlässlich seiner Verleihung der Ehrendoktorwürde der Philosophischen Fakultät II [Psychologie/Pädagogik] der Universität Regensburg im November 1988.) In: G. Spangler & P. Zimmermann (Hrsg.), *Die Bindungstheorie: Grundlagen, Forschung und Anwendung*. Stuttgart (Klett-Cotta), S. 17–26.

Bretherton, I. (2001). Zur Konzeption innerer Arbeitsmodelle in der Bindungstheorie. In: G. Gloger-Tippelt (Hrsg.), *Bindung im Erwachsenenalter*. Göttingen (Hans Huber), S. 52–74.

Bretherton, I. & Munholland, K. A. (2008): Internal working models in attachment relationships: Elaborating a central construct in attachment theory. In: J. Cassidy & P. Shaver (Hrsg.), *Handbook of attachment – Theory, research and clinical applications*. New York (Guilford Press), S. 102–127.

Bradley, J. M. & Cafferty, T. P. (2001): Attachment among older adults: Current issues and directions for future research. *Attachment & Human Development*, 3 (2), S. 200–221.

Bundesministerium für Justiz (BMJ) (2009): *Das Eherecht*. [Stand der Information: Dezember 2009] Berlin (BMJ).

Cohn, D. A., Silver, D. H., Cowan, C. P., Cowan, P. A. & Pearson, J. (1992): Working models of childhood attachment and couple relationships. *Journal of Family Issues*, 13 (4), S. 432–449.

Collins, N. L. & Read, S. J. (1994): Cognitive representations of attachment: The structure and function of working models. In: K. Bartholomew & D. Perlman (Hrsg.), *Advances in personal relationships*, Bd. 5. London (Kingsley), S. 53–90.

Consedine, N. S. & Magai, C. (2003): Attachment and emotion experience in later life: The view from emotions theory. *Attachment & Human Development*, 5 (2), S. 165–187.

Creasey, G. (2002): Associations between working models of attachment and conflict management behavior in romantic couples. *Journal of Counseling Psychology*, 49 (3), S. 365–375.

Creasey, G. & Ladd, A. (2004): Negative mood regulation expectancies and conflict behaviors in late adolescent college student romantic relationships: The moderating role of generalized attachment representations. *Journal of Research on Adolescence*, 14 (2), S. 235–255.

Crowell, J. A. & Owens, G. (1996): *Current relationship interview and scoring system*. Unveröffentlichtes Manuskript, State University of New York at Stony Brook.

Crowell, J. A. & Treboux, D. (2001): Attachment security in adult partnerships. In: C. Clulow (Hrsg.), *Adult attachment and couple psychotherapy*: London (Brunner-Routledge), S. 28–42.

Crowell, J. A., Treboux, D., Gao, Y., Fyffe, C., Pan, H. & Waters, E. (2002): Assessing secure base behavior in adulthood: Development of a measure, links to adult attachment representations, and relations to couples' communication and reports of relationships. *Developmental Psychology*, 38 (5), S. 679–693.

Crowell, J. A., Fraley R. C. & Shaver, P. R. (2008): Measurement of individual differences in adolescent and adult attachment. In: J. Cassidy & P. Shaver (Hrsg.), *Handbook of attachment. Theory, research and clinical applications*. 2. Aufl. New York (Guilford Press), S. 599–636.

Cuber, J. F. & Haroff, P. B. (1965): *The significant Americans*. New York (Appleton-Century-Crofts).

Feeney, J. A. (2004): Adult attachment and relationship functioning under stressful conditions – understanding partners' responses to conflict and challenge. In: W. S. Rholes & J. A. Simpson (Hrsg.), *Adult attachment*. New York (Guilford Press), S. 339–364.

Feeney, J. A. (2008): Adult romantic attachment: Developments in the study of couple relationships. In: J. Cassidy & P. Shaver (Hrsg.), *Handbook of attachment. Theory, research and clinical applications*. 2. Aufl. New York (Guilford Press), S. 456–481.

Forgas, J. P. (1994): *Soziale Interaktion und Kommunikation: Eine Einführung in die Sozialpsychologie*. Weinheim (PVU).

Fraley, R. C. (2002): Attachment stability from infancy to adulthood: Meta-analysis and dynamic modeling of developmental mechanisms. *Personality and Social Psychology Review*, 6 (2), S. 123–151.

Freud, S. (2009): *Abriß der Psychoanalyse* (1940 [1938]). Stuttgart (Reclam).

George, C., Kaplan, N. & Main, M. (1985/2001): Adult Attachment Interview. In: G. Gloger-Tippelt (Hrsg.), *Bindung im Erwachsenenalter*. Göttingen u. a.: Huber, S. 364–387.

Gottman, J. M. & Driver, J. L. (2005): Dysfunctional marital conflict and everyday marital interaction. *Journal of Divorce & Remarriage*, 43 (3/4), S. 63–77.

Gottman, J. M. & Notarius, C. I. (2000): Decade review: Obeserving marital interaction. *Journal of Marriage and the Family*, 62, 927–947.

Grossmann, K. & Grossmann, K. E. (2004): *Bindungen. Das Gefüge psychischer Sicherheit*. Stuttgart (Klett-Cotta).

Grossmann, K. E., Grossmann, K., Winter, M. & Zimmermann, P. (2002): Bindungsbeziehungen und Bewertung von Partnerschaft. In: K. H. Brisch, K. E. Grossmann, K. Grossmann & L. Koehler (Hrsg.), *Bindung und seelische Entwicklungswege*. Stuttgart (Klett-Cotta), S. 125–164.

Grossmann, K., Grossmann, K. E. & Kindler, H. (2006): Early care and the roots of attachment and partnership representations: The Bielefeld and Regensburg Longitudinal Studies. In: K. E. Grossmann, K. Grossmann & E. Waters (Hrsg.), *Attachment from infancy to adulthood*. New York (Guilford Press), S. 98–136.

Hamilton, C. E. (2000): Continuity and discontinuity of attachment from infancy through adolescence. *Child Development*, 71 (3), S. 690–694.

Hazan, C. & Shaver P. R. (2004): Attachment as a organizational framework for research on close relationships. In: H. T. Reis & C. Rusbult (Hrsg.), *Close relationships: Key readings*. New York (Psychology Press), S. 153–174.

Hazan, C. & Zeifman, D. (1994): Sex and the psychological tether. In: K. Bartholomew & D. Perlman (Hrsg.), *Advances in personal relationships*, Bd. 5: *Attachment processes in adulthood*. London (Kingsley), S. 151–177.

Hazan, C., Gur-Yaish, N. & Campa, M. (2004): What does it mean to be attached? In W. S. Rholes & J. A. Simpson (Hrsg.), *Adult attachment*. New York (Guilford Press), S. 55–85.

Hesse, E. (2008): The Adult Attachment Interview-Protocol, method of analyses, and empirical studies. In: J. Cassidy & P. Shaver (Hrsg.), *Handbook of attachment. Theory, research and clinical applications*. 2. Aufl. New York (Guilford Press), S. 552–590.

Holland, A. S. & Roisman, G. I. (2010): Adult attachment security and young adults' dating relationships over time: Self-reported, observational, and physiological evidence. *Developmental Psychology*, 46 (2), S. 552–557.

Kashy, D. A. & Kenny, D. A. (2000): The analysis of data from dyads and groups. In: H. T. Reis & C. M. Judd (Hrsg.), *Handbook of research methods in social and personality psychology*. New York (Cambridge University Press), S. 451–477.

Kobak, R. R. & Duemmler, S. (1994): Attachment and conversation: Toward a discourse analysis of adolescent and adult security. In: K. Bartholomew & D. Perlman (Hrsg.), *Advances in personal relationships*, Bd. 5: *Attachment processes in adulthood*. London (Kingsley), S. 121–149.

Kobak, R. R. & Hazan, C. (1991): Attachment in marriage: Effects of security and accuracy of working models. *Journal of Personality and Social Psychology*, 60 (6), S. 861–869.

Levenson, R. W., & Gottman, J. M. (1983): Marital interaction: Physiological linkage and affective exchange. *Journal of Personality and Social Psychology*, 45, S. 587–597.

Levenson, R. W., Carstensen, L. L. & Gottman, J. M. (1993): Long-term marriage: Age, gender and satisfaction. *Psychology and Aging*, 8 (2), S. 301–313.

Levenson, R. W., Carstensen, L. L. & Gottman, J. M. (1994): Influences of age and gender on affect, physiology, and their interrelations: A study of long-term marriages. *Journal of Personality and Social Psychology*, 67, S. 56–58.

Lewis, M., Feiring, C. & Rosenthal, S. (2000): Attachment over time. *Child Development*, 71 (3), S. 707–720.

Magai, C. (2008): Attachment in middle and later life. In: J. Cassidy & P. Shaver (Hrsg.), *Handbook of attachment – Theory, research and clinical applications*. New York (Guilford Press), S. 532–551).

Magai, C., Hunziker, J., Mesias, W., & Culver, L. C. (2000): Adult attachment styles and emotional biases. *International Journal of Behavioral Development*, 24, S. 301–309.

Magai, C., Cohen, C., Milburn, N., Thorpe, B., McPherson, R. & Peralta, D. (2001): Attachment styles in older European American and African American adults. *Journals of Gerontology: Series B. Psychological Sciences*, 56B, S. 28–35.

Maier, M. A., Bernier, A., Pekrun, R., Zimmermann, P., Strasser, K. & Grossmann, K. E. (2005): Attachment state of mind and perceptual processing of emotional stimuli. *Attachment and Human Development*, 7 (1), S. 67–81.

Main, M. (2001): Aktuelle Studien zur Bindung. In: G. Gloger-Tippelt (Hrsg.), *Bindung im Erwachsenenalter*. Göttingen (Huber), S. 1–51.

Main, M. & Goldwyn, R. (1984): *Adult Attachment Scoring and Classification System*. Unveröffentlichtes Manuskript, University of California at Berkley, Department of Psychology.

Main, M., Kaplan, N. & Cassidy, J. (1985): Security in infancy, childhood, and adulthood: A move to the level of representation. *Monographs of the society for research in child development*, 50 (1–2), S. 66–104.

Mikulincer, M. & Shaver, P. R. (2008): Adult attachment and affect regulation. In: J. Cassidy & P. Shaver (Hrsg.), *Handbook of attachment – Theory, research and clinical applications*. New York (Guilford Press), S. 503–531.

Owens, G., Crowell, J. A., Pan, H., Treboux, D., O'Connor, E. & Waters, E. (1995): The prototype hypothesis and the origins of attachment working models: Adult relationships with parents and romantic partners. *Monographs of the society for research in child development*, 60 (2–3), S. 216–233.

Paley, B., Cox, M. J., Burchinal, M. R. & Payne, C. C. (1999): Attachment and marital functioning: Comparison of spouses with continuous-secure, earned-secure, dis-missing and preoccupied attachment stances. *Journal of Family Psychology*, 13, S. 580–597.

Pietromonaco, P. R., Greenwood, D. & Barrett, F. L. (2004): Conflict in adult close relationships – an attachment perspective. In: W. S. Rholes & J. A. Simpson (Hrsg.), *Adult attachment*. New York (Guilford Press), S. 267–299.

Pistole, M.C. (1989): Attachment in adult romantic relationships: Style of conflict resolution and relationship satisfaction. *Journal of Social and Personal Relationships*, 6, S. 505–510.
Pistole, C.M. (1994): Adult attachment styles: Some thoughts on closeness-distance struggles. *Family Process*, 33 (3), S. 147–159.
Roisman, G.I. (2007): The psychophysiology of adult attachment relationships: Autonomic reactivity in marital and premarital interactions. *Developmental Psychology*, 43 (1), S. 39–53.
Roisman, G.I., Tsai, J.L. & Chiang, K.-H.S. (2004): The Emotional integration of childhood experience: Physiological, facial expressive, and self-reported emotional response during the Adult Attachment Interview. *Developmental Psychology*, 40 (5), S. 776–789.
Schneewind, K.A. & Wunderer, E. (2003): Prozessmodelle der Partnerschaftsentwicklung. In: I. Grau & H.W. Bierhoff (Hrsg.), *Sozialpsychologie der Partnerschaft*. Berlin (Springer), S. 221–256.
Simpson, J.A., Rholes, W.S. & Phillips, D. (1996): Conflict in close relationships: An attachment perspective. *Journal of Personality and Social Psychology*, 71, S. 899–914.
Simpson, J.A., Rholes, W.S., Orina, M.M. & Grich, J. (2002): Working models of attachment, support giving and support seeking in a stressful situation. *Personality and Social Psychology Bulletin*, 28, S. 598–608.
Statistisches Bundesamt Deutschland (DESTATIS) (2009a): http://www.destatis.de/jetspeed/portal/cms/Sites/destatis/Internet/DE/Navigation/Publikationen/STATmagazin/2010/Bevoelkerung2010__10,templateId=renderPrint.psml__nnn=true (letzter Zugriff: 20.6.2011).
Statistisches Bundesamt Deutschland (DESTATIS) (2009b): http://www.destatis.de/jetspeed/portal/cms/Sites/destatis/Internet/DE/Content/Statistiken/Bevoelkerung/EheschliessungenScheidungen/Tabellen/Content50/EheschliessungenScheidungen,templateId=renderPrint.psml (letzter Zugriff: 20.6.2011).
Statistisches Bundesamt Deutschland (DESTATIS) (2009c): http://www.destatis.de/jetspeed/portal/cms/Sites/destatis/Internet/DE/Content/Statistiken/Zeitreihen/LangeReihen/Bevoelkerung/Content75/lrbev06a,templateId=renderPrint.psml (letzter Zugriff: 20.6.2011).
Statistisches Bundesamt Deutschland (2011): Zahl der Ehescheidungen im Jahr 2009 rückläufig . Pressemitteilung Nr. 028 vom 21.1.2011. http://www.destatis.de/jetspeed/portal/cms/Sites/destatis/Internet/DE/Presse/pm/2011/01/PD11__028__12631,templateId=renderPrint.psml (Zugriff am 17.6.2011).
Stöcker, K., Strasser, K. & Winter, M. (2003): Bindung und Partnerschaftsrepräsentation. In: I. Grau & H.W. Bierhoff (Hrsg.), *Sozialpsychologie der Partnerschaft*. Berlin (Springer), S. 137–164.
Treboux, D., Crowell, J.A. & Waters E. (2004): When »new« meets »old«: Configurations of adult attachment representations and their implications for marital functioning. *Developmental Psychology*, 40 (2), S. 295–314.
van IJzendoorn, M. & Bakermans-Kranenburg, M. (1996): Attachment representations in mothers, fathers, adolescents and clinical groups. *Journal of Consulting and Clinical Psychology*, 64 (1), S. 8–21.
Vincent, J.P., Friedman, L.C., Nugent, J. & Messerly, L. (1979): Demand characteristics

in observations of marital interaction. *Journal of Consulting and Clinical Psychology*, 47 (3), S. 557–566.
Von Sydow, K. (2001): Forschungsmethoden zur Erhebung von Partnerschaftsbindung. In: G. Gloger-Tippelt (Hrsg.), *Bindung im Erwachsenenalter. Ein Handbuch für Forschung und Praxis*. Bern (Huber), S. 275–294.
Von Sydow, K. (2002): Bindung und gestörte Paarbeziehung. In: B. Strauß, A. Buchheim & H. Kächele (Hrsg.), *Klinische Bindungsforschung*. Stuttgart (Schattauer), S. 231–241.
Waters, E., Merrick, S., Treboux, D., Crowell, J. A. & Albersheim, L. (2000): Attachment security in infancy and early adulthood: A twenty-year longitudinal study. *Child Development*, 71 (3), S. 684–689.
Webster, J. D. (1997). Attachment style and well-being in elderly adults: A preliminary investigation. *Canadian Journal of Aging*, 61, S. 101–111.
Weinfield, N. S., Sroufe, L. A. & Egeland, B. (2000): Attachment from infancy to early adulthood in a high-risk sample: Continuity, discontinuity, and their correlates. *Child Development*, 71 (3), S. 695–702.
Weiss, R. S. (1982): Attachment in adults. In: C. M. Parkes & J. Stevenson-Hinde (Hrsg.), *The place of attachment in human behavior*. New York (Basic Books), S. 171–184.
Wensauer, M. & Grossmann, K. E. (1998): Bindungstheoretische Grundlagen subjektiver Lebenszufriedenheit und individueller Zukunftsorientierung im höheren Erwachsenenalter. *Zeitschrift für Gerontologie und Geriatrie*, 31, S. 362–370.
Winter, M. & Grossmann, K. E. (2002): Der Einfluß der Qualität des elterlichen Umgangs mit den Bindungs- und Explorationsbedürfnissen ihrer Kinder auf die Repräsentation romantischer Beziehungen im jungen Erwachsenenalter. In: T. Fuchs & C. Mundt (Hrsg.), *Affekt und affektive Störungen*. Paderborn (Schöningh), S. 83–102.
Wunderer, E. & Schneewind, K. A. (2008): *Liebe – ein Leben lang? Was Paare zusammenhält*. München (dtv).

KIRSTEN VON SYDOW

Bindung und Partnerschaft: Forschungsergebnisse und Implikationen für die Paar- und die Einzeltherapie

Problem

Dass zwischen Eltern-Kind-Liebe und Partnerliebe strukturelle Ähnlichkeiten bestehen, ist kein neuer Gedanke: Shakespeare schrieb bereits im 16. oder 17. Jahrhundert ein Gedicht, in dem er seine beschäftigte und entweichende Geliebte mit einer unerreichbaren Mutter und sich selbst mit einem abhängigen Baby verglich:

> »... / Whilst I thy babe chase thee afar behind; / But if thou catch thy hope, turn back on me, / And play the mother's part, kiss me, be kind. / ...« (»... / Und ich, dein Kind, dir nach in trübem Mut. / Allein blick um dich, wenn du's nun erreicht, / Üb Mutterpflichten, küsse mich, sei gut! / ...«; Shakespeare, 1986, Sonnett 143, S. 146 f.).

Sigmund Freud wies zu Beginn des 20. Jahrhunderts darauf hin, dass die Eltern-Kind-Beziehung der Prototyp aller späteren Liebesbeziehungen sei, und John Bowlby entwickelte diese Idee weiter. Doch empirisch beforscht wird dieses Thema erst seit den 1980er Jahren. Hazan und Shaver (1987) begründeten mit ihrem Artikel »Romantic love conceptualized as an attachment process« eine neue Forschungstradition, die seither immer beliebter wurde. Der Forschungsstand war bis zur Jahrtausendwende noch überblickbar: In unserer Meta-Inhaltsanalyse identifizierten wir 63 Primärstudien aus den Jahren 1987 bis 1997 (v. Sydow & Ullmeyer 2001). Doch inzwischen ist es völlig unmöglich geworden, das sich exponentiell entwickelnde Forschungsfeld noch vollständig zu analysieren. Eine Google-Suche zu »attachment & couple« ergibt im November 2010 ca. 61 400 000 Treffer. Das bedeutet, dass der hier präsentierte Überblick notwendigerweise unvollständig ist!

Im Folgenden wird ein kurzer Überblick über die Forschung zum Thema »Bindung und Partnerschaft« gegeben, auf die Theorie und Konzeptualisierung von partnerschaftsbezogenen Bindungshaltungen eingegangen, und es werden

Implikationen für die Einzel-Psychotherapie und die Paartherapie abgeleitet (auf Familientherapie und Studien mit einem Fokus auf Kinder kann an dieser Stelle leider nicht eingegangen werden). Aus Platzgründen werden in diesem Text primär neue Referenzen genannt. Die älteren Studien werden an anderer Stelle aufgeführt (v. Sydow & Ullmeyer 2001).

Theoretische Grundkonzeptionen, Klassifikation und Diagnostik

Analog zum Test der »Fremden Situation« und dem »Adult Attachment Interview (AAI)« orientierte sich die Diagnose von partnerschaftsbezogenen Bindungshaltungen ursprünglich an einem kategorialen Grundmodell mit drei (z. B. Hazan & Shaver 1987) oder vier Kategorien, nämlich »sicher« (secure), »unsicher-vermeidend« (insecure-dismissing), »unsicher-verstrickt/ambivalent« (insecure-preoccupied) und »ängstlich« (unresolved). Bartholomew (1997; Bartholomew & Horowitz 1991) entwickelte ein kategoriales Modell, das sich an vier Prototypen erwachsener Bindungsmuster orientiert (sicher, ambivalent, vermeidend, ängstlich), die sich auf zwei orthogonalen Dimensionen anordnen lassen, die »Positivität des Selbstbildes« und »Positivität des Bildes vom Beziehungspartner« genannt wurden. Die Forschung stützt die Existenz zweier Dimensionen.

Die Diagnostik partnerschaftbezogener Bindungshaltungen orientiert sich an zwei methodischen Haupt-Varianten: Entweder werden *Selbsteinschätzungs-Fragebögen* eingesetzt, welche die (inzwischen) in der Regel dimensional konzeptualisierten zwei Grunddimensionen von Bindung abbilden (nämlich Bindungssicherheit vs. -angst und Vermeidung) oder aber der *Bindungstyp wird erschlossen aufgrund von transkribierten Interviews*, die mit Hilfe eines komplexen inhaltsanalytischen Systems analysiert werden. Diese zweite Methode orientiert sich methodisch am AAI, und wie dort auch werden die Probanden meist kategorial eingeordnet; zusätzlich werden aber oft auch dimensionale Variablen kodiert. Weitere Ansätze (projektive Verfahren, Q-Sort-Verfahren) werden seltener eingesetzt.

Es existiert eine Vielzahl von Fragebögen und Interviews zur Diagnose von Partnerschaftsbindung (Überblick: v. Sydow, im Druck): Bis Ende 2009 wurden mindestens 12 *Fragebögen* entwickelt, wie z. B. »Adult Attachment Styles« (AAS) oder »Experiences in Close Relationships« (ECR) (Brennan et al. 1998; auf Deutsch: »Bochumer Bindungsfragebogen« [BoBi], Neumann et al. 2007). Neben *Beobachtungsverfahren* wurden fünf *interviewbasierte Kategoriensysteme* (Sydow, im Druck) etwa zeitgleich entwickelt und alle recht ähnlich konzeptualisiert, wie z. B. das »Current Relationship Interview« (CRI) (Crowell & Owens 2001) oder das »Couple Attachment Interview« (CAI) bzw. das »Couple Attachment Interview Coding System« (CAICS) (Alexandrov et al. 2005).

Forschungsergebnisse

Die Forschungsergebnisse werden in der Folge nach den Hauptthemen geordnet zusammengefasst. Da partnerschaftsbezogene Bindungsinterviews nachweislich (jedenfalls zum Teil) etwas anderes messen als Bindungsfragebögen, wird zumeist angegeben, auf welche Form der Bindungsdiagnostik sich die jeweiligen Ergebnisse beziehen.

Geschlecht und Bindung

Männer haben signifikant höhere (Fragebogen-) Vermeidungsscores als Frauen. Das gilt aber nur in westlichen Gesellschaften (Schmitt et al. 2003)!

Intra-Paar-Konkordanz von Bindungshaltungen

Sowohl Fragebogen- als auch Interview-Studien belegen die »Gleich-und-gleich-gesellt-sich–gern-Theorie« oder auch »Assortative mating theory«. Bestimmte Kombinationen treten überzufällig häufig auf, nämlich »sicher und sicher«, »ambivalent und vermeidend« oder »traumatisiert und traumatisiert«. Dabei scheinen sich Partner im Grad ihrer Bindungs(un)sicherheit zu ähneln, aber z. T. konträre Strategien der Bewältigung von Bindungsunsicherheit zu benutzen (»ambivalent und vermeidend«).

Beziehungsstabilität und Bindung

Fragebogen-Studien haben hier unklare Befunde. Möglicherweise gilt: Sicher währt am längsten. Aber auch Paare, die sich aus vermeidenden Männern und ängstlich-ambivalenten Frauen zusammensetzen, können sehr stabil sein.

Beziehungszufriedenheit und Bindung

Fragebogen- und Interviewstudien belegen gleichermaßen, dass Bindungssichere zufriedener mit ihrer Partnerschaft sind. Typisch für diese Gruppe ist auch eine positivere Einstellung zum sozialen Netzwerk des anderen. Eine Interview-Studie untersuchte die Zusammenhänge unterschiedlicher Kombinationen von Bindungssicherheit und Partnerschaftszufriedenheit (Alexandrov et al. 2005, CAI): Bei Frauen ergaben sich signifikante Unterschiede je nach Kombination. Wenn entweder beide Partner sicher oder aber der Mann sicher und die Frau unsicher sind, so erleben Frauen ihre Partnerschaft positiver, als wenn der Mann unsicher ist (Mann unsicher und Frau sicher, beide unsicher). Bei Männern dagegen ergab sich kein signifikanter Effekt.

Deutungsmuster und Bindung

Eine Fragebogenstudie belegt, dass Bindungsängstliche angesichts hypothetischer Beziehungs-Szenarios, in denen sich Partner uneindeutig verhalten (z. B. auf einer Party den Kontakt zum Partner verlieren), das Partnerverhalten eher als feindselig und zurückweisend interpretieren, während Sichere ihrem Partner eher positive Motive unterstellen (Collins 1996).

Emotionen, psychophysiologische Daten und Bindung

Die eigene partnerschaftliche Bindungssicherheit steht in Zusammenhang mit positiven *Emotionen* in Ehestreits, die Bindungssicherheit des Partners steht in Zusammenhang mit negativen Emotionen (Mehta et al. 2009).[1]

Zum Thema *psychophysiologische Daten* liegen bisher nur Studien vor, in denen Bindung per Fragebogen erfasst wurde. Die Befunde sind unklar und widersprüchlich in Hinblick auf die Fragen:

- ob Bindungsunsichere mehr oder weniger Stress in Anwesenheit des Partners erleben;
- ob Bindungssichere Stress generell besser managen können;
- oder ob Bindungsabweisende bei (vorgestelltem) Stress durch die Trennung vom Partner ihre psychophysiologischen Reaktionen besser beherrschen können.

Paar-Interaktionen (einschließlich Aggression und Gewalt) und Bindung

Hier sind zwei Ansätze bedeutsam: einerseits Selbstberichte über die Qualität der partnerschaftlichen Interaktionen, andererseits Studien, in denen das Interaktionsverhalten des Paares direkt beobachtet wird. Sowohl in Fragebogen- als auch in Interviewstudien beschreiben im *self-report* Bindungssichere die Interaktion mit dem Partner als positiver (weniger Zurückweisung durch den Partner, weniger Konflikt, weniger Aggression, mehr konstruktives Coping) und offener (mehr »babytalk« mit dem Partner, mehr »disclosure«). Sichere berichten auch, dass sie gegenüber dem Partner offener sind als gegenüber Fremden, während Unsichere sagen, dass sie in diesem Punkt keinen Unterschied machen.

In Hinblick auf die *beobachteten Paar-Interaktionen* in experimentell erzeugten Konflikt-Situationen zeigen bindungsunsichere Frauen mehr negativen und weniger positiven Affekt, weniger Offenheit, weniger Hilfe-Suchen und mehr Vermeidung als sichere. Bindungssichere Frauen suchten umso mehr Unterstützung beim Partner, je mehr ihre (experimentell induzierte) Angst zunahm. Vermeidende Frauen dagegen suchten, je mehr ihre Angst zunahm, weniger Unterstützung (!). Sichere Männer gaben Unterstützung, wenn die Partnerin offen Angst zeigte. Vermeidende Männer dagegen zogen sich generell zurück, egal wie die Partnerin agierte (Alexandrov et al. 2005; Simpson et al. 1992; Wampler et al. 2003).

In einer prospektiven Studie mit Jugendlichen wurde zunächst deren AAI erfasst, vier Jahre später wurden die Paar-Interaktionen der Probanden untersucht. Eine unsichere Bindungshaltung ließ auf problematische Interaktionen schließen. Und zwar neigten junge Erwachsene, denen zuvor die AAI-Klassifikation »preoccupied« zugeordnet wurde, später zu mehr verbalen Aggressionen, während ursprünglich als »vermeidend« klassifizierte Jugendliche von mehr verbalen und/oder körperlichen Aggressionen von Seiten des Partners berichteten (Miga et al. 2010). Eine andere Studie belegt, dass Bindungsangst generell mit Aggression assoziiert ist (bei beiden Geschlechtern) – jedoch nur dann, wenn der Partner bindungsvermeidend ist (Roberts & Noller 1998).

Wechselwirkungen

Veränderungen der Bindungssicherheit lassen (im Längsschnitt) auf Veränderungen der eigenen Partnerschaftszufriedenheit und der des Partners/der Partnerin schließen. Das gilt für beide Geschlechter, aber männliche Bindungshaltungen sind im Hinblick auf eigene Zufriedenheit mit der Partnerschaft noch bedeutsamer!

Sexualität und Bindung

Sichere – verglichen mit Vermeidenden – beschreiben sich als sexuell beziehungsorientierter (negativere Einstellungen zu Sex ohne Liebe; mehr nonverbale Nähe/Zärtlichkeit zum Partner wie z. B. Küssen, Hand-Halten, Blickkontakt), berichten von mehr Zurückhaltung bezüglich nicht- und außerpartnerschaftlicher sexueller Kontakte (späterer erster Geschlechtsverkehr, weniger reale und geplante »lifetime partners«, seltener »One-night-stands«/Außenbeziehungen; weniger Selbstbefriedigung). Außerdem wird von Sicheren häufigere Verliebtheit berichtet. Partner von Sicheren sind sexuell zufriedener als die Partner von Vermeidenden.

Beim Vergleich von drei Gruppen oder Dimensionen – vermeidend vs. ängstlich vs. sicher – ergaben sich folgende Befunde: Sichere schätzen ihre eigene körperliche Attraktivität höher ein als beide unsichere Gruppen. Ungewollten oder erzwungenen Sex haben Ängstliche (bzw. Menschen mit hoher »anxiety about rejection«) und Vermeidende häufiger erlebt oder mitgemacht als Sichere; für Bindungsängstliche ist dabei ein wichtiges Motiv, dass sie fürchten, ein »Nein« könne zum Verlust des Partners führen.

Unsichere Männer berichten aber auch häufiger als sichere Männer davon, schon mal Sex erzwungen zu haben (»coercive sexual behavior«). Nichtsexuellen Körperkontakt genießen Sichere und Ambivalente stärker als Vermeidende. In Hinblick auf Kondom-Nutzung und »safer sex« sind Vermeidende am konsequentesten, gefolgt von Sicheren, und Ängstliche am inkonsequentesten.

Noch komplizierter wird die Lage, wenn Zusammenhänge zwischen Bindungshaltung und Geschlecht bei der Analyse sexueller Variablen berücksichtigt werden. Hier zeichnet sich ab, dass *bindungsängstliche und ambivalente Frauen eine spezielle (Risiko-) Gruppe* sind, die dazu neigt, besonders früh und oft, mit wechselnden Partnern und unter z. T. problematischen Umständen sexuell aktiv zu sein (früher erster Geschlechtsverkehr; viele Sexualpartner; häufige Außenbeziehungen; Teilnahme an ungewolltem Sex; Gefühl, zu Sex gedrängt zu werden; Teilnahme an Exhibitionismus, Voyeurismus, Fessel-Sex; seltenere Kondomnutzung), während *bindungsängstliche und ambivalente Männer* sowie *vermeidende Frauen* besonders spät und eher selten sexuelle Kontakte haben (später erster Geschlechtsverkehr; sexuelle Aktivität) und vermeidende Frauen seltener Orgasmen erleben als sichere Frauen. *Vermeidende Männer* beschreiben sich ähnlich wie *sichere Männer und Frauen* als sexuell eher unproblematisch. Allerdings könnten vermeidende Männer problematisch für ihre Partnerinnen sein (häufige Außenbeziehungen)!

Bemerkenswert ist auch, dass die Korrelationen zwischen sexuellen Variablen und Bindungssicherheit bei Frauen generell stärker sind als bei Männern.

Bindung steht nicht in Zusammenhang mit sexuellem Interesse oder der Vielfalt der ausgeübten sexuellen Aktivitäten. In Bezug auf Selbstbefriedigung und die koitale Aktivität in Beziehungen sind die Befunde widersprüchlich (Allen & Baucom 2004; Asendorpf et al. 1997; Birnbaum2007; Birnbaum et al. 2006; Bogaert & Sadava 2002; Bouchard et al. 2009; Cohen & Belsky 2008; Feeney 1999; Gangestad & Thornhill 1997; Gentzler & Kerns 2004; Hazan et al. 1994; Smallbone & Dadds 2000; Wendt 2009; Sydow & Ullmeyer 2001).

Diskussion

Implikationen für die Forschung

Die untersuchten *Stichproben* beziehen sich meist auf junge Studenten. Es existieren kaum Studien über Dauerbeziehungen und über »mittelalte« und alte Partnerinnen und Partner. Sinnvoll ist eine Einbeziehung beider Partner in die Studien.

In Hinblick auf die *theoretischen Grundlagen und die Operationalisierung* von Bindungshaltungen sind kontinuierliche Skalen kategorialen Kategoriensystemen statistisch und theoretisch überlegen (Fraley & Waller 1998; v. Sydow, im Druck). Es ist fraglich, ob die bisher übliche Konzeptualisierung über drei oder vier Kategorien oder die zwei Dimensionen der realen Lage gerecht werden. Vieles spricht dafür, dass Menschen multiple Bindungsmodelle haben, die in bestimmten Kontexten aktiviert werden. Hier ergeben sich vielfältige Fragen zur theoretischen Integration multipler Bindungsmodelle (vertikal – hierarchisch – horizontal?!) und sehr komplexe Fragestellungen, die die bereits bestehende Komplexität (Haupt- und Interaktionseffekte von Bindungshaltungen, »actor«- und Partner-Effekte ...) weiter erhöhen könnten.

In Hinblick auf die *Diagnostik* der partnerschaftsbezogenen Bindungshaltung bestehen gravierende Probleme (v. Sydow, im Druck): Alle reden von »Partnerschaftsbindung«, messen dieses Konzept aber ganz unterschiedlich. Es existieren mindestens 12 verschiedene Fragebögen und mindestens fünf Interviewverfahren zur Erfassung der Partnerschaftsbindung. Die »cross-method«-Übereinstimmung[2] wurde meist nicht geprüft. Gewiss ist nur, dass in der über Fragebögen erfassten Bindung etwas anderes erfasst wird als in der aus Interviews erschlossenen Bindung (!). Wie theoretisch zu erwarten, setzen sich Fragebogen-Sichere (im ECR) tatsächlich aus zwei Gruppen zusammen: aus »real«

Sicheren, die auch in einem interviewbasierten Fremdbeurteilungsverfahren (»Romantic Attachment Interview«, RAI) so eingeschätzt werden, und aus (nach RAI) idealisierenden Vermeidenden. Diese Risikogruppe (14%) mit diskrepanter Selbst- und Fremdeinschätzung wies eine erhöhte psychische Vulnerabilität sowie (nicht überraschend) geringe »self-insight« auf (Gjerde et al. 2004).

Das belegt, dass interviewbasierte Bindungsmaße Bindungsfragebögen vermutlich überlegen sind, da nur sie auch unbewusste oder »implizite« Bindungshaltungen abbilden können. Dies könnte mit erklären, warum der Forschungsstand kaum zusammengefasst werden kann, da die Ergebnisse von Studien, in denen Bindung per Fragebogen erhoben wurde, nur teilweise mit den Befunden der Studien, in denen Bindung per Interview und Fremdrating erhoben wurde, überein stimmen. Die oft widersprüchlichen und unklaren Befunde sind insofern nicht überraschend.

Da Bindungsinterviews sehr zeitaufwendig sind, sind auch die Bindungsfragebögen weiterhin wichtig. Generell wäre es methodisch wünschenswert, dass sich die Forscherinnen und Forscher auf einheitliche Instrumente zur Erhebung von Bindungshaltungen einigen könnten. Im Bereich der Fragebögen zeichnet sich ab, dass derzeit der »Experiences in Close Relationships« (ECR) als optimal gilt (Brennan et al. 1998; Neumann et al. 2007). Doch in Hinblick auf partnerschaftsbezogene Interviews scheint es noch völlig offen zu sein, welcher Ansatz sich durchsetzen kann – und inwieweit sich die Interviews überhaupt voneinander unterscheiden (v. Sydow, im Druck). Wesentlich ist es jedoch, terminologisch klar zu trennen zwischen selbst-eingeschätzer Bindungshaltung, erfasst per Fragebögen, mit denen ein höheres – bewusstes oder auch unbewusstes – Risiko verbunden ist, dass die Probanden in Richtung der sozialen Erwünschtheit Angaben machen, und fremd-eingeschätzter Bindungshaltung (erschlossen aus Interview-Transkripten; s. v. Sydow & Ullmeyer 2001). Unklar ist auch die Bedeutung von »Vermeidungs-/Dismissing«-Scores: Hohe Werte bilden eine Neigung dazu ab, bezüglich Bindungserfahrungen nicht so genau hinzusehen, also hohe Idealisierung oder/und Vermeidung. Allerdings ist Idealisierung ja nicht genau dasselbe wie Abwertung. Und schließlich ist eine Bindungstraumatisierung im »Fremde-Situation-Test« prognostisch besonders wichtig – doch Traumatisierung wird in den vorliegenden Fragebögen zur Partnerschaftsbindung gar nicht abgebildet (v. Sydow, im Druck).

Fazit zu Partnerschaft und Bindung

In Partnerschaften finden sich meist Menschen mit einem ähnlichen Grad der Bindungs(un)sicherheit zusammen (Intra-Paar-Konkordanz), doch unsichere Partner vertreten innerhalb einer Beziehung oft jeweils unterschiedliche, konträre Strategien des Umgangs mit Bindungsunsicherheit (unsicher-vermeidend und unsicher-verstrickt).

Die meisten Studien deuten darauf hin, dass eine höhere Partnerschafts-Sicherheit mit einer höheren Partnerschaftsqualität in Zusammenhang steht, mit freundlich-konstruktiveren Interaktionen und zuversichtlicheren partnerbezogenen Deutungsmustern. Jedoch könnte all das auch Ausdruck einer allgemeinen Neigung zu sozial erwünschten Antworten sein, die mit positiv »getönten« Antworten in Partnerschafts- wie auch in Bindungsfragebögen einhergeht. Bemerkenswert ist, dass Gewalt und Aggression konsistent mit Bindungsunsicherheit assoziiert sind.

Die Forschung fokussiert auf die Defizite der bindungsunsicheren Menschen. Doch eigentlich lässt sich jede Bindungshaltung als Anpassungsleistung an eine mehr oder minder schwierige Umwelt deuten (v. Sydow 2002b, 2008). Insofern sind auch die Ressourcen von Bindungsunsicheren von Interesse: In Hinblick auf die Stabilität von Partnerschaften fällt auf, dass nicht nur Partnerschaften von zwei Bindungssicheren, sondern auch die Kombination von »vermeidend« und »ambivalent« recht stabil sein können. Bei (vorgestellten) Trennungen scheinen Vermeidende psychophysiologisch robuster zu sein als Sichere. Und es scheint auch, dass die empathische Akkuratheit bei Bindungsängstlichen höher ist (Simpson et al. 1999).

Wichtig ist, dass beide, Bindungssicherheit wie Partnerschaftsqualität, ja keine statischen Zustände sind, sondern dynamische Prozesse, zwischen denen eine ständige Wechselwirkung besteht. In Hinblick auf Geschlechtseffekte scheint es, dass für die Entwicklung einer Partnerschaft die Bindungssicherheit des Mannes noch bedeutsamer sein könnte als die der Frau.

Fazit zu Bindung und Sexualität

Eine zumindest minimale Bindungssicherheit ist Voraussetzung für sexuelle Intimität. Doch in Dauerbeziehungen sind Bindung und Sexualität teilweise Antagonisten (!). Beides zusammen, eine dauerhaft sichere Partnerschaftsbindung und leidenschaftliche Sexualität, gibt es nicht – nur unterschiedliche Kompromisse. Günstig ist, wenn Menschen »störungsfreundlich« und beweglich zwischen den Polen »Bindung« und »Sexualität« leben und den Mut haben, immer wieder aufs Neue kreative Kompromisse zu entwickeln (v. Sydow 1998).

Sexualität ist weniger triebgesteuert und viel stärker eine Reflexion früher und aktuellerer Bindungserfahrungen. Gerade psychisch belastete Menschen neigen dazu, ihre Sexualität in den Dienst ihrer Bindungsbedürfnisse zu stellen (Clulow & Boerma 2009; Laschinger et al. 2004; Miculincer & Shaver 2007; v. Sydow 1998). Eine solche bindungsorientierte Sicht auf Sexualität kann auch mit erklären, dass manchmal besonders emotional belastete Partnerschaften (zwischen vermutlich bindungsunsicheren Partnern) sexuell besonders vital sein können:

»Die Maples hatten schon so lange an eine Trennung gedacht und darüber geredet, dass es schien, sie würden dieses Vorhaben nie verwirklichen. Denn ihre Gespräche, die sich in zunehmendem Maße ambivalent und erbarmungslos gestalteten, weil Anklage, Widerruf, Schlag und Liebkosung miteinander wechselten und sich aufhoben, knüpften sie letztlich in einer schmerzhaften, hilflosen, demütigenden Intimität nur noch enger zusammen. Ihre körperliche Liebe blieb bestehen, gleich einem pervers robusten Kind, dem selbst die mangelhafteste Ernährung nichts anhaben kann; wenn ihre Zungen endlich schwiegen, vereinigten sich ihre Körper – gleichsam zwei stumme Armeen, die sich zusammentun, endlich erlöst von den absurden Feindseligkeiten, die zwei verrückte Könige verfügt haben.« (John Updike 1996, S. 50)

Implikationen für die Psychotherapie

Neue spezifische bindungsorientierte Psychotherapieansätze für Erwachsene

In neuerer Zeit wurden mehrere spezifisch bindungsorientierte Psychotherapieansätze für Erwachsene mit einzel- und paartherapeutischem Fokus entwickelt (bindungsorientierte familientherapeutische Ansätze für kindliche und jugendliche Indexpatienten werden an anderer Stelle dargestellt: v. Sydow et al. 2007):

Die *Schematherapie* (Young et al. 2008), eine Einzeltherapie, wird der kognitiven Verhaltenstherapie (KVT) zugeschlagen, enthält aber eigentlich »viel Bindungstheorie« und viele psychodynamische Konzepte. Fokus der Schematherapie ist die Identifikation und Modifikation von maladaptiven zwischenmenschlichen Schemata (Muster aus Erinnerungen, Kognitionen, Emotionen und Körperempfindungen), die in der Kindheit oder später erworben wurden.

Die *Mentalisierungsbasierte Therapie* (Fonagy et al. 2004) baut auf Bowlbys

Bindungstheorie und der Bindungsforschung auf und wurde speziell für die Arbeit mit Borderline-Patienten in der psychoanalytischen Arbeitsgruppe um Peter Fonagy entwickelt (als Einzel- oder Familientherapie). Schlüsselkonzept ist das »Mentalisieren«, verstanden als die Fähigkeit, sich auf sich selbst und andere als Personen mit inneren Zuständen wie Gefühlen, Wünschen und Überzeugungen zu beziehen. Es wird darauf hingewiesen, dass Menschen mit einer Borderline-Diagnose sehr häufig desorganisierte Bindungsmuster aufweisen, also in dem Dilemma aufgewachsen sind, dass Bezugspersonen gleichzeitig Schutz *und* Gefahr darstellen (z.B. bei Misshandlung oder sexuellem Missbrauch), und dass diese desorganisierte Bindungshaltung langfristige Auswirkungen hat, die im Rahmen langfristiger Therapien mit einem Fokus auf Vertrauen, Getrenntheit und Herausforderung bearbeitet werden.

Die *Emotionally Focused Couple Therapy (EFT)* (Johnson & Best 2003) ist eine bindungsorientierte, systemische Paartherapie. Der Fokus liegt auf den Interaktionen, Emotionen, und auf dem Ausdruck von Bindungsbedürfnissen und Ängsten. Eine zentrale Intervention ist das »Reframing« (Umdeuten) von problematischem Verhalten als Ausdruck von Bindungsangst oder Bindungsenttäuschung. Therapieziel ist die Entwicklung einer sichereren Bindungs-Beziehung in der Partnerschaft.

Implikationen für die therapeutische Praxis

Allgemein lassen sich die folgenden Leitlinien für eine bindungstheoretisch orientierte Psychotherapie mit Erwachsenen ableiten, die sich an vorliegenden Entwürfen zur bindungsorientierten Einzeltherapie mit psychodynamischem (Brisch 2010; Bowlby 1979; Fonagy et al. 2004; Holmes 2008; Strauß et al. 2010), verhaltenstherapeutischem (Young et al. 2008), systemischem und/oder paartherapeutischem Hintergrund orientieren (Clulow 2009; Johnson & Best 2003; Johnson & Whiffen 2003; v. Sydow, 2008).

1. Respekt für die Bindungshaltungen von Menschen

Jede (!) Bindungshaltung ist eine Anpassungs- oder sogar Überlebensleistung. So gesehen ist es wesentlich, dass Therapeuten auf die implizite therapeutische Anmaßung verzichten, nur das Fokussieren auf Bindungsprobleme (was eine Psychotherapie ja oftmals bedeutet) sei »richtig«! Wichtig ist der Respekt davor, in welcher Weise, Haltung etc. auch immer Patienten und Angehörige kommen, der bisher wahrscheinlich am stärksten in der Systemischen Therapie ausgeprägt ist, also Respekt auch vor einer Skepsis gegenüber der Psychotherapie, vor der Angst vor erneuter Enttäuschung auch durch den Therapeuten und in Bezug auf die Neigung, ihn/sie auszutesten, Respekt davor, wenn der Patient/die Patientin wenig Zeit für die Therapie hat (Setting an Bedürfnisse der Klienten anpassen!). Viel Engagement ist nicht immer sehr hilfreich. Vielmehr sollte das Engagement von Partner/Partnerin oder Therapeut/Therapeutin auf die Bedürfnisse der Indexperson(en) abgestimmt sein.

2. Die therapeutische Beziehung ist zentral

Nicht nur aus der Gesprächspsychotherapie, sondern auch aus der Bindungstheorie lässt sich ableiten, dass eine warme, empathische und verlässliche therapeutische Beziehung zentral ist – das belegt die Therapieforschung ja auch tausendfach. Wichtig sind dabei die kontinuierliche Überprüfung der therapeutischen Beziehung – da aus Sicht der Bindungstheorie (wie auch der psychodynamischen Theorie) erwartet werden kann, dass problematische Beziehungserfahrungen in der Therapiebeziehung »reinszeniert« werden – und das Bemühen des Therapeuten darum, bei »Brüchen« den Kontakt zum Klienten wieder anzuknüpfen.

3. Fokus ist der Beziehungskontext des Patienten/der Patientin – heute (und früher)

Wichtig sind eine bindungswertschätzende und ressourcenorientierte Grundhaltung und die Unterstützung des Patienten bei der Exploration wichtiger Beziehungen. Das kann vermutlich nur gelingen bei einer großen Sensibilität des Therapeuten für komplexe triadische Beziehungen (kommt aus der Systemischen Therapie): Viele Menschen scheuen davor zurück, ihren Therapeuten belastende Erfahrungen mit wichtigen Bezugspersonen zu berichten, da sie solche Erzählungen als illoyal erleben oder gar als Verrat an der Bezugsperson. Der systemische Ansatz, diese Loyalität als Liebe oder Besorgtsein zu deuten, erleichtert es manchmal, über das Tabu zu sprechen.

4. Einbezug von Partnern und anderen Bezugspersonen in die (Einzel-) Psychotherapie

Die Einbeziehung von Bezugspersonen wie Partner/Partnerin, Kind/Kindern (auch Babys!), Eltern, Geschwistern in die Einzeltherapien wird (inzwischen) ja auch von den Psychotherapierichtlinien unterstützt. Er kann hilfreich sein, um die Sichtweisen und Anliegen der Bezugspersonen zu erkunden, den Umgang miteinander besser kennenzulernen, um die wechselseitige Einfühlung und Mentalisierung zu fördern und um konkrete Anliegen von Patient/Patientin oder Angehörigem zu besprechen. Auch die Einbeziehung anderer professioneller Helfer kann hilfreich sein, insbesondere bei »Multiproblem-Familien« mit vielen beteiligten Helfern.

Die Paarbeziehung kann die Bindungssicherheit der Partner stärken oder schwächen (Feeney 2003). Wichtige Themen in Paar-Gesprächen sind z. B. Verfolger-Distanzierer-Teufelskreise (persuer-distancer cycles; eine/r vermisst chronisch mehr und mehr Nähe, der/die andere fühlt sich immer mehr bedrängt und sucht Abstand), Übergänge als besondere Herausforderung für Paar-Systeme (z. B. Zusammenziehen, Heiraten, Eltern-Werden, Auszug des jüngsten Kindes, Berentung) oder Wechselwirkungen zwischen Paarbeziehung und anderen intra- (z. B. Schwiegereltern) und extrafamiliären Subsystemen (z. B. Berufe, Kultur, Religion).

5. Sensibilität für Traumata

Die Sensibilität für Kindheitstraumata ebenso wie für spätere und aktuelle »attachment injuries« (Johnson et al. 2001) ist wichtig – aber auch die Auseinandersetzung mit »ererbten Traumata« bzw. der transgenerationalen Weitergabe von Belastungen, die bisher standardmäßig nur in der Systemischen Therapie erfolgt. Der Einsatz des Genogramms (Familienstammbaums) ist hier hilfreich, mit Routinefragen z. B. zu Krieg, Nationalsozialismus usw. Wichtig ist auch, dass Therapeuten das Erziehungsverhalten von traumatisierten Patienten gemeinsam mit diesen erkunden.

6. Gefühlsregulation und Differenzierung

Keine Beziehung ist immer heilsam – Konflikte und Krisen sind unvermeidbar. Der eher verhaltenstherapeutisch orientierte US-Partnerschaftsforscher und Paartherapeut Gottman spricht (inzwischen!) von »eternal problems in marriage«. Auch der US-Paartherapeut Schnarch postuliert in seinem »marital crucible approach«, dass Krisen in Partnerschaften unvermeidbar sind. Aus Sicht von Schnarch ist es gerade in Krisen wichtig, nicht zu versuchen, den Partner zu ändern (funktioniert sowieso nicht!), sondern an der eigenen Weiterentwicklung zu arbeiten. Zentral ist hier die Selbstregulation, die eng mit dem Konzept der »Differenzierung« verknüpft ist, das auf den US-Systemtherapeuten und Psychoanalytiker Bowen zurückgeht und u. a. von Schnarch weiterentwickelt wurde: *Differenzierung (differentiation)* wird verstanden als »[…] Ihre Fähigkeit, im engen emotionalen und/oder körperlichen Kontakt zu anderen ein stabiles Selbstwertgefühl zu wahren – insbesondere wenn diese anderen Ihnen immer wichtiger werden« (Schnarch 2006, S. 66).

Beim Erlernen einer verbesserten Selbstregulation – die ja inzwischen in vielen Therapieansätzen zentral wurde – kann Verschiedenes hilfreich sein: Psychoedukation (z.B. »Hold on to yourself!« [Schnarch]; die Aufklärung darüber, dass physischer Abstand nach Streits für die Selbstberuhigung wesentlich ist [Gottman]), die »Container-Funktion« des Therapeuten – aber auch die Ermunterung der Klienten zu achtsamkeitsbasierter Meditation, Yoga, Sport oder was immer ihm hilft, sich selbst zu beruhigen.

Wichtig sind aber auch das Normalisieren von Partnerschaftskrisen und ein Fokus auf der Fähigkeit zum Wiederanknüpfen nach Beziehungsabbrüchen und -Konflikten (s. auch Selbstpsychologie, Säuglingsforschung) im Rahmen der Psychotherapie wie auch bei den Paaren und Familien. Schließlich sollten aber auch Paarbeziehungen/Einzelne vor emotionaler Überlastung geschützt und sollte Abgrenzung ermöglicht werden.

Fallbeispiel: Frau L[3]

Die attraktive, jünger wirkende, sehr bedrückte Klientin Anfang 30, Frau L., berichtet im Erstgespräch, dass sie seit 6 Wochen wegen schwerer Depressionen krankgeschrieben sei. Sie nehme Medikamente und könne kaum aufstehen – was sie aber wegen ihres 12-jährigen Sohnes doch tue. Sie wartet auf einen Platz in einer psychosomatischen Klinik und sucht für die Weiterbehandlung einen ambulanten Therapieplatz. Depressionen und Suizid-Neigungen lägen in ihrer Familie. Ich müsse aber keine Angst haben, dass sie sich das Leben nehmen könnte: »Ich mache wegen meines Sohnes weiter«. Sie leidet hauptsächlich unter massiven Verlust- und Trennungsängsten. Frau L. hat 11 Jahre als Single mit Affären gelebt und war damit relativ gut klargekommen. Doch seit mehr als einem Jahr hat sie sich erstmals wieder auf eine feste Beziehung eingelassen, was bei ihr tiefe Ängste auslöst (»Ich ertrage es nicht, wenn er eine Nacht bei sich schläft!«).

Nach einem Aufenthalt in einer psychosomatischen Klinik und – da es ihr zunächst immer noch sehr schlecht ging – in einer Tagesklinik kommt sie zu mir in ambulante Therapie. Die Kliniken und ich diagnostizieren eine Persönlichkeitsstörung mit emotional instabilen und abhängigen Anteilen sowie Depressionen bzw. »Burn-out«. Als Ressourcen fallen auf: ihre Intelligenz, soziale Kompetenz, Attraktivität und ihr Bemühen – trotz schwerer psychischer Einbrüche –, eine gute Mutter zu sein, Leistungsorientierung und -fähigkeit (auch wenn die in die Erschöpfungsdepression führte und sie zunächst nicht arbeitsfähig ist) sowie ausgeprägte kreative Interessen und Fähigkeiten. Sie beschreibt eine liebevolle, aber belastete Partnerschaft.

Die Kindheit war durch Verluste geprägt: Die Mutter trennte sich im ersten Lebensjahr der Patientin vom Vater (unklare Umstände). Danach ist der Kontakt zum Vater komplett abgerissen. Die Lebensumstände in der frühen Kindheit der Klientin sind unklar. Es scheint, dass sie früher eine liebevoll-verstrickte Beziehung zur Mutter hatte, die Mutter aber auch häufig abwesend und anderweitig beschäftigt war. Wichtigste Bezugsperson war die Tante – die dann aber wegzog. Als Frau L. im Grundschulalter war, heiratete die Mutter erneut und bekam eine weitere Tochter. Die Klientin wurde vom zweiten Mann der Mutter adoptiert, zu dem sie aber nie eine engere Beziehung aufbaute. Heute vermeidet sie den Kontakt zur Mutter fast völlig. Doch ihre Mutter unterstützt sie intensiv bei der Erziehung ihres 12-jährigen Sohnes, der auch Kontakt zu seinem leiblichen Vater hat (auch sie trennte sich vom Vater des Sohnes, als dieser ein Jahr alt war).

Frau L.s Hauptproblem sind chronisch bestehende, geradezu panische Verlustängste. Diese hatte sie über lange Zeit durch eine enge Bindung an ihren Sohn (die sich aber altersadäquat langsam lockert) kompensiert und durch die Vermeidung einer intimen Paarbeziehung durch Begrenzung auf kurze Affären. Nachdem Frau L. sich nach über 10 Jahren nun erstmals wieder auf eine enge Beziehung eingelassen hat, dekompensiert sie: Es ist für sie, wie gesagt, unerträglich, wenn ihr Partner, der ohnehin nachts fast immer bei ihr ist, einmal abwesend ist. Sie gerät in unerträgliche Zustände und kann sich manchmal nur noch mit Selbstverletzung »helfen«.

Im Rahmen einer tiefenpsychologisch-bindungstherapeutschen Einzeltherapie mit Einbeziehung von Bezugspersonen und systemischen Aspekten (bisher 32 Stunden) beginnt Frau L. sich langsam zu stabilisieren. In einem ersten Paargespräch kommen ihre Selbstverletzungen in Paarkrisen zur Sprache (die ihren Partner schwer belasten), zudem ihr sehr großes Bedürfnis nach Sicherheit, Zuwendung und Unterstützung und dessen Hintergrund (traumatische Verluste in der Kindheit). Ihr Freund ist bereit, sie zu unterstützen – wagt es dann aber auch erstmals, seinen Wunsch nach mehr Autonomie zu artikulieren. Später konfrontiert ihr Partner sie mit seinem Wunsch nach einer mehrtägigen beruflichen Abwesenheit. Sie versteht seinen Wunsch – ist davon aber auch extrem geängstigt. Sie lässt ihn dann heroischerweise losfahren. Sie kann die Lage tolerieren, solange er sich ca. viermal täglich meldet – wenn er aber nicht pünktlich anruft oder eine SMS schreibt, gerät sie schnell in existentielle Panik.

Sie hat seine Abwesenheit dann relativ gut überstanden, mit wöchentlichen Therapiegesprächen und einem zusätzlichen Krisengespräch. Doch die Therapie ist noch weiter nötig und die weitere Entwicklung muss abgewartet werden.

Anmerkungen

1 Das Verhalten der Probanden-Paare bei einem Konfliktgespräch über einen realen Konflikt wurde per Video aufgenommen und dann wurde mit einem Ratingsystem eingeschätzt, wie viel »positive emotion«, Traurigkeit (sadness) und Wut (anger) im nonverbalen Verhalten sichtbar waren. Partner mit höherer Bindungssicherheit im *Couple Attachment Interview* (CAI) zeigten im Konfliktgespräch mehr positive Emotionen.
Menschen mit schwächeren Depressionsneigungen (per Fragebogen erfasst) zeigen weniger nonverbale *sadness*, wenn ihr Partner eine höhere CAI-Bindungssicherheit hat. Doch bei stärkeren depressiven Neigungen ist das nicht mehr der Fall – da spielt die Bindungssicherheit des Partners keine abfedernde Rolle mehr.
2 Die »cross-method«-Übereinstimmung ist die Übereinstimmung der Bindungsdiagnostik über unterschiedliche diagnostische Verfahren hinweg, also z.B. die (Nicht-)Übereinstimmung der per AAI gemessenen Bindungssicherheit mit der per Fragebogen gemessenen Bindungssicherheit.
3 Die Patientin hat mir gestattet, über ihre Therapie zu schreiben. Alle soziodemographischen Angaben, die eine Identifizierung erlauben würden, sind geändert oder weggelassen.

Literatur

Alexandrov, E. O., Cowan, P. A. & Cowan, C. P. (2005): Couple attachment and the quality of marital relationships: Method and concept in the validation of the new couple attachment interview and coding system. *Attachment & Human Development*, 7 (2), S. 123–152.

Allen, E. S. & Baucom, D. H. (2004): Adult attachment and patterns of extradyadic involvement. *Family Process*, 43, S. 467–488.

Asendorpf, J. B., Banse, R., Wilpers, S. & Neyer, F. J. (1997): Beziehungsspezifische Bindungsskalen für Erwachsene und ihre Validierung durch Netzwerk- und Tagebuchverfahren. *Diagnostica*, 43 (4), S. 289–313.

Bartholomew, K. (1997): Adult attachment processes: Individual and couple perspectives. *British Journal of Medical Psychology*, 70 (3), S. 249–263.

Bartholomew, K. & Horowitz, L. M. (1991): Attachment styles among young adults: A test of a four-category model. *Journal of Personality and Social Psychology*, 61, S. 226–244.

Birnbaum, G. E. (2007): Attachment orientations, sexual functioning, and relationship satisfaction in a community sample of women. *Journal of Social and Personal Relationships*, 24 (1), 21–35.

Birnbaum, G. E., Reis, H. T., Mikulincer, M., Gillath, O. & Orpaz, A. (2006): When sex is more than just sex: Attachment orientations, sexual experience, and relationship quality. *Journal of Personality & Social Psychology*, 91 (5), S. 929–943.

Bogaert, A. F. & Sadava, S. (2002): Adult attachment and sexual behavior. *Personal Relationships*, 9, S. 191–204.

Bowlby, J. (1979): *The making and breaking of affectional bonds.* London (Tavistock).
Bouchard, S., Godbout, N. & Sabourin, S. (2009): Sexual attitudes and activities in women with borderline personality disorder involved in romantic relationships. *Journal of Sex & Marital Therapy,* 35, S. 106–121.
Brennan, K. A., Clark, C. L. & Shavers P. R. (1998): Self-report measurement of adult attachment: An integrative overview. In J. A. Simpson & W. S. Rholes (Hrsg.), *Attachment theory and close relationships.* New York (Guilford Press), S. 46–76.
Brisch, K. H. (2010): *Bindungsstörungen. Von der Bindungstheorie zur Therapie.* 11. Aufl. Stuttgart (Klett-Cotta).
Clulow, C. (Hrsg.) (2009): *Sex, attachment and couple psychotherapy: Psychoanalytic perspectives.* London: Karnac.
Cohen, D. L. & Belsky, J. (2008): Avoidant romantic attachment and female orgasm: Testing an emotion-regulation hypothesis. *Attachment & Human Development,* 10 (1), S. 1–10.
Clulow, C. & Boerma, M. (2009): Dynamics and disorders of sexual desire. In: C. Clulow (Hrsg.) (2009), *Sex, attachment and couple psychotherapy: Psychoanalytic perspectives.* London: Karnac, S. 75–102.
Collins, N. L. (1996): Working models of attachment: Implications for explanation, emotion, and behavior. *Journal of Personality & Social Psychology,* 71, S. 810–832.
Crowell, J. & Owens, G. (1998): *Manual for the current relationship interview and scoring system. Version 4.0.* New York (State University of New York at Stony Brook; http://www.psychology.sunysb.edu/attachment/measures/content/cri_manual_4.pdf [Zugriff 8.6.2011]).
Davila, J., Karney, B. R. & Bradbury, T. N. (1999): Attachment change processes in the early years of marriage. *Journal of Personality & Social Psychology,* 76 (5), S. 783–802.
Feeney, J. A. (1999): Adult romantic attachment and couple relationships. In: J. Cassidy & P. R. Shaver (Hrsg.), *Handbook of attachment.* New York (Guilford Press), S. 355–377.
Feeney, J. A. (2003): The systemic nature of couple relationships: An attachment perspective. In: P. Erdman & T. Cafferey (Hrsg.), *Attachment and family systems.* New York, Hove (Routledge), S. 139–163.
Feeney, J. A., Hohaus, L., Noller, P. & Alexander, R. P. (2001): *Becoming parents: Exploring the bonds between mothers, fathers, and their infants.* Cambridge (Cambridge University Press).
Fonagy, P., Gergely, G., Jurist, E. L. & Target, M. (2004): *Affektregulierung, Mentalisierung und die Entwicklung des Selbst.* Stuttgart (Klett-Cotta).
Fraley, R. C. & Waller, N. G. (1998): Adult attachment patterns: A test of the prototypical model. In: J. A. Simpson & W. S. Rholes (Hrsg.), *Attachment theory and close relationships.* New York (Guilford Press), S. 77–114.
Gangestad, S. W. & Thornhill, R. (1997): The evolutionary psychology of extrapair sex: The role of fluctuating asymmetry. *Evolution & Human Behavior,* 18 (2), S. 69–88.
Gentzler, A. L. & Kerns, K. A. (2004): Associations between insecure attachment and sexual experiences. *Personal Relationships,* 11, S. 249–265.
Gjerde, P. F., Onishi, M. & Carlson, K. (2004): Personality characteristics associated with romantic attachment: A comparison of interview and self-report methodologies. *Personality & Social Psychology Bulletin,* 30, S. 1402–1415.

Hazan, C. & Shaver, P. (1987): Romantic love conceptualized as an attachment process. *Journal of Personal & Social Psychology*, 52 (3), S. 511–24.

Hazan, C., Zeifman, D. & Middleton, K. (1994): Adult romantic attachment, affection, and sex. Paper, vorgestellt auf der 7. International Conference on Personal Relationships, Groningen, Niederlande, Juli 1994.

Hollist, C.S. & Miller, R.B. (2005): Perceptions of attachment style and marital quality in midlife marriage. *Family Relations*, 54, S. 46–57.

Holmes, J. (2008): *The search for a secure base: Attachment theory and psychotherapy*. London: Routledge.

Johnson, S.M. & Best, M. (2003): A systemic approach to restructuring adult attachment: The EFT model of couples therapy. In: P. Erdman & T. Cafferey (Hrsg.), *Attachment and family systems*. New York, Hove (Routledge), S. 165–189.

Johnson, S.M. & Whiffen, V.E. (2003): *Attachment processes in couple and family therapy*. New York, London (Guilford Press).

Johnson, S.M., Makinen, J.A. & Millikin, J.W. (2001): Attachment injuries in couple relationships: A new perspective on impasses in couples therapy. *Journal of Marital and Family Therapy*, 27, S. 145–155.

Keelan, J.P.R., Dion, K.K. & Dion, K.L. (1998): Attachment style and relationship satisfaction: Test of a self-disclosure explanation. *Canadian Journal of Behavioral Science*, 30 (1), S. 24–35.

Klohnen, E.C. & Bera, S. (1998): Behavioral and experiential patterns of avoidantly and securely attachment women across adulthood: A 31-year longitudinal perspective. *Journal of Personality & Social Psychology*, 74 (1), S. 211–223.

Laschinger, B., Purnell, C., Schwartz, J., et al. (2004): Sexuality and attachment from a clinical point of view. *Attachment & Human Development*, 6 (2), S. 151–164.

Mehta, N., Cowan, P.A. & Cowan, C.P. (2009): Working models of attachment to parents and partners: Implications for emotional behavior between partners. *Journal of Family Psychology*, 23 (6), S. 895–899.

Miculincer, M. & Shaver, P. (2007): A behavioral systems perspective on the psychodynamics of attachment and sexuality. In: D. Diamond, S. Blatt & J. Lichtenberg (Hrsg.), *Attachment and sexuality*. New York (Analytic Press), S. 51–78.

Miga, E.M., Hare, A., Allen, J.P. & Manning, N. (2010): The relation of insecure attachment states of mind and romantic attachment styles to adolescent aggression in romantic relationships. *Attachment & Human Development*, 12 (5), S. 463–481.

Neumann, E., Rohmann, E. & Bierhoff, H.W. (2007): Entwicklung und Validierung von Skalen zur Erfassung von Vermeidung und Angst in Partnerschaften: Der Bochumer Bindungsfragebogen (BoBi). *Diagnostica*, 53 (1), S. 33–47.

Roberts, N. & Noller, P. (1998): The associations between adult attachment and couple violence: The role of communication patterns and relationship satisfaction. In: J.A. Simpson & W.S. Rholes (Hrsg.), *Attachment theory and close relationships*. New York (Guilford Press), S. 317–350.

Shakespeare, W. (1986): *The Sonnets / Die Sonette*. Stuttgart: Reclam.

Schmitt, D.P. et al. (2003): Are men universally more dismissing than women? Gender differences in romantic attachment accross 62 cultural regions. *Personal Relationships*, 10, S. 307–331.

Schnarch, D. (2006): *Die Psychologie sexueller Leidenschaft*. Stuttgart (Klett-Cotta).

Simpson, J. A., Ickes, W. & Grich, J. (1999): When accuracy hurts: Reactions of anxious-ambivalent dating partners to a relationship-threatening situation. *Journal of Personality & Social Psychology*, 76 (5), S. 754–769.

Simpson, J. A., Rholes, W. S. & Nelligan, J. S. (1992): Support seeking and support giving within couples in an anxiety provoking situation: The role of attachment styles. *Journal of Personality and Social Psychology*, 62 (3), S. 434–446.

Smallbone, S. W. & Dadds, M. R. (2000): Attachment and coercive sexuel behavior. *Sexual Abuse*, 12 (1), S. 3–15.

Strauß, B., Kirchmann, H., Schwark, B. & Thomas, A. (2010): *Bindung, Sexualität und Persönlichkeitsentwicklung*. Stuttgart (Kohlhammer).

Sydow, K. v. (1998): Sexualität und/oder Bindung: Ein Forschungsüberblick zu sexuellen Entwicklungen in langfristigen Partnerschaften. *Familiendynamik*, 23 (4), S. 377–404

Sydow, K. v. (2002a): Bindung und gestörte Paarbeziehung. In: B. Strauß, A. Buchheim & H. Kächele (Hrsg.), *Klinische Bindungsforschung: Theorien, Methoden, Ergebnisse*. Stuttgart (Schattauer), S. 231–241.

Sydow, K. v. (2002b): Systemic attachment theory and therapeutic practice: A proposal (invited review). *Clinical Psychology & Psychotherapy*, 9 (2), S. 77–90.

Sydow, K. v. (2007): Systemische Psychotherapie (mit Familien, Paaren und Einzelnen). In: C. Reimer, J. Eckert, M. Hautzinger & E. Wilke (Hrsg.), *Psychotherapie: Ein Lehrbuch für Ärzte und Psychologen*. 3., vollst. neu bearb. Aufl. Heidelberg (Springer), S. 289–315.

Sydow, K. v. (2008): Bindungstheorie und systemische Therapie. *Familiendynamik*, 33 (3), S. 260–273.

Sydow, K. v. (im Druck): Forschungsmethoden zur Erhebung der Partnerschaftsbindung. In: G. Gloger-Tippelt (Hrsg.), *Bindung im Erwachsenenalter: Ein Handbuch für Forschung und Praxis*. 2., vollst. überarb. Aufl. Bern (Huber), S. 275–294.

Sydow, K. v., Beher, S., Retzlaff, R. & Schweitzer, J. (2007): *Die Wirksamkeit der Systemischen Therapie/Familientherapie*. Göttingen (Hogrefe).

Sydow, K. v. & Ullmeyer, M. (2001): Paarbeziehung und Bindung: Eine Meta-Inhaltsanalyse von 63 Studien, publiziert zwischen 1987 und 1997. *Psychotherapie, Psychosomatik und Medizinische Psychologie*, 51 (3/4), S. 186–188/T1–T15.

Updike, J. (1996): *Der weite Weg zu zweit: Szenen einer Liebe*. Reinbek b. Hamburg (Rowohlt).

Wampler, K. S., Shi, L., Nelson, B. S. & Kimball, T. G. (2003): The adult attachment interview and observed couple interaction: Implications for an intergenerational perspective on couple therapy. *Family Process*, 42 (4), S. 497–515.

Wendt, E.-V. (2009): *Sexualität und Bindung. Qualität und Motivation sexueller Paarbeziehungen im Jugend- und jungen Erwachsenenalter*. Weinheim, München (Juventa-Verlag).

Young, J. E., Klosko, J. S. & Weishaar, M. E. (2008): *Schematherapie. Ein praxisorientiertes Handbuch*. Paderborn (Junfermann).

KATE WHITE

Die Verflechtung von Bindung und Sexualität in der klinischen Arbeit

Einleitung

Im vorliegenden Beitrag geht es darum, wie Fragen in Bezug auf Sexualität und Bindung in der psychotherapeutischen Praxis zur Sprache kommen. Unsere klinische Erfahrung am Bowlby Centre (Laschinger et al. 2004; White & Schwartz 2007) zeigt, dass Sexualität weit weniger eine – unbedingt klinisch zu erkundende – machtvolle Triebregung ist als vielmehr der Reflex früher Bindungsgeschichten. Statt der üblichen »Dampftopf«-Vorstellung von Sexualität, die, wenn sie nicht ausgelebt wird, zu massiven emotionalen Konflikten führt, identifizieren wir eine melancholische Sexualität, eine kalte, gleichsam arktische Wüste ohne die Wärme menschlicher Bezogenheit, die kaum zum Ausdruck kommen kann. Wir meinen, dass ein breiter gefasstes und »fließenderes« Verständnis von Sexualität – einer nicht nur genital orientierten, sondern erotischen Sexualität – uns hilft, Schwierigkeiten in diesem Bereich vor dem Hintergrund von Konflikten zu sehen, die mit dem Wunsch nach Kontakt und Verbundenheit zu tun haben und letztlich auf frühe Verlust-, Verlassenheits- und Missbrauchserfahrungen zurückgehen. Unsere Argumentation lautet, dass die psychische Dimension der Fortpflanzungskapazität des Menschen – mit anderen Worten: die tatsächlich gelebte Erfahrung der menschlichen Sexualität – nicht von der psychischen Bindungsdynamik in einem sozialen und kulturellen Umfeld zu trennen ist. In diesem Beitrag sollen klinische Sachverhalte – wie die Folgewirkungen primärer erotischer Bindungen und die Arbeit mit sexuellen Fantasien, mit erotischen Übertragungs-/Gegenübertragungsreaktionen und Reinszenierungen – diskutiert werden. Die klinischen Beispiele werden zeigen, dass wir aus einer bindungs- und beziehungsorientierten Perspektive arbeiten.

Bindung und Sexualität

»Wenn ich über Sex nachdenke ..., dann wird mir klar, wie allein ich mich fühle. Der Gedanke, tatsächlich zu halten, zu berühren, einen Atem zu spüren, jemandes Geruch zu kennen ... und die Angst vor dem Leben. Ich bin eine verrückte Kämpferin, die sich bei jeder besseren Gelegenheit in die Schlacht stürzt. Was die Welt von außen her an mir wahrnimmt, gleicht nicht dem Blick von innen her.« (Tracey Amin 2005) Tracey Emin, eine namhafte britische Künstlerin unserer Tage, macht auf das Erschrecken aufmerksam, das in uns allen angesichts der Sehnsucht nach Intimität und Verbundenheit aufsteigt, weil die Anwandlung, sich der anderen Person zu ergeben, mit einer quälenden Verlustangst einhergeht. Und damit sind wir auch schon bei der Signifikanz von Bindung in ihrem Zusammenhang mit Sexualität und bei all den Widersprüchen, die dieser Zusammenhang in unserem Innenleben heraufbeschwört.

Unser Argument – das Argument der Bowlby Centre Study Group (Laschinger et al. 2004) – lautet, dass wir es nicht vermocht haben, Sexualität bewusst als Sehnsucht zu verstehen und zu erfahren – als »Passierschein« für die Reise von der eigenen inneren in die äußere Welt des anderen. Dann nämlich könnte man vielleicht über eine Sexualität der Hoffnung im Verein mit einer Bindungsdynamik sprechen, die unser Recht auf Subjektivität bestätigt – im Gegensatz zu einer Sexualität der Verzweiflung, nämlich der Erfahrung, dass der andere uns unsere Subjektivität abspricht, ja sie sogar zerstört.

Warum wird Sexualität zu einer Arena, in der fundamentale Beziehungsfragen und Beziehungskämpfe ausgetragen werden? Für Mitchell (1988) erklärt sich das u.a. damit, dass das sexuelle Verlangen mit körperlichen Empfindungen verbunden ist und dass diese Empfindungen unsere frühen Bindungsbeziehungen widerhallen lassen. Vielleicht ist es die Art, wie diese frühen Erfahrungen in unserem Körper registriert sind, die eine solche Wirkung auf unsere sexuellen Beziehungen ausübt. Wie Susie Orbach (2004) es formuliert: »Es gibt nicht so etwas wie einen Körper – nur einen Körper in Verbindung mit einem anderen Körper.«

Daneben gehen Manifestationen unserer Sehnsucht nach Intimität und Vertrautheit, nach Bestätigung und Verbundenheit in unser sexuelles Beziehungsverhalten ein und können einen ganzen Fächer von Emotionen vermitteln – Liebe, Wiedergutmachungsbereitschaft, Konflikt, Angst, Fluchtgedanken, Leidenschaft und Glückseligkeit. In dem Bemühen, unsere Isolation zu überwinden, und aus dem Wunsch heraus, »gekannt« und wahrgenommen zu werden, riskieren wir mit dem Schritt in intime sexuelle Beziehungen den Verlust unserer Privatheit wie auch den drohenden Verlust einer Verbundenheit, nach der wir uns so sehr sehnen und die wir zugleich so sehr fürchten: nackt – in emotionaler wie in physischer Hinsicht – in der Gegenwart eines anderen, der die Macht hat, mit Zärtlichkeit oder mit Zurückweisung und Vernichtung zu reagieren.

Darüber hinaus müssen wir den Einfluss von Macht, Kultur und Umfeld auf den Körper, auf Bindungsbeziehungen und auf das sexuelle Verhalten in Betracht ziehen. Für Menschen, die in einer homophoben und rassistischen Gesellschaft aufwachsen, könnte sich z. B. die Frage stellen: »Wie kann ich ein Anrecht auf Lust und Lebensfreude haben, wenn meine sexuellen Präferenzen von der herrschenden Kultur verunglimpft werden und meine Hautfarbe als verächtlich und hassenswert gilt?« Von hier ist es nicht mehr weit zu der Überlegung: »Ich bin schlecht, anomal, schmutzig, nicht liebenswert – jemand, den man verdreschen, verunglimpfen, loswerden muss …«

Bezogenheit herzustellen ist unerlässlich, und emotionale Verbundenheit und Vertrautheit lassen sich in allererster Linie durch den Austausch lustvollen Erlebens und die wechselseitige emotionale Ansprechbarkeit suchen, etablieren, einbüßen und wiedergewinnen.

Tanya

Für Tanya war die Sexualität ein später Schwerpunkt unserer Arbeit. Sie hatte das Trauma überstanden, das sie zur Aufnahme der Therapie veranlasst hatte, war wieder auf die Füße gekommen, aus der Wohnung ihrer Mutter aus- und in eine eigene Wohnung gezogen und hatte sich damit endlich aus einer intensiven und toxischen, symbiotisch-verstrickten Beziehung zu ihrer Mutter lösen können. Ihr geliebter Freund Tony erschien ihr allmählich als erdrückend in seiner Freundlichkeit; ihre zunehmende Unabhängigkeit wurde zur Bedrohung für die zunächst harmonische Beziehung, und ihr Temperament war zu viel für den friedfertigen und allzu beflissen um sie besorgten Partner. Traurig und dankbar gestimmt kamen sie überein, sich zu trennen. Tanya kehrte auf eine Arbeitsstelle in Ostafrika zurück und lebte eine Zeitlang bei ihrem Vater. Als sie wieder nach England kam, sah sie anders aus und dachte und fühlte auch anders. Sie war physisch stärker präsent, so als sähe ich sie zum ersten Mal als erwachsene und sexuell lebendige Frau. Die Rückkehr nach Afrika hatte ihr etwas sehr Wichtiges vermittelt – den neuerlichen Kontakt mit ihrer Kultur, ihren Wurzeln und ihrem Vater.

Schüchtern ließ sie mich wissen, dass sie eine Beziehung mit einem aufreizenden und gutaussehenden Mann eingegangen war – erschrocken und zugleich enthusiastisch ...

Ein paar Wochen später ...
»Ich weiß nicht, wie ich es ausdrücken soll. Ich glaube nicht, dass ich noch länger herkommen muss oder möchte. Von der Therapie habe ich alles bekommen, was ich brauchte und bekommen konnte.« Ich reagierte ein wenig schockiert, sagte aber dann: »Na gut, denken wir mal gemeinsam darüber nach ...«

Tanya war überzeugt, dass ich ihr mit Deutungen kommen und versuchen würde, sie festzuhalten, denn es sei ja so, »als wären wir durch eine Nabelschnur verbunden, die keine von uns zerschneiden kann«. Sie fürchtete, mir weiterhin schreckliche Situationen »liefern« zu müssen, um mich sozusagen am Laufen zu halten, gefüttert und befasst mit dieser schlechten Objektbeziehung – so meine Vorstellung. Angst davor, weitermachen zu müssen, weil ich/Mama die Trennung nicht überleben würde – auf jeden Fall brauchten wir die Erfahrung, dass man sich auf etwas Gutes verlassen kann. Mal abwarten, sagte ich mir ...

Tanya ist erstaunt, dass ich es nicht »am besten weiß« bzw. ihr nicht ein diagnostisches Etikett aufklebe. Sie meint, ich würde ihr nicht zureden wollen, mit meinem Segen zu gehen, einfach ein »Fall«, keine Person, die mir etwas bedeutet – das würde sie fürchten. Das Ende war gefühlsbetont und bewegend; ich schenkte ihr einen Korb mit Frühlingsblühern für ihre neue Wohnung, und sie brachte mir einen schönen afrikanischen Stoff mit.

Hier ist also eine junge Frau, die – nach zweieinhalb Jahren, in denen sie manchmal drei-, ja sogar fünfmal in der Woche zur Therapie kam, wenn sie sich in einer Krise befand – die Bereitschaft erkennen ließ, Sexualität auf neue Weise zu erkunden und zu leben. Sie hatte zur Vitalität und zu dem Wunsch gefunden, sich mit Lust und Freude an ihrem Körper mit einem anderen zusammenzutun, der es vermochte, ihr dabei entgegenzukommen.

Theoretisch konnten wir diese Veränderung als den Schritt von einer verstrickten und präokkupierten Bindungsrepräsentation zur Verinnerlichung einer hinreichend sicheren Bindungsbeziehung verstehen – zur vielleicht »verdienten Sicherheit«. Gekennzeichnet war dieser Schritt von Mentalisierung, Flexibilität und der Fähigkeit, sich vertrauensvoll auf Erkundungen einzulassen und sich zugleich selbst beschwichtigen zu können, wenn die Angst »den Raum betritt«, und im Fall des Überwältigtseins Beistand und Hilfe zu suchen. Ein durchaus verändertes Bild gegenüber jener jungen Frau, die mich anfangs aufgesucht hatte – traumatisiert, in suizidaler Verfassung, im Gefühl des Überwältigtseins, aber auch ihrerseits überwältigend mit ihren unverarbeiteten Verlust- und traumatischen Erfahrungen, die – im Verlauf einer turbulenten therapeutischen Reise, auf die ich hier nicht näher eingehen werde – aufgefangen, benannt und betrauert werden mussten.

Rosalind

In Rosalinds Fall war es eine ununterbrochene bleierne Depression, die sie in die Therapie führte – bei einer melancholischen Sexualität.

In ihren ersten Worten an mich kam die Furcht zum Ausdruck, ich würde ihr sagen, dass ihre lähmende und anhaltende Traurigkeit mit unterdrückter Sexualität zu tun habe, weil sie nämlich nie eine richtige sexuelle Beziehung gehabt habe und sich das auch niemals habe vorstellen können; letztlich sei das der Grund für ihre Schwierigkeiten. Ich erklärte ruhig, ich verstünde ihre Ängste und ihr Erschrecken darüber, dass sie sich mit mir in diese Sphäre hineinbegeben sollte, und mir sei auch klar, welchen Mut sie damit zeigte, zumal dies schon die zweite therapeutische Beziehung für sie war. Ich sagte weiter, dass ich als bindungsorientierte Therapeutin mein Hauptaugenmerk eher auf ihr gegenwärtiges Erleben, auf ihre Gefühle und auf die Überlegung richten wolle, in welchem Zusammenhang diese mit der Vergangenheit stehen könnten. Anschließend wandten wir uns dem beherrschenden Problem der Depression zu, über die sie kaum sprechen konnte, die sie mir aber anhand von Zeichnungen und plastischen Gebilden aus einer vorausgegangenen kunsttherapeutischen Behandlung anschaulich machte.

In Bowlbys Sicht sind Bindung und Sexualität zwei voneinander unterschiedene Systeme – eine Unterscheidung, die er treffen musste, um den Schwerpunkt seiner Forschungstätigkeit auf ein noch zu bewältigendes Maß einzugrenzen. Aber diese Verhaltenssysteme sind auf der physischen und der emotionalen Ebene auch miteinander verwoben und kommen innerhalb eines sozialen Umfeldes zum Tragen, zu dem auch Furcht und Bedrohung gehören. Zu einer integrierten Vorstellung von Bindung und Sexualität gehört auch das Wagnis der Intimität auf einer körperlichen und emotionalen Ebene – unsere Furcht, »gekannt« und emotional »angetroffen« zu werden, *während* wir uns dies zugleich doch auch wünschen, kann sehr stark sein, zumal wenn wir es in unseren frühen Beziehungen mit inkonsequenten, unzugänglichen oder offen erschreckenden bzw. verschreckten Bindungsfiguren zu tun hatten.

Das Nähe-Problem, als »emotional gekannt« in der physischen Nähe eines anderen zu sein, ist Gefahr und Verlockung zugleich, mit allem zugehörigen erhöhten Affekt und aller Körper»chemie«. Wie können wir wissen, dass wir die Nähe zu einem anderen überleben werden, wenn Nähe psychische Bedrohung oder Vernichtung bedeutet hat? Wie können wir die Gefühle ertragen, wenn wir nicht – durch das (physische und emotionale) »Gehaltenwerden« durch einen anderen – das entsprechende Erfahrungswissen in unserem Körper erworben haben?

Die Folgewirkung dieses Defizits ist uns gut bekannt: Es ist zumindest ein Gefühl der Scham darüber, dass wir das Bedürfnis nach Bestätigung haben, dass wir uns Verbundenheit wünschen und uns – darf man es überhaupt sagen – nach einer »stimmigen« liebevollen Reaktion sehnen, das unseren Glauben daran, einen anderen »erreichen« zu können, zunichte macht.

All das ging mir durch den Sinn, als Rosalind mich gleich zu Beginn in die Schranken forderte.

Rosalinds Skulpturen, die mit uns im gleichen Raum saßen, zeigten einen kaputten und ausgeraubten Körper – wir nahmen ihre Anwesenheit zur Kenntnis, aber zu diesem frühen Zeitpunkt kaum mehr als das. Was mit der Zeit erkennbar wurde, war eine sehr intensive Zeit der Alpträume, körperlichen Symptome und Inszenierungen, begleitet von Würgeanfällen und Luftnot. Ich fühlte mich in Gesellschaft eines verschreckten und verletzten Kindes, das um sein Leben kämpft und eine wässrige Flüssigkeit abhustet. Nach Monaten des Arbeitens, in denen diese Zustände kamen und gingen, waren wir imstande, eine Sprache zu finden, um diese Geschichte zu erzählen: Träume, körperliche Empfindungen und die Skulpturen erzählten sämtlich eine Geschichte des frühen sexuellen Missbrauchs durch ein Familienmitglied; die Erinnerung daran war bis jetzt abgespalten und dissoziiert. Parallel zum Entstehen einer Bindung und vertrauensvollen Beziehung zwischen uns tauchten im Hier und Jetzt Schmerz und Trauer um den Verlust der Liebe einer Mutter auf, die sie nicht beschützt und sich nicht auf sie eingestimmt hatte. Das führte zu einer betonten Eigenständigkeit, die den Hunger und die Verzweiflung maskierte – die Furcht, dass ihr Liebesbedürfnis unersättlich und nur mit Essbarem zu stillen sei. Trostessen und übermäßiges Saufen hielten ihre tiefe Sehnsucht nach Bindung und Gehaltenwerden auf Abstand. Ein leerer Körper/leeres Selbst – eine schmerzende Leere.

Wie lässt sich so etwas wiedergutmachen? Durch eine enge, liebevolle, feinfühlige, aufgeschlossene, in sich ruhende und umgrenzte Beziehung. Auf dem Weg über zahlreiche Risse, Brüche und Fehlschläge und deren Wiedergutmachung wurde allmählich eine hinreichend sichere Basis etabliert. Zum Beispiel: »Sie haben mich rausgeschmissen ... es war am Ende der Sitzung, und ich war drauf und dran, mich umzubringen ... scheiße war das, und alles, was Ihnen einfiel, war: ›Sie können mich anrufen‹.« ... »Das war abscheulich!«

Dass wir unsere Grenzen als Therapeuten erkennen und uns dafür entschuldigen, ist meiner Ansicht nach die einzige Möglichkeit, zu einem Empathieschub zu gelangen – es *ist* grausam – Operation am offenen Herzen ohne Betäubung, hat jemand gesagt.

Mit Rosalind war es wie mit dem von Edvard Munch gemalten Schrei ... Heulen und Wehklagen angesichts der Erkenntnis, dass das früh erlittene Missbrauchsgeschehen ihr ganzes Leben belastete und beschattete – ihre beruflichen Entscheidungen, ihre Schwierigkeiten, einen Partner zu finden, die ständige Suche nach der unerreichbaren, quälenden, nicht erwiderten Liebe: Selbstschutz.

Als und weil ihr Angstsystem erkannt und durch unsere tröstliche Zuwendung befriedet wurde, konnte sie es allmählich wagen, Liebe und Begehren in Bezug auf einen anderen zu erkunden, der – wie ich – erreichbar und bereit war, auf sie einzugehen.

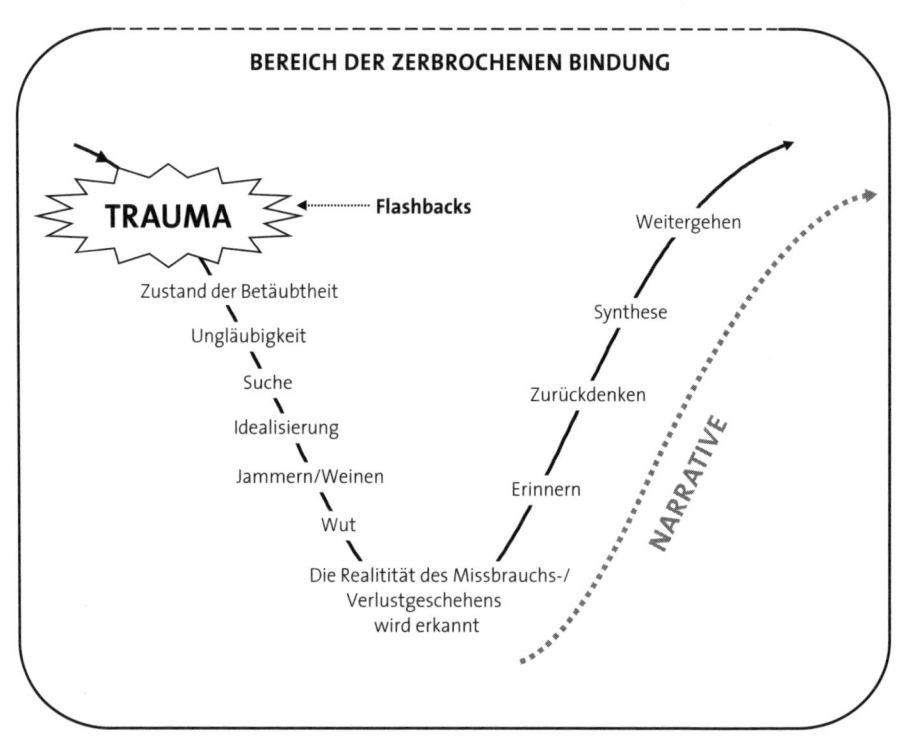

Abb. 1: Der Zyklus von Trauer und Neubeginn (Southgate 2002; Southgate & Odgers 1995)

Die Therapiemethoden und -grundsätze, mit denen wir arbeiten, lassen sich wie folgt zusammenfassen:

- Anerkennung/Bestätigung und Einstimmung,
- Zyklen von Bruch und Wiederherstellung/Neubeginn,
- Wechselseitigkeit,
- Verschränktheit von Übertragung und Gegenübertragung,
- Intersubjektivität,
- Berührung,
- Narrative,
- Trauern.

Jasmine

In der ersten Sitzung teilte Jasmine mir unmissverständlich mit, sie sei nicht bereit, über ihre Geliebte zu sprechen, denn das sei ein Sektor ihres Lebens, mit dem sie rundum zufrieden sei, und hier wolle sie nicht gestört werden – danke ... und brauche meine Missbilligung nicht. Oho, dachte ich. Ich sagte etwas wie: »Das klingt heikel und so, als hätten Sie Angst, dass ich auf etwas Kostbarem herumtrampele.« Hier müssen wir sacht vorgehen, dachte ich. Später, als ich die Szene im Rahmen der Supervision zur Sprache brachte, wurde uns klar, dass tätiges Interesse, nicht aber Zudringlichkeit angezeigt war – es galt, im Rahmen der Erkundungen etwas zu schützen und zu respektieren: Es schien eine Sache von Leben oder Tod, nicht dorthin vorzustoßen. Tatsächlich fühlte ich mich unbehaglich und mochte dieses Gefühl eines »nicht zu betretenden Bereichs« überhaupt nicht. Ich will dich in meiner sexuellen Domäne nicht haben, lautete die Botschaft.

Später dann, in einer anderen Sitzung, ergab sich ein »now moment« oder »Gegenwartsmoment« (Stern 1998, 2003), als sie mich fragte, ob ich sie gernhätte. Es war gegen Ende einer Sitzung, und ich fand einen Weg, die Frage zunächst einmal nicht zu beantworten. Nach der Sitzung, als ich mich von meiner Abwehrhaltung entspannen und wieder in Kontakt mit meinen Gefühlen kommen konnte, stellte ich fest, dass ich voller therapeutischer Scham gewesen war, aufgestört und ängstlich – ich mochte sie nicht –, ein ungewöhnliches Gefühl für mich. In der nächsten Sitzung wurde die Frage anfangs nicht erwähnt, und so kam ich schließlich von mir aus darauf zurück. Ich sagte, es sei mir schwergefallen, mir meine Reaktion zu erklären – dass ich nämlich einfach nicht bestätigen konnte, sie gernzuhaben. Es sei ungewöhnlich für mich, solche Gefühle zu haben, ich habe darüber nachgedacht und wisse, dass es etwas bedeuten müsse, dass ich sie nicht mochte. Was nun kam, war sehr anrührend – kein Gefühlsausbruch, sondern etwas wie Dankbarkeit: Sie habe die Erfahrung gemacht, dass ihre Eltern niemals offen und ehrlich auf ihre Fragen geantwortet hätten. Sie konnte ihnen nicht vertrauen – die Beziehung war durchtränkt von Betrug und Verschleierung. War das auch ein Hinweis auf ihre Affäre, überlegte ich bei mir, die sie vor ihrem langjährigen Partner geheim hielt? Dass ich beschämt gewesen war, dass ich mich ertappt gefühlt hatte, dass ich es nicht riskieren konnte, es ihr zu sagen – das war vielleicht eine Gegenübertragungsmitteilung. Jetzt, da ihre Verletzlichkeit zum Vorschein kam, stellte ich fest, dass ich ihr gegenüber freundlicher gestimmt war.

Interesse und Erkundungsbereitschaft galten nun auch dem bisherigen Tabubereich: Nach ihren Worten fühlte sie sich von ihrer Partnerin rundum verstanden und geliebt, ja sie wusste, dass sie ihr das eigene verletzliche und bedürftige Selbst »bringen« konnte. Sie sehnte sich nach der exquisiten Zärtlichkeit der Freundin und war starr vor Angst und Schrecken, wenn sie sie nicht erreichen konnte. Das, so überlegte ich mir, könnte eine Konstellation aus der Vergangenheit nachbilden, die ihr bisher nicht bewusst gewesen war. Jasmine und ihre Geliebte waren über ihre Mobiltelefone in ständigem Kontakt, und Jasmine erzählte mir, dass sie entsetzliche Angst verspürte, wenn das Echo der Freundin einmal auf sich warten ließ.

Gemeinsam gingen wir ihren frühen Verlust- und Trennungserfahrungen nach, und dabei kam heraus, dass sie schon als kleines Kind, etwa im Alter von einem Jahr, eine Operation über sich hatte ergehen lassen müssen. Die Relevanz dieses Umstandes war ihr nicht klar – sie sprach eher beiläufig und voller Skepsis, Verachtung und Abscheu davon, in einem Ton, der sehr charakteristisch für Individuen mit einem abweisenden »inneren Arbeitsmodell« ist (um es in bindungstheoretischen Begriffen auszudrücken): ›Na ja, wenn Sie meinen, dass das wichtig war...‹

Ich blieb unbeirrt und erklärte diesen Vorgang des Abtrennens von Gefühlen, dieses Gefrieren, die Dissoziation in Reaktion auf ein überwältigendes Trauma, und ich erklärte auch, was wir aus der Bindungstheorie über kleine Kinder wissen, die von ihrer primären Bindungsfigur getrennt sind: massive Folgewirkungen, Vernichtungsängste, das Gefühl, in einem Abgrund zu stecken. »Stellen Sie sich vor«, sagte ich, »Sie sind klein, allein in Ihrem Gitterbett, an einem fremden Ort, an den kaum jemand kommt, getrennt von der Person, die Sie am meisten lieben und von der Sie in erster Linie abhängig waren, und dazu noch ohne Ihr mobiles Telefon.« Ihr tiefes Seufzen sprach dafür, dass sie die Situation wiedererkannte.

Mir kam ein Gemälde von Louise Bourgeois aus dem Jahre 2006 *(10am Is When You Come To Me)* in den Sinn, auf dem sie Händepaare darstellt, die sich ausstrecken, um berührt zu werden und in einen Kontakt zu treten ... die Sehnsucht danach, »gefunden« zu werden – im Kummer noch verschärft.

Daniel

Voller Scham in Bezug auf seinen Körper, wird Daniel von seinem Vater auf Distanz gehalten und von einer Mutter, die er massierte und eincremte, unterdrückt. Als Heranwachsender konnte er sich vor Pusteln und Ekzemen kaum retten, ein »Unberührbarer«, schamverkrustet. Schamangst und die Schreckenserfahrung, in einer inzestuösen Beziehung zur älteren Schwester ertappt worden zu sein, überschatteten seine im Entstehen begriffene Sexualität. Jetzt, als erwachsener Mann, ist er »toll im Bett«, aber in großer Angst vor dem Risiko einer langfristigen Liebes- und Partnerbeziehung. Seine Präferenzen und Entscheidungen werden, ohne dass ihm das bewusst ist, von den frühen, gegen Grenzen verstoßenden Erfahrungen beeinflusst, untergraben und sabotiert. Zwei zehn Jahre währende Beziehungen wirkten folglich, ebenso wie eine Fernbeziehung, insoweit zerstörerisch, als sie Grenzen durchlöcherten, berufliche und familiäre Chancen zerstörten und ihn entmachteten – Sex und Liebe gingen in beide ein und mussten auf je eigene Weise verborgen und geheim bleiben. Daniels sexuelle Energie, das begriffen wir nun, war eine Form der Abwehr gegen Intimität – verschärft durch den kulturellen Anspruch an ihn, ein »richtiger Mann« zu sein ... nicht von irgendjemandem abhängig.

Liebens-Würdigkeit und wirkliches sexuelles Verlangen, erotische Attraktivität, Geliebtwerden – das waren die Themen, denen wir in unserer therapeutischen Beziehung nachgehen mussten. Nicht Unterdrückung, sondern Wertschätzung war von Bedeutung. Es war riskant, diese Dinge gemeinsam zu erkunden, als Mann und Frau in diesem vertrauten Raum, spielerisch und in erotischer Spannung. Die Herausforderung, der buchstäblichen Verführung – die andere in Daniels Leben sich so oft zunutze gemacht hatten – standzuhalten und zu widerstehen und dafür zu sorgen, dass Verführung zu etwas Schätzenswertem und Kostbaren wurde: heiß und erregend, aber nicht grenzverletzend. »Wir können also über Sex sprechen, da Sie ja darüber schreiben – welche Erleichterung!«

Wird sein innerer Saboteur die mühsam gewonnene zärtliche Liebe zu seiner neuen Freundin aufspüren und zerstören? Einer Freundin, die anders ist als die anderen, zugänglich, herzlich, eloquent, emotional präsent. Jetzt riskiert er es, seine Verletzlichkeit zur Schau zu stellen, indem er es hörbar ausspricht: »Ich liebe dich«. Das hat er nie zuvor riskiert. Sex hat ihm nie Angst gemacht – aber der Freundin ins Gesicht sehen, ohne Erektion, einander freimütig in die Augen sehen – das ist ein neues und erschreckendes Abenteuer. Dem Territorium und der Landschaft ihres Körpers vertrauen zu müssen, ohne einen Minendetektor, ohne seine Potenz, unbewaffnet und voll hoffnungsvoller Sehnsucht nach einem Kontakt von anderer Art...

Diese neue tiefreichende Beziehung ist eine Herausforderung für sein altgewohntes »inneres Arbeitsmodell«, das da lautete: Ich bin nicht liebenswert; den anderen ist nicht zu trauen; sie werden angewidert sein und mich im Stich lassen.

Zum letzten Treffen vor einer Sitzungspause kommt Daniel mit einem Blumenstrauß. »Die sind für Sie – ich bin Ihnen wirklich dankbar. Ich habe Ihnen zu all den Weihnachts- und Geburtstagen nie etwas mitgebracht, aber heute möchte ich Ihnen sagen, wie viel Sie und das hier mir bedeuten.« Ich sage: »Es scheint wichtig, diesen Augenblick als erinnernswert festzuhalten. Wahrscheinlich ist Ihnen nicht klar, wie viel Sie auch ohne sichtbare Mitbringsel geben ... Ihr Engagement, Ihre Anstrengungen, Ihr Mut und Ihr Aufblühen – das ist Ihr Geschenk an mich ... Ich bin bewegt und sehr gerührt.« Es ist ein bittersüßer Gedanke, dass wir beide erkennen: Hier geht etwas zu Ende. Liebe und Zärtlichkeit sind noch immer da, aber ich bleibe, und er geht weiter in sein Leben hinein und riskiert alles – so wie es sein soll. Ich platze fast vor Stolz – eine gemeinsame Verlusterfahrung, aber auch ein neuer Gewinn. Beide gehen wir verändert durch den jeweils anderen aus der Sache hervor.

Jason

Schließlich Jason – ein Mann, der destruktive sexuelle Fantasien in Bezug auf Frauen hegte, auch in Bezug auf mich: Fantasien von Beherrschung und Unterwerfung, von schmerzhafter analer Penetration, von Verschlingen und Schädigen. Er schneidet Grimassen, er kratzt sich während der Sitzungen die Haut auf – dissoziiert und in einem Zustand von Schrecken und Wut, aus dem ich uns beide herausziehen musste. Wir steckten in dem Tumult des »erschreckten und erschreckenden anderen« – ich dabei das zitternde Kind – die Rollen zeitweise umgekehrt – eine höhnische und quälende Dynamik...

Jasons Schreien war sehr schwer auszuhalten und zu ertragen, und ich sagte sehr laut oberhalb des Lärmpegels – »wer ist denn das, den Sie da anschreien?« Schließlich kehrte Ruhe ein, und wir konnten endlich denken. Wir überlegten, als hätten wir es mit einem Traum zu tun – was waren seine Assoziationen? Was waren die Auslöser und die Tagesreste? Es schälte sich eine verheerende Geschichte wiederholten analen Missbrauchs heraus – Wut und Angst allgegenwärtig – ein Wiedererleben – ein »Damals-jetzt«-Moment – transportiert in der Zeit.

Ich wurde zur strengen umgrenzten anderen – nicht gewillt, jemanden so zu behandeln, und nicht gewillt, so behandelt zu werden. Das hier war eine Reinszenierung, und ich musste seine Erniedrigung sowohl spüren als auch ihr ein Ende bereiten. Genug. Das war keine Beziehung, die sich in der privaten Praxis aushalten ließ. Ich war nicht imstande, die hier notwendige anhaltende Sicherheit zu bieten; unglücklicherweise gab Jason die Therapie auf, bevor ich ihn weitervermitteln konnte.

Meine Kollegin Sarah Benamer (2010) hat sich unerschrocken mit den besonderen Schwierigkeiten befasst, auf die wir als weibliche Therapeuten in unserer Arbeit mit Männern stoßen. Da ist vor allem die sexualisierte und erotisierte Bindungsthematik, die im Sinne der Beziehungskommunikation zwischen Therapeutin und Patient wichtig sein kann, die sich aber auch als Sogwirkung früher Wünsche in der kulturell legitimen Form von Dominanzgefühlen und Frauenhass präsentieren kann. Mit zunehmender therapeutischer Bindung koexistieren die frühen Bindungswünsche mit dem Beziehungsverhalten des Erwachsenen. Ein Mann in enger Nachbarschaft mit einer Frau wird sich vielleicht hüten, seine Verletzlichkeit zu erkunden und zur Schau zu stellen. Die Sehnsucht nach Intimität und Abhängigkeit ruft die uralten Abwehrmechanismen gegen die Vorgänge des Verschmelzens/Eindringens/Missbrauchens/Herabsetzens auf den Plan ... Angst maskiert sich unter Umständen als Herabwürdigung, Objektifizierung und Verleugnung. Einen Weg in die Subjekt-Subjekt-Beziehung zu suchen kann ein sehr schwieriges und anspruchsvolles Unternehmen sein.

Ich schließe mit einigen Hinweisen aus der Literatur, die mir bei meiner Beschäftigung mit der Verflechtung von Bindung und Sexualität in der klinischen Arbeit eine Hilfe war. Zunächst Jeremy Holmes (2007): Von ihm stammt der Begriff der »hedonistischen Intersubjektivität«, die er als »spielerische, interaktive, freudige Sinnlichkeit, gepaart mit erotischer Imagination« beschreibt, wie sie sich in sicheren Bindungsbeziehungen entwickelt. Holmes unterstreicht das körperliche Element in der Entstehung und Entwicklung von Bindungsbeziehungen und macht auf die Zusammenhänge zwischen unserer sich entfaltenden Sexualität und unterschiedlichen Bindungsmustern aufmerksam.

An zweiter Stelle nenne ich Stephen Mitchell (1988), der folgende Frage stellt: Warum wird die Sexualität zur Arena, in der grundlegende Beziehungsfragen und Beziehungskämpfe ausgetragen werden? Anschließend befasst er sich mit dem Zusammenhang, den er zwischen der Sexualität und den nachstehend genannten Sachverhalten sieht:

- Körperliche Empfindungen, Vorgänge und Ereignisse dominieren das frühe Erleben des Kindes;
- Sexualität geschieht als Bewegung aus dem Innen mit dem Ziel der Verbindung mit dem Außen und mit dem anderen – Verlangen, Intimität, Bestätigung, Verbundenheit;
- im physiologischen Anstieg des sexuellen Verlangens können Konflikt, Angst, Zwang, Flucht, Leidenschaft und Ekstase zum Ausdruck kommen;
- Privatheit und Ausgeschlossensein, das Bemühen um Kontaktaufnahme, um Engagement und um die Überwindung von Isolation und Exklusion sind wesentliche Kennzeichen des Geschlechtsverhaltens;
- dass wir Verbundenheit unter uns herstellen, ist von grundlegender Bedeutung, und das Geben und Nehmen von Lust und emotionaler Responsivität ist vielleicht das wirksamste Mittel, um emotionale Verbundenheit, Intimität und Vertrautheit zu suchen, zu etablieren, einzubüßen und wiederzugewinnen.

In seinem letzten Buch *Kann denn Liebe ewig sein?* wendet Stephen Mitchell sich gegen die überkommene Weisheit, dass Sex und »verliebte« Gefühle mit der Zeit notwendigerweise nachlassen. Vielmehr ist er der Ansicht, dass uns in unseren intimen Beziehungen nichts stärker ängstigt als unsere anhaltende Verletzlichkeit und Abhängigkeit und das zunehmende Ausgeliefertsein gegenüber dem schließlich gefundenen Wesen. Das führt seiner Meinung nach dazu, dass wir »dichtmachen« und uns vor fortdauernder Intimität schützen, aus Angst vor der endgültigen Zurückweisung dessen, was wir nicht länger vor dem anderen verbergen können ...

Und Susie Orbach (2009) schreibt in ihrer bahnbrechenden Analyse *Bodies*: »Parallel zur zunehmend zwanghaften Sexualisierung der größeren Kultur erlebt das Individuum unter Umständen einen Zusammenprall zwischen Sex als einem Gebrauchsgut, das man in die Welt mitbringt, und Sex als einer Beziehung; zwischen Sex als einem Ort der Konfusion und Enttäuschung und Sex als einem Ausdruck von Intimität« (S. 17), und: »Sex, wie wir ihn kennen und schätzen, ist eine potentiell machtvolle Begegnung von Körpern. Er ist auch der Ort, an dem Menschen hinreichend exponiert und offen sein und die Bestätigung finden können, dass sie und ihre Körper in Ordnung sind, akzeptabel, schön und lebendig« (S. 118).

Abschließende Überlegungen

In einem gewissen Sinne kann man also sagen: Im Rahmen der klinischen Arbeit mit einem bindungsbezogenen Ansatz taucht das Thema Sexualität, wenn es denn zur Sprache kommt, im Fortgang der therapeutischen Beziehung sozusagen von selbst auf (Laschinger et al. 2004). Nach sexuellen Dynamiken als Quelle und Hintergrund psychischer Leiden zu *suchen* war im Rahmen unserer Arbeit nicht erforderlich. Unsere in einem bindungs-/konfliktbezogenen psychoanalytischen Rahmen (Mitchell 1988) angesiedelte klinische Tätigkeit gründet auf der Notwendigkeit des Präsent-Seins und Nicht-Wissens mit dem Ziel, Bedeutungen aufzudecken (der Therapeut als Führer), und gerade nicht auf dem Anspruch des Wissens und Deutens aus der Position dessen, der im Besitz des Wissens ist (der Therapeut als Experte) (Laschinger & White 2001).

Dabei kommen wir allerdings an einer Tatsache unseres modernen Lebens nicht vorbei: Sexuelle Gefühle verursachen in unserer Kultur große Schwierigkeiten, und dies nicht zuletzt im Therapieraum. Unsere Einstellung gegenüber der kindlichen Masturbation ist heute zwar weitaus offener als noch vor einer Generation, aber wir tendieren noch immer dazu, das Kind, das seine Sexualorgane und die damit verbundenen Lustgefühle erkundet, sich selbst zu überlassen. Unsere Haltung gegenüber sexuellen Praktiken, die den vorherrschenden Rahmen überschreiten, zeugt eher von Furcht und Zurückweisung als von Interesse und Akzeptanz (Bloom 2003). Das überrascht nicht in einer Kultur, in der sexuelle Gefühle als in hohem Maß private Angelegenheiten betrachtet werden, so privat, dass man nicht einmal in den Beziehungen, in denen sie ausgelebt werden, darüber spricht und das Thema Sexualität in der therapeutischen Beziehung unter Umständen als problematisch angesehen wird. Den klinisch tätigen Praktikern ist der konstruktive Umgang mit Hassgefühlen, Wut und Verachtung von jeher leichter gefallen als die Arbeit mit sexuellen Gefühlen, mit Liebe und Zärtlichkeit (Suttie 1988): In der Tat tendieren wir dazu, die Sexualität in unserem Therapieraum »sicher« zu machen, indem wir sie weginterpretieren, anstatt sexuelle Gefühle – ohne Rücksicht darauf, ob es in der beziehungsorientierten Psychoanalyse einen Ort für die Sexualität des Erwachsenen gibt – als in sich gerechtfertigt zu akzeptieren (Davies 1998).

Virginia Goldner (2007) bezeichnet Bindungssicherheit und das Vorhandensein einer sicheren Basis als *conditio sine qua non* einer Sexualität, die Bewegung zulässt – Bewegung zwischen Anschluss und Abgrenzung, zwischen Verbundenheit und Destabilität, zwischen Sicherheit und Freiheit. In sich gehen und zugleich verbunden bleiben – der Vielzahl unserer erotischen Selbste begegnen – die Menge in uns muss mit dem anderen (und mit der Menge im jeweils anderen) zusammentreffen und einen Ort des Zusammentreffens finden.

Wir sind der Ansicht, dass sexuelle Gefühle – des Klienten wie des Therapeuten – im Prinzip so sind wie alle anderen Gefühle in der therapeutischen Beziehung. Sie sollten nicht verhindert, nicht weg-interpretiert und auch nicht zum alleinigen ätiologischen Fokus der psychischen Störung gemacht, sondern offen und interessiert auf ihren Sinn und ihre Aussagekraft hin erkundet werden.

Die schottische Sängerin und Liedermacherin Annie Lennox erinnert uns mit ihrem Lied »Here Comes the Rain« – das meines Wissens in Reaktion auf depressive Erfahrungen entstand – daran, dass es beim Zusammenhang zwischen Bindung und Sexualität um die Sehnsucht und das Verlangen nach Responsivität und Zuwendung geht, in ebenjener Intimität, die in den untenstehenden Versen zum Ausdruck kommt. Man könnte sagen, dass dies auch der Wunsch ist, den unsere Klienten uns in der therapeutischen Beziehung anzuvertrauen wagen. Mein Dank geht an all diejenigen, die sich auf diese besondere Bindungsbeziehung in der Psychotherapie eingelassen haben und von denen ich so viel gelernt habe.

Here Comes the Rain (Eurythmics, Text Annie Lennox)
[...] I want to walk in the open wind / I want to talk like lovers do / I want to dive into your ocean / Is it raining with you?
Refrain: So baby talk to me / Like lovers do / Walk with me / Like lovers do / Talk to me / Like lovers do

Literatur

Benamer, S. (2010): *Engendered and embodied intimacies.* Vortrag, gehalten anlässlich der John Bowlby Memorial Conference 2010, London, 26.–27.3.2010: *Attachment in the 21st century: Where next?*

Bloom, A. (2003): *Normal: Transsexual CEOS, crossdressing cops and hermaphrodites with attitude.* London (Bloomsbury).

Bourgeois, L. (2006): *10am Is When You Come To Me.* Mischtechnik auf Papier (vgl. http://fette.tumblr.com/post/2513811111/left-louise-bourgeois-10-am-is-when-you-come-to; Zugriff 21.6.2011).

Davies, J.M. (1998): Between disclosure and foreclosure of erotic transference-countertransference: Can psychoanalysis find a place for adult sexuality? *Psychoanalytic Dialogues,* 8, S. 747–768.

Davies, J.M. & Frawley, M.G. (1994): *Treating the adult survivor of childhood sexual abuse: A psychoanalytic perspective.* New York (Basic Books).

Emin, T. (2005): *Emin reveals naked self-portraits.* Artikel zu Tracy Emins Ausstellung »When I think about sex« in der White Cube Gallery, Website der BBC vom 27.5.2005 (http://news.bbc.co.uk/2/hi/uk_news/england/4584875.stm; Zugriff: 21.6.2011) (Zitat unter: http://diasestranhosvistosdeperto.blogspot.com/2005/06/when-i-think-about-sex.html, Zugriff 21.6.2011).

Goldner, V. (2007): »Let's do it again«: Further reflections on eros and attachment. *Psychoanalytic Dialogues*, 16 (6), S. 619–637.

Holmes, J. (2007): Sex, couples, and attachment: The role of hedonic intersubjectivity. *Attachment. New Directions in Psychotherapy and Relational Psychoanalysis*, 1 (1), S. 18–29.

Laschinger, B. & White, K. (2001): Appreciation: Stephen A. Mitchell 23 July 1946–21 December 2000. *British Journal of Psychotherapy*, 18, S. 106–109.

Laschinger, B., Purnell, C., Schwartz, J., White, K. & Wingfield, R. (2004): Sexuality and attachment from a clinical point of view. *Attachment & Human Development*, 6 (2), S. 151–164.

Lennox, A.: *Here comes the rain* (Song des Pop-Duos Eurythmics, Text: Annie Lennox).

Mitchell, S. A. (1988): *Relational concepts in psychoanalysis.* An integration. (Kap. 4: Sex without drive (theory). Cambridge, MA (Harvard University Press).

Mitchell, S. A. (2004): *Kann denn Liebe ewig sein? Psychoanalytische Erkundungen über Liebe, Begehren und Beständigkeit.* Gießen (Psychosozial-Verlag).

Orbach, S. (2004): The body in clinical practice. Teil 1: There's no such thing as a body; Teil 2: When touch comes to therapy. In: K. White (Hrsg.), *Touch, attachment and the body.* London (Karnac), S. 17–33, 35–47.

Orbach, S. (2009): *Bodies.* London (Profile Books).

Southgate, J. (2002): A theoretical framework for understanding multiplicity and dissociation. In: V. Sinason (Hrsg.), *Attachment, trauma & multiplicity.* Hove (Brunner-Routledge), S. 86–106.

Southgate, J. & Odgers, A. (1995): *Process of mourning – nature's repair cycle.* Ein Handout zum Ausbildungslehrgang am Bowlby Centre (Centre for Attachment-based Psychoanalytic Psychotherapy).

Stern, D. (1998): Non-interpretive mechanisms in psychoanalytic therapy. The ›something more‹ than interpretation. Boston Change Study Group. *International Journal of Psychoanalysis*, 79, S. 903–921.

Stern, D. (2003): Explicating the implicit: The interactive microprocess in the analytic situation. *International Journal of Psychoanalysis*, 83, S. 1051–1062.

Suttie, I. D. (1988): *The origins of love and hate.* (Reprint mit einem Vorwort von John Bowlby und einer Einführung von Dorothy Heard). London (Free Association Books). Originalausg.: London (K. Paul, Trench, Trubner) 1935.

White, K. & Schwartz, J. (Hrsg.) (2007): *Sexuality and attachment in clinical practice.* London (Karnac).

ANTONIA BIFULCO

Problematische Partnerschaften und elterliches Erziehungsverhalten: Ein bindungstheoretischer Blick auf die transgenerationale Weitergabe von Risiken[1]

Einführung

In der bindungstheoretischen Forschung kommt der Partnerbeziehung eine entscheidende Rolle zu. Zwar hat die Bindungsforschung der zurückliegenden Jahre ihren Blick über die isolierte Mutter-Kind-Beziehung hinaus auch auf die Partner der Mütter gerichtet, aber der Frage, wie die Partner das elterliche Erziehungs- und Fürsorgeverhalten beeinflussen können, ist dabei sehr viel weniger Aufmerksamkeit zuteil geworden. Die hier versammelten Beiträge der Tagung berühren auch wichtige gesellschaftliche Themen, die in den Zusammenhang der Bindungstheorie gehören, dort aber gelegentlich etwas heruntergespielt werden, wie Scheidung, häusliche Gewalt, Kindesmisshandlung und die Bedeutung des Vaters in der Familiendynamik.

Es ist mir eine Freude, im Kreis dieser namhaften Mitautoren über die Forschung an Londoner Hochrisikofamilien berichten und in diesem Zusammenhang zeigen zu können, dass Bindungsstil und Erziehungs- bzw. Fürsorgeverhalten der Mütter in hohem Maß vom negativen Verhalten der jeweiligen Partner beeinflusst werden, mit der Folge, dass es zur Misshandlung der Kinder kommt. Der vorliegende Beitrag lehnt sich an eine Veröffentlichung (Bifulco et al. 2009) an, die in Band 11 der Zeitschrift *Attachment and Human Development* erschien, einem Band, der dem Thema der Partnerbeziehung und Partnerbindung gewidmet ist. Er fasst die dort mitgeteilten Ergebnisse zusammen, bringt aber auch Fallmaterial, an dem deutlich wird, dass schädliche Gegebenheiten und Beziehungen im Verein mit einem unsicheren Bindungsstil der Mütter sich nachteilig auf die Entwicklung der Kinder auswirken.

Bindungsstil und elterliches Erziehungs- bzw. Fürsorgeverhalten

Die psychodynamisch orientierte Forschung zum Bindungsstil erwachsener Personen konzentriert sich in der Regel auf die retrospektiv erfasste Qualität der Interaktion der einstigen Kinder mit ihren Eltern und auf die anhaltende Fähigkeit der nunmehr Erwachsenen, ihre diesbezüglichen Erfahrungen zu verarbeiten (Bretherton 1987; Fraley 2010; Grossmann et al. 1987). Der Nachweis der angemessenen kognitiv-affektiven Verarbeitung dieser Erfahrungen in Form kohärenter Aussagen im Adult Attachment Interview (AAI; George et a. 1984) liegt der Erfassung der Bindungsqualität der betroffenen Personen zugrunde; das AAI wird vielfach als der »Goldstandard« auf diesem Gebiet angesehen. In der Regel wird untersucht, ob die Klassifikationen, die Eltern im AAI erreichen, mit dem Abschneiden ihrer Kinder in der sogenannten »Fremden Situation« übereinstimmen, einem Test, der auf der Grundlage der beobachteten kurzen Trennung des Kindes von der Elternperson, in der Regel der Mutter, gefolgt von der Wiedervereinigung mit ihr, ähnliche Klassifizierungen (sicher, vermeidend, ängstlich-ambivalent) erbringt (Ainsworth et al. 1978). Eine hohe Übereinstimmung der Bindungsmaße von Mutter und Kind verweist auf die Weitergabe des entsprechenden Bindungsstils, wobei diese Entsprechung schon pränatal angelegt ist (Fonagy et al. 1991).

Diese Methoden fragen allerdings nicht nach den charakteristischen Merkmalen der jeweiligen Partnerbeziehung und nicht nach deren möglichem Einfluss auf den Bindungsstil der Mutter, auf die Feinfühligkeit ihres Elternverhaltens und auf das Funktionsniveau des Kindes. Eine umfassende Beschäftigung mit der Weitergabe des Bindungsstils an die nächste Generation muss aber unbedingt auch die Partnerbeziehung in den Blick nehmen.

Während sich das Interesse an Bindungsstilen – und im Zusammenhang damit an der Entwicklung von Kindern und Erwachsenen – in der Frühzeit der Forschung zumeist an »normalen« Stichproben festmachte, geht es heute zunehmend um die Erfassung abnormer Entwicklungen in Familien, in denen Misshandlung und Gewaltverhalten regelmäßig vorkommen. Pat Crittenden kommt das große Verdienst zu, im Zusammenhang mit der Verzerrung von Bindungsmustern und der transgenerationalen Weitergabe unzulänglichen Elternverhaltens auf die Rolle der Kindesmisshandlung aufmerksam gemacht zu haben (Crittenden 1997), während andere Forscher dem Einfluss von Pflege und Fürsorge auf die Anpassung misshandelter Kinder an ihre neuen Familien nachgehen (Dozier 2003).

Ein unsicherer Bindungsstil kann nach alldem als einer jener psychischen Faktoren betrachtet werden, die sich aus einem unguten sozialen Umfeld des Kindes bzw. der erwachsenen Person ergeben und ihrerseits für verzerrte Familienbeziehungen – im Kontext nicht nur des Elternverhaltens, sondern auch des Verhältnisses der Partner zueinander – verantwortlich sind. Wir müssen Bindungsstile also unbedingt vor dem Hintergrund sowohl von Kindesmisshandlung und häuslicher Gewalt als auch einer »normalen« Entwicklung und eines wohlwollenden Umfeldes erfassen.

Die Partner

Die Partnerbeziehung ist bekanntlich von entscheidender Bedeutung für die Effektivität des Fürsorge- bzw. Erziehungsverhaltens in der Familie (Cowan & Cowan 2005; Cummings & Davies 2002). Ein stützender Partner ist ein sehr wichtiger Resilienzfaktor – etwa bezüglich der Fähigkeit einer Mutter zur Fürsorge –, aber auch das Gegenteil trifft zu: ein problematisches Partnerverhalten und die negative Interaktion der Partner untereinander haben Anteil an einem unzulänglichen Fürsorgeverhalten und an der Misshandlung der Kinder (Forehand et al. 1991; Kaczynski et al. 2006). Die Qualität des elterlichen Fürsorge- und Erziehungsverhaltens hat vielfältige Hintergründe, und die Partnerbeziehung ist nur eine der daran beteiligten Komponenten. Auch Stress, Unterstützung von dritter Seite, die eigene psychische Verfassung und eine mögliche eigene Missbrauchs- oder Misshandlungsgeschichte der Fürsorgeperson üben erwiesenermaßen einen Einfluss auf das Fürsorgeverhalten aus (Belsky & Vondra 1989; Rodriguez & Green 1997).

Parallel dazu steht auch der Bindungsstil der erwachsenen Person in einem Zusammenhang mit der Qualität ihrer Partnerbeziehung, die im hier betrachteten Zusammenhang von mangelnder Beziehungssicherheit und mangelnder Unterstützung (Cobb et al. 2001; Crowell et al. 2002; Feeney 1999) bis zu den eher extremen Formen ehelicher Gewalt (Kobak & Hazan 1991) reicht. Diese Faktoren können sowohl zu einem unsicheren Bindungsstil der Fürsorgeperson als auch zur Verschlechterung ihres Erziehungs- und Fürsorgeverhaltens beitragen. Frauen, deren Partner gewalttätig, psychisch gestört oder drogensüchtig sind oder ein antisoziales bzw. kriminelles Verhalten zeigen, tragen folglich ein höheres Risiko, sowohl unsicher gebunden als auch unzulängliche Mütter und Fürsorgepersonen zu sein (Johnson et al. 2001; Kaczynski et al. 2006). Schwierigkeiten dieser Art zeitigen nur zu leicht ganz spezielle Bindungsprobleme und

Unzulänglichkeiten in der Fürsorge, die in Kombination eine explosive Mischung für die in der Familie lebenden Kinder darstellen.

Die familiensystemische Perspektive

Neben die Betrachtung des Phänomens der transgenerationalen Weitergabe von Risiken – die im Hinblick auf den intrapsychischen Aspekt und die Mutter-Kind-Beziehung untersucht wurde – ist als weiterer Ansatz die familiensystemische Perspektive getreten: Hier liegt das Schwergewicht auf dem Einfluss, den die Bindungsstile *beider* Eltern und deren wechselseitige Beziehung auf die Kindesentwicklung ausüben (Cowan & Cowan 2005). Cowan und Kollegen sind gezielt der Qualität der wechselseitigen Beziehung der Eltern als Partner, dem Bindungsstil beider Eltern und dem problematischen Verhalten ihrer im Vorschulalter stehenden Kinder nachgegangen (Cowan et al. 1996). Untersucht wurde eine Stichprobe von 27 Paaren mit dem jeweils erstgeborenen Kind; mit beiden Eltern wurde das Adult Attachment Interview durchgeführt; zugleich wurden die eheliche Qualität, der Erziehungsstil sowie das internalisierende und externalisierende Verhalten des Kindes erfasst. Während zwischen den Bindungswerten der Eltern und dem Problemverhalten der Kinder kein direkter Zusammenhang gefunden wurde, zeigten die Pfadanalysen unterschiedliche Auswirkungen des Erziehungsstils der Mütter und Väter auf die Art der Störung der Kinder: Was die Mütter anging, so waren ihre Bindungsrepräsentationen, ihr Erziehungsstil und die Qualität der ehelichen Beziehung in Kombination besonders geeignet, internalisierendes Verhalten zu erklären; die Bindungsrepräsentationen der Väter folgten einem vergleichbaren Modell, aber für das externalisierende Verhalten. Für die Mütter erwies sich die Qualität der ehelichen Beziehung als von ihrem Erwachsenen-Bindungsstatus unabhängig, wobei ein positives eheliches Funktionsniveau als »Puffer« fungierte, der das Kind vor dem negativen Einfluss der unsicheren Bindung einer der Elternpersonen oder auch beider Eltern bewahrte.

Diese familiensystemische Perspektive muss noch weiter ausgedehnt werden, nämlich auch die späteren Auswirkungen einer dürftigen Partnerbeziehung und unsicheren Bindung der Eltern auf die dann bereits Heranwachsenden erfassen; grundsätzlich entspricht sie aber weitgehend den hier berichteten Befunden.

Die Erfassung des Bindungsstils

Um die Qualität der fortdauernden Beziehung zur Partnerfigur einzubeziehen, müssen wir überlegen, wie sich der Bindungsstil erwachsener Personen erfassen lässt. Das hat oft für Polarisierungen gesorgt – sowohl in Bezug auf das praktische Vorgehen (Interview vs. Fragebogen) als auch in Bezug auf die Perspektive (psychodynamisch vs. sozial). Psychodynamische Ansätze arbeiten in der Regel mit Interviews – zuallermeist mit dem AAI (George et al. 1984) –, soziale Ansätze dagegen mit Fragebögen (Bartholomew & Shaver 1998; Brennan et al. 1998). Auch der Fokus ist unterschiedlich: In den psychodynamischen Interviews geht es um die Kindheit, während der »soziale« Fragenkatalog den Partnerbeziehungen oder der Einstellung zu Nähe und Vertrautheit gilt. Es gibt allerdings Studien, die sich insoweit gewissermaßen »querstellen«. So befasst sich etwa das *Couple Interview* (Crowell et al. 2002; Crowell 1996) unter eher psychodynamischem Aspekt mit der Partnerbeziehung. Das hier zu beschreibende Instrument, das der sozialen Tradition entstammt, aber Techniken des halbstrukturierten Interviews nutzt, ist das *Attachment Style Interview* (ASI; www.attachmentstyleinterview.com). Es erfasst die Qualität der Beziehung zum Partner und zu vertrauten und stützenden Figuren, fragt aber auch nach bindungsrelevanten Einstellungen wie Misstrauen, Groll, Autonomie und Furcht vor Zurückweisung, um den aktuellen Bindungsstil abzuleiten. Dieser wurde parallel zur Erhebung widriger Kindheitserfahrungen und der aus diesen folgenden klinischen Störungen erfasst, um seine Mittlerrolle darzutun (Bifulco et al. 2002b, 2006). Der vorliegende Beitrag legt den Akzent auf die Anwendung dieses Instruments im Rahmen einer lokalen Studie mit einer Hochrisikogruppe von Müttern und deren heranwachsenden Kindern.

Interviewmethoden zur Erfassung von Beziehungsmerkmalen und lebenslangen schädlichen Erfahrungen sind wichtig. Nur durch solche Methoden ist es möglich, den Kontext der Erfahrungen, die objektiven Aspekte im Gegensatz zu den subjektiven sowie die zeitlichen Umstände des Erlebens zutreffend einzukreisen und das verzerrende Moment des Selbstberichts auszuschalten. Fragebogen sind statisch, tendieren zur Konzentration auf nur *einen* Aspekt von Bindung (etwa auf die Partnerbeziehung) und eignen sich, ob nun dimensional (Brennan et al. 1998) oder kategorial (Bartholomew & Shaver 1998) ausgerichtet, so gut wie gar nicht dazu, den Grad der Unsicherheit, eine Bandbreite von Bindungsstilen oder eine desorganisierte Ausdrucksweise wiederzugeben. Mit Interviews zu arbeiten kann dagegen das Verständnis der Dinge erheblich voranbringen, und das gilt nicht nur für Studien, sondern auch für die Praxis. Das Arbeiten mit einem Instrument wie dem Attachment Style Interview (ASI) ermöglicht es, den gegenwärtigen Kontext und das Verhalten in Beziehungen dingfest zu machen, in denen sich Bindungseinstellungen in Bezug auf Distanz/Vertrautheit, Abhängigkeit/Autonomie und Angst/Groll äußern. Es kann auch zeigen, welche der beiden Personen – die aktuell befragte oder die Partnerperson – das stärker abweichende Verhalten in der Beziehung zeigt. Darüber hinaus lassen sich so möglicherweise Beschreibungen eines unsicheren Bindungsverhaltens bzw. einer unsicheren Einstellung gewinnen, die das Verständnis für das jeweilige Ausmaß an Unsicherheit und für die unterschiedlichen Aspekte einer verzerrten Bindungsbeziehung fördern können.

Natürlich hat das Arbeiten mit Interviews auch Nachteile, denn sowohl die Schulung in diesen Techniken als auch ihre Anwendung kosten Zeit und Geld, und eine gute Reliabilität der Methode setzt ein entsprechendes Geschick in ihrer Handhabung voraus. Hier hat die soziale Perspektive viele Vorteile, wobei das ASI z. B. nur ein dreitägiges Training und eine einzige Reliabilitätsbewertung erfordert und ein relativ einfaches Beurteilungssystem hat. Solche handfesten Vorzüge sind nicht nur im Kontext der Forschung wichtig, wenn die Mittel knapp sind, sondern auch in der praktischen Anwendung. Gegenwärtig kommt das ASI weithin in den sozialdienstlichen Einrichtungen des Vereinigten Königreiches, aber auch im übrigen Europa und in Asien zur Anwendung. An der Ruhr-Universität Bochum wurde 2010 ein Workshop zu diesem Thema durchgeführt; deutschsprachige Versionen des ASI sind mit guter Reliabilität in geburtshilflichen Einrichtungen in Deutschland getestet worden (Bifulco et al. 2004), und die Standardisierung des Interviews ist auf dem Weg (Corinna Reck, Universitätsklinikum Heidelberg).

Die bisherige Forschung mit dem ASI

Forschungen unter Einsatz des ASI in einer Population, die der hier vorgestellten Stichprobe ähnelte, verweisen auf den engen Zusammenhang zwischen einem unsicheren Bindungsstil und – auch prospektiv erfassten – depressiven Störungen sowie darauf, dass ein unsicherer Bindungsstil als Vermittler zwischen früher Vernachlässigung oder Misshandlung und im Erwachsenenalter virulenten Störungen fungiert (Bifulco et al. 2006). Besonders deutlich sind diese Zusammenhänge im Fall ängstlich bzw. wütend-abweisend gebundener Frauen mittleren Alters. Beide Spielarten der unsicheren Bindung stehen auch in einem Zusammenhang mit Angststörungen. Des Weiteren besteht ein Zusammenhang zwischen unsicheren Bindungsstilen und geringer Selbstachtung sowie mangelnder Unterstützung in problematischen Partnerbeziehungen (Bifulco et al. 2002c). Bei Heranwachsenden herrschen ängstliche Bindungsstile vor, und hier besteht ein enger Zusammenhang mit emotionalen Störungen (Bifulco 2008). Ein sicherer Bindungsstil gilt als Resilienzfaktor, der im Fall von Individuen, die als Kinder zwar vernachlässigt oder misshandelt wurden, auf irgendeine Weise aber dennoch eine sichere Bindung entwickeln konnten, mit signifikant geringeren Depressionsraten einhergeht (Bifulco 2008). Andere Studien an sieben teils US-amerikanischen, teils europäischen Standorten zeigen, dass ein unsicherer Bindungsstil, mit dem ASI ermittelt, auf eine postnatale Depression und eine dürftigere Interaktion der betroffenen Mütter mit ihren kleinen Kindern vorausweist (Bifulco et al. 2004). Eine portugiesische Studie mit jungen Elternpaaren zeigt vergleichbare Befunde für die jungen Väter und deren postnatale Depression, wobei die Väter eher einen vermeidenden und die Mütter eher einen ängstlichen Bindungsstil erkennen ließen (Conde et al., im Druck).

Am Beispiel zweier Generationen von Londoner Familien werden in diesem Beitrag die Zusammenhänge zwischen einem aus der sozialen Perspektive erfassten Bindungsstil, unzureichendem Fürsorge- bzw. Erziehungsverhalten und der transgenerationalen Weitergabe von Störungen untersucht. Erfasst wurden der Bindungsstil der Mütter, die Beziehung der Mütter zu ihren Partnern, die negativen Eigenschaften dieser Partner und das Fürsorgeverhalten der Mütter. All das wird dann dem Bericht gegenübergestellt, den die heranwachsenden Kinder von dem abträglichen Fürsorgeverhalten und der frühen Misshandlung geben, die sie von Seiten eben dieser ihrer Mütter erfahren haben. So schälen sich die Verbindungswege zwischen Partnerverhalten, Bindungsstil der Mütter, Erziehungsverhalten, Misshandlung und gestörter Entwicklung heraus.

Die Londoner Studie

Eine Gruppe von 303 Londoner Müttern, Hochrisikoprobandinnen, die wir im Blick teils auf ihre widrigen Kindheitserfahrungen, teils auf ihre anhaltend problematischen Beziehungen ausgewählt hatten, wurde in den Jahren 1990–95 in der Absicht beobachtet, den Verbindungswegen zwischen negativen Beziehungen und dem Ausbruch einer *Major Depression* im Erwachsenenalter nachzugehen (Bifulco et al. 2000). Erweitert wurde die Studie dann durch die Einbeziehung der heranwachsenden bzw. jung erwachsenen Kinder dieser Frauen in die Nachsorge-Interviews (Bifulco 2008). Hier hatten wir es mit 146 Mutter-Kind-Paaren zu tun, wobei die Mütter im Schnitt 45 Jahre, ihre (16- bis 30-jährigen) Kinder im Schnitt 20 Jahre alt waren. Die Mütter zeigten sich in Bezug auf die Folgeuntersuchung ausgesprochen kooperativ (70 %), die Hoch-Risiko-Jugendlichen etwas weniger (63 %). 43 % der Mütter waren zur Zeit des Interviews Singles; 48 % gehörten der Arbeiterklasse an. Es handelte sich zumeist um Weiße, die in Großbritannien geboren waren; 12 % waren außerhalb Großbritanniens geborene Weiße, 14 % waren dunkelhäutige Personen bzw. gehörten einer ethnischen Minderheit an. 53 % der »Kinder« waren weiblich, zwei Drittel dieser jungen Leute lebten noch im Elternhaus, die Hälfte ging noch zur Schule. Unsere Absicht lautete, die Interviewdaten sowohl der Mütter als auch der Kinder auf Muster der transgenerationalen Weitergabe und auf Korrelationen im Bindungsstil hin zu untersuchen.

Allen Personen wurden die Interviews angekündigt, die entweder in den vier Wänden der jeweiligen Familie oder in unseren Räumen stattfanden. Sie dauerten zwischen zwei und drei Stunden, wurden aufgezeichnet und hielten demographische Kennzeichen, psychische Störungen, Kindheitserfahrungen vor dem 17. Lebensjahr und den Bindungsstil in beiden Generationen fest. Die Mütter wurden überdies nach Einzelheiten früherer Partnerbeziehungen und nach negativen Erfahrungen in der partnerschaftlichen und elterlichen Sphäre befragt. Ein lebensgeschichtliches Interview erfasste Bereiche erheblicher und chronischer Schwierigkeiten im Erwachsenenleben der Mütter, die Unterstützung, die ihnen in ihrem Umfeld zuteil wurde, und ihren aktuellen Bindungsstil. Auch die Geschichte der depressiven Störungen vom Teenageralter bis zum Zeitpunkt des Interviews wurde erfasst.

Das Attachment Style Interview (ASI) (Bifulco et al. 2002 b)

Das ASI als untersucherbasiertes halbstrukturiertes Interview, das die Qualität der Partnerbeziehungen und der Unterstützung durch den Partner erfasst, und als Ausgangspunkt für die Beurteilung der Beziehungsfähigkeit der betreffenden Person, ihrer Bindungssicherheit bzw. Bindungsunsicherheit und ihres Bindungsstils ist an anderer Stelle beschrieben worden. Das halbstrukturierte Schema fragte im Einzelnen nach der aktuellen Partnerbeziehung und in diesem Rahmen nach Verhaltensweisen aus jüngster Zeit, die das Vertrauen in der Partnerschaft vertieften, nach tätiger emotionaler Unterstützung, positiven und negativen Interaktionen und der »gefühlten« Bindung. Alle diese Aspekte gingen verschlüsselt in eine übergreifende Einschätzung der Qualität der Beziehungen der betreffenden Person ein. Die gleichen Fragen und Kodierungen wurden in Bezug auf zwei weitere erwachsene Personen wiederholt, die als stützende Figuren und als der befragten Person nahestehend ausgewiesen waren. Auf der Basis der in allen diesen Beziehungen ermittelten Qualität der Unterstützung und der Interaktion gelangte der Untersucher dann zu einer Einschätzung der »Fähigkeit, Beziehungen einzugehen und aufrechtzuerhalten«, wobei für eine hohe Bewertung mindestens zwei enge und vertrauensvolle Beziehungen erforderlich waren.

Diese Einschätzung wurde – zusammen mit der Beurteilung von Einstellungen, die auf Vermeidung bzw. Distanz in Beziehungen verweisen (z.B. Misstrauen, Furcht vor Nähe, hohe Eigenständigkeit, Groll) oder eine ängstliche Bindung anzeigen (z.B. Furcht vor Zurückweisung, Intoleranz in Bezug auf Trennungen, starkes Verlangen nach Gemeinsamkeit) – zur Kategorisierung des Bindungsstils herangezogen. Aus der in einem Standardverfahren gewonnenen Kombination der verschiedenen Skalen ergab sich dann die spezifische Variante des unsicheren Bindungsstils, nämlich der verstrickte, der ängstliche, der wütend-abweisende oder der zurückgezogene Bindungsstil – gegenüber dem eindeutig sicheren Bindungsstil. Für diese Analyse vereinigte ein binärer Index für »hochgradig unsicherer Bindungsstil« die Varianten »deutlich« und »moderat« sowie »leicht unsicherer« und »eindeutig sicherer« Stil.

Das Adult Life Phase Interview (ALPHI) (Bifulco et al. 2000)

Das ALPHI leitet sich aus dem Life Events and Difficulties Schedule (Brown & Harris 1978) her – aus einem Schema, das negative Erfahrungen in der Lebensgeschichte erwachsener Personen vom 17. Lebensjahr bis zum Zeitpunkt des Interviews retrospektiv erfasst. Beim ALPHI werden einzelne, im Schnitt etwa fünf Jahre umfassende Lebensphasen anhand der Dauer von Beziehungen und der zeitlichen Gültigkeit von Adressen identifiziert, und zwar vom 17. Lebensjahr bis zu dem im Zeitpunkt des Interviews erreichten Lebensalter. In unserem Fall wurde detailliert nach Schwierigkeiten und schädlichen Erfahrungen in den einzelnen Lebensphasen und in fünf unterschiedlichen Bereichen gefragt, so im Bereich von Ehe bzw. Partnerschaft und im Bereich der Mutterschaft. »Kulminationspunkte«, also schlimmste Phasen von (mindestens vier Wochen anhaltenden) Schwierigkeiten, wurden ebenso wie das über die jeweilige Phase hinweg beobachtete »typische« Ausmaß an Schwierigkeiten für alle Bereiche und Phasen auf Vier-Punkte-Skalen des Schweregrades (»deutlich«, »moderat«,

»mild«, »gering/kein«) erfasst. Validität und Interraterreliabilität dieses Instruments werden als gut bezeichnet (Bifulco et al. 2000; Cohen et al. 2005).

In Bezug auf Schwierigkeiten im Bereich der Partnerschaft arbeiteten wir in der Studie mit zwei spezifischen Indikatoren. Der erste, »ernsthafte und chronische Schwierigkeiten im ehelichen/partnerschaftlichen Bereich«, war ein binärer Index einer »deutlichen« bzw. »moderaten« Maximalschwierigkeit, wie sie im Kontext der Partnerbeziehung in zwei oder mehr umschriebenen Phasen des Erwachsenenlebens angetroffen wurde. Zu solchen Schwierigkeiten zählten Beziehungskonflikte, physische Gewalt von Seiten des Partners, Untreue des Partners, Trennungsdrohungen und Probleme des Partners mit dem Arbeitsverhalten. Unter dem zweiten Index, dem »problematischen Partnerverhalten«, fanden sich Kennzeichen der – zusammenlebenden – Partner: behandelte psychische Störungen, gewalttätiges Verhalten, wahrgenommenes kriminelles Verhalten, antisoziales Verhalten gemäß den Kategorien des DSM-IV. Diese Kennzeichen wurden auf separaten Skalen erfasst; für jedes dieser Elemente, das für ein aktuelles oder früheres Zusammenleben der Partner von mindestens sechsmonatiger Dauer zutraf, wurde ein binärer Index erstellt.

Das Parenting Role Interview (Bifulco et al. 2009)

Das Parenting Role Interview, anfangs dazu eingesetzt, das elterliche Erziehungs- und Fürsorgeverhalten im zurückliegenden Jahr zu erfassen, wurde auf die gesamte Erziehungsphase ausgedehnt, um ausführlich beurteilen zu können, wie die beteiligten Frauen ihrer Mutterrolle nachgekommen waren. Erfasst wurden ernsthafte und chronische Schwierigkeiten in der Ausübung dieser Rolle, positive und negative Interaktionen sowie die Kompetenz bzw. Inkompetenz im Bereich des Erziehungs- und Fürsorgeverhaltens. Zur Kompetenz in der Mutterrolle wurden die Teilnehmerinnen gefragt, wie sie mit den Anforderungen des Mutterseins, also mit Pflege, Versorgung, Kontrolle und Erziehung ihrer heranwachsenden Kinder, bis zu deren 17. Lebensjahr fertiggeworden waren, wobei diese Frage sich nicht ausschließlich auf das Kind bezog, das an der Untersuchung teilnahm. Die Kompetenz bzw. Inkompetenz in der Mutterrolle wurde von den Untersuchern anhand von Tonaufnahmen des Interviews in Anlehnung an Buchbeispiele und unter Beachtung vorgegebener Schwellenwerte beurteilt. In diese Analyse ist nur die Inkompetenz in der Mutterrolle aufgenommen worden. In Bezug auf »hochgradige Inkompetenz« bestand eine 73-prozentige (107/146) Übereinstimmung zwischen den Selbstberichten der Mütter und der Einschätzung durch die Untersucher; für 18 % der Frauen kamen die Untersucher auf ein höheres Maß an Inkompetenz, als die Betroffenen es sich anhand der ihnen vorgelegten Erziehungsbeispiele selbst zumaßen, und in 8 % der Fälle verhielt es sich umgekehrt – diese Frauen nannten in ihrem Selbstbericht ein im Vergleich zur Einschätzung durch die Interviewer höheres Maß an Inkompetenz.

Die Befragung der Heranwachsenden

Im Folgenden geht es um das Vernachlässigungs- und Misshandlungsgeschehen, dem die Kinder dieser Frauen bis zu ihrem 17. Lebensjahr ausgesetzt waren, und um ihre emotionalen Störungen in dem Jahr, das der Befragung vorausging.

CECA: Childhood Experience of Care & Abuse (Bifulco et al. 1994)

Dieses Instrument diente uns zur Erfassung belastender Kindheitserlebnisse bis zum 17. Lebensjahr, wobei es sich im hier vorgestellten Zusammenhang um Vernachlässigung, körperliche Misshandlung und Antipathie von Seiten der Mutter handelte. (Das gleiche Instrument wurde auch zur Erfassung von Misshandlung durch den Vater oder Ersatzvater sowie zur Erfassung anderer Formen von Misshandlung wie des sexuellen Missbrauchs durch andere Täterpersonen eingesetzt, aber diese Aspekte sind nicht Gegenstand der hier vorgestellten Analyse, sondern an anderer Stelle publiziert: Bifulco et al. 2002a.) Auf der Basis ausführlicher Tonaufnahmen von Interviews zu faktischen Aspekten des Kindheitserlebens und unter Beachtung feststehender Kriterien und von Buchbeispielen nahmen die Interviewer ihre Bewertungen nach vier Kategorien des Schweregrades des Geschehens (ausgeprägt, moderat, mild, kaum/kein) vor. Eine eingehende Beschreibung der dazu herangezogenen Skalen findet sich an anderer Stelle (Bifulco & Moran 1998). Eine Vernachlässigung durch die Mutter wurde von den Kindern als mangelndes Interesse an ihren materiellen Bedürfnissen (Ernährung, Bekleidung, Hygiene, medizinische Versorgung), an ihren Freundschaften, an ihren schulischen Leistungen bzw. beruflichen Aussichten beschrieben; Antipathie der Mutter ihnen gegenüber fand sich in Berichten über Feindseligkeit, Kälte, Zurückweisung und darüber, dass die Mutter ihnen die Rolle des Sündenbocks gegenüber den Geschwistern zugeschoben hatte; zur körperlichen Misshandlung durch die Mutter zählte Gewaltanwendung, je nach der Art des Angriffs (Schlagen mit einem Gegenstand – etwa einem Gürtel oder einem Stock –, Stoßen, Treten) und nach der Häufigkeit (z. B. einmal pro Woche oder häufiger). Für diese Analyse wurde ein zusammenfassender binärer Index des Vorhandenseins von entweder schwerwiegender Antipathie oder Vernachlässigung oder körperlicher Misshandlung durch die Mutter verwendet. Das CECA-Interview wird international angewandt und besitzt in mehreren Sprachen Gültigkeit; die deutsche Version ist soeben zur Publikation angenommen worden (Kaess et al., im Druck).

SCID: Structured Clinical Interview for DSM-IV (First et al. 1996)
Dieses klinische Interview wurde zur Erfassung von Störungen sowohl bei den Müttern als auch bei den heranwachsenden Kindern herangezogen. In den vorliegenden Bericht wurden nur Fälle von *Major Depression* und Angstzuständen aufgenommen. In der Analyse geht es um zwei Anzeichen: um die emotionalen Störungen der Kinder – also entweder *Major Depression* oder Angststörung (einschließlich GAS – generalisierte Angststörung, Agoraphobie und/oder Panik und Sozialphobie) – in den zwölf Monaten, die dem Interview vorausgingen, und um die wiederkehrende oder chronische, also lebenslange Depression der Mutter von ihrem 17. Lebensjahr an. Die Letztere wurde in dieser Analyse als mögliche Störvariable im erkundeten Modell aufgefasst.

Resultate

Die Resultate sind im Detail an anderer Stelle wiedergegeben (Bifulco et al. 2009) und werden hier für die Mütter, für die heranwachsenden Kinder und dann zur Präsentation des kombinierten Modells zusammengefasst. Zur Illustration schließt sich ein detaillierter Fallbericht an.

Die Mütter
Etwa die Hälfte (52 %) dieser Hochrisikomütter zeigte einen deutlich oder moderat unsicheren Bindungsstil; eine vergleichbare Anzahl (59 %) hatte ernsthafte und chronische eheliche bzw. partnerschaftliche Schwierigkeiten; 47 % hatten Partner, die ein Problemverhalten zeigten; 41 % der Mütter wurden von den Interviewern als in ihrem Elternverhalten inkompetent eingeschätzt, während nur 30 % der Mütter sich selbst als inkompetent betrachteten. Der unsichere Bindungsstil der Mütter stand nach Kendalls τ_β in einem signifikanten Zusammenhang mit ihrer (vom Interviewer) geschätzten Inkompetenz im Elternverhalten (.26, $p < .05$), wobei dieser Zusammenhang etwas enger war als der mit der selbstberichteten »gefühlten« Inkompetenz (.17, $p < .05$). Ein Zusammenhang bestand auch zwischen dem Problemverhalten der Partner und der geschätzten elterlichen Inkompetenz der Mütter (.25, $p < .01$). Die logistische Regression

zeigte, dass das Problemverhalten der Partner (OR = 3.03, Wald 8.40, df 1, p < .004) und der unsichere Bindungsstil der Mütter (OR = 2.81, Wald 7.79, df 1, p < .005) das beste Modell für das geschätzte inkompetente Elternverhalten der Mütter darstellten, während die chronischen Eheprobleme sowie die chronische oder wiederkehrende Depression der Mütter nichts zu dem Modell beitrugen.

Die heranwachsenden Kinder
Mehr als ein Viertel (27 %) der mit einem hohen Risiko belasteten jungen Leute berichteten von schwerwiegender Vernachlässigung, Antipathie oder körperlicher Misshandlung, die sie von Seiten ihrer Mütter erfahren hatten. Zwischen diesen Erfahrungen und den bei ihnen vorhandenen emotionalen Störungen bestand ein enger Zusammenhang (OR = 3.20, p < .01); desgleichen bestand ein signifikanter Zusammenhang mit den von den Müttern berichteten erheblichen und chronischen ehelichen/partnerschaftlichen Schwierigkeiten (.22, p < .007) und dem Problemverhalten der Partner der Mütter (.19, p < .02). Interessant ist allerdings, dass es keinen direkten Zusammenhang zwischen dem unsicheren Bindungsstil der Mütter und dem Bericht der Kinder über die von Seiten der Mutter erfahrene Vernachlässigung bzw. Misshandlung gab (.04, ns).

Mütter und Kinder
Die Berichte der Kinder über die erlittene Vernachlässigung bzw. Misshandlung überstiegen die Schätzungen der Mütter, was ihre Inkompetenz als Mütter anging, bei weitem (45 % vs 14 %, p < .001). Logistische Regressionsmodelle, die der Vernachlässigung oder Misshandlung der Kinder galten, zeigen das inkompetente Elternverhalten (OR = 4.19, Wald 10.04, df 1 p < .002) und die schwerwiegenden und chronischen Partnerschaftsprobleme der Mütter (OR = 2.83, Wald 4.18, df 1, p < .04) als die besten Prädiktoren. Das Problemverhalten der Partner lag knapp oberhalb der Grenze zur Signifikanz (p < .06).

Das Finalmodell
In einer binär-logistischen Analyse wurde den identifizierten Risikofaktoren in dem Modell nachgegangen, das sich mit den Störungen der nachfolgenden Generation befasst (siehe Abb. 1). Der Bindungsstil der Mütter und das Problemverhalten der Partner der Mütter standen in einem Zusammenhang mit der geschätzten Inkompetenz der Mütter in Erziehungsdingen, aber nicht in direktem Zusammenhang mit einer Vernachlässigung/Misshandlung der Kinder durch die Mütter. Einen je unabhängigen Anteil an Vernachlässigung/Misshandlung

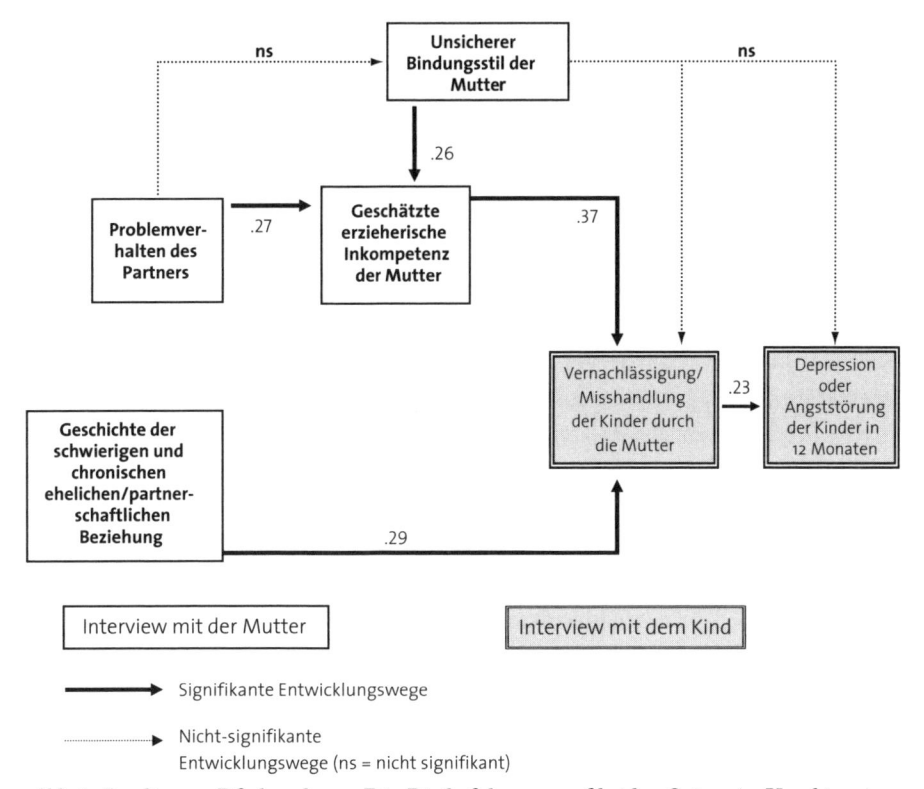

Abb. 1: Loglineare Pfadanalyse – Die Risikofaktoren auf beiden Seiten in Kombination. (Die unterschiedlichen Zahlenwerte an den jeweiligen Pfaden geben die Korrelationsstärke der Pfadanalyse an.)

der Kinder durch die Mütter hatten die ehelichen Schwierigkeiten und die geschätzte Inkompetenz der Mütter. Ein direkter Zusammenhang bestand nur zwischen der Vernachlässigung/Misshandlung der Kinder durch die Mütter und den internalisierenden Störungen dieser jungen Leute.

Fallbeispiel

Das nachstehende Fallbeispiel, dem Interviews mit einer Mutter aus unserer Londoner Stichprobe und mit deren Tochter zugrunde liegen, zeigt die Elemente unseres Modells. Die Mutter, Sheila, 37 Jahre alt und von ihrem ersten Ehemann geschieden, lebt mit dem zweiten Ehemann und drei kleinen Söhnen zusammen, die sechs, vier und zwei Jahre alt sind. Aus ihrer ersten Ehe hat sie einen Sohn Paul (21) und eine Tochter Sarah (18), die beide nicht mehr in der Familie leben. Sheila ging ihre erste Ehe mit 17 Jahren ein, nachdem sie von zu Hause weggelaufen war. Ihr erster Ehemann hatte Verhaltensprobleme – er trank heftig und war gewalttätig. Die ehelichen Schwierigkeiten hatten auch damit zu tun, dass er immer wieder arbeitslos war und Affären mit anderen Frauen hatte. Die Interaktion der Ehepartner war hochgradig negativ und gipfelte in seinen gewalttätigen Attacken auf seine Frau. Schließlich verließ Sheila ihren Mann zusammen mit den kleinen Kindern und tat sich mit ihrem zweiten Partner zusammen. Dieser hatte ein sanfteres Temperament und war zuverlässiger, dafür aber körperlich behindert und insgesamt bei schlechter Gesundheit. Er hatte schon jahrelang nicht mehr gearbeitet und war daher in finanziellen Schwierigkeiten. Zur Zeit der Interviews war die Interaktion der Ehepartner negativ, und Sheila fand in dieser Beziehung so gut wie keine Unterstützung. Als Risikofaktoren wurden bei ihr das Problemverhalten des vorherigen Partners und chronische eheliche Schwierigkeiten ausgemacht.

Was ihr elterliches Erziehungsverhalten anging, wurde sie zunächst nach Schwierigkeiten mit den Kindern gefragt, von denen es eine ganze Anzahl gab: »Ich habe immer Probleme mit meinen älteren Kindern gehabt – meine Tochter Sarah ist von zu Hause weggelaufen, und sie hat Essprobleme, die mir Sorgen machen. In der Schule war sie gut, aber sie macht sich meiner Ansicht nach zu viel Gedanken um ihr Äußeres. Sie war nie bereit, mit mir einen Spezialisten aufzusuchen. Und mein älterer Sohn, der hat es mit Drogen und mit Kleinkriminalität, und er hat ein Vorstrafenregister.«

Sheila bezeichnete sich selbst als gute Mutter, aber ihr Bericht ließ Bereiche erkennen, in denen sie deutliche Defizite hatte, derer sie sich anscheinend nicht bewusst war.

Auf die Frage, ob sie den Kindern genug Zeit und Aufmerksamkeit zuwende, sagte sie: »Ich habe ihnen immer genügend Zeit und Zuneigung zukommen lassen. Ich habe immer darauf geachtet, dass sie die gleichen Dinge bekamen, so dass sie nicht streiten mussten. Man kann wirklich daran arbeiten und hoffen, dass sie ›das kleine bisschen Extra‹ bekommen, wenn man sich hinsetzt und mit ihnen liest und ihnen zu Hause etwas beibringt ... Das gibt ihnen eine bessere Chance im Leben. Man muss richtig mit ihnen reden, nicht in dieser ›Gaga‹-Babysprache. Ich möchte ihnen immer einen weiten, hoffnungsvollen Ausblick auf alles geben und offen mit ihnen umgehen ... meine beiden Teenager wissen alles über meine erste Ehe und dass sie schiefging und warum ...«

Zum Thema Disziplin und Kontrolle sagte sie: »Ich bin eine faire Mutter, vielleicht bin ich zu streng, aber ich würde sagen, dass ich mich bemühe, eine gute Mutter zu sein. Man muss sein Bestes tun. Ich denke, ich habe für sie gekämpft und versucht, ihnen eine gute Lebensqualität zu geben. Manchmal bin ich zu lax, und dann greift mein Mann ein und diszipliniert sie. Als sie noch klein waren, waren sie lieb und brav, aber als Teenager sind sie völlig aus dem Gleis geraten. Ich habe es mit einem straffen Regiment versucht, als sie in die Sekundarstufe kamen – ich habe nicht erlaubt, dass sie ausgingen oder das allermodischste Zeug trugen. Aber es ist trotzdem schlecht ausgegangen mit ihnen. Das mache ich den Leuten ihrer Peer-Gruppe zum Vorwurf, in die sie geraten sind. Mehr hätten ich und mein Mann nicht für sie tun können. Wir haben uns abgeschuftet für sie.«

Auf die Frage, ob sie jemals zu hart und gereizt gewesen sei, antwortete sie: »O ja, ich glaube, jeder hat mal einen schlechten Tag, und ich kann genauso gut schreien wie alle anderen. Ja, ich schreie sie an und werde sehr wütend, wenn sie zu spät nach Hause kommen, ich mach sie fertig, und meine Tochter fängt an zu weinen, weil sie es nicht ertragen kann, dass man sie anschreit. Dann sagt sie, dass es ihr leid tut. Mit meinem Sohn geht es nicht so gut. Wenn ich ihn sehe, ein paarmal in der Woche, schreie ich ihn an. Wir haben Streit, aber nichts, womit wir nicht fertigwerden. Wenn wir streiten, dann ist das am gleichen Tag auch wieder vorbei.« Nach ihrer Geduld gegenüber den Kindern befragt, sagt sie: »Die haben ganz schön Respekt vor mir. Meistens geben sie nach, wenn sie sehen, dass mir die Tränen kommen. Ich schaffe es, dass sie ein schlechtes Gewissen haben. Dann fühlen sie sich verpflichtet zu sagen: ›Es tut mir leid‹. Neulich war ich so gereizt – manchmal sage ich Dinge, die ihnen wirklich an die Nieren gehen. Meine beiden Teenager sind, wenn's gutgeht, ein bisschen schwierig. Meine Mama fragt sich, was der Grund dafür ist, dass die Kinder sich schlecht benehmen ... Nicht der eigentliche Grund, dass sie verwöhnt sind und dass es zu oft nach ihrem Willen geht.«

Auf die Frage, ob sie jemals das Gefühl gehabt habe, mit ihren Aufgaben als Mutter nicht zurechtzukommen, sagte sie: »Na ja, die Essprobleme meiner Tochter, die machen mir zu schaffen. ... ich glaube allerdings wirklich, dass es ihr genetisches Erbe ist, meine Schwester hatte nämlich das gleiche Problem, wissen Sie. Meine Schwester war allerdings schlimmer – die war sogar jahrelang in psychiatrischer Behandlung. Aber ich glaube nicht, dass es irgendetwas gibt, was meine Tochter an ihrer Erziehung bemängeln könnte. Wenn sie nicht weggelaufen wäre (mit 14), dann wäre sie nicht in Schwierigkeiten gekommen. Es ist wirklich ihre eigene Schuld. Ich weiß nicht, was ich sonst noch hätte tun können.«

In ihrer Schilderung ihres Erziehungsverhaltens verweist sie sehr wohl auf Probleme, die ihre Kinder hatten, aber sie bringt es nicht fertig, auch nur eines davon mit ihrem eigenen Tun in Verbindung zu bringen. Sie beschreibt sich selbst als außerordentlich engagierte Mutter, die Opfer gebracht hat. Dabei zeigt ihr eigener Bericht, dass es ihr in einem extremen Maß an Feingefühl fehlt (sie bringt ihre Tochter zum Weinen), dass sie starr an Regeln und Strafen festhält und die Schuld immer bei ihren Kindern sucht. All das und ihre sehr negative Interaktion mit den Kindern (sie sagt ja ganz offen, dass sie die Kinder anschreit) führten dazu, dass diese Mutter als in ihrem elterlichen Erziehungsverhalten in hohem Maß inkompetent beurteilt wurde.

Der wütend-abweisende Bindungsstil
Sheilas Fähigkeit, sich mit der Bitte um Unterstützung an andere erwachsene Personen zu wenden, wurde als »dürfig« beurteilt. Die Beziehung zu ihrem Partner war ihr keine Stütze und zudem von Konflikten geprägt. Sie und ihr Ehemann streiten ständig, und sie kann ihm wegen seiner schlechten Laune nicht sagen, was sie belastet (Geldschwierigkeiten, Schulden). Was ihr Vertrauen in ihn angeht, sagt sie: »Ich könnte mich ihm anvertrauen, wenn es etwas wäre, das ihn nicht wütend macht – wenn es etwas ist, was er besser nicht erfährt, dann tue ich es nicht.« Das heißt, sie unterlässt es, ihm Dinge zu sagen, die ihn »frustrieren« könnten. Allerdings hat sie eine andere stützende Figur genannt – eine Freundin, der sie sich nahefühlt und der sie vertrauen kann. Mit ihr spricht sie z. B. über ihre Sorgen mit den Kindern und über den Gesundheitszustand ihres Mannes. Die Freundin ist ihr eine Hilfe und versteht sie, und das Verhältnis zu dieser Freundin wurde entsprechend als »stützende Beziehung« beurteilt. Als zweite vertraute und hilfreiche Figur nennt Sheila ihre Mutter, die mehrmals im Jahr zu Besuch kommt. Allerdings vertragen sie sich nicht und streiten die ganze Zeit. Die Mutter kritisiert Sheila wegen ihrer Art der Kindererziehung, und deshalb vertraut Sheila ihr nichts an. Dieses Verhältnis wurde folglich als »konflikthafte und nicht-stützende Beziehung« bewertet. Zum Stiefvater besteht überhaupt kein nahes Verhältnis, und auf ihn ist Sheila wegen ihrer unglücklichen Kindheit noch immer ärgerlich. Da sie also nur eine einzige stützende Beziehung hat, wurde ihr nur »eine gewisse« Beziehungsfähigkeit (»3« auf einer 4-Punkte-Skala) attestiert, was einen unsicheren Bindungsstil kennzeichnet.

Im Zusammenhang dessen, was sie über Bindungseinstellungen, vertrauensvolle Gefühle, Nähe und Autonomie zu sagen hatte, kamen auch Dinge zur Sprache, die mit ihrer geringen Beziehungsfähigkeit zu tun hatten. So war z. B. ihr Misstrauen groß: »Ich denke, dass es wichtig ist, jemanden zu haben, dem man vertraut, aber ich konnte nie irgendjemandem hinreichend vertrauen. Wenn ich mir vorstelle, ich sage etwas zur falschen Person, und das kommt dann einem anderen zu Ohren, der es nicht hören soll – da bin ich doch sehr vorsichtig. Ich habe Angst vor Klatsch. Ich misstraue jedem. Mir ist nie danach gewesen, sofort mein Herz auszuschütten. Ich erzähle niemandem etwas. Die müssen es doch wirklich nicht wissen. Über Persönliches rede ich schon gar nicht, damit es nicht die Runde macht. Das gehört zu meinen größten Ängsten. Wenn ich tatsächlich mal jemandem etwas erzähle, dann ist es einer von den wenigen, denen ich vertraue.« Sheilas Schwierigkeiten, was enge und vertrauensvolle Beziehungen angeht, wurden als »Furcht vor Nähe« bewertet. Sie sagt: »Ich rede nicht über persönliche Dinge. Das ist eine Sorge von mir, dass die Leute irgendetwas tragisch nehmen und dann darüber klatschen. Das würde mich wirklich unglücklich machen, und deshalb halte ich vieles von solchen emotionalen Dingen lieber unter Verschluss. Ich fand es immer schwierig (mit solchen vertraulichen Sachen). Ich habe nie wirklich jemanden gehabt, dem ich nahegekommen wäre. Ich sage nur das, was ich sagen muss, weil ich nicht verletzt oder kritisiert werden will. Das ist halt so mein Grundgefühl, und wahrscheinlich liegt es daran, dass ich nie irgendjemandem irgendetwas sage.«

Ihr Selbstvertrauen war groß: »Ich glaube nicht, dass ich je auf die Hilfe eines anderen gesetzt habe, wenn es darum ging, eine Entscheidung zu treffen. Ich war immer eine Ein-Mann-Band. Ich bin seit Jahren unabhängig und hatte die Dinge immer in der Hand. Ich komme auch ohne andere zurecht. Unterbuttern lasse ich mich nicht gern. Ich bin gern unabhängig und weiß: was ich sage, das geht. Ich werde besser mit den Dingen fertig als die meisten Leute.« Aus ihren Worten klingt viel Groll. Sie ist ärgerlich auf ihren Mann und auf die Kinder: »Was habe ich denn gemacht, um das zu verdienen – irgendjemand da oben (Gott) hasst mich. Manchmal wünschte ich, den Sohn nie gehabt zu haben. Ich glaube, jeder nimmt dich für selbstverständlich. Die Leute betrachten Freundlichkeit als Schwäche. Manchmal muss man hart sein – ich bin kein Doofie, also behandelt mich auch nicht wie einen Doofie. Meine Mutter hat mich hängen lassen, als ich ein Kind war; sie hat es zugelassen, dass ich mich in all den Jahren immer schlecht gefühlt habe.« Beim Gedanken an ihre Kindheit wird sie immer noch wütend. »Liebe habe ich nicht bekommen – mein Familienleben war so absolut höllisch.« Sie streitet mit ihrer Tochter, sobald diese ihr zu Gesicht kommt, und sie streitet mit ihrem Sohn wegen seiner kriminellen Machenschaften, aber er sagt: »Du bist voreingenommen!« Sie streitet mit ihrem Partner. Beide werden laut, sie streiten sich wegen der Kinder, wegen des Geldes, sie schreien sich an, dann knallt häufig eine Tür. Sie streitet auch mit ihrer Mutter.

Die Hauptmerkmale ihres Wesens sind Misstrauen, ein übergroßes Autonomiebewusstsein und ein ausgeprägter Groll, typisch für den wütend-abweisenden Bindungsstil. Sie braucht das Gefühl, dass sie die Dinge unter Kontrolle hat und dass alle von ihr abhängen, aber umgekehrt bringt sie selbst es nicht fertig, sich auf irgendjemanden zu stützen. Das macht es ihr unmöglich, um Hilfe zu bitten, macht es aber auch für andere schwierig, dieser Person, die Groll und Verachtung äußert, nahezukommen. Die Atmosphäre, in der die Kinder aufwuchsen, war also von Feindseligkeit, von einem Mangel an Zärtlichkeit und von dem dringenden Wunsch dieser Mutter geprägt, ihre Familie zu beherrschen.

Das Interview mit der Tochter
Sheilas Tochter Sarah berichtet, dass sie von ihrem sechsten Lebensjahr an von Seiten ihrer Mutter viel Antipathie erfuhr, vernachlässigt sowie körperlich und seelisch misshandelt wurde. Dem entsprach im gleichen Umfang die schlechte Behandlung durch den Stiefvater. Was die Antipathie der Mutter betrifft, sagt Sarah: »Sie hat mir nicht sehr viel Aufmerksamkeit geschenkt. Sie ist niemand, der einen mal in die Arme nimmt und einem sagt, dass alles in Ordnung ist. Ich hatte das Gefühl, dass sie mich irgendwie nicht mochte, aber andererseits hat sie mich auch geliebt, denn ich war ein Teil von ihr – ihre Tochter –, aber als Person ganz allgemein hat sie mich nicht gemocht. Ja, sie hat mich immer kritisiert, sie hat mich gedemütigt. Sie hat mich gepeinigt, sie hat mich vollkommen durcheinandergebracht. Ich wusste nie, was sie in der nächsten Minute tun würde.« Die Mutter wirkte desorientierend auf Sarah. »Zum Beispiel fragte sie: ›Findest du nicht, dass das ganz schlimm ist?‹ Wenn ich ihr dann zustimmte, sagte sie, das sei aber falsch, und ich sei doof.«

Sarah wurde auch vernachlässigt. »Ich habe mich sehr weitgehend selbst versorgt – alles, seit ich 13 war: saubermachen, kochen, meine Kleider waschen. Mama sagte mir halt, nun mach schon.« Die Mutter widmete ihr keine Zeit, Sarah saß einfach stumm vor dem Fernsehgerät, und die Mutter war oft nicht zu Hause. »Sie war nicht so sehr viel da; mein Bruder und ich kamen aus der Schule, und sie war dann meist in der Wirtschaft gegenüber – sie machte uns etwas zu essen und ging dann weg. Ich habe sie nie sehr viel gesehen. Sie hat nicht sehr viel Aufmerksamkeit für mich gehabt. Sie hat mir nicht die Unterstützung und die Hilfe gegeben, die ich gebraucht hätte. Ich konnte nicht mit ihr reden. Sie war für vieles nicht da, wo sie hätte da sein sollen. Sie sagte einfach: ›Mach vorwärts damit, frag nicht, sei nicht so blöd.‹ Einfühlsam war sie nicht.«

Die körperliche Misshandlung war heftig. Sarah wurde regelmäßig von beiden Eltern geschlagen, wobei die Mutter dem Stiefvater beim Schlagen assistierte: »Ich brauchte sie nur falsch anzusehen, da wurde ich schon geschlagen. Ich wurde geschlagen, wenn Mama sagte, dass wir etwas Schlechtes gemacht hätten – irgendetwas. So weit ich zurückdenken kann, wurde ich geschlagen. Seit ich zehn war, wurde ich zwanzig-, dreißigmal wirklich schlimm verhauen. Wegen der Blutergüsse konnte ich nicht so oft schwimmen gehen. Aber so ab 13 wurde ich noch sehr viel mehr geschlagen. Ich wurde angebunden und mit einem Rohrstock geschlagen, weil mein Bruder aus Versehen irgendetwas angezündet hatte ... Mama band uns an und schlug uns stundenlang – das war, als ich sieben war. Hände und Füße und Oberschenkel und Oberarme, alles mit Gardinendraht ... Vielfach besorgte mein Stiefvater das Schlagen, einmal hat er mich auf den Kopf geschlagen. Mein Bruder hat mal seinen Computer beschmiert. Als sie das merkten, hielt Mama uns fest, und der Stiefvater kam die Treppe herauf. Ich versteckte mich in meinem Zimmer – dabei hatte ich doch gar nichts getan –, und wir wurden beide schlimm geschlagen. Ich wusste, was kommen würde; ich konnte meinen Bruder schreien hören. Noch heute habe ich Alpträume – dann denke ich, dass ich gar nichts tun kann und dass es den Leuten egal ist ... Alle beide haben Gürtel oder Stöcke benutzt, und ich wurde ins Gesicht und auf den Kopf geschlagen. Mit einem Rohrstock oder mit dem Gürtel vom Stiefvater. Einmal hat Mama ein Schlagholz benutzt – die Abdrücke waren an meinem ganzen Körper zu sehen. Es passierte bestimmt einmal in der Woche, manchmal auch jeden Tag. Ich glaube, sie haben darauf geachtet, nicht dorthin zu schlagen, wo man es sehen konnte. Ich weiß noch, dass ich ein paar Tage frei haben musste, wenn sie uns schwer geschlagen hatten – Mama hat uns dann von der Schule ferngehalten. Die Sommerferien waren ein Alptraum ...«

Es kam auch zu extremen Formen seelischer Misshandlung. So kaufte die Mutter beispielsweise ein Weihnachtsgeschenk für Sarah, zeigte es ihr und nahm es ihr anschließend mit dem Hinweis, Sarah könne es nicht bekommen, gleich wieder weg. Ohne Vorwarnung und ohne Erklärung ließ sie Sarahs Lieblingshund einschläfern. Sie gab ihrer Tochter unbekömmliche Dinge wie z.B. Hundefutter oder Pfefferschoten zu essen: »Sie machte solche Sachen wie das mit den Chillies – sie schob sie mir in den Mund, und es brannte schrecklich – ich erinnere mich, das ich weinte und schrie und dass sie mir den Kopf und den Kiefer festhielt, so dass ich nicht ausspucken konnte.«

Schließlich verschlimmerte sich die Situation so sehr, dass Sarah mit 14 Jahren von zu Hause weglief. Als die Polizei sie fand, weigerte sie sich, in ihre Familie zurückzukehren, und bestand darauf, in behördliche Obhut zu kommen. Sie zeigte eine Reihe psychischer Symptome, darunter die Tendenz zur Selbstverletzung, Depressionen und eine Essstörung. Von ihrem 13. Lebensjahr an unternahm sie drei Selbstmordversuche, zwischen dem 13. und dem 16. Lebensjahr litt sie an einer Major Depression und wurde zunächst zur Behandlung an den Hausarzt und später zur Beratung an ein Krankenhaus überwiesen. Mit 16 Jahren entwickelte sie eine – mittlerweile chronische – Bulimie.

Kommentar

Sheila, die Mutter in dieser Dyade, zeigt kaum Einsicht, was ihre Unzulänglichkeiten als Mutter angeht, und ihr Attributionsstil sieht so aus, dass sie die Schuld immer bei anderen, einschließlich ihrer eigenen Kinder, sucht, anstatt selbst Verantwortung zu übernehmen. Aus ihrem Bericht geht hervor, dass sie sich als gute Mutter betrachtet – tatsächlich liefert sie aber genügend Beispiele für ihre Inkompetenz in dieser Rolle. Ihr Bindungsstil zeigt, dass sie kaum imstande ist, auf andere zuzugehen und sie um Unterstützung zu bitten. Dazu kommt, dass sie misstrauisch ist, sehr stark auf ihre Eigenständigkeit pocht und den Mitmenschen ärgerlich begegnet. Dieser Ärger, der ihre Beziehungen zu Erwachsenen kennzeichnet, überträgt sich auf ihr Verhältnis zu ihren Kindern. Nach dem Bericht ihrer Tochter hat sie sich als Mutter feindselig, kritisch und nachlässig verhalten und ihre Kinder misshandelt. Wenn man sieht, mit welchen Scheuklappen sie die eigene elterliche Kompetenz betrachtet, dann liegt es nahe, dass sie dieses Verhalten abstreitet. Ärger und Abwertung des Gegenübers, wie sie sich in ihrem Bindungsstil zeigen, passen zu ihrem feindseligen Umgang mit ihren Kindern und dazu, dass sie die Schuld immer bei den Kindern sucht statt bei sich selbst. Allerdings haben wir es hier mit einer Frau zu tun, die in ihrem eigenen Leben auf viele Schwierigkeiten getroffen ist. Sie wurde als Kind vernachlässigt und misshandelt, sie heiratete mit 16 Jahren einen Mann, der sich als gewalttätiger Trinker erwies, und nachdem sie ihn verlassen hatte, fand sie sich mit zwei kleinen Kindern allein in einer neuen Umgebung. Ihre zweite Ehe war »enger«, aber an der armseligen Erziehung der Kinder hatten beide Ehen ihren Anteil. Als Mutter fand sie keine Unterstützung – weder bei ihrem Mann noch bei dritten Personen und damit auch nicht bei ihrer eigenen, sehr feindseligen Mutter: Sie selbst wurde als 17-Jährige Mutter, und sie hatte kaum eigene Erfahrungen gemacht, die sie in diese Rolle einbringen konnte. In ihrem Erwachsenenleben gab es Zeiten der Depressionen und Angstzustände. Diese Belastungen hat sie mit ihrem armseligen Erziehungsverhalten an ihre Tochter weitergegeben, aber auch das armselige Elternverhalten beider Ehemänner hat insoweit eine Rolle gespielt. Die Wirkung auf die Tochter war verheerend.

Abschließende Überlegungen

Die intergenerationale Studie zum Einfluss von Vernachlässigung bzw. Misshandlung in einer Londoner Hochrisikogruppe von Müttern und ihren jungerwachsenen Kindern stützt ein zugleich familiensystemisches und »ökologisches« Modell. Diesem Modell zufolge sind die Eindrücke, die Mütter aus einer vorausgegangenen, von ernsthaften und chronischen Schwierigkeiten geprägten Beziehung zu einem Partner mit eigenen Verhaltensproblemen mitnehmen, in einem Zusammenhang mit Vernachlässigung, Antipathie oder körperlicher Misshandlung zu sehen, die sie ihren Kindern zufügen. Das Modell verweist auf einen direkten Zusammenhang zwischen dem (durch den Interviewer erfassten) inkompetenten Fürsorge- und Erziehungsverhalten der Mütter und der schlechten Behandlung, die sie den Kindern angedeihen lassen. Eine zweite unmittelbare Verbindungslinie fügt die Geschichte der ernsthaften und chronischen ehelichen Schwierigkeiten der Mütter mit diesem Misshandlungsgeschehen zusammen. Wohl trug der unsichere Bindungsstil der Mütter zur Erklärung der Varianz im geschätzten inkompetenten Elternverhalten bei; wir müssen uns aber darüber im Klaren sein, dass er keinen unmittelbaren Anteil am Misshandlungsgeschehen bzw. an den bei den Kindern bestehenden Störungen hatte. Allein die Vernachlässigung bzw. Misshandlung durch die Mutter wiesen auf internalisierende Störungen bei den Kindern voraus, während die eigene »Störungsgeschichte« der Mütter nichts zu unserem Modell beitrug. Diese Resultate haben viele Parallelen in den Befunden, zu denen Cowan et al. (1996) durch die Beschäftigung mit den Bindungsbeziehungen von Eltern und den bei ihren kleinen Kindern vorhandenen Störungen gelangten. Auch diese Autoren fanden keinen direkten Zusammenhang zwischen den Bindungskategorien von Eltern und dem Problemverhalten ihres Kindes, wohl aber, wie auch wir im vorliegenden Datensatz, einen Zusammenhang zwischen dem Erziehungs- bzw. Fürsorgeverhalten der Mütter und den internalisierenden Störungen ihrer Kinder.

Auch wenn der unsichere Bindungsstil der Mutter signifikant mit ihrer vom Interviewer geschätzten erzieherischen Inkompetenz korreliert, so gilt dieser Zusammenhang doch keinesfalls durchgehend. Nur gut die Hälfte der als unsicher gebunden charakterisierten Mütter in dieser Stichprobe (53 %) wurde als in ihrem Erziehungs- und Fürsorgeverhalten inkompetent beurteilt. Die andere Hälfte der Stichprobe wurde als kompetent angesehen. Und auch Vernachlässigung bzw. Misshandlung durch die Mütter waren nach Aussage der Kinder ähnlich verteilt: Sie wurden für 29 % der unsicher gebundenen Mütter und für 25 % der sicher gebundenen Mütter berichtet. Auch wenn es eine Reihe weiterer Risikofaktoren gibt, die im unzulänglichen Erziehungs- und Fürsorgeverhalten einer Mutter eine Rolle spielen, lässt sich andererseits auch ins Feld führen, dass das Vorhandensein positiver Faktoren (die Beziehung des Vaters zum Kind, die Qualität der Paarbeziehung) unter Umständen als »Puffer« gegenüber dem unsicheren Bindungsmodell der Mutter fungieren, das zu ihrem inkompetenten

Erziehungsverhalten und letztlich zur schlechten Behandlung des Kindes führt. Das würde mit den Befunden von Cowan et al. (1996) übereinstimmen, die in ihrer Stichprobe von Familien mit einem geringeren Risiko zu der Feststellung gelangten, dass eheliche Qualität nichts mit dem kategorial erfassten Bindungsstatus zu tun haben muss und dass eine positive eheliche Beziehung als »Puffer« im elterlichen Erziehungsverhalten wirkt (Cowan et al. 1996).

Eine Reihe von Fragen, die sich aus dieser exploratorischen Analyse ergeben, bedürfen der näheren Untersuchung. So ist z.B. die Unterscheidung zwischen der selbstberichteten und der vom Interviewer geschätzten Inkompetenz in der Mutterrolle potentiell wichtig und sollte eingehender betrachtet werden. Es spricht einiges dafür, dass Individuen mit einem vermeidenden Bindungsstil ihr eigenes elterliches Erziehungs- und Fürsorgeverhalten eher abschätzig betrachten. Das ist ein Punkt, dem im Rahmen des Elterntrainings nachgegangen werden sollte. Potentielle Fallen lauern auch dort, wo die Einschätzung des Elternverhaltens ausschließlich auf dem Selbstbericht beruht. Nach der Bindungstheorie »steckt« in den »inneren Arbeitsmodellen« ein einseitiges oder unausgewogenes Denken über enge Beziehungen. Der Selbstbericht, als »bare Münze« genommen, kann also die Wiedergabe von tatsächlichen Verhaltensweisen und von Kennzeichen von Beziehungen und Rollen verzerren. Wenn die Möglichkeit besteht, Schilderungen von Verhaltensweisen und Interaktionen auf ihre »Richtigkeit« hin zu bewerten, etwa durch die direkte Beobachtung der Mutter-Partner- bzw. der Mutter-Kind-Interaktionen, dann kann das zur Korrektur solcher Unausgewogenheiten beitragen. Der Zusammenhang zwischen solchen in Berichten enthaltenen Diskrepanzen und den verschiedenen Bindungsstilen muss im Blick auf seine Implikationen für Maßnahmen zur Förderung wirksamerer elterlicher Erziehungsstrategien näher erkundet werden. Hier sei darauf hingewiesen, dass es einzig auf dem Weg über das eher indirekte Mittel der Befragung zur »Kompetenz« überhaupt möglich war, das Erziehungsverhalten der Mütter praktisch zu erfassen – nicht etwa auf eine eher »aufdeckende« Weise, nämlich über die Frage, ob die teilnehmenden Mütter ihre Kinder vernachlässigt oder misshandelt haben. Der letztgenannte Weg führt, wie sich innerhalb des gleichen Forschungsprogramms gezeigt hat, kaum zur Übereinstimmung mit dem Bericht des betroffenen »Kindes«, sondern eher zur erheblichen Unterschätzung des Misshandlungsgeschehens (Fisher et al., im Druck). Das dürfte von Interesse für die Überlegung sein, wie man Eltern befragen sollte, wenn der Verdacht der Kindesmisshandlung besteht.

Es ist die These vorgetragen worden, dass ein unsicherer Bindungsstil durch belastende Erfahrungen grundgelegt und am Leben gehalten wird. In der hier vorgestellten sozial deprivierten Stichprobe von Eltern und Kindern sind belastende Erfahrungen durchgehend vorhanden, intensiv und chronisch. Wie weit solche Erfahrungen an der Intensität des Bindungsstils und am Ausmaß der Unsicherheit beteiligt sind, ist uns noch nicht bis ins Detail bekannt. Wir kommen aber nicht um die Überlegung herum, dass widrige Erfahrungen im Laufe des Erwachsenenlebens an der Intensität des unsicheren Bindungsstils beteiligt sein dürften. Es ist belegt, dass unsichere Bindungen sich im Erwachsenenalter durchaus verändern können – oft in einer positiven Richtung (Bifulco et al. 2004). Das heißt, dass wir der Frage, wie weit die Erfahrung der erwachsenen Person negativ-perpetuierend oder aber positiv-korrigierend wirkt, aus einer lebenszeitlichen Perspektive nachgehen müssen, um die Rolle der positiven Faktoren im Rahmen solcher Veränderungen zu verstehen. Wenn wir unser Modell in Gedanken mit positiven Partnerbeziehungen oder einem positiven Elternverhalten »anreichern«, dann lässt sich der hohe Prozentsatz unsicher gebundener Individuen, die nicht zu inkompetenten und misshandelnden Eltern werden, leichter erklären.

Der Anteil des persönlichen Handelns an ehelichen und die Mutterschaft betreffenden Schwierigkeiten bei anzunehmender Präexistenz eines unsicheren Bindungsstils ist nicht bekannt. Ein gestörtes, kriminelles, gewalttätiges und antisoziales Verhalten des Partners dürfte sich dem Einfluss der Frau, die in einer solchen Beziehung steckt, entziehen, während ein unsicherer Bindungsstil wahrscheinlich zu den ehelichen Interaktionsschwierigkeiten beiträgt und ihr den Zugang zu Quellen der Unterstützung erschwert. Selbst die Entscheidung für einen ungeeigneten Partner kann vom unsicheren Bindungsstil der Frau beeinflusst sein. Möglicherweise kommen also Prozesse einer »assortativen Paarung«[2] ins Spiel, die das Risiko der Kinder, misshandelt zu werden, aufgrund des sozialschädlichen Verhaltens und der erzieherischen Inkompetenz der Väter noch erhöhen. Umgekehrt müssen wir auch positive Partnerbeziehungen in ihrer Eigenschaft als »Puffer« gegenüber Belastungen und als Korrektoren des elterlichen Erziehungsstils (Quinton et al. 1984) in unser Erklärungsmodell zur transgenerationalen Weitergabe von Risiken aufnehmen.

Die in dieser Studie vorgestellten Analysen beruhen auf der Betrachtung des Bindungsstils aus der sozialen Perspektive. Ein Zusammenhang zwischen Abwehrprozessen, »Theory of Mind« und der Funktion der Selbstreflexion lässt sich aus den hier zusammengetragenen Daten nicht ableiten. Es spricht aber nichts gegen die Annahme, dass beide Funktionen, die soziale wie die psychodynamische, massiv im Spiel sind, und die zukünftige Forschung sollte eine innovative Verknüpfung beider Herangehensweisen anstreben. Die hier betrachteten

Erfassungsinstrumente lassen sich mit Gewinn in Längsschnittstudien mit jungen Leuten und ihren Müttern einsetzen, um die im Fall von Säuglingen und Kindern angewandten Methoden zu ergänzen.

Anmerkungen

1 Die Forschung, die dieser Studie zugrunde liegt, wurde durch eine Zuwendung des Medical Research Council (Nr. G9827201) gefördert. Wir danken den Autorinnen der Veröffentlichung, auf der sie beruht (Patricia Moran, Catherine Jacobs und Amanda Bunn), ebenso wie den übrigen Mitgliedern der Lifespan Research Group für das Zusammentragen der Daten und die Entwicklung des Instruments zur Erfassung des elterlichen Erziehungsverhaltens.
2 Die positive assortative Paarung vereint besonders ähnliche, die negative besonders unähnliche Partner.

Literatur

Ainsworth, M. D. S., Blehar, M., Waters, E. & Wall, S. (1978): *Patterns of attachment: A psychological study of the Strange Situation.* Hillsdale, NJ (Lawrence Erlbaum).

Bartholomew, K. & Shaver, P. R. (1998): Methods of assessing adult attachment – do they converge? In: J. A. Simpson & W. S. Rholes (Hrsg.), *Attachment theory and close relationships.* New York, London (Guilford Press).

Belsky, J. & Vondra, J. (1989): Lessons from child abuse: The determinants of parenting, a process model. In: D. Cicchetti & V. Carlson (Hrsg.), *Child maltreatment – theory and research on the causes and consequences of child abuse and neglect.* Cambridge (Cambridge University Press), S. 153–203.

Bifulco, A. (2008): Risk and resilience in young Londoners. In: D. Brom, R. Pat-Horenczyk & J. Ford (Hrsg.), *Treating traumatized children: Risk, resilience and recovery.* London, New York (Routledge).

Bifulco, A. & Moran, P. (1998): *Wednesday's child: Research into women's experience of neglect and abuse in childhood and adult depression.* London, New York (Routledge).

Bifulco, A., Brown, G. W. & Harris, T. O. (1994): Childhood Experience of Care and Abuse (CECA): A retrospective interview measure. *Journal of Child Psychology and Psychiatry, 35,* S. 1419–1435.

Bifulco, A., Bernazzani, O., Moran, P. M. & Ball, C. (2000): Lifetime stressors and recurrent depression: Preliminary findings of the Adult Life Phase Interview (ALPHI). *Social Psychiatry and Psychiatric Epidemiology, 35,* S. 264–275.

Bifulco, A., Moran, P. M., Ball, C., Jacobs, C., Baines, R., Bunn, A. et al. (2002a): Childhood adversity, parental vulnerability and disorder: Examining inter-generational transmission of risk. *Journal of Child Psychology and Psychiatry, 43,* S. 1075–1086.

Bifulco, A., Moran, P. M., Ball, C. & Bernazzani, O. (2002b): Adult attachment style.

I: Its relationship to clinical depression. *Social Psychiatry & Psychiatric Epidemiology*, 37, S. 50–59.

Bifulco, A., Moran, P. M., Ball, C. & Lillie, A. (2002c): Adult attachment style. II: Its relationship to psychosocial depressive-vulnerability. *Social Psychiatry & Psychiatric Epidemiology*, 37, S. 60–67.

Bifulco, A., Figueirido, B., Guedeney, N., Gorman, L., Hayes, S., Muzik, M. et al. (2004): Maternal attachment style and depression associated with childbirth: Preliminary results from a European/US cross-cultural study. *British Journal of Psychiatry (Special supplement)*, 184 (46), S. 31–37.

Bifulco, A., Kwon, J. H., Moran, P. M., Jacobs, C., Bunn, A. & Beer, N. (2006): Adult attachment style as mediator between childhood neglect/abuse and adult depression and anxiety. *Social Psychiatry & Psychiatric Epidemiology*, 41 (10), S. 796–805.

Bifulco, A., Moran, P. M., Jacobs, C. & Bunn, A. (2009): Problem partners and parenting: Exploring linkages with maternal insecure attachment style and adolescent offspring internalizing disorder. *Attachment & Human Development*, 11 (1), S. 69–85.

Brennan, K. A., Clark, C. L. & Shaver, P. R. (1998): Self-report measurement of adult attachment: An integrative overview. In: J. A. Simpson & W. S. Rholes (Hrsg.), *Attachment theory and close relationships*. New York, London (Guilford Press), S. 47–76.

Bretherton, I. (1987): New perspectives on attachment relations: Security, communication, and internal working models. In: J. Osofsky (Hrsg.), *Handbook of infant psychology*. New York (Wiley).

Brown, G. W. & Harris, T. O. (1978): *Social origins of depression: A study of psychiatric disorder in women*. London (Tavistock).

Cobb, R. J., Davila, J. & Bradbury, T. N. (2001): Attachment security and marital satisfaction: The role of positive perceptions and social support. *Personality and Social Psychology Bulletin*, 27, S. 1131–1143.

Cohen, P., Kasen, S., Bifulco, A., Andrews, H. & Gordon, K. (2005): The accuracy of adult narrative reports of developmental trajectories. *International Journal of Behavioural Development*, 29 (5), S. 345–355.

Conde, A., Figueirido, B. & Bifulco, A. (im Druck): Attachment style and psychological adjustment in couples. *Attachment & Human Development*.

Cowan, C. P. & Cowan, P. A. (2005): Two central roles for couple relationships: Breaking intergenerational patterns and enhancing children's adaptation. *Sexual and Relationship Therapy*, 20 (3), S. 275–288.

Cowan, P. A., Cohn, D., Cowan, C. P. & Pearson, J. (1996): Parents' attachment histories and children's externalising and internalising behaviours: Exploring family systems models of linkage. *Journal of Consulting and Clinical Psychology.*, 64 (1), S. 53–63.

Crittenden, P. M. (1997): Toward an integrative theory of trauma: A dynamic-maturation approach. In: D. Cicchetti & S. L. Toth (Hrsg.), *Developmental perspectives on trauma: Theory, research and intervention*. Rochester, New York (University of Rochester). S. 33–84.

Crowell, J. A. (1996): *Current Relationships Interview*. Unveröffentlichtes Manuskript, State University of New York, Stony Brook.

Crowell, J., Treboux, D., Gao, Y., Fyffe, C., Pan, H. & Waters, E. (2002): Assessing secure base behavior in adulthood: Development of a measure, links to adult attachment

representations, and relations to couples' communication and reports of relationships. *Developmental Psychology*, 38 (5), S. 679–693.
Cummings, M. E. & Davies, P. T. (2002): Effects of marital conflict on children: Recent advances and emerging themes in process-oriented research. *Journal of Child Psychology and Psychiatry and Allied Disciplines*, 43 (1), S. 31–63.
Dozier, M. (2003): Attachment-based treatment for vulnerable children. *Attachment and Human Development*, 5 (3), S. 253–257.
Feeney, J. A. (1999): Adult attachment, emotional control, and marital satisfaction. *Personal Relationships*, 6, S. 169–185.
First, M., Gibbon, M., Spitzer, R. & Williams, G. (1996): *Users guide for SCID*: Biometrics Research Division.
Fisher, H. L., Bunn, A., Jacobs, C., Moran, P. & Bifulco, A. (im Druck): Concordance between mother and offspring reports of childhood adversity. *Childhood Abuse and Neglect*.
Fonagy, P., Steele, H. & Steele, M. (1991): Maternal representations of attachment during pregnancy predict the organisation of infant-mother attachment at one year of age. *Child Development*, 62 (5), S. 891–905.
Forehand, R., Wierson, M., Thomas, A. M., Armistead, L. et al. (1991): The role of family stressors and parent relationships on adolescent functioning. *Journal of the American Academy of Child and Adolescent Psychiatry*, 30 (2), S. 316–322.
Fraley, C. R. (2010): A brief overview of adult attachment theory and research. *University of Illinois Dept. of Psychology website publication*. http://internal.psychology.illinois.edu/~rcfraley/attachment.htm (Zugriff: 19. 6. 2011).
George, C., Kaplan, N. & Main, M. (1984): *Attachment Interview for Adults*. Unveröffentlichtes Manuskript, University of California, Berkeley.
Grossmann, K., Bombik, E. B. & Rudolph, J. (1987): *Maternal attachment representations as related to child-mother attachment patterns and maternal sensitivity and acceptance of her infant*. Vortrag, gehalten anlässlich der Conference on Intrafamilial Relationships, Cambridge, 5.–8. Jan. 1987.
Johnson, J. G., Cohen, P., Kasen, S., Smailes, E. & Brook, J. S. (2001): Association of maladaptive parental behavior with psychiatric disorder among parents and their offspring. *Archive of General Psychiatry*, 58, S. 453–460.
Kaczynski, K. J., Lindahl, K. M., Malik, N. M. & Laurenceau, J.-P. (2006): Marital conflict, maternal and paternal parenting, and child adjustment: A test of mediation and moderation. *Journal of Family Psychology*, 20 (2), S. 199–208.
Kaess, M., Parzer, P., Mattern, M., Resch, F., Bifulco, A. & Brunner, R. (im Druck): »Childhood Experiences of Care and Abuse« (CECA) – Validierung der deutschen Version von Fragebogen und korrespondierendem Interview sowie Ergebnisse einer Untersuchung von Zusammenhängen belastender Kindheitserlebnisse mit suizidalen Verhaltensweisen. *Zeitschrift für Kinder- und Jugendpsychiatrie und Psychotherapie*.
Kobak, R. R. & Hazan, C. (1991): Attachment in marriage: Effects of security and accuracy of working models. *Journal of Personality and Social Psychology*, 60 (6), S. 861–869.
Quinton, D., Rutter, M. & Liddle, C. (1984): Institutional rearing, parenting difficulties, and marital support. *Psychological Medicine*, 14 (1), S. 107–124.
Rodriguez, C. M. & Green, A. J. (1997): Parenting stress and anger expression as predictors of child abuse potential. *Child Abuse and Neglect*, 21 (4), S. 367–377.

PHILIP A. COWAN UND CAROLYN PAPE COWAN

Erwachsenenbindung, Paarbindung und Kindesentwicklung: Ein familiensystemisches Modell und seine Bedeutung für beziehungs- und bindungsorientierte Interventionen

Bis vor ganz kurzer Zeit konzentrierten sich die am Bindungsthema interessierten Forscher, Theoretiker und klinisch tätigen Praktiker nahezu ausschließlich auf die Mutter-Kind-Beziehung. Dass Bindungssicherheit transgenerational vermittelt, nämlich von der Elternperson an das Kind weitergegeben wird, zeigt sich in erster Linie an der deutlichen Entsprechung zwischen der Bindungssicherheit der Mutter und der Bindungsqualität und Anpassung des Kindes (van IJzendoorn 1995). Van IJzendoorn und andere Autoren erklären diesen Umstand vor allem damit, dass Mütter, die als sicher gebunden klassifiziert werden, ihren kleinen Kindern gegenüber liebevoller, feinfühliger und eher ansprechbereit sind als Mütter, denen eine unsichere Bindung attestiert wird. Angesichts der Forschungsliteratur könnten die meisten Leser sich zu dem Schluss genötigt sehen, die transgenerationale Vermittlung von Bindungssicherheit bzw. -unsicherheit erkläre sich durch die Qualität der Mutter-Kind-Beziehung.

Fraglos spricht ein umfangreiches Belegmaterial dafür, dass Mütter, die nach dem Adult Attachment Interview (AAI) als sicher gebunden eingeschätzt werden, ein vergleichsweise höheres Maß an Responsivität zeigen, wenn sie ihre Babys im Arm halten oder mit ihren kleinen Kindern spielen.[1] Noch zahlreicher sind die Nachweise dafür, dass die feinfühlige Fürsorge der Mutter in einem Zusammenhang mit der in der »Fremden Situation« ermittelten Bindungssicherheit und anderen positiven Entwicklungsschritten des Kindes steht (Cicchetti et al. 2006). Der Zusammenhang zwischen der Bindung der Erwachsenen bzw. der Eltern und der Kindesentwicklung ist also für die Mütter durchaus anerkannt:

Bindungssicherheit der Mutter → *Feinfühlige Fürsorge* → *Bindungssicherheit des Kindes*

Dazu muss allerdings gesagt werden, dass dieser Zusammenhang nicht durchgängig besteht. So schildern z. B. van IJzendoorn (1995) und Madigan et al. (2006) eine »Vermittlungslücke«: Nicht alle sicher gebundenen Mütter gehen feinfühlig auf die Bedürfnisse ihres Kindes ein, und nicht alle unsicher gebundenen Kinder haben Mütter, denen es an Feinfühligkeit fehlt.

In diesem Beitrag zeigen wir, dass in Theorie und Forschung über die Zusammenhänge zwischen der Bindungssicherheit der Elterngeneration und der sozialen, emotionalen und kognitiven Kompetenz der Kinder gewisse für diesen Zusammenhang wesentliche Komponenten bisher »nicht vorkommen«. Das sind an erster Stelle die Väter. Wir sollten nicht erwarten, dass die Eigenschaften der Mütter alle Variationen der Kindesentwicklung erklären können. Einige Forscher haben die Väter in ihre Untersuchungen aufgenommen (Cowan et al. 2009a; Grossmann et al. 2002), aber im größten Teil der (englischsprachigen) klinischen wie auch der Forschungsliteratur sind mit dem Begriff »parents« allein die Mütter gemeint.

Ein weiterer Aspekt des Lebens der Kinder, der in der bindungstheoretischen Literatur nicht vorkommt, ist die Qualität der Beziehung *zwischen* den Eltern (Ausnahmen bilden die Beiträge zum Thema »Paarbeziehungen« im 2009 von Cowan & Cowan herausgegebenen Sonderheft der Zeitschrift *Attachment and Human Development*). Die Beziehung zwischen Mutter und Vater – egal ob sie miteinander verheiratet sind, eine Lebensgemeinschaft bilden, geschieden sind oder getrennt leben – ist ebenfalls von großer Bedeutung für das Ergehen der Kinder. Ebenso wie andere Autoren des erwähnten Sonderheftes halten auch wir es für notwendig, eine familiensystemische Perspektive einzunehmen, wenn wir die Entwicklungsverläufe von Kindern verstehen wollen. Eine solche Perspektive berücksichtigt die individuellen Eigenschaften und die Beziehungen der Familienmitglieder untereinander (Mutter-Kind, Vater-Kind, Mutter-Vater), die sämtlich sowohl von den Spannungen wie auch von den Ressourcen tangiert sind, mit denen die Kernfamilie es zu tun hat.

Wir wissen, dass Familien in ihrem jeweiligen sozialen Kontext leben, der Einfluss auf die Struktur und den Gang ihrer Binnenbeziehungen nimmt. Der Großteil der Bindungsforschung hat sich bisher allerdings auf weiße Familien der Mittelschicht konzentriert (Ausnahmen finden sich etwa bei Dozier & Rutter 2008; Lyons-Ruth et al. 1993). Wir haben nur sehr wenige Informationen darüber, ob die Bindungsmuster von Familien mit geringerem Einkommen den Bindungsmustern von Familien mit höherem Einkommen ähneln oder sich von ihnen unterscheiden, und noch weniger wissen wir über entsprechende Gemeinsamkeiten bzw. Unterschiede zwischen Familien unterschiedlicher ethnischer Zugehörigkeit.

In diesem Aufsatz wollen wir versuchen, fünf Fragen zu beantworten, durch die sich die Diskussion über die transgenerationale Vermittlung von Bindung über die Konzentration auf die Feinfühligkeit der Mutter hinaus noch anderen Schwerpunkten zuwenden kann:

1.) Kann der zusätzliche Blick auch auf die *Väter* uns in unserem Verständnis der Kindesentwicklung weiterbringen?
2.) Kann der zusätzliche Blick auch auf die *Qualität der Paarbeziehung* uns in unserem Verständnis der Kindesentwicklung weiterbringen?
3.) Was ergibt sich, wenn wir Bindung im Kontext der *Familie als System* untersuchen?
4.) Unterscheiden sich die Bindungsmuster von Familien unterschiedlicher Einkommenshöhe und unterschiedlicher ethnischer Zugehörigkeit?
5.) Welche Möglichkeiten eröffnet die familiensystemische Perspektive in Bezug auf Prävention und Therapie?

Im Versuch, diese Fragen zu beantworten, greifen wir auf eine Reihe von Studien zum Thema Bindung zurück, darunter auch auf eigene. Unsere Daten stammen aus drei längsschnittlichen Interventionsstudien mit »Zwei-Eltern-Familien« und deren kleinen Kindern. Alle drei Studien umfassen Gruppeninterventionen, die der Minderung von Risiko- und der Mehrung von Schutzfaktoren dienen sollen, welche Einfluss auf die Qualität der Beziehungen der Eltern untereinander wie auch der Eltern zu ihren Kindern haben.

Die erste Studie, das »Becoming a Family Project« (Cowan & Cowan 2000), also der »Familie im Werden« gewidmet, begleitete 96 Paare von der zweiten Hälfte der ersten Schwangerschaft der Frau bis zu dem Zeitpunkt, zu dem das (dann sechsjährige) Kind sein Kindergartenjahr absolviert hatte.

Die zweite Studie, das »Schoolchildren and Their Families Project« (P.A. Cowan et al. 2005b) begann mit einer anderen Gruppe von 100 Paaren, deren erstes Kind kurz vor der Einschulung stand, und beobachtete diese Familien bis zum elften Schuljahr des (dann 16- bis 17-jährigen) Kindes. Beide Gruppen setzten sich aus Arbeiterfamilien und Familien der Mittelschicht, in erster Linie Euroamerikanern, zusammen.

Eine dritte Studie (P.A. Cowan et al. 2009b), die soeben im Gang ist, befasst sich mit 600 Familien mit geringem Einkommen; bei diesen Familien handelt es sich großenteils um mexikanische Amerikaner, zu einem geringeren Teil um Afro- bzw. Euroamerikaner.

Alle drei Studien arbeiten mit einem mittlerweile gut validierten »Mehr-Domänenmodell«, das die Risiko- und Schutzfaktoren untersucht, welche sich auf das Wohl der Kinder auswirken. Dieses Modell erfasst das Geschehen in fünf wichtigen familiären Bereichen oder Domänen in seinem Einfluss auf die einzelnen Familienmitglieder, auf die Qualität der Familienbeziehungen und auf das Wohl der Kinder bis in die Adoleszenz hinein. Der erste Bereich betrifft das Anpassungsniveau der einzelnen Familienmitglieder, also Selbstwahrnehmung und Indikatoren psychischer Gesundheit und psychischer Belastungen. Der zweite Bereich umfasst die Qualität der Beziehung zwischen den Eltern – ihre Art der Problemlösung, ihre emotionale Steuerung, ihr Engagement füreinander, ihre Zufriedenheit in der Beziehung und ihr »ko-elterliches« Verhältnis. Der dritte Bereich betrifft die von den Ursprungsfamilien der Eltern überkommenen, also über die Generationen hinweg weitergegebenen Beziehungen, wobei ein starker Akzent sowohl auf den inneren Repräsentationen, also den »Arbeitsmodellen« oder mentalen Modellen von Bindung, als auch auf den beobachtbaren aufeinander bezogenen Handlungen der Familienmitglieder liegt. Der vierte Bereich umfasst die Qualität der Mutter-Kind- und der Vater-Kind-Beziehungen. Der fünfte Bereich betrifft das Gleichgewicht zwischen Lebensstressoren und sozialen Ressourcen, mit denen die Familie es zu tun hat.

Aus einer Reihe von Untersuchungen geht hervor, dass die Informationen aus diesen fünf familiären Bereichen eine Voraussage darüber gestatten, wie erfolgreich die Kinder – und auch noch die heranwachsenden Kinder – die schulischen, sozialen und emotionalen Anforderungen bewältigen werden. Andere Modelle, die unserem Fünf-Domänen-Modell ähneln, verweisen auf Zusammenhänge zwischen Familienprozessen und Kindesentwicklung, und dies sowohl in Familien mit mittlerem Einkommen (Shelton & Harold 2008) als auch in solchen mit geringem Einkommen (Skinner et al. 1992) und an unterschiedlichen Standorten.

Auf unsere Befunde bezüglich dieser Aspekte des Familienlebens werden wir weiter unten zu sprechen kommen. Hier konzentrieren wir uns auf die Korrelationen zwischen Bindungssicherheit und anderen Messgrößen für das individuelle Funktionieren einerseits und die Beziehungsqualität andererseits.

Väter und Bindung

Die wenigen Studien zur Frage der Bindung zwischen Vätern und ihren kleinen Kindern scheinen die Annahme zu stützen, dass der Bindungsstil des Vaters für die Anpassung der Kinder weit weniger wichtig ist als derjenige der Mutter (van IJzendoorn & Bakermans-Kranenburg 1996). Sie berichten vom fehlenden Zusammenhang zwischen der im AAI ermittelten Bindungssicherheit der Väter und a) der Vaterbindung der Kinder in der »Fremden Situation« sowie b) dem mit anderen Instrumenten ermittelten Wohlergehen oder Problemverhalten der Kinder. Die Arbeit von Klaus und Karin Grossmann (Grossmann et al. 2002) wirft einiges Licht auf diesen Befund: Nach diesen Autoren könnte das erwähnte Fehlen eines Zusammenhangs damit zu tun haben, dass die »Fremde Situation«, bei der die Elternperson das Kind in einem Versuchsraum zurücklässt und erst nach einer Weile wiederkommt, in Bezug auf die Väter keinen so guten Index der Fähigkeit des Kindes darstellt, mit Stress und Kummer zurechtzukommen, wie dies für die kurze Abwesenheit der Mütter gilt. Ebenso wie wir (Cowan et al. 2009a) sehen auch Grossmann et al. (2002) in der Bindung des Vaters als Erwachsener einen starken Prädiktor für das Anpassungsverhalten der Kinder, wobei sie mit Messwerten arbeiten, die über den Bindungsstatus des Kindes hinausgehen und in realen Situationen wie etwa in der Schule gewonnen werden. Auch das beobachtete Verhalten von Vätern gegenüber Säuglingen und Kindern ist ein starker Prädiktor sowohl für das momentane als auch für das langfristige »Ergebnis« auf Seiten der Kinder (Parke et al. 2006). Es besteht also – über das hinaus, was für die Mütter gilt – ein Zusammenhang *auch* zwischen der Bindungssicherheit *der Väter* und dem Wohlergehen der Kinder, nur dass die Bindungssicherheit der Väter nichts damit zu tun hat, wie die Kinder ihre Emotionen in der spezifischen Versuchsanordnung der »Fremden Situation« steuern. Unser Schluss daraus lautet: Wenn wir den Kontext der Erfassung von Elternverhalten und Kindesentwicklung erweitern, dann gelten die Zusammenhänge zwischen Bindung des Erwachsenen und Elternverhalten einerseits und der kognitiven, emotionalen und sozialen Entwicklung der Kinder andererseits für Mutter und Vater gleichermaßen.

Bindungssicherheit von Mutter und Vater → *einfühlsames Elternverhalten* → *Kindesentwicklung*

Der Blick aus der Perspektive des Paares

Mit der Betrachtung unseres Themas aus der Perspektive des Paares verfolgen wir zwei durchaus verschiedenartige Überlegungen: Zum einen interessiert uns die *kombinierte* Wirkung der Bindungsrepräsentationen bzw. »Arbeitsmodelle« beider Eltern, zum anderen die Qualität der Paarbeziehung – als Risiko- oder als Schutzfaktor – in ihrem Einfluss darauf, ob eine unsichere Bindung des Erwachsenen sich negativ auf das Familiensystem auswirkt.

Die kombinierte Wirkung der Bindungsrepräsentationen beider Eltern

Wenn wir nur nach der Sicherheit bzw. Unsicherheit des Arbeitsmodells jeder der beiden Elternpersonen fragen, dann ergibt sich für das Kind eine von vier Möglichkeiten: Beide Eltern haben sichere Bindungsmodelle; beide haben unsichere Bindungsmodelle; das Bindungsmodell des Vaters ist sicher, das der Mutter dagegen nicht; das Bindungsmodell der Mutter ist sicher, das des Vaters dagegen nicht. Nach dem allgemeinen Modell der Vermittlung bzw. Weitergabe von Bindung, von dem oben die Rede war, würden wir erwarten, dass zwischen der Bindung der Erwachsenen und Elternverhalten bzw. Fürsorge ein enger qualitativer Zusammenhang besteht. Messungen des Bindungsmodells jeweils beider Eltern anhand des AAI und die Erfassung des Elternverhaltens der gleichen Personen im Rahmen von Arbeit und Spiel mit ihren fünfjährigen Kindern (Cohn et al. 1992; P.A. Cowan et al. 2005) bestätigten diese Erwartung: Partner, die beide als sicher gebunden klassifiziert waren, erwiesen sich – verglichen mit Partnern, die beide als unsicher gebunden klassifiziert waren – in ihrem Elternverhalten als autoritativer (also liebevoller, dabei aber auch stärker auf das Einhalten von Grenzen bedacht).

Eine interessante Frage in diesem Zusammenhang lautet: Wie ist das Eltern- bzw. Fürsorgeverhalten einer Mutter mit unsicherer Bindungsrepräsentation, wenn ihr Partner eine sichere Bindungsrepräsentation hat? In diesem Fall würde man vielleicht ein weniger positives Elternverhalten der Mutter erwarten; tatsächlich unterschied sich die Fürsorge solcher Mütter in ihrer Qualität aber nicht wesentlich vom Elternverhalten sicher gebundener Mütter, deren Ehepartner ebenfalls sicher gebunden waren. Irgendetwas an der Beziehung des Paares und am sicheren »inneren Arbeitsmodell« des Vaters sorgte dafür, dass die unsichere Bindung der Mutter sich nicht in einem weniger wirksamen Elternverhalten äußerte. Das heißt, *seine* Bindungssicherheit federte *ihr* Elternverhalten gegen die negativen Elemente ab, die wir vorausgesagt hätten. Sollte dieser Puffereffekt auch in der anderen Richtung wirken? Mit anderen Worten: Könnte eine Mutter mit einer sicheren Bindungsrepräsentation einem unsicher gebundenen Vater helfen, sich als Vater liebevoller und zugänglicher zu verhalten? Leider war das – zumindest bei den von uns beobachteten Familien – nicht der Fall.

Unsere auf der Kenntnis dieser Familien basierende spekulative Erklärung dieser Muster lautet, dass die Mütter mit unsicheren Bindungsrepräsentationen stärker zur Depressivität neigten; ein solches Paar entsprach dem Stereotyp des stärkeren und eher »zugewandten« Mannes, der eine vergleichsweise verletzlichere oder beunruhigte Frau in einer Weise behütet, die für sie als positives Beispiel für ihre Beziehung zum gemeinsamen Kind wirkt. Im Gegensatz dazu stellten wir fest, dass Väter, die aufgrund ihrer Äußerungen im AAI als unsicher gebunden charakterisiert waren, sich vergleichsweise ärgerlicher und aggressiver gaben. Auch diese Konstellation mag etwas stereotyp sein, wobei sich die sicher gebundenen Mütter allerdings nicht so gut darauf verstanden, den unsicher gebundenen Vätern die Unterstützung zukommen zu lassen, die diese gebraucht hätten, um eine positivere, liebevollere Beziehung zu ihren Kindern zu begründen.

An diesem Punkt lautet unsere wichtigste Folgerung, dass wir bei der Erfassung der Wirkungen der Erwachsenenbindung auf die Kinder die Bindungssicherheit beider Eltern in Betracht ziehen müssen. Wir können nicht voraussagen, ob das unsichere Bindungsmodell einer Mutter seinen Niederschlag in der Art ihres Umgangs mit ihrem Kind findet, wenn wir nicht zugleich auch etwas über den Bindungsstil des Vaters wissen. Für uns ist klar, dass die gegenwärtige Lücke in der auf dem Bindungsstatus der Elterngeneration fußenden Voraussage der Kindesentwicklung sich zum Teil mit dem Fehlen von Informationen über die Väter erklärt.

Die Qualität der Paarbeziehung in ihrem Einfluss auf die transgenerationale Weitergabe von Bindung

Im Zusammenhang der Frage, wie die Paarbeziehung an der transgenerationalen Weitergabe von familiären Bindungsmustern beteiligt ist, untersuchen wir zwei zentrale und wichtige Aspekte von Paarbeziehungen – die Repräsentationen oder »Arbeitsmodelle« jedes der beiden Partner von der gemeinsamen Paarbeziehung und die beobachtbaren Muster ihrer Interaktion als Paar und als »Ko-Eltern«. Als Erstes nehmen wir die Bindungsrepräsentationen beider Personen in ihrer Paarbeziehung in den Blick.

Drei Forschergruppen in den Vereinigten Staaten haben – etwa zur gleichen Zeit und jeweils ohne Kenntnis der Tätigkeit der beiden anderen Gruppen – ein Interview entwickelt, das sich eng an das Muster des nach der Beziehung zu den eigenen Eltern fragenden AAI anlehnt, um die Bindungssicherheit beider Partner in ihrer Paarbeziehung zu ermitteln (Alexandrov et al. 2005; Crowell & Treboux 2001; Dickstein et al. 1996). Fragen lauten etwa: »Wenn Sie über Ihre Beziehung zu [Partner/in] vom Augenblick Ihres ersten Zusammentreffens bis heute nachdenken – welche fünf Adjektive oder Worte spiegeln oder beschreiben diese Beziehung?« »Wann immer Sie sich in Ihrer Beziehung emotional aufgewühlt fühlten – was haben Sie getan? (d. h. können Sie [Partner/in] als sichere Basis nutzen?).« »Wann immer [Partner/in] sich innerhalb Ihrer Beziehung emotional aufgewühlt fühlte – was hat er/sie getan? (d. h. kann [Partner/in] Sie als sichere Basis nutzen?).«

Das Ziel aller drei Gruppen war, zu einer Einschätzung der wechselseitigen Bindungssicherheit der Partner in ihrer Paarbeziehung zu kommen. Eine Person mit einem *sicheren* Arbeitsmodell ihrer Paarbeziehung sieht im Partner eine sichere Basis, eine Anlaufstelle in Zeiten der Belastung, von der sie sich Zuspruch und Fürsorge erwartet. Dagegen nimmt das *unsichere* Arbeitsmodell der Paarbeziehung in der Regel eine von zwei Formen an: Ein Partner mit einer *unsicher-distanzierten* Bindungsrepräsentation wird die Beziehung entweder idealisieren, ohne überzeugende Beispiele dafür anführen zu können, oder er spielt mit seinen Äußerungen die Bedeutung der Beziehung herunter. Und ein Partner mit einem unsicher-verstrickten Bindungsmodell gibt in der Regel einen langen, ausführlichen und häufig ärgerlichen Bericht über die Beziehung. Anders als die beiden anderen Teams, die sich zur Verschlüsselung der Berichte über die Paarbeziehungen an das komplexe AAI-Handbuch hielten, wich unsere Forschungsgruppe in zweierlei Hinsicht von der traditionellen Methode der Kodierung der Aussagen im Couple Attachment Interview (CAI) ab: Zum einen kreierten wir Prototypen der idealen Beschreibung der drei unterschiedlichen Bindungskategorien (sicher, unsicher-distanziert, unsicher-verstrickt). Zum anderen gingen wir von der Annahme aus, dass die meisten Menschen nicht entweder sichere oder unsichere Bindungsrepräsentationen besitzen, sondern unterschiedlich stark ausgeprägte sichere, unsicher-distanziert oder unsicher-verstrickte Vorstellungen oder Strategien bezüglich der Bindung entwickeln, in der sie sich befinden. Anstelle einer einzigen kategorialen Beschreibung gaben wir daher jeder Elternperson drei Punktwerte auf einer von 1 bis 9 reichenden Skala: je nachdem, wie stark oder weniger stark ihre Narrative mit jedem der drei idealen Prototypen übereinstimmten. So konnte einer Person beispielsweise eine hochgradig sichere Repräsentation ihrer Paarbeziehung attestiert werden, in der das unsicher-distanzierte Element gering bis moderat und das unsicher-verstrickte Element sehr gering war.

Als Nächstes interessierte uns das *Verhalten* jedes der beiden Partner während ihrer Diskussion über einen Konflikt oder eine Meinungsverschiedenheit, und zwar im Hinblick auf die Zusammenführung ihrer mentalen Repräsentationen bzw. Arbeitsmodelle der Paarbeziehung. In den Fällen, in denen die Antworten beider Partner im Couple Attachment Interview (CAI) einen hohen Punktwert für die Bindungssicherheit in der Paarbeziehung erreichten (dem idealen Prototyp also sehr nahe kamen), war ihre Interaktion sehr weitgehend von positivem Verhalten und positivem Austausch und nur in geringem Umfang von negativem Verhalten und negativem Austausch gekennzeichnet. Umgekehrt war ihre Interaktion hochgradig negativ, wenn die Antworten beider Partner im CAI einen geringen Punktwert für die Bindungssicherheit in der Paarbeziehung erreichten. Wenn der Punktwert für die Bindungssicherheit nach dem Adult Attachment Interview (AAI) für die Ehemänner hoch war, für die Ehefrauen dagegen nicht, war das wechselseitige Verhalten nach der Beschreibung unserer Kodierer durchaus positiv. Aber im Gegensatz zu den Ergebnissen nach dem AAI funktionierte der Puffereffekt der Bindungssicherheit in der Paarbeziehung bei der Arbeit mit dem CAI in beiden Richtungen: Auch in den Fällen, in denen die Ehefrauen höhere Punktwerte für ihre Bindungssicherheit erreichten, die Ehemänner dagegen nicht, war die Interaktion des Paares reich an positiven und arm an negativen Verhaltensweisen. Das heißt also, der Partner mit der *in Bezug auf die Paarbeziehung* höheren Bindungssicherheit lieferte damit einen »Puffer«, der die potentiell negative Wirkung des unsicher gebundenen anderen Partners »moderierte« bzw. ausglich.

Unsere Resultate und die Resultate der beiden anderen Gruppen, die mit einem Interview zur Paarbindung arbeiteten, stützen in hohem Maß die Hypothese, dass Bindungssicherheit, kodiert in Begriffen der Paarbeziehung, dazu tendiert, in das Handeln eines Partners überzugehen, wobei dieser Übergang durch die Sicherheit des beim anderen Partner vorhandenen Arbeitsmodells von Bindung modifiziert wird. Um eine Voraussage darüber treffen zu können, wie die Bindungssicherheit jedes der Partner sich in ihrem Paarverhalten niederschlagen wird, müssen wir die Arbeitsmodelle beider von ihrer Beziehung in den Blick nehmen.

Platzgründe hindern uns, im Detail auf die Literatur zum Thema »Paarbeziehungen und Kindesentwicklung« einzugehen. Es gibt mittlerweile mehr als 100 Studien, die belegen, dass ein hohes Maß an ungelösten Konflikten zwischen den Eltern bzw. ein kalter und zurückgezogener Umgang der Eltern miteinander für die Kinder mit dem Risiko von schulischen Problemen einhergeht, und zwar sowohl was ihre Lernfortschritte als auch was ihre Peerbeziehungen angeht (Cummings & Keller 2006; Harold et al., im Druck). Schwierige Paarbeziehungen – etwa mit einem chronischen und erschreckenden Konflikt- bzw. Gewaltpotential – können sich unmittelbar auf die Kinder auswirken und sie emotional überwältigen; sie können aber auch mittelbare Auswirkungen haben: Eltern, die nicht miteinander auskommen, tun sich auch schwer mit wirksamen, liebevollen und zugleich auf Grenzen pochenden Erziehungsstrategien, und das wiederum schlägt sich unmittelbar in der Fähigkeit der Kinder nieder, den schulischen und sozialen Anforderungen zu genügen, mit denen sie es zu tun haben.

Sicherheit der Paarbindung von Mutter und Vater → *Qualität der Interaktion des Paares* → *Feinfühliges Elternverhalten* → *Kindesentwicklung*

Bindung im familiensystemischen Kontext

In zwei Studien haben wir uns mit der Frage beschäftigt, wie die Teilelemente unseres oben vorgestellten Bindungsmodells zusammenwirken. In unserem »Schoolchildren and their Families Project« haben wir auf der Grundlage des AAI Befunde zur Erwachsenenbindung der Väter und Mütter von Kindern im Vorschulalter zusammengetragen; wir haben die gleichen Partner dem Couple Attachment Interview unterzogen, als ihre erstgeborenen Kinder die der Grundschule vorgeschaltete Klassenstufe K (»kindergarten«) besuchten; wir haben die Partner bei der Diskussion eines zwischen ihnen strittigen oder ungelösten Problems und schließlich auch in ihrem »ko-elterlichen« Verhalten, nämlich in ihrer Interaktion miteinander während des Spiels mit ihren Kindern, beobachtet (P. A. Cowan et al. 2009 a). Wir haben dann, als die Kinder die erste Klasse besuchten, Verhaltensbeurteilungen von ihren Lehrerinnen erbeten, die jeweils alle Kinder in ihrer Klassenstufe beurteilten, ohne zu wissen, welches Kind an unserer Studie teilnahm.

Die Resultate konnten die Hypothese eines direkten Zusammenhangs zwischen der Erwachsenenbindung der Eltern und dem Schulverhalten der Erstklässler nicht stützen. Dagegen untermauerten sie ein theoretisches Modell, dem zufolge die Sicherheit der Erwachsenenbindung beider Eltern die Kinder unmittelbar tangiert oder nicht tangiert, je nach der Bindungssicherheit in der Paarbeziehung und der Art, wie die Partner miteinander umgehen und wie jeder von ihnen üblicherweise mit dem Kind umgeht (Abb. 1):

Abb. 1: Entwicklung des Kindes unter Berücksichtigung der jeweiligen Einflussfaktoren von Vater UND Mutter

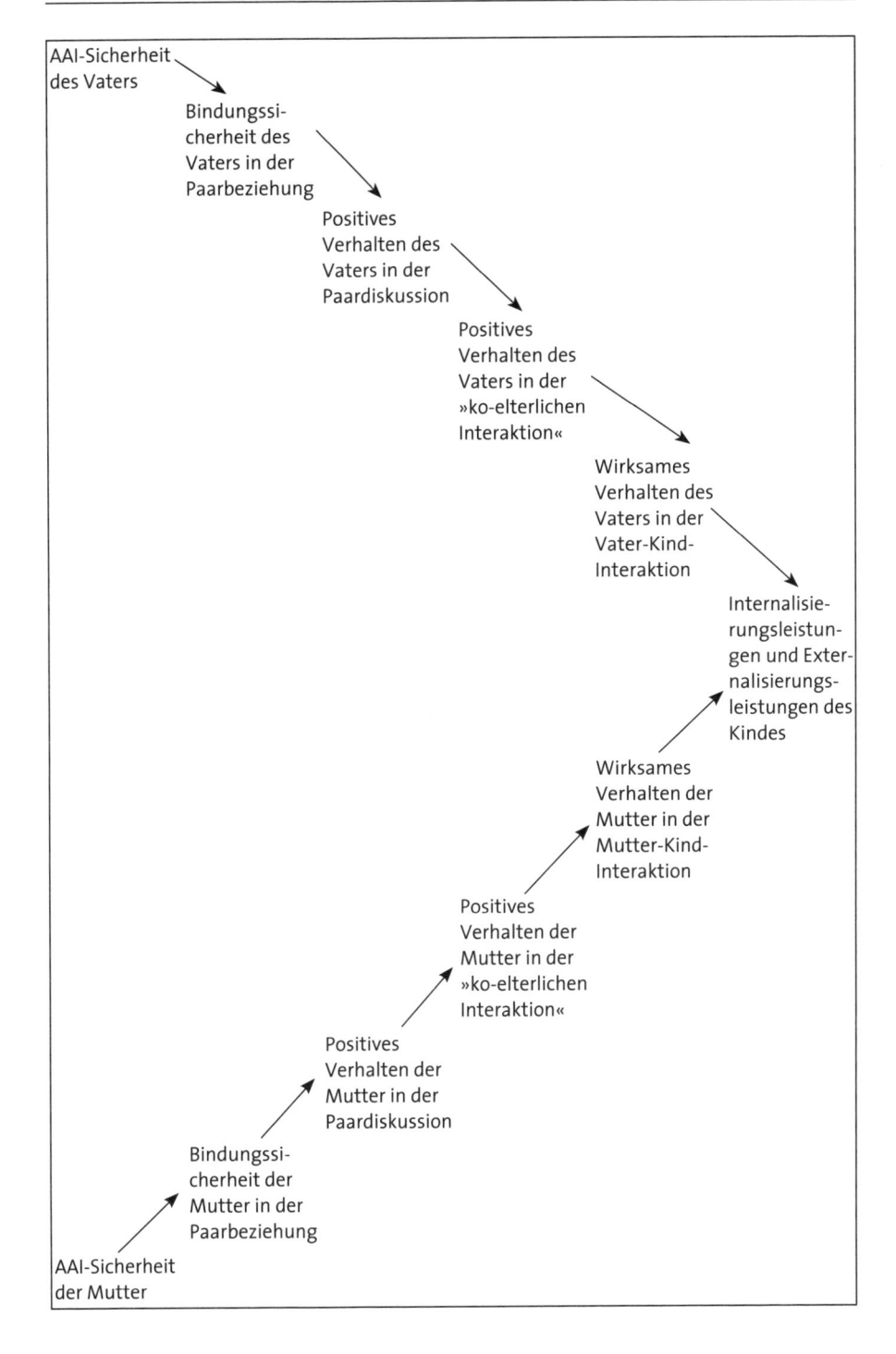

Erwachsenenbindung, Paarbindung und Kindesentwicklung

```
AAI-Sicherheit
des Vaters  ──→  Bindungssi-
                 cherheit des
                 Vaters in der
                 Paarbeziehung  ──→  Positives
                                     Verhalten des
                                     Vaters in der
                                     Paardiskussion  ──→  Positives
                                                          Verhalten des
                                                          Vaters in der
                                                          »ko-elterlichen
                                                          Interaktion«  ──→  Wirksames
                                                                             Verhalten des
                                                                             Vaters in der
                                                                             Vater-Kind-
                                                                             Interaktion  ──→  Internalisie-
                                                                                               rungsleistun-
                                                                                               gen und Exter-
                                                                                               nalisierungs-
                                                                                               leistungen des
                                                                                               Kindes
                                                                             Wirksames     ↗
                                                                             Verhalten der
                                                                             Mutter in der
                                                                             Mutter-Kind-
                                                                             Interaktion
                                                        Positives       ↗
                                                        Verhalten der
                                                        Mutter in der
                                                        »ko-elterlichen
                                                        Interaktion«
                                     Positives      ↗
                                     Verhalten der
                                     Mutter in der
                                     Paardiskussion
                 Bindungssi-      ↗
                 cherheit der
                 Mutter in der
                 Paarbeziehung
AAI-Sicherheit ↗
der Mutter
```

133

Die schematische Darstellung von Abbildung 1 erzählt die folgende Geschichte: Väter, die in Bezug auf die eigenen Eltern eine sichere Bindungsrepräsentation haben, sind üblicherweise auch in ihrer Paarbeziehung sicher gebunden. Diese Väter nehmen in der Regel positiv an Diskussionen teil, bei denen es um die Lösung eines Paarproblems geht, und zeigen sich auch in der »ko-elterlichen Interaktion« zur Zusammenarbeit bereit, wenn die andere Elternperson, also die Mutter, und das Kind anwesend sind. Und diese sicher gebundenen Väter verhalten sich in der Regel liebevoll und zugleich konsequent, wenn sie in unseren Laborräumen mit ihrem Kind arbeiten und spielen. Es überrascht also nicht, dass die Söhne und Töchter solcher Väter von ihren Lehrerinnen in der ersten Klasse positiv beurteilt werden, was ihre Lernfortschritte und ihre soziale und emotionale Anpassung angeht. Die gleiche Geschichte gilt auch für die Mütter. Wir haben diese Geschichte in ihrem positiven Verlauf erzählt, aber die Daten beschreiben auch, was geschieht, wenn am Anfang eine unsichere Bindungsrepräsentation einer der Elternpersonen steht: Die unsichere Erwachsenenbindung ist mit negativen Paar- und Eltern-Kind-Beziehungen und mit einer eher problematischen Entwicklung der Kinder im Verlauf des ersten Schuljahres assoziiert.

Wir haben hier auf die Entsprechungen zwischen den einzelnen Bewertungen – der Bewertung der Erwachsenenbindung, der Paarbindung, der Interaktion des Paares, der Interaktion der Eltern *als* Eltern, des Elternverhaltens jedes der beiden und schließlich der Kindesentwicklung – aufmerksam gemacht. Unsere Daten zeigen, dass die Familienbewertungen, die ein erstes Mal im Vorschulalter, ein weiteres Mal im sechsten Lebensjahr der Kinder erfolgten, 33 % der Varianz im internalisierenden Verhalten, 47 % der Varianz im externalisierenden Verhalten und 30 % der Varianz in der schulischen Kompetenz der Kinder erklärten.

Das ist eine beeindruckende Entsprechung, aber die Korrelation ist nicht perfekt; nicht alle Eltern, die in ihrer Erwachsenenbindung als unsicher charakterisiert sind, haben Kinder mit schulischen Problemen. An dieser Stelle kommen wir auf unsere These von der Zusammenführung der Bindungsrepräsentationen des Paares zurück. Manche der Mütter und Väter der kleinen Kinder in unserer Studie begannen mit unsicheren Erwachsenenbindungen, aber sie schafften die Familiengründung mit Partnern, die über vergleichsweise sichere Bindungsrepräsentationen verfügten. Und auch in Fällen, in denen beide Eltern als unsicher gebunden klassifiziert waren, schafften manche es eben doch, eine positive Beziehung *zueinander* aufzubauen, die sich auf ihr Verhältnis zu ihren Kindern übertrug. Alles in allem ist eine Unsicherheit der Erwachsenenbindung also kein starres Schema, das die Familienbeziehungen gefährdet und die Kindesentwicklung bedroht. Der Prozess der transgenerationalen Weitergabe transzendiert das Verhältnis zwischen Müttern und ihren Kindern. An einer Reihe von Punkten können positive Familienbeziehungen als Puffer gegenüber dem Zyklus der transgenerationalen Wiederholung negativer Beziehungen fungieren. In der Frühphase der Elternschaft ist viel Raum für Interventionen, die solche Puffereffekte stärken und die Risiken für die Kinder reduzieren können. Auf diesen Punkt werden wir weiter unten noch zurückkommen.

Der Vergleich mit Familien von Geringverdienern und Familien anderer ethnischer Zugehörigkeit

Die Bindungsmuster, wie sie bisher in unseren eigenen Studien und in den meisten anderen Studien beschrieben sind, finden sich zumeist in europäischen oder euroamerikanischen Familien der Mittelschicht. Wie steht es dagegen mit Familien von anderer ethnischer Zugehörigkeit, die am unteren Ende der Einkommensverteilung stehen? Wir geben hier erste bislang unveröffentlichte Datenanalysen aus einer Untersuchung wieder, die wir mit fast 600 geringverdienenden Familien mexikanisch-amerikanischer, afroamerikanischer und euroamerikanischer Herkunft durchführten, von denen zwei Drittel in Armut leben. Bei dieser Untersuchung war es uns wegen der Größe der Stichprobe nicht möglich, Interviews zur Ermittlung der Erwachsenen- bzw. der Paarbindung durchzuführen; wir haben stattdessen auf den Selbstbericht in Form eines von Sozialpsychologen erarbeiteten standardisierten Fragebogens zur Erfassung des Bindungsstils zurückgegriffen. Wir konnten auch keine Lehrerbeobachtungen zusammentragen, weil viele der Kinder noch gar nicht im Schulalter waren, und unsere Analyse der Daten aus der Beobachtung der Mutter-Kind- und Vater-Kind-Interaktionen ist noch nicht abgeschlossen. Stattdessen verlassen wir uns auf einen kombinierten Messwert, in den die Berichte beider Eltern über das Verhalten ihrer Kinder eingegangen sind und dem das gleiche Instrument zugrunde liegt, das auch die Lehrerinnen bei unseren vorausgegangenen Studien anwandten.

Zu unserer Überraschung sahen die Pfadmodelle, zu denen wir bei dieser Analyse gelangten, dem oben beschriebenen Pfadmodell für die euroamerikanischen Mittelschichtfamilien bemerkenswert ähnlich. Geringverdienende euroamerikanische, mexikanisch-amerikanische oder afroamerikanische Väter, die dem genannten Fragebogen zufolge unsicher gebunden sind, neigen eher zur Ängstlichkeit und zur Unzufriedenheit mit ihrer Ehe als vergleichbare Väter, die von sicheren Bindungsmustern berichten. Im Vergleich zu den sicher gebundenen Vätern beschreiben die unsicher gebundenen Väter ihre »ko-elterliche« Beziehung als weniger kooperativ und die eigene Beziehung zu ihrem Kind als »straflastiger«, und unsicher gebundene Väter wie Mütter schildern – wiederum im Vergleich zu sicher gebundenen Eltern –ihr jüngstes Kind als problematischer (mehr internalisierendes und externalisierendes Verhalten, geringere kognitive Kompetenz).

Wir sagen nicht, dass diese neuen Modelle identisch mit den für Mittelschichtfamilien berichteten Modellen seien. So stehen beispielsweise die Bindungsdaten der Väter aus den geringverdienenden mexikanisch-amerikanischen Familien in einem erheblich engeren Zusammenhang mit der Qualität der Familienbeziehungen und der Anpassung der Kinder, als dies für die afroamerikanischen und die euroamerikanischen Familien gilt. Aber in allen drei statistischen Modellen steht die unsichere Bindung einer der Elternpersonen im Zusammenhang mit Angst, Depression und Unzufriedenheit mit der Paarbeziehung, und insgesamt erlaubt das Modell signifikante Schlüsse von der Qualität der Familienbeziehungen auf den Entwicklungsgang der Kinder. Wir sehen sehr wohl, dass wir die ökonomischen und kulturellen Unterschiede zwischen den Familien berücksichtigen müssen, aber nach allem, was wir als Bindungstheoretiker wissen, sind die Ähnlichkeiten im Muster der Vermittlung zwischen der Bindungssicherheit der Eltern und der kognitiven und sozialen Entwicklung der Kinder über die von uns untersuchten Gruppen hinweg größer als die Unterschiede. In allen diesen Familien würde das Fehlen von Informationen über die Väter und über das Paar unsere Möglichkeiten, den Einfluss von Familienmustern auf die Kindesentwicklung zu verstehen, deutlich beschränken.

Welche Möglichkeiten eröffnet die familiensystemische Perspektive in Bezug auf Prävention und Therapie?

Leider haben wir es gegenwärtig nicht nur mit einer hohen Scheidungsrate (rund 50 % der Ehen in den Vereinigten Staaten werden geschieden), sondern nach Aussage von mehr als 25 Studien in den westlichen Industriegesellschaften (Bradbury & Karney 1993; Hirschberger et al. 2009) auch mit dem Umstand zu tun, dass die Zufriedenheit von Männern und Frauen mit ihrer Paarbeziehung im Schnitt über den Zeitraum jedenfalls der ersten 15 Ehejahre hinweg nachlässt (Familien-Längsschnittstudien, die über dieses Limit hinausgehen, sind uns nicht bekannt). Dieser Trend ist nicht nur für das Wohlergehen der Paare, sondern auch für das der Kinder bedeutsam, denn es besteht, wie oben angemerkt, ein durchgängiger Zusammenhang zwischen Unzufriedenheit in der Ehe und ungelösten Paarkonflikten der Eltern einerseits und geringeren Leistungen, aggressivem Verhalten und Depressionen der Kinder – und zwar bis in die Jahre der Adoleszenz – andererseits. Angesichts dieses Zusammenhanges wären Interventionen, die den Paaren helfen, diesen normativen Abwärtstrend in ihrer Zufriedenheit mit der Paarbeziehung zu vermeiden, im Interesse der Entwicklung der Kinder dringend notwendig.

Schon 1975 konzipierten wir eine präventive Maßnahme in Form von Paargruppen für werdende Eltern. Später öffneten wir diese Gruppen auch für die Eltern von Schulanfängern sowie für Familien, die nur ein geringes Einkommen hatten, mit kleinen Kindern. Zugleich haben wir diese Art des Arbeitens mit Müttern und Vätern in drei Längsschnittstudien evaluiert. Da wir unseren Interventionsansatz schon in mehreren Publikationen ausführlich beschrieben haben, präsentieren wir hier nur knappe Details. Wir haben immer mit einem klinisch vorgebildeten gemischtgeschlechtlichen Leitungs-Duo für Gruppen von zwischen vier und acht Paaren gearbeitet, die sich über eine Zeitspanne von 16 bzw. 24 Wochen hinweg einmal wöchentlich treffen. Das Curriculum für jede Intervention liegt detailliert in einem Handbuch vor, an das die Gruppenleiter sich halten. Vom zweiten Treffen an gehört zu jeder Sitzung eine offene Gesprächsrunde, bei der ungelöste Fragen aus dem letzten Treffen, Schwierigkeiten bei der Erledigung irgendwelcher »Hausaufgaben« und positive oder negative Geschehnisse der vergangenen Woche, über die eine Person oder ein Paar berichten möchte, behandelt werden.

Der strukturierte Teil jeder dieser Zusammenkünfte befasst sich mit einem der fünf Lebensaspekte, die wir in unserem konzeptuellen Modell als Risiko- oder Schutzfaktoren identifiziert haben. Dabei achten wir zum einen besonders auf die – von Bindungserfahrungen geprägte – Entscheidung der Teilnehmer darüber, was sie von den Mustern ihrer Ursprungsfamilie übernehmen oder aber gerade vermeiden wollen, zum anderen auf ihre jeweiligen Arbeitsmodelle von ihrer Beziehung und auf ihre Kommunikationsschwierigkeiten. In manchen Sitzungen befassen wir uns darüber hinaus mit individuellen Problemen, mit Erziehungsstilen und mit dem Umgang mit externen Stressoren, auch indem wir externe Hilfsquellen heranziehen.

Auf einem Kontinuum von Interventionsformen, das von der offenen Gruppentherapie bis zur psychoedukativen Vermittlung spezifischer Kommunikationsfertigkeiten reicht, nimmt unser Ansatz einen mittleren Platz ein. Bei den offenen Gesprächsrunden und Übungen versuchen die Gruppenleiter nicht, spezifische Lösungen für Paar- oder Erziehungsprobleme anzubieten; vielmehr bemühen sie sich, die Teilnehmer zu Äußerungen über ihre Ziele und über mögliche Hindernisse auf dem Weg dorthin zu veranlassen und sie in ihren Versuchen, mit ihren Anliegen voranzukommen, zu bestärken. Unsere Aufforderung zur Teilnahme an den drei präventiven Interventionsstudien, die wir im Folgenden beschreiben werden, richtete sich ausdrücklich an »nicht-klinische« Paare – an Paare, von denen viele soeben dabei waren, den großen Schritt in die Elternschaft zu tun oder ein Kind an die Schule »abzugeben« – und gerade *nicht* an solche Partner, die der Ansicht waren, wegen ernsthafter Probleme psychologische Hilfe in Anspruch nehmen zu müssen.

Das »Becoming a Family Project«

Paaren, die ihr erstes Kind erwarteten, wurde nach dem Zufallsprinzip angeboten, sich an einer 24 Wochen dauernden Paargruppe zu beteiligen oder die Gelegenheit zur Beobachtung durch regelmäßige Interviews und Befragungen wahrzunehmen. Die Paargruppen-Intervention begann im siebenten Schwangerschaftsmonat der Frauen und endete drei Monate nach der Geburt der Kinder. Beide Gruppen wurden erneut befragt, als die Kinder sechs, 18, 42 und (am Ende der dem Grundschulunterricht vorgelagerten Klassenstufe K = Kindergarten) 66 Monate alt waren.

In der Stichprobe insgesamt ließ die eheliche Zufriedenheit deutlich nach. Ein Vergleich der Teilnehmer an der Paargruppe mit den Paaren, die keine Intervention in Anspruch genommen hatten, zeigte allerdings, dass diejenigen Partner, die regelmäßig mit unseren Gruppenleitern an ihren Familienangelegenheiten arbeiteten, keinen Rückgang der Zufriedenheit mit ihrer Paarbeziehung verzeichneten, während die Zufriedenheit bei den Paaren der anderen Gruppe, die keine Intervention gewünscht hatte, in der Zeit von der Schwangerschaft der Frau bis zum Schuleintritt des ersten Kindes nachließ (Schulz et al. 2006).

Das »Schoolchildren and their Families Project«

In einer zweiten Längsschnittuntersuchung beobachteten wir Eltern und Kinder vor Eintritt des ersten (zu diesem Zeitpunkt 5-jährigen) Kindes in den Kindergarten, nach Beendigung des Kindergartenjahres (6 Jahre alt), nach dem ersten regulären Schuljahr (7 Jahre alt), nach dem vierten Schuljahr (10 Jahre alt) und nach dem neunten Schuljahr an der High School (15 Jahre alt). Teil dieser Studie war ein ähnlicher randomisierter klinischer Versuch mit Paargruppen (C. P. Cowan et al. 2005), durchgeführt von fachlich geschulten gemischtgeschlechtlichen Teams. Dieses Mal evaluierten wir zwei Varianten von Paargruppen, die jeweils 16 Wochen lang bestanden, sowie eine Kontrollgruppe, die eine Kurzberatung erhielt. Während der offenen Gesprächsrunde am Ende des jeweiligen Treffens der Paargruppen sollten die Leitungsteams sich entweder verstärkt auf Eltern-Kind-Angelegenheiten – z. B. auf die Reaktionen der Eltern auf ungehorsames Verhalten des Kindes – konzentrieren (Variante 1) oder vor allem mit den Angelegenheiten der Eltern als Paar und als »Ko-Eltern« – also mit Konflikten zwischen den Partnern in Bezug auf ihre unterschiedlichen Reaktionen auf ungehorsames Verhalten des Kindes – befassen (Variante 2). In jeder anderen Hinsicht bezogen sich die beiden Varianten auf die gleiche Gruppenstruktur, den gleichen Gruppenprozess und das gleiche Curriculum.

Die Paare in den Gruppen, in denen es eher um das elterliche Erziehungsverhalten (Variante 1) ging, waren erkennbar effektiver, als wir sie ein Jahr später in Interaktion mit ihren Kindern beobachteten. Verglichen mit den Eltern in der Kontrollgruppe gingen die Väter aus diesen Gruppen mit dem Schwergewicht auf dem Erziehungsverhalten in unseren Spielzimmern liebevoller mit ihren fünf- bis sechsjährigen Kindern um, während die Mütter den an anspruchsvollen Aufgaben arbeitenden Kindern mehr Struktur vermittelten. Beide genannten Variablen sind wichtige Komponenten eines autoritativen Erziehungsstils – eines Stils, der einen liebevollen Ton, Responsivität und vernünftiges Grenzensetzen entsprechend dem Entwicklungsstand des Kindes in sich vereint und in einen Zusammenhang mit der sozialen und schulischen Kompetenz von Kindern gebracht wird (Baumrind 1989). Diese Verbesserungen, die wir in der Qualität des Erziehungsverhaltens beobachteten, fanden keine Entsprechung in der Qualität der Beziehung *zwischen* den Eltern, wirkten sich aber in einem gewissen Umfang positiv auf die Kinder aus: Kinder von Eltern aus den Gruppen mit dem Schwergewicht auf dem Erziehungsverhalten schilderten die eigene Anpassung positiver als Kinder von Eltern aus der Kontrollgruppe, und ihre Erzieherinnen im Kindergarten und ihre Lehrerinnen in der ersten Klasse berichteten von einem geringeren Maß an internalisierendem (ängstlichem, scheuem, zurückgezogenem) Verhalten.

Die Gruppen mit dem Schwergewicht auf der Paarbeziehung und dem »koelterlichen« Verhältnis der Partner zueinander (Variante 2) zeigten etwas andere Resultate. Verglichen mit den Eltern der Kontrollgruppe, bei denen es nach diesem ersten Jahr mehr negative Emotionen und mehr Paarkonflikte vor den Augen ihrer Kinder gab als ein Jahr zuvor, zeigten die Eltern aus den Gruppen mit dem Schwergewicht auf der Paarbeziehung stabile »Pegel« ihrer negativen Emotionen und signifikant weniger Paarkonflikte bei der auf die Intervention folgenden Arbeit mit ihren Kindern in unseren Spielzimmern. Bemerkenswert war, dass die Teilnehmer aus den Gruppen mit dem Schwergewicht auf der Paarbeziehung und dem »ko-elterlichen« Verhältnis nach der Intervention auch wirksamere Erziehungsstrategien anwandten. Das heißt also, der Akzent auf dem Erziehungsverhalten (Variante 1) bewirkte keine Veränderung in der Qualität der Paarbeziehung, während der Akzent auf den ehelichen und ko-elterlichen Angelegenheiten (Variante 2) sich positiv sowohl auf die Paarbeziehung als auch auf die Eltern-Kind-Beziehungen auswirkte. Überdies zeigten die Kinder der Eltern aus den Gruppen mit dem Schwergewicht auf der Paarbeziehung im ersten Schuljahr bessere Lernergebnisse und einen geringeren Aggressionspegel als die Kinder aus der Kontrollgruppe.

Zum Zeitpunkt des Wechsels in die High School ließen die Kinder derjenigen Eltern, die zehn Jahre zuvor an einer professionell geführten Paargruppe teilgenommen hatten, nach Aussagen ihrer Lehrerinnen noch immer positive Wirkungen dieser lange zurückliegenden Intervention erkennen (C. P. Cowan et al 2011) – gegenüber den Kindern, deren Eltern keine Intervention in Anspruch genommen hatten, zeigten sie insgesamt weniger problematische Verhaltensweisen und zugleich ein höheres Maß an sozialer und schulischer Kompetenz. Im Übrigen erwies sich die Wirksamkeit der Variante 2, verglichen mit der der Variante 1, im Verlauf der zehn Jahre immer als gleich stark oder stärker. Dass diese Intervention sich so anhaltend auf so wichtige Aspekte der Anpassung der Kinder auswirkte, bezeugt die Bedeutung und die Kostenwirksamkeit eines bereits im Vorschulalter der Kinder einsetzenden Familieninterventionsprogramms.

Das »Supporting Father Involvement Project«

Auch wenn einige Eltern aus den ersten beiden Studien sich nach eigener Auskunft finanziell schwertaten, würden wir sie nicht als arm bezeichnen. Was zudem die ethnische Zugehörigkeit der Teilnehmer an den ersten beiden Studien anging, so handelte es sich in erster Linie um »Weiße« (etwa 85 % Euroamerikaner; die restlichen 15 % stellten afroamerikanische, asiatisch-amerikanische und hispanische Familien). Die Anzahl der nichtweißen Teilnehmer war also zu klein, um systematische Verallgemeinerungen über etwaige unterschiedliche Wirkungen der Intervention in den verschiedenen Gemeinschaften zuzulassen. Uns war aber daran gelegen, unseren Interventionsansatz auf geringverdienende Familien und Familien anderer ethnischer Herkunft auszudehnen.

In dieser Studie, bei der es um die verstärkte Einbeziehung und Beteiligung der Väter ging, evaluieren wir zwei Varianten einer auf die Väter zugeschnittenen Intervention in fünf kalifornischen Verwaltungseinheiten (P. A. Cowan et al. 2009b). Diese randomisiert-kontrollierte Untersuchung arbeitet mit dem Vergleich zwischen a) einer 16 Wochen lang bestehenden Paargruppe, die sich aus geringverdienenden Vätern und ihren Partnerinnen zusammensetzt, b) einer 16 Wochen lang bestehenden Vätergruppe und c) den Teilnehmern einer einmaligen Informationsveranstaltung, in der es um die Bedeutung der Einbeziehung und Beteiligung der Väter geht (Vergleichsgruppe). Von den ersten 300 teilnehmenden Familien sind zwei Drittel mexikanische Amerikaner und ein Drittel »Weiße«; zum Zeitpunkt der Aufnahme in die Studie waren drei Viertel der Teilnehmer verheiratet, ein weiteres Fünftel stellten »zusammenlebende« Personen.

An jedem der Standorte testen wir zwei Varianten der 16-Wochen-Intervention, in Formaten, die denen unserer frühen Gruppeninterventionen ähneln. In vielen Gruppen wird spanisch gesprochen, und ein großer Teil der Erhebungen erfolgt in spanischer Sprache. Die erste Variante der 16-Wochen-Intervention hält sich eng an unser vorausgegangenes Modell; die Ko-Leiter treffen sich 16 Wochen lang mit vier bis zehn Paaren. Die zweite Variante befolgt eine gegenwärtig akzeptierte Praxis, der zufolge die beteiligten Väter miteinander ins Gespräch kommen sollen; in unserer Studie kommen Gruppen von acht bis zehn Vätern zu 16 wöchentlichen Treffen mit unserem gemischtgeschlechtlichen Leitungs-Duo. Ihre Partnerinnen, die Mütter der Kinder, nehmen zwei dieser 16 Termine wahr, um sich mit der Ko-Leiterin zu treffen, während die Väter mit dem Ko-Leiter und mit ihrem jüngsten Kind zusammensitzen; zu den übrigen 14 Terminen treffen die Väter mit dem Leitungs-Duo zusammen, während die Kinder betreut werden. Mit dieser Struktur hoffen wir, die Mütter in dem Sinne »an Bord« zu halten, dass wir den Vätern die Möglichkeit geben, sich auf ihre Kinder einzulassen, und sie zugleich in einem gewissen Umfang in der Betreuung und Versorgung kleiner Kinder unterweisen.

Die 16-Wochen-Gruppen haben über 18 Monate hinweg statistisch signifikante positive Wirkungen erzielt, während bei der »Vergleichsgruppe« – den Teilnehmern an der einmaligen Informationsveranstaltung, in der es um die Bedeutung der Einbeziehung der Väter ging – keine positiven Veränderungen festzustellen waren, weder bei den teilnehmenden Vätern noch bei den teilnehmenden Müttern. Tatsächlich sprechen die Ergebnisse mehrerer Erhebungen dafür, dass es in den Vergleichsfamilien über 18 Monate hinweg vermehrt zu belastenden Entwicklungen kam – so ließ die Qualität der Paarbeziehung nach, die Symptome von Angst und Depression bei den Eltern und das Problemverhalten der

Kinder nahmen zu. Zu diesem Mehr an Belastung kam es ungeachtet der Tatsache, dass alle Familien, auch diejenigen in der Vergleichsgruppe, Zugang zu einem Fallmanager hatten, der sie während der Laufzeit der Studie an entsprechende Hilfseinrichtungen hätte überweisen können.

Dagegen zeigten die Väter, die an den 16-Wochen-Gruppen teilgenommen hatten, ein größeres Engagement in der Betreuung und Versorgung ihrer Kinder. Das galt sowohl für diejenigen, die an den Paargruppen teilgenommen hatten, als auch für diejenigen, die an den Vätergruppen teilgenommen hatten, wie sich in den Berichten sowohl der Väter als auch der Mütter zeigte. Die Eltern in den Paargruppen hatten auch noch in anderer Weise profitiert: Ihre Symptome von Depression und Erziehungsstress hatten nachgelassen. *Mütter wie Väter hatten, ebenso wie die Teilnehmer an unseren vorausgegangenen Interventionsstudien, das Ausmaß ihrer ehelichen Zufriedenheit und Anpassung über die Zeit wahren können,* während die Paare, bei denen die Väter an den Vätergruppen teilnahmen, und die Paare in der Vergleichsgruppe ein Nachlassen ihrer ehelichen Zufriedenheit erkennen ließen. Eltern, die an der intensiven Gruppenintervention teilgenommen hatten, attestierten ihren Kindern einen über 18 Monate hinweg stabilen Aggressivitäts- und Hyperaktivitätspegel, während die Eltern aus der Kontrollgruppe von erhöhter Aggressiviät und Hyperaktivität ihrer Kinder in der gleichen Zeitspanne berichteten.

Neuere, noch unveröffentliche Daten zeigen zum einen, dass wir diese Resultate mit weiteren 300 Familien zum Teil auch afroamerikanischer Herkunft replizieren konnten, und zum anderen, dass unser Programm sich offensichtlich für Familien eignet, die uns wegen Kindesmisshandlung und -vernachlässigung überstellt werden – eine Gruppe von Familien mit niedrigem Einkommen, die mit einem erhöhten Risiko behaftet ist.

Schlussbetrachtung – die Ergebnisse in bindungstheoretischer Sicht

Im Zusammenhang mit unseren Studien mit Paaren, die vor dem Schritt in die Elternschaft standen bzw. die Einschulung ihres Kindes erlebten, ermittelten wir die Bindungssicherheit der Teilnehmer anhand des Adult Attachment Interviews (AAI). Da es sehr zeitraubend und teuer ist, alle Interview-Protokolle zu transkribieren und zu verschlüsseln, war es uns allerdings nicht möglich, das gleiche Verfahren im Anschluss an die Intervention noch einmal durchzuführen, um etwaige Veränderungen in der Bindungssicherheit der Teilnehmer zu erfassen. Bei unserer dritten Studie, in der es um die Förderung des Engagements der Väter für ihre Familien ging, sahen wir uns wegen der großen Teilnehmerzahlen (wir hatten es mit Hunderten von Familien zu tun) und aus zeitlichen Gründen gezwungen, einen Kurzfragebogen zur Bindungssicherheit einzusetzen, den die Eltern auf unsere Bitte vor und nach der Intervention ausfüllten. Erste noch unveröffentlichte Analysen deuten darauf hin, dass diejenigen, die an der Intervention teilgenommen haben, am Ende über sicherere Repräsentationen ihrer engen Bindungen verfügen als die Mitglieder der Kontrollgruppe und dass diejenigen, die sich in den Paargruppen zusammengefunden haben, das vergleichsweise höchste Ausmaß an positiven Veränderungen erreichen.

Simpson und Rholes (2008) kommen in ihrer Zusammenfassung eigener Studien zu Ergebnissen, die unsere Befunde stützen. Sie zeigen, dass der mit dem Eintritt in die Elternschaft verbundene Rückgang der ehelichen Zufriedenheit nahezu ausschließlich für solche Fälle gilt, in denen die werdende Mutter vor der Geburt ihres Kindes ängstlich gebunden ist. Vor dem Hintergrund dieser und anderer Ergebnisse nehmen sie an, dass präventive Interventionen für Paare im Übergang zur Elternschaft sogar noch wirksamer sein könnten, wenn es gelänge, Frauen mit unsicheren Bindungsmodellen zu identifizieren und ihnen zusätzliche Hilfe bei der Bewältigung des Ungleichgewichts anzubieten, mit dem die werdende Familie konfrontiert ist.

Diese Befunde stützen gewisse Überlegungen, die bisher auf klinischen Eindrücken und auf Spekulation beruhten. Korrelationsdaten verweisen auf enge Zusammenhänge zwischen der sicheren oder unsicheren Bindung von Männern und Frauen an ihre Eltern und Partner einerseits und der Qualität ihrer Interaktionen untereinander und mit ihren Kindern andererseits. Wir haben gezeigt, dass unsere Interventionen sich auf die Qualität der Paar- wie auch der Eltern-Kind-Interaktion auswirkten. In Übereinstimmung mit Bowlby, der Bindungsrepräsentationen oder »innere Arbeitsmodelle« nicht als starre Schemata betrachtete, sondern eher der Ansicht war, dass sie sich mit der gelebten Erfahrung in engen Beziehungen verändern, möchten wir die These vortragen, dass das Angebot einer geschützten Umgebung, in der Individuen und Paare ihren wichtigen Familienangelegenheiten nachgehen können, zur Revision ihrer mentalen Modelle von Beziehungen führen kann. Und Veränderungen in den mentalen Modellen können (in Übereinstimmung mit dem, was man von der reziproken Kausalität in dynamischen Systemen weiß) auf das Verhalten in der Familie durchschlagen, so wie Veränderungen in der Qualität von Beziehungen sich auf die mentalen Modelle auswirken können – eine positive Spirale, die den Zyklus der transgenerationalen Wiederholung negativer Beziehungen durchbrechen könnte.

Alle diese Vermutungen und die Daten, auf denen sie beruhen, führen zu unseren anfänglichen Überlegungen zurück. Es ist längst an der Zeit, dass Theoretiker, Forscher und klinisch tätige Praktiker, die sich für Bindungsbeziehungen interessieren, den Blick über den engen Mutter-Kind-Fokus hinaus auch auf die Väter richten und sich eine familiensystemische Sicht auf die transgenerationalen Weitergabe von Beziehungsmustern zu eigen machen. Und es ist ebenfalls an der Zeit, sich auf die Behandlung von Kindern und Familien zu konzentrieren, bevor deren Probleme sich der Bewältigung entziehen. Präventive Interventionen unter dem Leitgedanken der Bindungstheorie sowie Achtsamkeit in Bezug auf das beobachtete Verhalten können sich langfristig positiv auf die Kindesentwicklung und den Tenor der Familienbeziehungen auswirken.

Anmerkung

1 Wir beziehen uns in diesem Beitrag in erster Linie auf die kodierten Ergebnisse des Adult Attachment Interview (George et al. 1985). Dabei sind wir uns darüber im Klaren, dass es noch andere Möglichkeiten gibt, die »Arbeitsmodelle« erwachsener Männer und Frauen bezüglich ihrer frühen wie auch ihrer gegenwärtigen Beziehungen zu den eigenen Eltern zu erfassen (Mikulincer & Shaver 2007).

Literatur

Alexandrov, E. O., Cowan, P. A. & Cowan, C. P. (2005): Couple attachment and the quality of marital relationships: Method and concept in the validation of the new couple attachment interview and coding system. *Attachment & Human Development*, 7 (2), S. 123–152.

Baumrind, D. (1989): Rearing competent children. In: W. Damon (Hrsg.), *Child development today and tomorrow*. San Francisco, CA (Jossey-Bass), S. 349–378.

Bradbury, T. N. & Karney, B. R. (1993): Longitudinal study of marital interaction and dysfunction: Review and analysis. *Clinical Psychology Review*, 13 (1), S. 15–27.

Cicchetti, D., Rogosch, F. A. & Toth, S. L. (2006): Fostering secure attachment in infants in maltreating families through preventive interventions. *Development and Psychopathology*, 18 (3), S. 623–649.

Cohn, D. A., Cowan, P. A., Cowan, C. P. & Pearson, J. (1992): Mothers' and fathers' working models of childhood attachment relationships, parenting styles, and child behavior. *Development and Psychopathology*, 4 (3), S. 417–431.

Cowan, C. P. & Cowan, P. A. (2000): *When partners become parents: The big life change for couples*. Mahwah, NJ (Lawrence Erlbaum).

Cowan, C. P., Cowan, P. A. & Heming, G. (2005): Two variations of a preventive intervention for couples: Effects on parents and children during the transition to school. In: P. A. Cowan et al., *The family context of parenting ...*, a. a. O., S. 277–312.

Cowan, C. P., Cowan, P. A. & Barry, J. (2011). Couples groups for parents of preschoolers: Ten-year outcomes of a randomized trial. *Journal of Family Psychology*, 25, S. 240–250.
Cowan, P. A. & Cowan, C. P. (Hrsg.) (2009): Couple relationships: A missing link between adult attachment and children's outcomes. *Attachment & Human development* (special issue), 11 (1), S. 1–4.
Cowan, P. A., Bradburn, I. S. & Cowan, C. P. (2005a): Parents' working models of attachment: The intergenerational context of problem behavior in kindergarten. In: P. A. Cowan et al., *The family context of parenting ...*, a. a. O., S. 209–235.
Cowan, P. A., Cowan, C. P. Ablow, J. C., Johnson, V. K., & Measelle, J. R. (2005 b): *The family context of parenting in children's adaptation to elementary school*. Mahwah, NJ (Lawrence Erlbaum).
Cowan, P. A., Cowan, C. P. & Mehta, N. (2009a): Adult attachment, couple attachment, and children's adaptation to school: An integrated attachment template and family risk model. *Attachment & Human Development*, 11 (1), S. 29–46.
Cowan, P. A., Cowan, C. P., Pruett, M. K., Pruett, K. D. & Wong, J. (2009b): Promoting fathers' engagement with children: Preventive interventions for low-income families. *Journal of Marriage and the Family*, 71, S. 663–679.
Crowell, J. A. & Treboux, D. (2001): Attachment security in adult partnerships. In: C. Clulow (Hrsg.), *Adult attachment and couple psychotherapy: The ›secure base‹ in practice and research*. London (Brunner-Routledge), S. 28–42.
Cummings, E. M. & Keller, P. S. (2006): Marital discord and children's emotional self-regulation. In: D. K. Snyder, J. Simpson & J. Hughes (Hrsg.), *Emotion regulation in couples and families: Pathways to dysfunction and health*. Washington, DC (American Psychological Association), S. 163–182.
Dickstein, S., Schiller, M., Seifer, R., Magee, K. D., St. Andre, M. & Wheeler, E. (1996): *Marital attachment interview pilot study*. Vortrag, gehalten anlässlich der »International Conference on Infant Studies«, Providence, RI.
Dozier, M. & Rutter, M. (2008): Challenges to the development of attachment relationships faced by young children in foster and adoptive care. In: J. Cassidy & P. Shaver (Hrsg.), *Handbook of attachment: Theory, research, and clinical applications* (2. Aufl.). New York, NY (Guilford Press), S. 698–717.
George, C., Kaplan, N. & Main, M. (1985): *The Adult Attachment Interview*. Manuskript. University of California. Berkeley.
Grossmann, K., Grossmann, K. E., Fremmer-Bombik, E., Kindler, H., Scheuerer-Englisch, H. & Zimmermann, P. (2002): The uniqueness of the child-father attachment relationship: Fathers' sensitive and challenging play as a pivotal variable in a 16-year longitudinal study. *Social Development*, 11 (3), S. 307–331.
Harold, G., Aitken, J. & Shelton, K. (im Druck): Inter-parental conflict and children's academic attainment: A longitudinal analysis. *Journal of Child Psychology and Psychiatry*.
Hirschberger, G., Srivastava, S., Marsh, P., Cowan, C. P. & Cowan, P. A. (2009): Attachment, marital satisfaction, and divorce during the first fifteen years of parenthood. *Personal Relationships*, 16 (3), S. 401–420.
Lyons-Ruth, K., Alpern, L. & Repacholi, B. (1993): Disorganized infant attachment classification and maternal psychosocial problems as predictors of hostile-aggressive behavior in the preschool classroom. *Child Development*, 64 (2), S. 572–585.

Madigan, S., Bakermans-Kranenburg, M.J., Van IJzendoorn, M.H., Moran, G., Pederson, D.R. & Benoit, D. (2006): Unresolved states of mind, anomalous parental behavior, and disorganized attachment: A review and meta-analysis of a transmission gap. *Attachment & Human Development*, 8 (2), S. 89–111.

Mikulincer, M. & Shaver, P.R. (2007): *Attachment in adulthood: Structure, dynamics, and change.* New York (Guilford Press).

Parke, R.D., Morris, K., Schofield, T., Leidy, M., Miller, M. & Flyr, M. (2006): Parent-child relationships: Contemporary perspectives. In: P. Noller & J.A. Feeney (Hrsg.), *Close relationships: Functions, forms and processes.* Hove, UK (Psychology Press/Taylor & Francis Group), S. 89–110.

Schulz, M.S., Cowan, C.P. & Cowan, P.A. (2006): Promoting healthy beginnings: A randomized controlled trial of a preventive intervention to preserve marital quality during the transition to parenthood. *Journal of Consulting and Clinical Psychology*, 74 (1), S. 20–31.

Shelton, K.H. & Harold, G.T. (2008): Interparental conflict, negative parenting, and children's adjustment: Bridging links between parents' depression and children's psychological distress. *Journal of Family Psychology*, 22 (5), S. 712–724.

Simpson, J.A. & Rholes, W.S. (2008): Attachment, perceived support, and the transition to parenthood: Social policy and health implications. *Social Issues and Policy Review*, 2 (1), S. 37–63.

Skinner, M.L., Elder, G.H. & Conger, R.D. (1992): Linking economic hardship to adolescent aggression. *Journal of Youth and Adolescence*, 21 (3), S. 259–276.

van IJzendoorn, M.H. (1995): Adult attachment representations, parental responsiveness, and infant attachment: A meta-analysis on the predictive validity of the Adult Attachment Interview. *Psychological Bulletin*, 117 (3), S. 387–403.

van IJzendoorn, M.H. & Bakersmans-Kranenburg, M.J. (1996): Attachment representation in mothers, fathers, adolescents, and clinical groups: A meta-analytic search for normative data. *Journal of Consulting and Clinical Psychology*, 64, S. 8–21.

JUDITH A. CROWELL

Frühe Schädigung, Bindungsrepräsentationen und Partnerschaft

Problemlage und Ausgangsthese

Schädliche Erfahrungen in der Kindheit können in erheblichem Umfang auf das spätere »Funktionieren« durchschlagen und sowohl den Opfern als auch ihren Partnern und Kindern zusetzen (Bifulco et al. 2002; Noll et al. 2009). In den meisten Fällen schwächen sich die negativen Folgewirkungen einer ernsthaften Schädigung in der Kindheit über Zeit nicht ab. Abgesehen vom dauerhaften Zusammenhang zwischen früher Schädigung und psychopathologischen Folgen ist über die Mechanismen, die zwischen ihr und dem späteren Funktionieren vermitteln, relativ wenig bekannt.

Um die je unterschiedliche Funktionsweise von Individuen zu verstehen, die schädlichen Erfahrungen ausgesetzt waren, kommt es wesentlich darauf an, zu wissen, welche Bedeutung die betroffene Person mit ihrem Erleben verbindet, wie sie die eigene Rolle innerhalb ihres Erlebens sieht und welchen Stellenwert sie diesem Erleben beimisst (Rutter 1987; Yates et al. 2003). Aber gerade Individuen, denen schon als Kindern ein Schaden zugefügt worden ist, tun sich schwer damit, eine schlüssige und integrierte Sicht in Bezug auf solche Erfahrungen zu entwickeln. Frühe Schädigung und Traumatisierung wirken sich unverhältnismäßig stark auf das nonverbale implizite Gedächtnis aus (Moran et al. 2008). Die entsprechenden Erinnerungen, die der bewussten Wahrnehmung häufig nicht zugänglich sind, werden in der Interaktion mit anderen unversehens wieder aufgerufen. Menschen mit einer entsprechenden Lebensgeschichte sind also unter Umständen ausgesprochen anfällig für stark gefühlsbetonte und schwierige Interaktionen, wobei sie sich der Auslöser oder auch der Hintergründe ihrer Reaktionen nur eingeschränkt bewusst sind. Das bedeutet, dass sie sich mit dem risikomindernden Mechanismus eines integrativen und kohärenten Verständnisses der Dinge besonders schwertun.

Wir stellen hier zwei Längsschnittstudien vor, die sich mit frühen Schädigungen als Risikofaktoren für das spätere Partnerverhalten der Betroffenen befassen.[1] In der ersten Studie wurden 157 junge Paare, von denen jeweils eine der beiden Personen als Kind die Scheidung der eigenen Eltern erlebt hatte, kurz vor der geplanten Eheschließung und dann noch einmal sechs Jahre später befragt (Crowell et al. 2009). Dabei interessierte der Zusammenhang zwischen der einstigen Erfahrung – der Scheidung der Eltern – und dem späteren Familienstand und Funktionsniveau der befragten Personen. Die zweite Studie, an der 48 Mütter von Kindern im Vorschulalter teilnahmen, galt den Zusammenhängen zwischen vielfältigen frühen Schädigungen und dem späteren Beziehungsverhalten der Betroffenen (Crowell et al. 2010).

Unsere These lautete, dass frühe widrige Erfahrungen – auch so verbreitete Erfahrungen wie die Scheidung der Eltern – für die betroffenen Kinder mit ungeregelter Versorgung und Betreuung und mit einem insgesamt unzureichenden Elternverhalten verbunden sind und dass ein solches Umfeld das Risiko birgt, dass die Kinder eine inkohärente, unsichere Bindungsrepräsentation entwickeln. Bindungsrepräsentationen organisieren bzw. lenken das Verhalten, die Kognitionen und die Emotionen in späteren engen Beziehungen und in angespannten Situationen (Bretherton 1985). Unter solchen Umständen sind Aufmerksamkeit, Verhalten und emotionale Äußerung anders organisiert, eingeschränkt und/oder anders verteilt bzw. ausgerichtet, und dann können gerade die Bindungsrepräsentationen sehr hilfreich für die Lenkung des Verhaltens und das Verständnis der Situation sein. Sie können das Verstehen von Geschehnissen, Aufgaben und Beziehungen aber auch erheblich behindern – dann nämlich, wenn sie desorganisiert oder in ihrem Wirkungsbereich limitiert sind.

Die erste Studie

In der ersten Studie, die ich hier behandeln will, gingen Dominique Treboux, Susan Brockmeyer und ich der Wirkung nach, die eine Scheidung der Eltern auf die Stabilität und Qualität der Frühzeit der Ehe des einstigen Kindes ausübt, das diese Scheidung miterlebte. Das Elternverhalten wandelt sich in der Folge einer Scheidung nur zu leicht (Clarke-Stewart et al. 2000; Hetherington & Kelly 2002; Martinez & Forgatch 2002; Nair & Murray 2005; Shaw et al. 1999). Eltern, die eine Scheidung durchmachen, sind erwiesenermaßen weniger gut imstande, das Verhalten ihrer Kinder zu steuern, sie sind weniger konsequent in ihren Erziehungsmethoden und gehen oft weniger zärtlich mit ihren Kindern um; das Elternverhalten ist aber nun einmal eine wichtige Determinante der Entwicklung des Kindes. Empirische Beobachtungen belegen in der Tat, dass die Scheidung der Eltern mit einer Bindungsunsicherheit der Kinder assoziiert ist, die sich in der Spätadoleszenz zeigt (Beckwith et al. 1999; Lewis et al. 2000).

Und schließlich gibt es eine gut belegte Neigung einstiger Scheidungskinder, die eigene Ehe ebenfalls zu beenden (Amato & Keith 1991; Teachman 2002; Wolfinger 2000). Tatsächlich verdoppelt die Scheidung der Eltern das Risiko der Kinder, sich irgendwann in ihrem Erwachsenenleben ebenfalls scheiden zu lassen (Amato & DeBoer 2001). Das ist ein Phänomen, das sich bei Männern wie bei Frauen findet (Pope & Mueller 1976), wobei dieser »Effekt der Elternscheidung« unter weißhäutigen Frauen am weitesten verbreitet ist (Glenn & Kramer 1987).

In dieser Studie gingen wir der Frage nach, ob das Kindheitserlebnis der elterlichen Scheidung in einem Zusammenhang mit der Stabilität bzw. der Qualität der Frühzeit der Ehe des einstigen Kindes stand. Wir verglichen inzwischen erwachsene Scheidungskinder mit Nachkommen intakter Familien im Blick auf ihre Bindungsrepräsentationen als Erwachsene, auf positive Gefühle bzw. auf Konflikte, über die sie berichteten, auf ihr Partnerverhalten und auf ihren Familienstand sechs Jahre nach einer ersten Befragung. Dabei gingen wir von der Annahme aus, dass Probleme mit der Eltern-Kind-Beziehung, wie sie oft mit einer Scheidung der Eltern einhergehen, unter den als unsicher gebunden klassifizierten Scheidungskindern häufiger nachzuweisen wären als unter den Kindern aus intakten Familien und dass diese Bindungsunsicherheit einen Mechanismus für die Wiederholung des Scheidungsmusters über die Generationen hinweg darstellen könnte. Da die Wahrscheinlichkeit der transgenerationalen Weitergabe, was Scheidungen betrifft, bei den Frauen größer ist (Glenn & Kramer 1987), gingen wir auch den diesbezüglichen Unterschieden zwischen den Geschlechtern nach. Des weiteren untersuchten wir, ob das Alter des Kindes zum Zeitpunkt der elterlichen Scheidung für die Bindungssicherheit und den späteren Familienstand relevant war.

Die Population der Studie

Diese Studie war Teil einer umfassenderen Untersuchung, in der es um die Entstehung von Bindungsbeziehungen in der Ehe ging (National Institute of Mental Health Grant R01-4493501). Untersucht wurde eine gemischte Stichprobe von Arbeiterfamilien und Familien der oberen Mittelschicht in einem städtischen Außenbezirk (n = 157 Paare, 314 Personen). Die Probanden hatten die Schule in einem Alter von durchschnittlich 14,8 Jahren verlassen. Es handelte sich in der Mehrzahl der Fälle um Weiße (95 %). Bei der ersten Befragung betrug das Durchschnittsalter der Frauen 23,5 (SD = 1,5) Jahre, das der Männer 24,9 (SD = 2,3) Jahre.

Das erste Zusammentreffen mit den teilnehmenden Paaren erfolgte innerhalb der drei Monate, die dem festgesetzten Hochzeitstermin vorausgingen. 75 Personen (24 % der Stichprobe), nämlich 31 Frauen und 44 Männer, waren Scheidungskinder. Zur Zeit der Scheidung ihrer Eltern waren 18 von ihnen (24 %) 0 bis 5 Jahre alt, 30 (40 %) 6 bis 12 Jahre alt, 16 (21 %) 13 bis 18 Jahre alt und 11 (15 %) älter als 18 Jahre gewesen.

Sechs Jahre nach der ersten Befragung brachten wir den Familienstand von 156 der ursprünglich 157 Paare in Erfahrung (n = 156). 122 Paare (78 %) waren zu diesem Zeitpunkt verheiratet (M = 69,7 Monate, SD = 15,3), 30 Paare (19 %) hatten sich getrennt oder waren geschieden, und 5 Paare (3 %) hatten gar nicht geheiratet. Insgesamt 228 Personen kamen der Aufforderung zu einer erneuten Befragung nach diesen sechs Jahren nach. Von den verheirateten Personen erschienen 79 %; von denen, die nicht geheiratet hatten oder mittlerweile geschieden waren, erschienen 47 %. Andere Ehestudien zeigen vergleichbare Wiederkehrerquoten (Karney & Bradbury 1995). 58 dieser wiedererschienenen Personen waren Scheidungskinder (26 Frauen, 32 Männer); das Verhältnis der Wiederkehrer unter diesen Teilnehmern war damit das gleiche wie bei den Teilnehmern aus intakten Familien.

Die Methoden

Mit allen Teilnehmern wurde vor ihrer Heirat das Adult Attchment Interview (AAI; George et al. 1985; Main & Goldwyn 1994) durchgeführt. Dabei handelt es sich um ein halbstrukturiertes Interview, das die Bindungsrepräsentation der befragten Person erfasst. Die erwachsenen Probanden schildern ihre Kindheitserlebnisse mit ihren Eltern, beschreiben die Beziehung zu ihnen mit Hilfe von Adjektiven und untermauern diese Beschreibung mit konkreten Beispielen. Sie werden gefragt, wie sie Verstimmtheit, Trennung, Zurückweisung, Verlust und Misshandlung erfahren haben und ob sie der Ansicht sind, dass ihre frühen Beziehungen und Erfahrungen ihre erwachsene Persönlichkeit beeinflusst haben. Die Interviews werden aufgezeichnet und transkribiert. Die von uns befragten Personen wurden in Bezug auf ihre Bindungsrepräsentation als sicher (Kohärenzwert ≥5) bzw. unsicher klassifiziert. Darüber hinaus wurde die Kohärenz des Transkripts als Hilfsvariable für die Sicherheit der Bindungsrepräsentation (Fyffe & Waters 1997) genommen, wobei wir eine Skala von 1 (= geringe Sicherheit) bis 9 (= hohe Sicherheit) zugrunde legten.

Als Paare wurden die Teilnehmer zu Beginn der Studie anhand eines 20-minütigen standardisierten Interaktionsparadigmas – des Secure Base Scoring System (SBSS, Crowell et al. 2002) – beurteilt. Dieses Instrument erfasst ihr Verhalten insoweit, als sie einander wechselseitig als sichere Basis dienen, und zwar in Form von Punktwerten zum einen für die Inanspruchnahme des Partners (»secure base use«), zum anderen für das eigene stützende Verhalten dem Partner gegenüber (»secure base support«). Ein hoher Punktwert für »secure base use« wird vergeben, wenn die Person ihre Wünsche klar benennt, den Partner direkt um Hilfe bittet und seine Unterstützung nutzt, um ihr emotionales Gleichgewicht wiederherzustellen und so zur normalen Aktivität und offenen Diskussion zurückzufinden. Ein hoher Punktwert für »secure base support« wird vergeben, wenn die Person Interesse zeigt, den Unterstützungsbedarf des Partners erkennt und in angemessener und kooperativer Weise darauf eingeht. Validität und Reliabilität dieses Verfahrens ließen sich in Bezug auf das AAI, auf Berichte über aggressives Partnerverhalten und auf ein kommunikationsbasiertes Bewertungssystem zur ehelichen Interaktion (Crowell et al. 2002) aufzeigen. »Secure base use« und »secure base support« waren hoch korreliert – $r(52) = .79$, $p < .01$ – und gingen in einen gemittelten Punktwert für »secure base behavior«, also für das Funktionsniveau als »sichere Basis« ein.

Sowohl zu Beginn der Studie als auch sechs Jahre später arbeiteten wir auch mit dem Family Behavior Survey (FBS) (Posada & Waters 1988), mit dem sich die Häufigkeit von Unstimmigkeiten und aggressiven Konflikten zwischen den Partnern ermitteln lässt (Crowell et al. 2002). Die Teilnehmer wurden gefragt, wie oft ihr Partner ihnen in den zurückliegenden sechs Monaten aggressiv begegnet war (wobei die Skala von 0 = niemals bis 5 = einmal pro Woche oder häufiger reichte) und ob es sich dabei um physische, um verbale oder um Aggressivität in Form der Drohung gehandelt hatte, aus der Beziehung auszusteigen. Der FBS erfasst auch die Zufriedenheit in der Beziehung, und zwar von 1 (sehr unzufrieden) bis 7 (sehr zufrieden).

Zusammenfassung der Resultate

Besonders interessant war der Befund, dass weder die männlichen noch die weiblichen Scheidungskinder ein größeres Risiko als die Nachkommen intakter Familien hatten, nach sechs Jahren geschieden zu sein (Männer: $X^2 [1,146] = .19$, ns; Frauen: $X^2 [1,15] = .33$, ns).

In Varianzanalysen befassten wir uns mit »Bindungsstatus × Geschlecht × Familienstand« der Ursprungsfamilie im Hinblick auf alle wichtigen Ehevariablen. Dabei zeigte sich, dass die einstigen Scheidungskinder von mehr Konflikten aller Art in ihren Beziehungen berichteten und dass diejenigen, die nach dem

AAI eine sichere Bindungsrepräsentation besaßen, in ihrer Funktion als sichere Basis deutlicher in Erscheinung traten.

Was den Sicherheitsstatus als Funktion des Scheidungsstatus der Ursprungsfamilie anging, wurden 62 (54%) der 126 Frauen aus intakten Familien als in ihrer Bindungsrepräsentation sicher klassifiziert; das Gleiche traf für 49 (43%) der 113 Männer aus intakten Familien zu. Dagegen zeigten nur 5 (17%) der 33 Frauen aus Scheidungsfamilien und 6 (15%) der 44 Männer aus Scheidungsfamilien eine sichere Bindungsrepräsentation. Die Erfahrung der elterlichen Scheidung stand also in einem engen Zusammenhang mit Unsicherheit in der Bindungsrepräsentation nach dem AAI. Zum Zusammenhang von Geschlecht und Sicherheit der Bindungsrepräsentation: Je älter die weiblichen Kinder zur Zeit der Scheidung ihrer Eltern gewesen waren, desto ausgeprägter war die Kohärenz der nunmehr Erwachsenen in den AAI-Interviews (r (30) = .40, $p \leq .05$). Bei den Männern fand sich kein signifikanter Zusammenhang zwischen dem Alter zum Zeitpunkt der Scheidung der Eltern und der Kohärenz nach dem AAI.

Des weiteren stellten wir fest, dass Sicherheit nach dem AAI in einem Zusammenhang mit dem Familienstand der einstigen Scheidungskinder, nicht aber mit dem der Kinder aus intakten Familien stand: $X^2 (1, 27) = 3.76$, $p \leq 0.05$. Auffällig war, dass eine sichere Bindungsrepräsentation der einstigen Scheidungskinder anscheinend eine Schutzwirkung gegenüber der Gefahr der eigenen Scheidung besaß: Keines der als sicher klassifizierten einstigen Scheidungskinder hatte seine Ehe aufgelöst, während 16% (n = 9) der als unsicher klassifizierten Kinder geschiedener Eltern von ihrem Partner getrennt oder geschieden waren. Eine frühe Scheidung war unter den Kindern aus intakten Familien ebenso verbreitet wie unter den einstigen Scheidungskindern.

Die zweite Studie

In der zweiten Studie, in der es um Zusammenhänge zwischen früher Schädigung und ehelichen Variablen ging, fassten wir die negativen Kindheitserfahrungen als Prädiktoren des Ergebnisses zusammen (Crowell et al. 2010). Neben der Scheidung der Eltern können eine ganze Reihe weiterer früher Erfahrungen als schädlich klassifiziert werden: physische, sexuelle und emotionale Misshandlung, Drogenkonsum der Eltern, Kriminalität und psychiatrische Symptomatik, Gewalttätigkeit, Einweisung des kleinen oder heranwachsenden Kindes in die Psychiatrie, schließlich die schwere Krankheit bzw. der Tod eines Verwandten ersten Grades (Bifulco et al. 2002). Geschehnisse dieser Art können eine extreme emotionale Dysregulation, Depressionen, dissoziative Symptome und Wutgefühle zur Folge haben (Cloitre et al. 2008; Roberts et al. 2004). Frauen, die als Kinder misshandelt bzw. missbraucht wurden, lassen sich als Erwachsene leicht auf hochgradig konflikthafte Beziehungen oder Missbrauchsverhältnisse ein (Cloitre et al. 2008; Schuetze & Eiden 2005). In dieser Studie fragten wir nach den Zusammenhängen zwischen frühen schädigenden Erfahrungen einerseits und der späteren Kohärenz nach dem AAI, der Funktion als »sichere Basis«, etwaigen psychiatrischen – insbesondere dissoziativen – Symptomen und ehelicher Aggressivität andererseits.

Die Population der Studie

48 Frauen (Mütter von Kindern im Vorschulalter) im Alter zwischen 24 und 38 Jahren, im Schnitt also 32,9 Jahre alt (SD 3,4 Jahre), wurden befragt. 34 von ihnen hatten sich schon als Heranwachsende zur Teilnahme an einer größeren Längsschnittstudie angemeldet, in der es um das Sozialverhalten und die engen Beziehungen ging; die übrigen 14 Frauen waren als Partnerinnen der ursprünglich männlichen Teilnehmer zu der Studie gestoßen (Hauser et al. 2006). Alle erhielten einen Punktwert für die jeweils genannte Anzahl früher Schädigungen der oben aufgelisteten Art, die sie als noch nicht 18-Jährige erlitten und über die sie im Laufe der Längsschnittstudie in verschiedenen Interviews und Befragungen – im AAI, in Interviews für Heranwachsende, im Evaluation of Life Stressors Interview (Krinsley et al. 1994) – berichtet hatten. Neun Frauen (19 %) berichteten von keinerlei schädigenden Erfahrungen, 15 (32 %) nannten eine derartige Erfahrung, sechs (13 %) nannten zwei derartige Erfahrungen, sieben (15 %) nannten drei und zehn (21 %) nannten vier bzw. mehr solcher Erlebnisse; der höchste Punktwert betrug 7.

Die Methoden

Zu den Erfassungsmethoden zählten die auch in der erstgenannten Studie angewandten (AAI, Secure Base Scoring System, Family Behavior Survey) sowie die *Dissociative Episodes Scale* (DES) (Carlson & Putnam 1986). Die Letztere ist eine valide und reliable Skala, mit der die Häufigkeit derartiger Erlebnisse erfasst wird. Zu den 28 Items zählen relativ verbreitete Erfahrungen wie etwa die, dass die Person im Auto unterwegs ist und sich nicht erinnert, was während dieser Autofahrt oder auch nur eines Teils dieser Autofahrt geschehen ist. Weniger häufig ist die Mitteilung, man sei von einer unbekannten Person mit falschem Namen angesprochen und an ein angebliches früheres Zusammentreffen erinnert worden. Alle Items werden auf einer Skala festgehalten, die von 0 % (= »ist nie geschehen«) bis 100 % (= »geschieht andauernd«) reicht. Der Punktwert entspricht dem Durchschnitt der festgehaltenen Prozentsätze.

Zusammenfassung der Ergebnisse

Die Befunde zeigten, dass ein höheres Maß an früher Schädigung mit geringerer Kohärenz einherging, was die Bindungsrepräsentation ganz allgemein und nicht so sehr im Blick auf Misshandlungs- und/oder Verlusterfahrungen betraf. Die nichtstandardisierten Regressionskoeffizienten der multiplen Regression zeigten, dass der Kohärenzwert mit jedem weiteren negativen Geschehen, das berichtet wurde, um mehr als einen halben Punkt sank. Kohärenz war ihrerseits mit der Funktion als »sichere Basis« für den Partner assoziiert und diente damit als Mittler zwischen dem negativen Erleben und dem Bindungsverhalten in der ehelichen Beziehung: Schädigung $\Rightarrow$ Kohärenz $\Rightarrow$ Funktion als sichere Basis.

Kohärenz moderierte darüber hinaus auch den Zusammenhang zwischen schädigenden Erfahrungen und dissoziativen Symptomen, die ihrerseits in einem engen Zusammenhang mit Berichten über die physische Aggressivität der männlichen Partner standen: Schädigung $\Rightarrow$ Kohärenz $\Rightarrow$ dissoziative Symptome $\Leftrightarrow$ physische Aggressivität des Partners. Es ist zwar denkbar, dass Frauen, die dissoziieren, »mehr« Aggression von Seiten ihres Partners wahrnahmen; wir verstanden diesen Zusammenhang allerdings so, dass es sich bei der aggressiven Interaktion entweder um eine Reinszenierung einer früheren traumatischen Erfahrung oder um die Reaktion auf das zerstreute Verhalten einer Person handelte, die in entscheidenden Augenblicken einer Beziehung dissoziiert. Möglich ist auch, dass aggressive oder antisoziale Männer sich verletzliche Frauen als Partnerinnen erwählen.

Fazit

Wir hatten im Blick auf beide Studien die These aufgestellt, dass frühe schädliche Erfahrungen das Risiko der Entwicklung einer inkohärenten und unsicheren Bindungsrepräsentation bergen, und das bestätigte sich in der Tat. Beide Studien zeigten, dass die Folgewirkungen früher Schädigung durch Kohärenz moderiert wurden. Es könnte also sein, dass der Zugang zur verbalen, expliziten Erinnerung eine Schutzfunktion besitzt. Interessant ist an der zweiten Studie, dass die Kohärenz insgesamt eher etwas über den weiteren Gang der Beziehung aussagte als die mit dem Trauma selbst verbundenen Narrative, also etwa der Diskurs über ein Trauma, der im Hinblick auf die Verarbeitung als »ungelöst« eingeschätzt wurde. Die Ergebnisse verweisen darauf, dass narrative Kohärenz und das Verständnis der Bedeutung der Schlüsselereignisse ein zentraler Einstiegspunkt in die Behandlung von Menschen mit widrigen Erfahrungen sind.

Anmerkung

1 Dieser Beitrag gründet im Wesentlichen auf zwei bereits veröffentlichten Arbeiten: Crowell et al. (2009): Parental divorce and adult children's attachment representations and marital status. *Attachment & Human Development*, 11, S. 87–101; Crowell et al. (2010): The influence of childhood adversity on mothers' behavior with preschoolers: Role of maternal attachment coherence, dissociative symptoms, and marital behaviors. *Research in Human Development*, 7 (4), S. 274–291.

Literatur

Amato, P. R. & DeBoer, D. D. (2001): The transmission of marital instability across generations: Relationship skills or commitment to marriage? *Journal of Marriage and Family*, 63, S. 1038–1051.

Amato, P. R. & Keith, B. (1991): Parental divorce and adult well-being: A meta-analysis. *Journal of Marriage and the* Family, 53, S. 48–58.

Beckwith, L., Cohen, S. E. & Hamilton, C. E. (1999): Maternal sensitivity during infancy and subsequent life events relate to attachment representation in early adulthood. *Developmental Psychology*, 35, S. 693–700.

Bifulco, A., Moran, P. M., Ball, C., Jacobs, C., Baines, R., Bunn, A. & Cavagin, J. (2002): Childhood adversity, parental vulnerability and disorder: examining inter-generational transmission of risk. *Journal of Child Psychology and Psychiatry, and Allied Disciplines*, 43 (8), S. 1075–1086.

Bretherton, I. (1985): Attachment theory: Retrospect and prospect. In: I. Bretherton & E. Waters (Hrsg.), *Growing points of attachment theory and research*. (Monographs of the Society for Research in Child Development, 50, 1/2). Chicago (University of Chicago Press), S. 3–35.

Carlson, E. B. & Putnam, F. W. (1986): An update on the dissociative experiences scale. *Journal of Nervous and Mental Disease*, 174, S. 727–735.

Clarke-Stewart, K. A., Vandell, D. L., McCartney, K., Owen, M. T. & Booth, C. (2000): Effects of parental separation and divorce on very young children. *Journal of Family Psychology*, 14, S. 304–326.

Cloitre, M., Stovall-McClough, C., Zorbas, P. & Charuvastra, A. (2008): Attachment organization, emotion regulation, and expectations of support in a clinical sample of women with childhood abuse histories. *Journal of Traumatic Stress*, 21, S. 282–289.

Crowell, J. A., Treboux, D., Gao, Y., Fyffe, C., Pan, H. & Waters, E. (2002): Assessing secure base behavior in adulthood: Development of a measure, links to adult attachment representations, and relationships to couples' communication and reports of relationships. *Developmental Psychology*, 38, S. 679–693.

Crowell, J. A., Treboux, D. & Brockmeyer, S. (2009): Parental divorce and adult children's attachment representations and marital status. *Attachment & Human Development*, 11, S. 87–101.

Crowell, J. A., Warner, D. E., Davis, C., Marraccini, M. & Dearing, E. (2010): The influence of childhood adversity on mothers' behavior with preschoolers: Role of maternal attachment coherence, dissociative symptoms, and marital behaviors. *Research in Human Development*, 7 (4), S. 274–291.

Fyffe, C. & Waters, E. (1997): *Empirical classification of adult attachment status: Predicting group membership*. Vortrag, gehalten beim Zweijahrestreffen der Society for Research in Child Development, Washington DC, April 1997.

George, C., Kaplan, N. & Main, M. (1985): *The adult attachment interview*. Unveröffentlichtes Manuskript. Berkeley (University of California).

Glenn, N. D. & Kramer, K. D. (1987): The marriage and divorces of the children of divorce. *Journal of Marriage and the Family*, 49, S. 811–825.

Hauser, S. T., Allen, J. A. & Golden, E. (2006): *Out of the woods: Tales of resilient teens*. Cambridge, MA (Harvard University Press).

Hetherington, E. M. & Kelly, J. (2002): *For better or for worse: Divorce reconsidered*. New York (W. W. Norton).

Karney, B. R. & Bradbury, T. N. (1995): The longitudinal course of marital quality and stability: A review of theory, method, and research. *Psychological Bulletin*, 118, S. 3–34.

Krinsley, K. E., Weathers, F. W., Vielhauer, M., Newman, E., Walker, E. A., Young, L. S. et al. (1994): *Evaluation of Lifetime Stressors (ELS)*. Unveröffentlichtes Manuskript, Boston.

Lewis, M., Feiring, C. & Rosenthal, S. (2000): Attachment over time. *Child Development*, 71, S. 707–720.

Main, M. & Goldwyn, R. (1994): *Adult Attachment Rating and Classification Systems, Version 6.0*. Unveröffentlichtes Manuskript. Berkeley (University of California).

Martinez, C. R., Jr. & Forgatch, M. S. (2002): Adjusting to change: Linking family structure transitions with parenting and boys' adjustment. *Journal of Family Psychology*, 16, S. 107–117.

Marysko, M., Reck, C., Mattheis, V., Finke, P., Resch, F. & Moehler, E. (2010): History of childhood abuse is accompanied by increased dissociation in young mothers five months postnatally. *Psychopathology*, 43, S. 104–109.

Moran, G., Neufeld Bailey, H., Gleason, K., DeOliveira, C. A. & Pederson, D. R. (2008): Exploring the mind behind unresolved attachment: Lessons from and for attachment-based interventions with infants and their traumatized mothers. In: H. Steele & M. Steele (Hrsg.), *Clinical applications of the Adult Attachment Interview*. New York (Guilford Press), S. 371–398.

Nair, H. & Murray, A. D. (2005): Predictors of attachment security in preschool children from intact and divorced families. *Journal of Genetic Psychology*, 166, S. 245–263.

Noll, J. G., Trickett, P. K., Harris, W. W. & Putnam, F. W. (2009): The cumulative burden borne by offspring whose mothers were sexually abused as children: Descriptive results from a multigenerational study. *Journal of Interpersonal Violence*, 24 (3), S. 424–449.

Pope, H. & Mueller, C. (1976): The intergenerational transmission of marital instability: Comparisons by race and sex. *Journal of Social Issues*, 32, S. 49–66.

Posada, G. & Waters, E. (1988): *The Family Behavior Survey*. Unveröffentlichtes Manuskript. Stony Brook University.

Roberts, R., O'Connor, T., Dunn, J. & Golding, J. (2004): The effects of child sexual abuse in later family life; mental health, parenting and adjustment of offspring. *Child Abuse and Neglect*, 28, S. 525–545.

Rutter, M. (1987): Psychosocial resilience and protective mechanisms. *American Journal of Orthopsychiatry*, 57, S. 316–331.

Schuetze, P. & Eiden, R. (2005): The relationship between sexual abuse during childhood and parenting outcomes: Modeling direct and indirect pathways. *Child Abuse and Neglect*, 29, S. 645–659.

Shaw, D. S., Winslow, E. B. & Flanagan, C. (1999): A prospective study of the effects of marital status and family relations on young children's adjustment among African American and European American families. *Child Development*, 70, S. 742–755.

Teachman, J. (2002): Childhood living arrangements and the intergenerational transmission of divorce. *Journal of Marriage and the Family*, 62, S. 717–729.

van der Kolk, B. A. & Fisler, R. (1995): Dissociation and the fragmentary nature of traumatic memories: Overview and exploratory study. *Journal of Traumatic Stress*, 8 (4), S. 505–525.

Wolfinger, N. H. (2000): Beyond the intergenerational transmission of divorce: Do people replicate the patterns of marital instability they grew up with? *Journal of Family Issues*, 21, S. 1061–1086.

Yates, T. M., Egeland, B. L. & Sroufe, A. (2003): Rethinking resilience: A developmental perspective. In: S. S. Luthar (Hrsg.), *Resilience and vulnerability: Adaptation in the context of childhood adversities*. New York (Cambridge University Press), S. 243–266.

EGON GARSTICK

Vom Elternwerden zur Elternschaft: Über Identitätskrisen bei Eltern

Einleitung

Den Titel der Internationalen Bindungskonferenz 2010 *Bindungen – Paare, Sexualität und Kinder* erlebte ich als eine Einladung, meine psychotherapeutische Arbeit mit werdenden Eltern und gerade Vater und Mutter gewordenen Männern und Frauen in der Stiftung Mütterhilfe in Zürich darzustellen. Denn das Ziel dieser Stiftung ist es, Eltern für die Entwicklung einer sicheren Bindung zu motivieren, sie von möglicherweise zu starren Bindungen an ihre eigenen Herkunftsfamilien zu emanzipieren und ihnen zu ermöglichen, dass das gegenseitige sexuelle Begehren in der Mann-Frau-Beziehung wieder auflebt.

Zu mir kommen schwangere Frauen, werdende Väter, Elternpaare, die heftig irritiert sind, miteinander und mit sich selber im Streit liegen und in diesen neuen Lebensbedingungen große Mühe haben. Anhaltend depressive Mütter stellen eine Gefahr für die Entwicklung ihrer Babys dar, ebenso ist aber auch eine anhaltende Spannung in der Mann-Frau-Beziehung für die frühkindliche Entwicklung problematisch. Um die Qualität der langfristigen Beziehungen in der Familie zu erhöhen und um ein familiäres Milieu herzustellen, das die Entwicklung der Kinder fördert, sollten daher frühe Brüche im Selbsterleben und Selbstverständnis der Männer und Frauen, die Eltern geworden sind, aufgefangen und verarbeitet werden.

Wie kam es überhaupt zu dieser Arbeit?

Das ursprüngliche »Projekt Elternschaftstherapie« (erstmals vorgestellt in Pedrina [Hrsg.], *Beziehung und Entwicklung in der frühen Kindheit* [Garstick 2001]) war das Ergebnis eines intensiven Weiterbildungsprozesses innerhalb der Stiftung Mütterhilfe Zürich, die seit langem soziale Beratung für werdende und alleinerziehende Mütter angeboten hatte. Aus dem Projekt ist 2005 durch meine Anstellung als Elternschaftstherapeut ein festes Angebot geworden.

Damit der Sinn und unsere Motivation für diese spezifische fokussierte psychotherapeutische Hilfestellung deutlich werden, folgt eine kurze Vorstellung der Institution Mütterhilfe.

Die Stiftung Mütterhilfe in Zürich

Die Stiftung Mütterhilfe unterstützt seit 78 Jahren in der Schweiz Schwangere, Mütter, Väter – und deren Partnerinnen bzw. Partner –, die durch ihre Situation in eine psychische und/oder finanzielle Notlage geraten sind. Sämtliche Angebote stehen den Frauen und Männer offen, bis das jüngste Kind drei Jahre alt ist. Die Mütterhilfe ist politisch und konfessionell neutral und finanziert sich durch Spenden und Legate.

Die klassische Beratungsstelle, die soziale Hilfe für den Einzelfall anbietet, wurde in den letzten 16 Jahren um sozialtherapeutische und psychotherapeutische Kompetenzen erweitert. Im Interesse der Niederschwelligkeit des Angebotes wird die flexible Sozialarbeit aber weitergeführt. So ist die Mütterhilfe offen für vielfältige Fragen, wie beispielsweise von minderjährigen Schwangeren und deren Eltern, und sie motiviert – was auch für die Mitarbeiterin in der stark besuchten Kleiderbörse gilt – Klientinnen und ihre Angehörigen bei Bedarf für unsere intensiveren therapeutischen Angebote.

Präventive Beratungen der Eltern zum Schutz des Kindes vor Misshandlung und Vernachlässigung zählen zu den wichtigsten Anliegen der Mütterhilfe. Daher haben wir schon vor 16 Jahren (1994) den »Familieneinsatz« – sozialtherapeutische Unterstützung für Familien zu Hause, die sich während Schwangerschaft, Geburt, Wochenbett und Kleinkindzeit in einer akuten Not- und Krisensituation befinden – aufgebaut, der versucht, einen in der Familie entgleisten Dialog rasch wieder aufzufangen und der möglichen Gewalttätigkeit in der Eltern-Kind-Beziehung zu begegnen.

Die Arbeit in den Familien und die Teilnahme an ihrem Alltag schaffen eine gute Ausgangslage, um Veränderungsprozesse anzuregen. Denn viele Eltern sind anfänglich verunsichert und haben Mühe, die Signale des Kindes richtig zu deuten. So wird oft das Verhalten des Kindes durch die elterlichen Bedürfnisse und Projektionen verzerrt und missdeutet. Erst mit Hilfe der Therapeutin lernen sie, die Signale des Kindes zu entschlüsseln, und entwickeln dadurch ihre elterliche Feinfühligkeit und Kompetenz.

Diese Korrektur zum Wohl des Säuglings ist eine grundsätzliche Aufgabe des Familieneinsatzes. Dazu wird die Videoanalyse nach George Downing (vgl. Downing 2010) aus Paris eingesetzt, von dem wir uns seit einigen Jahren fortbilden lassen. Auf wohlwollende und unterstützende Art wird den Eltern ihr Verhalten dem Kinde gegenüber widergespiegelt und werden Verzerrungen bewusstgemacht. Bei der Beobachtung der Eltern-Kind-Interaktion in den als schwierig erlebten Situationen mit dem Säugling – wie Schreiphasen, Schlaf-, und Essstörungen – wird mit Hilfe der Videoanalyse die Spannung abgebaut und wird durch die positiven Momente der Beziehungserfahrung die elterliche Kompetenz gestärkt. So können dysfunktionale Beziehungsmuster korrigiert, konstruktive Formen des Dialogs gesucht und dadurch mögliche, sich auch längerfristig negativ auswirkende Fehlentwicklungen aufgefangen werden. Diese Arbeit im sozialtherapeutischen Familieneinsatz leisten meine beiden Kolleginnen, die Psychotherapeutinnen Margarita Etter und Nanette Rudin.

Seit 2005 haben wir unsere therapeutische Arbeit um die fokussierte Elternschaftspsychotherapie ergänzt, die ich zuvor schon gelegentlich für Paare und Familien, die sich an die Mütterhilfe wandten, in meiner psychoanalytischen Privatpraxis angeboten hatte. So wurde dieses Angebot fest in der Stiftung verankert, und ich kann den Klienten und Mitarbeiterinnen flexibler zur Verfügung stehen.

Um den Familien genügend Möglichkeiten zu bieten, die Beratungsstelle aufzusuchen, können Sprechstunden am Abend bis 20.00 Uhr und auch an Samstagen wahrgenommen werden. Diese neue Stelle wurde auch deshalb geschaffen, weil in der Beratung und im Familieneinsatz eine zunehmende Überforderung von Männern bei der Übernahme einer reifen Vaterschaft sichtbar wurde. Sie ist insofern pionierhaft, als sie in eine anerkannte und bewährte sozialarbeiterische Beratungsstelle integriert ist und sich inhaltlich an Konzepten der angewandten psychoanalytischen Arbeit ausrichtet.

Zur Entstehung von Gewalt in den frühen Eltern-Kind-Beziehungen

Die Prävention gegenüber Gewalt in den familiären Beziehungen ist jetzt schon mehrmals als ein Ziel unserer Arbeit genannt worden. Deshalb möchte ich aus meiner psychoanalytisch-systemischen Erfahrung heraus die Entstehung von Gewalt in den frühen Eltern-Kind-Beziehungen erklären.

Unverarbeitete Identitätsverwirrungen der Eltern, die Diskrepanz zwischen dem sogenannten »imaginären« und dem »realen Kind« (vgl. Soulé 1990) und die mögliche Gewalt in familiären Beziehungen stehen in einem Zusammenhang und können sich zu einer Gewaltspirale entwickeln.

Die biologischen, psychischen und sozialen Veränderungen im Leben von Frau und Mann durch Mutter- und Vaterschaft führen zur Frage nach der neuen Identität von Frau-Mutter und Mann-Vater. Als Ausgangslage für das Entstehen der Gewaltspirale nehme ich den Gedanken von Soulé: Die Eltern erleben diffus bewusst, größtenteils unbewusst Enttäuschungen, weil das reale Kind vom imaginären Kind abweicht (von dem Kind in der Phantasie, das schon vor und während der Schwangerschaft entstanden ist). Dies kann zur Entstehung von Aggression bei den Eltern führen, wenn der real vorhandene und nervende kleine Mensch sich ganz anders verhält als erwartet und sich nur schlecht beruhigen lässt. Anders ist er, und er kann seine Eltern durch die verschiedensten zunehmend aggressiveren Verhaltensweisen in massive Kränkungen stürzen. Die aggressiven Gefühle und wahrgenommene erste gereizte Reaktionen gegenüber ihrem Baby lösen große Verunsicherung im Selbstwertgefühl der Eltern aus.

Diese narzisstische Krise lässt, gekoppelt mit Schlafentzug und mangelhafter Erholungsmöglichkeit, die Aggression noch weiter anwachsen. Das Weinen und Schreien des Säuglings wird als ein regelrechter Angriff erlebt. Durch seine unablässigen Forderungen wird er zum »Verfolger«. Dies kann zu Misshandlungen führen, die ihrerseits bei den Eltern Schuldgefühle und Scham auslösen, so dass sich noch größere Selbstzweifel einstellen. Die unkontrollierte Aggression wächst bedrohlich an. So könnte am Ende der Gewaltspirale ein möglicher Ausspruch eines verzweifelten, schlagenden Elternteils lauten: ›Ich schlage mein Kind, weil es mich zum Schläger gemacht hat.‹

Wir verstehen die rechtzeitige Intervention im Entstehungsprozess einer solchen Gewaltspirale als eine wichtige gesundheits- und gesellschaftspolitische sowie kulturelle Aufgabe.

Elternschaftstherapie

Meine ganz persönliche Motivation für die Elternschaftstherapie beziehe ich größtenteils aus meiner langjährigen Arbeit mit verhaltensauffälligen Kindern und ihren Familien im stationären Bereich (vgl. Garstick 2001), wo ich viele Brüche und Entgleisungen im frühkindlichen Beziehungsaufbau entdecken musste. So entstanden sowohl meine Neugierde für die möglichen Ursachen der Paarkonflikte als auch der Wille, im Interesse des noch so abhängigen Kindes Einfluss auf sie zu nehmen.

Natürlich motiviert mich auch als Mann und Vater, das Verlangen der Männer darin zu unterstützen, ihre männliche und väterliche Identität miteinander zu vereinbaren und somit gewissermaßen *Entwicklungshilfe* beim Aufbau einer männlichen Identität zu leisten, in der die verschiedenen Bedürfnisse ihren Platz haben. Denn die Entwicklung von Fürsorglichkeit gegenüber dem Baby und gegenüber der Frau, die Mutter geworden ist, sowie das Wiederfinden eines reifen Begehrens gegenüber der Partnerin sind wichtige Schritte in der Vaterschaft.

Die französische Autorin Christiane Olivier hat mich mit ihrem Buch *Jokastes Kinder* zu meiner Arbeit mit Männern angeregt, weil sie einige Ursachen für die Abhängigkeit der Männer von ihren eigenen Eltern, den sogenannten Herkunftsfamilien, deutlich werden lässt. Diese Zusammenhänge beleuchtet auch immer wieder Vera King mit ihren Forschungsarbeiten in den Bereichen der Adoleszenzentwicklung und der psychosozialen Entwicklungsverhältnisse hervorragend. So schreibt sie in ihrem Aufsatz zu den »Bedingungen der Elternschaftskonstellation« (2010, S. 13): »Mangelnde Individuation im Verlauf der eigenen Adoleszenz kann die Übernahme einer generativen Haltung mit Beginn der Elternschaft verhindern.« Eine »generative Haltung« einnehmen bedeutet u. a., sich mit den Interessen und Bedürfnissen der zukünftigen Generationen identifizieren zu können und in der Gegenwart bereit zu sein, sich für eine Zukunft seiner Kinder und Kindeskinder zu engagieren. Durch meine Arbeit unterstütze ich junge Väter, eine emanzipierte Beziehung zu ihren Eltern zu entwickeln und eine solche gleichzeitig auch bei ihren Kindern zuzulassen.

Die Zukunft unserer Gesellschaft und Kultur ist im hohen Maße davon abhängig, ob es gelingt, sichere Bindungsverhältnisse und gesunde Explorationslust für die Kinder und Jugendlichen in unserer Gesellschaft zu ermöglichen. Das kleine Kind braucht die sichere Bindung und diese als Basis für die Entwicklung der gesunden Explorationslust. Bindung und die Entwicklung von Neugier hängen vom sogenannten triadischen Niveau in den frühen Beziehungen ab (vgl. Bürgin & v. Klitzing 2001).

Andererseits ist es aber auch wichtig, dass im Umfeld des Babys und Kleinkindes die Lust bei und zwischen seinen Eltern erhalten bleibt. Denn wenn die Eltern dieses gelebte gegenseitige Begehren nicht wiederfinden, ist der triadische Entwicklungsraum für das Kind gefährdet. In diesem Rahmen beschreibt Frank Dammasch (Dammasch et al. 2008) im von ihm mit herausgegebenen Buch *Triangulierung* wichtige Zusammenhänge, u. a. wie eine ich-gerechte konstruktive Aggressionskontrolle vom triadischen Niveau in der Eltern-Kind-Beziehung abhängt.

Hier setzt ganz spezifisch meine fokussierte therapeutische Arbeit mit dem Paar ein. Mir geht es um das Sich-Wiederfinden des Liebespaares. Denn Lust und Liebe in der Beziehung wiederzufinden, setzt offene Kommunikation über intime und sehr persönliche Themen voraus, die aber, anders als wir in unserer aufgeklärten Welt manchmal meinen, nicht selbstverständlich ist. Denn über sexuelle Wünsche und Ängste in Partnerschaften zu sprechen ist für viele Menschen auch heute noch schwer.

In der oft heiklen Erstbegegnung mit einem Paar, das ja in der Regel auch mit Schamgefühlen oder, besser gesagt, mit Beschämungsängsten in die Sitzung kommt, helfe ich mir selber, indem ich dem Paar anbiete, von meiner Motivation für diese Arbeit zu erzählen. Auf diese Weise erleben die Eltern mich als Modell, und sie fangen an zu begreifen, dass sie etwas Wichtiges für ihr Zusammenleben und auch für die Entwicklung ihres Kindes tun, wenn sie sich öffnen und intime Themen besprechen.

Wenn ich sage, ich helfe mir auch selber, dann hat das damit zu tun, dass auch ich in meiner Schamtoleranz herausgefordert werde, wenn das Hilfe suchende Paar auf meine Einladung hin das sehr persönliche und intime Zusammenleben schildert.

Männliche Identitätserweiterung und die Entwicklung einer reifen Vaterschaft

Ich komme nun zu einem Schwerpunkt in meiner Arbeit, der Identitätserweiterung des Mannes und der Entwicklung einer reifen Vaterschaft.

Eine ganz besonders spannende Erfahrung im Rahmen meiner Elternschaftstherapie ist die Arbeit mit den irritierten Männern. Wenn ich mir die verschiedenen Entwicklungen von Männern vor Augen halte, so kommt mir der Begriff *Vaterschaftswerkstatt* in den Sinn, da wirklich in der Väterarbeit etwas herausgearbeitet wird und da dieses Bild vom Erarbeiten und Aufbauen in einer Werkstatt für viele Männer zu ihrem Selbsterleben passt. Wir stoßen auf erstaunliche Wahrnehmungen und Einfälle, und die meisten Männer erleben das Entdecken von Projektionen aufs Baby als entlastend und bereichernd.

Manche Männer erleben das Kind schon sehr früh als Rivalen – wie es ein Vater sehr treffend ausdrückte: »Da habe ich mir was Schönes eingebrockt. Ich habe gezeugt und verloren. Mein Sohn hat nun ganz intensiv seine Mama, und ich habe meine schöne Frau verloren.«

Der Mann hatte Schwierigkeiten damit, dass die Brüste seiner stillenden Frau so groß waren und dass sich ihr Körper durch die Schwangerschaft verändert hatte. Regelrecht depressiv war er in den ersten Wochen nach der Geburt und verhielt sich stark unterkühlt gegenüber Baby und Frau. Seine Art, den kleinen Sohn zu behandeln, wirkte z. B. rein mechanisch. In einer – von seiner Frau gewünschten – Sequenz fokussierter Einzelarbeit mit ihm konnte er dann zum einen den zu frühen Verlust seines eigenen Vaters betrauern und zum anderen die im Selbsterleben noch drohenden Verluste: Er war ein sehr begabter Musiker, Hobbyflieger und malte in seiner Freizeit Bilder; er fürchtete, nun auch dieser (Erlebnis-) Möglichkeiten beraubt zu werden, wenn er sich auf die Elternschaft bei seinem Baby und Kleinkind einließ.

Dieser Vater war mir durch eine engagierte Mütterberaterin zugewiesen worden, die die postnatale Depression bei ihm und nicht primär bei der Mutter sah; diese war ihrerseits dann wegen seiner Distanziertheit und Kühle verzweifelt, da sie die emotionale Unterstützung in der Kleinfamilie durch ihren Partner gebraucht hätte.

Väter in Identitätskrisen

In den letzten Jahren sind einige Hebammen, die schon vorher mit dem Bereich *Familieneinsatz* unserer Stiftung Mütterhilfe zusammengearbeitet hatten, immer wieder mit dem Wunsch an mich herangetreten, Väter in Identitätskrisen aufzufangen.

Nicht nur die Mütter können in depressive Verstimmungen geraten, sondern auch die frisch gewordenen Väter. Aufmerksame, engagierte Hebammen sind es, die in der Wochenbettphase die verunsicherten und gestressten Männer in ihrer Not wahrnehmen und rasch zu mir in die Elternschaftstherapie schicken. Nach zwei bis drei Gesprächen mit den Vätern allein können wir die Mütter zu einem Familiengespräch einladen, die in der Regel für diese »Entwicklungshilfe« im Aufbau der Vaterschaft dankbar sind. – Zur Illustration ein kurzes Beispiel:

Ein knapp 30-jähriger Mann meldete sich und wirkte am Telefon so hektisch und verwirrt, dass ich sofort verstand, wie dringend er Hilfe brauchte und dass er rasch kommen musste. Einen Tag später saß er mir recht aufgewühlt und unruhig gegenüber. Er war zutiefst von sich selber enttäuscht, weil er »alles nicht mehr richtig auf die Reihe« brächte. Dabei habe er sich so auf das Vatersein gefreut und doch auch schon zuvor immer so gern mit seinen Nichten und Neffen gespielt. Er war überzeugt, seine Frau wohl bitter enttäuscht zu haben, weil er sich während des Wochenbettes betrunken hatte und sich dann gar nicht mehr fürsorglich um seine kleine Tochter und Frau kümmern konnte.

Während er erzählte, wurde er immer unruhiger, und er löste in mir den Impuls aus, ihn auf verschiedenen Ebenen zu beruhigen. Ich fragte nach, wann er das letzte Mal getrunken und gegessen habe, und der junge Mann merkte, dass er sich selber in den letzten Tagen stark vernachlässigt hatte.

Ich reichte ihm ganz automatisch, als wenn es selbstverständlich wäre, ihn nun zu füttern, schwarze Schokolade und brachte ihm ein Glas Wasser. Das »Gefüttert Werden« beruhigte ihn, und wir konnten ruhiger seine Erfahrungen besprechen und seine Gedanken darüber ordnen.

Sein Vaterwerden hatte ihn in einen wichtigen psychischen Konflikt gestürzt, der heute bei Männern nicht selten vorkommt. Sicherlich wollte er *bewusst* dieses Kind mit seiner Frau. Aber, wie es sich im Verlauf der nächsten Gespräche herausstellte, wurde dieses Kind – ein Mädchen – *unbewusst* auch als Rivalin erlebt, als »Räuberin«. Der junge Mann war in eine neue Lebensphase »katapultiert« worden: in die Phase der Elternschaft, die mit dem endgültigen Ende der Kindheit und Adoleszenz gleichzusetzen ist. Dabei, so sagte er, habe er selber vieles noch gar nicht zum Abschluss gebracht. Er habe seine Eltern wohl enttäuscht, weil er immer noch nicht den endgültigen Abschluss im Lehramtsstudium gemacht habe. An dieser Stelle weinte er ganz ruhig und entspannte sich.

Danach besprachen wir seine ganz konkreten, auch schönen Erfahrungen mit seiner kleinen Tochter und wie er bei ihrer Pflege so vieles schon kompetent machte, so dass auch seine Frau diese »Väterlichkeit« an ihm schätzte. Ich betonte, wie wichtig er in der Familie sei, und wir verabredeten einen nächsten Termin, an dem seine Ausbildungssituation und realistische Möglichkeiten für den Ausbildungsabschluss in Ruhe besprochen werden sollten. Später gab es ein Familiengespräch, in dem es dem Mann ganz wichtig war, seiner Frau in meiner Anwesenheit mitzuteilen, dass er von sich selbst enttäuscht war.

Der junge Vater kam noch ein halbes Jahr im 14-tägigen Rhythmus zu weiteren Sitzungen, und er bearbeitete seine ambivalenten Gefühle gegenüber seiner Vaterschaft. Wir entdeckten wichtige und noch ungenügend entwickelte Ablösungen von den Vorstellungen seiner Eltern im Hinblick auf seine Zukunft und Existenz. Denn er war zeitweise noch zu sehr der Sohn, der unbewusste und bewusste Aufträge seiner Eltern zu erfüllen hatte.

So wie bei diesem jungen Vater konnte ich bisher in einigen Fällen meiner Elternschaftstherapie von den Erfahrungen und Reflexionen in meiner Arbeit mit Adoleszenten und der wichtigen Arbeit von Vera King (2004) profitieren. In meinem nächsten Fallbeispiel geht es auch um den Zusammenhang zwischen spät – oder postadoleszenten Entwicklungskonflikten und dem Problem mit der Übernahme einer reifen Elternschaft.

Egon Garstick

Der Wunsch der Mutter nach einer Erweiterung der Familie als Bedrohung für das spätadoleszente Erleben des Mannes

Paul und Maria waren beide zum Zeitpunkt unserer Zusammenarbeit etwa 35 Jahre alt. Sie suchten die Schwangerschaftskonfliktberatung meiner sozialarbeiterischen Kollegin in der Beratungsstelle Mütterhilfe auf, weil sie sich unsicher waren, ob sie ein drittes Kind wollten. Die Frau war ungeplant schwanger geworden, und das Paar dachte über einen Abbruch nach.

Doch schon im zweiten Beratungsgespräch wurde der Frau klar, dass sie das Kind austragen wollte, woraufhin der Mann davonrannte. Bevor er aber den Raum verließ, konnte meine Kollegin ihm noch mein Kärtchen mit der dringenden Empfehlung geben, sich bei mir zu melden, was er auch tat.

In der ersten Begegnung sah ich einerseits einen verzweifelten, verwirrten, erröteten, übernächtigt und erschlagen wirkenden Mann vor mir. Andererseits nahm ich einen großen, offen wirkenden Mann wahr, der zwar rasch das Gespräch suchte, aber auch unter – physisch spürbarem – Druck zu stehen schien.

Ich merkte diesen Druck in mir selber und versuchte, auf zwei Ebenen damit zu arbeiten: zum einen wollte ich seine Gehetztheit aufnehmen – vergleichbar mit Bions Vorstellungen über die Containerfunktion des Analytikers –, sie aber andererseits klar als seinen Stress registrieren, um daneben fürs analytische Zuhören seiner Geschichte entspannt zu bleiben.

Als er von seiner sozialpolitischen Tätigkeit und seinen vielfältigen kommunikativen Aufgaben erzählte, erlebte ich, wie er sich rasch und anschaulich mitteilen konnte und dass er über Humor verfügte. Daneben zeigte er ein starkes Anlehnungsbedürfnis: Er wollte in seiner Not verstanden werden und konnte gar nicht mit dem Erzählen aufhören. Er schien Dampf ablassen zu müssen, beruhigte sich im Laufe des Gespräches ein Stück weit, was ich selbst körperlich spürte.

Er begann mit folgender Eröffnung: »Ich bin doch schon glücklicher Vater von zwei tollen Jungs, drei und fünf Jahre alt. Ich habe eine wunderbare Frau, mit der ich nun langsam wieder mehr Zweisamkeit erleben wollte, und nun soll noch ein ›Wuschel‹ kommen. Der bringt doch alles aus dem Konzept! Ich verstehe diese Haltung meiner Frau einfach nicht. Kann sie sich nicht mehr daran erinnern, wie anstrengend die Aufzucht unseres zweiten Sohnes war, wie alles außer Rand und Band geriet. Schlafen war nur noch zwei bis drei Stunden pro Nacht drin. Ich stand kurz vor einer Einweisung in die Klinik.«

Der Mann schilderte mir seine große Angst vor einer erneuten totalen Überforderung. Ich erfuhr außerdem noch, dass er damals in der frühen Entwicklungsphase des zweiten Sohnes zusätzlich noch in eine berufliche Krise geraten war und sich ernsthaft Sorgen um die materielle Existenz gemacht hatte.

Er habe mit seiner Frau in einer großen Stadt seines Herkunftslandes herrliche, verliebte und anregende Jahre verbracht. Dann sei der Kinderwunsch bei seiner Frau sehr stark geworden. Lange Zeit fiel es ihm schwer, diesen Wunsch zu akzeptieren, so dass seine ablehnende Haltung sogar zu einer ernsthaften Krise in der Paarbeziehung geführt habe. »Ich aber wollte unbedingt Maria, halt dann auch mit Kindern. Mit dem ersten Bub ging es schon noch, aber es war bereits in der Schwangerschaft nicht mehr so gut. Maria ging mir ein Stück weit als Frau verloren. Der Bauch und die großen Brüste, ich hatte und habe Mühe damit!« Er zeigte in diesem Moment beim Erzählen Ekelgefühle und Hilflosigkeit.

Ich hörte dann, wie es zur aktuellen Schwangerschaft gekommen war: »Vor einem Jahr musste die Spirale bei meiner Frau entfernt werden. Ich wusste von dem Risiko, ungeschützt mit ihr zu schlafen. Ich wusste von ihrem tief verankerten Wunsch nach einer großen Familie. Sie wollte ja ursprünglich mal vier Kinder. Ach, ich hätte mich doch sterilisieren lassen sollen! Nun muss ich wohl die Suppe auslöffeln. Diese Macht meiner Frau hat mich einfach umgehauen. Ich kann sie auch heute noch nicht wieder richtig anschauen, wie sie mich vor vollendete Tatsachen stellt und mich mit meinen Ängsten allein lässt, z. B. mit der Angst um unsere Beziehung und davor, dass für die gar kein Platz mehr bleibt.«

In dem Moment wirkte er wie ein völlig eingefallener, in die Enge getriebener Mann, der sich ausgeliefert fühlte. Neben den real berechtigten Sorgen dachte ich an dahinterliegende unverarbeitete Überwältigungserfahrungen:

Er hatte mir seine Sorgen um den Verlust seiner Frau geschildert und auch von der Angst vor dem Abgleiten in ein spießiges, kleinbürgerliches Leben erzählt, wenn sich die Familie erweitern und von ihm immer mehr Elternsein und die damit verbunden Anpassungsleistungen gefordert würden. Ich hatte von ihm gehört, wie er auf einem Bauernhof in einer sehr provinziellen Gegend groß geworden war und dass ihm das Entwickeln einer anderen Lebensweise als die seiner Herkunftsfamilie sehr wichtig war. Er sei richtig aufgelebt in der Großstadt und habe dort mit Maria sein eigenes zufriedenstellendes Leben gefunden. Der weitere Kinderwunsch seiner Frau bedrohte offenbar seine erreichte Identität und seine Vorstellungen von Autonomie.

Ich wollte diese aktuelle, tiefgehende Verzweiflung, die über den Ärger auf seine reale Frau hinausging, noch besser verstehen. Er hatte mir erzählt, wie er nach dem entscheidenden Gespräch bei unserer Sozialarbeiterin wie betäubt durch die Straßen gelaufen sei. Da er sich offenbar total überwältigt fühlte, versuchte ich, einen erweiterten Wahrnehmungs- und Phantasieraum zu entwickeln. Ich kam nochmals auf die geschilderte Panikstimmung zu sprechen, atmete selber bewusst tiefer und ruhiger und versuchte einen Perspektivenwechsel in unserer gemeinsamen Wahrnehmung zu erreichen.

Ich fragte nach, ob er diese starke Verzweiflung, diese heftigen Affekte schon von einer anderen Begebenheit kenne. Ich fragte wörtlich: »Da mutet Ihnen eine Frau etwas zu. Kennen Sie das?«

Paul konnte meinen Versuch, für ruhigeres Atmen zu sorgen, annehmen. Er ging in sich, und ihm fiel eine wichtige Situation aus seinem Leben ein. Er war sichtlich gerührt, seine Augen wurden feucht und auch in mir tauchte Traurigkeit auf. Da er verlegen wirkte, sprach ich kurz mit ihm über seine Schamtoleranz und erfuhr, dass er solche Gefühle, geschweige denn Tränen, normalerweise schlecht in Anwesenheit eines anderen zulassen könne, aber hier wäre es schon gut. So konnte er Folgendes sagen:

»Da haben Sie etwas getroffen. Es sind wohl die gleichen verzweifelten Gefühle wie damals, als ich von meinen Eltern zu Hause wieder in die große Stadt zurückfuhr und mir bewusst wurde, dass ich eine sterbende Mutter zurücklasse und sie mir verlorengeht. Meine Mutter hatte Krebs und musste 60-jährig schon sterben, als meine Frau mit unserem ersten Bub schwanger war.« Wir schwiegen, beide ergriffen, eine Zeitlang, während er die Tränen zulassen konnte. Er war, wahrnehmbar, körperlich ruhiger geworden.

Ich machte ihm klar, dass er beide Male überwältigt wurde. »Ihre Mutter hat Ihnen ihr Sterben ›zugemutet‹ und nun ›mutet‹ Ihnen Ihre Frau die Annahme eines weiteren Kindes zu.« Die Entscheidung seiner Frau fürs Kind wurde von ihm offenbar wie eine Verlusterfahrung erlebt.

Er ging gelöst aus diesem ersten Gespräch und konnte sich wieder etwas Nähe zu seiner Familie vorstellen. Es standen Weihnachtsfeiertage bevor, und er hatte zum Schluss darüber nachgedacht, wie er sich Zeit und Raum verschaffen wollte, um seiner Frau davon zu erzählen, was ihm in dieser ersten Stunde passiert war.

Mich faszinierte diese affektive »Überlappung« von wichtigen Erfahrungen, die er als Mann mit den beiden Frauen, seiner Mutter und seier Frau, gemacht hatte: zum einen das Sterben, der Tod seiner Mutter, den er nicht aufhalten konnte, und zum anderen dieses Überwältigtwerden durch den starken Kinderwunsch seiner Frau, die selbst darüber entschieden hatte, dass er ein weiteres mal Vater würde.

Seine von ihm stark begehrte Frau Maria mit ihrem Kinderwunsch war für seine Autonomie »gefährlich« geworden, indem sie ihm die Übernahme von Vaterschaft und Generativität zumutete. Denn die generative Rolle als Vater zu übernehmen, heißt für den Mann – neben möglichem narzisstischem Gewinn – auch, die Begrenztheit der Existenz und das Teilen der libidinösen Aufmerksamkeit im triadischen Feld zu akzeptieren.

Beim nächsten Termin, zwei Wochen später, berichtete er von seiner Unzufriedenheit mit dem Rückgang des Sexuallebens in ihrer Beziehung. Wir besprachen seine Irritationen, merkten aber auch, dass er mit seiner Ablehnung des erneuten Kinderwunsches eine Entfremdung zwischen ihm und seiner Frau eingeleitet hatte. Wir besprachen, wie er seine Wünsche nach Nähe wieder in die Beziehung einbringen könnte, und dank seines Humors ließ sich feststellen, dass ein Gejammer über »sexuellen Notstand« seinerseits die Frau nicht unbedingt animiere. Nach zwei weiteren Stunden berichtete er von einer Wiederaufnahme der sexuellen Beziehung.

Er erzählte mir in diesen Stunden beeindruckt und gerührt ein Erlebnis mit seinem ältesten, 5-jährigen Sohn, der wohl etwas vom Konflikt der Eltern ahnte und seinen Papa gefragt hatte: »Gibst du der Mama wieder mal einen Samen? Wir wollen noch gern ein Geschwisterchen!«

Es kam schließlich auch noch zur Erweiterung unseres Settings, als die Frau an unserem Auseinandersetzungsprozess teilnehmen wollte und Paul damit einverstanden war. Offenbar fühlte er sich durch unsere Arbeit zu zweit genügend verstanden und war für die reale triadische Begegnung bereit.

Nun konnten sich beide mit ihren Wünschen und Sorgen mitteilen, wie sie es zu Hause nicht mehr zustande gebracht hätten. Maria wurde sich bewusst, dass sie wegen seiner starken Ablehnung ihres weiteren Kinderwunsches fast aufgehört hatte, ihrem Mann von ihrem ganz persönlichen Erleben und ihren Wünschen zu erzählen. Auch sie war dabei, in ihrer Beziehung einsam zu werden, und hatte es gar nicht mehr gewagt, ihre Anlehnungsbedürfnisse ihrem Mann deutlich zu zeigen. Daneben, und das war ein ganz wichtiger Gedanke, gefiel ihr aber auch sein adoleszent wirkender Teil, der rebellische, rhetorisch gekonnt ironisierende Mann.

Wir entdeckten, wie sie sich in manchen Phasen zu sehr an die von ihm in die Beziehung hineingebrachte Ironie anpasste und auf diese Weise wohl einige ihrer wichtigen Bedürfnisse auf der Strecke geblieben waren. So nahm sie sich nun vor, ihre Wünsche nach Beachtung und Fürsorglichkeit ihm gegenüber deutlicher zu formulieren. Denn ansonsten wäre sie gefährdet gewesen, den Dialog mit dem Kind im Bauch nicht genussvoll führen zu können.

Als psychoanalytischer Psychotherapeut wollte ich einer Familie mit einem dekompensierenden Vater ein Holding (Winnicott 1976) bieten und damit die zu erwartende Gewalt oder Entfremdung in der Familie verhindern. Zum einen hätte der Vater sich selbst gefährden und seiner Familie als Vater verloren gehen können. Zum anderen bestand das Risiko, dass das noch ungeborene Kind unter enormen Stressbedingungen heranwachsen müsste. Dank der rechtzeitig einsetzenden fokussierten psychotherapeutischen Arbeit gelang es, die libidinöse Besetzung des heranwachsenden Kindes zu stärken und die Wünsche sowie das Begehren in den verschiedenen Beziehungen wiederaufleben zu lassen.

Den Eltern wurde also ein Raum geboten, in dem sie ihre verschiedenen, auch ambivalenten Gefühle ausbreiten konnten. Sie wurden vor Kurzschlusshandlungen bewahrt und erlebten eine therapeutische Atmosphäre, die ihnen bei möglichen zukünftigen Problemen den Einstieg in eine therapeutische Bearbeitung erleichtern würde.

Psychoanalytisch orientierte »Entwicklungshilfe« im Aufbau von Elternschaft

Solche präventiven Maßnahmen sind in einem interdisziplinären System wie dem der Stiftung Mütterhilfe besser und rascher möglich. Deshalb ist es mir wichtig, meine *psychoanalytisch orientierte Entwicklungshilfe im Elternschaftsaufbau* in dieser Institution anzubieten. Zur Illustration ein weiteres Fallbeispiel, das Beispiel der Familie Z.:

Die Kindsmutter Franca war 33 Jahre alt und stammte aus Serbien. Der italienische Vater Marco war selbständiger Autolackierer, auch 33 Jahre alt. Initiiert hatte die Anmeldung die Chefin der Kindertagesstätte, in der die Mutter putzte.

Franca meldete sich im letzten Drittel ihrer zweiten Schwangerschaft, nachdem sie eine Woche zuvor einen nervlichen Zusammenbruch erlebt hatte. Am Telefon klagte sie, dass sie sich von ihrem Mann in Bezug auf den mittlerweile recht anstrengenden dreieinhalbjährigen Sohn Manuel allein gelassen fühle.

Ich dachte während des Telefonats, dass wohl eine Begrüßung der ganzen Familie nötig sei, doch die Mutter beharrte in einer beeindruckenden Art und Weise darauf, zuerst einmal allein kommen zu dürfen. Was sollte jetzt der für Elternschaftstherapie mit besonderer Berücksichtigung der Väterarbeit angestellte Therapeut machen? Offensichtlich mussten eine schwangere Frau und das ungeborene Kind erst einmal beruhigt und stabilisiert werden, bevor eine Arbeit mit der ganzen Familie beginnen konnte.

Ich erfuhr, dass das Paar fünf Jahre zusammen war, bevor das erste Kind geboren wurde, das Franca bis zu seinem dritten Geburtstag stillen konnte. Aber schon bald nach der Geburt des Sohnes hatte sie ihren Mann so verändert erlebt.

Er wäre in den letzten Jahren sehr hektisch und gleichzeitig enorm passiv geworden. Zum einen engagierte er sich sehr für sein kleines Geschäft, zum anderen wäre er in der rar gewordenen Freizeit sehr träge und schaue fast nur noch fern. Vor allen Dingen beteilige sich der Vater gar nicht an der Erziehung und Betreuung des kleinen Manuel. Nun mache sie sich große Sorgen, weil der Junge doch seinen Vater sicher ganz besonders brauche, wenn in vier Monaten das neue Baby auf die Welt käme. Manchmal verhielte sich der Vater plötzlich unbeherrscht und ärgerlich gegenüber Manuel, so dass sie sich dazwischenstellen müsse. Glücklicherweise hätte sie noch ihre unterstützende eigene Familie, die ca. zwei Autostunden entfernt im Kanton Appenzell wohne, wohin sie oft führe, um aufzutanken.

Nach zwei Gesprächen mit mir allein willigte die Mutter ein, mir den dreieinhalbjährigen Manuel vorzustellen. Die Mutter staunte darüber, dass sowohl der Bub als auch weiterhin sie selbst mit ihren Themen bei mir ihren Platz hatten.

Der Bauch der Mama und was »da drin« wäre, wurden thematisiert. Ich erklärte dem kleinen Jungen, er sei auch mal darin gewesen, und Manuel lehnte sich zärtlich liebevoll an seine Mutter. Die Mutter passte genau auf, ob dem Jungen von mir im Therapieraum auch Grenzen gesetzt würden. Zum Schluss der Sitzung »durfte« ich den laut Auskunft der Mutter nur schwer motivierbaren Vater anrufen, um mit ihm einen Termin abzumachen.

Offensichtlich wollte die Mutter ganz sicher sein, ob sie allein und zusammen mit ihrem Sohn bei mir Platz hatten. Außerdem wollte sie sehen, ob ich als Therapeut ihren hart arbeitenden Mann überhaupt erreichen könnte, da er nicht viel von Psychologie hielte und schon in seiner Herkunftsfamilie Enttäuschungen mit der Psychiatrie erlebt hätte.

Zum vierten Termin erschien dann die ganze Familie, wobei ich zu Beginn für den Vater die wichtigsten Themen unserer bisherigen Gespräche zusammenfasste. Als nun anstehende wichtigste Aufgaben benannte ich das Sich-Finden als eigene, erweiterte Familie und die Beruhigung der Mutter, die ja befürchten würde, mit der Aufgabe, beiden Kindern gerecht zu werden, allein gelassen zu werden.

Nach diesem nachvollziehbaren Rapport fühlte sich der Vater ernst genommen und nutzte den Raum seinerseits, um sich bei seiner Frau zu beklagen:

»Du haust immer ab ins Appenzell, wenn was ist. Mit wem bist du eigentlich verheiratet? Du machst so viel für deine Leute!«

Die Mutter wehrte sich: »Du bist immer so lang im Geschäft, und an Wochenenden hängst du nur auf dem Sofa herum. Dann gehe ich lieber zu meinen Leuten.«

Es stellt sich heraus, dass der Vater deshalb so hart arbeitete, weil er für ihre gemeinsame Zukunft Geld auf die Seite legen wollte: Sie hätte doch auch davon geträumt, einmal nach Österreich auszuwandern, antwortete er ihr, wo sie mit ihrer Familie ja Freunde hätten und wo es noch möglich wäre, sich ein eigenes Haus und mehr Wohlstand zu gönnen. Dafür müsste er aber hier in Zürich noch weiterhin hart erarbeiten, damit eine solche Auswanderung einmal möglich würde. Offenbar hatte er ihr aber bisher keinen Einblick in die Finanzen gegeben, so dass es bisher keinen gemeinsam durchdachten Plan fürs Sparen gab.

Zwischendurch zeigte der kleine Manuel mir ein paar Autos aus der Spielzeugkiste und brachte sie zur Begutachtung auch seinem Vater. Ich kommentiere seine Aktion und brachte sie mit dem, was ich von den Erwachsenen gehört hatte, in einen Zusammenhang: Der Papa würde ganz viel arbeiten und sei deswegen oft zu müde, um mit Manuel zu spielen. Beides sei dabei doch wichtig.

Manuel hörte sehr aufmerksam zu und wandte sich dem schwangeren Bauch der Mama zu. Auch in diesem Moment ging ich sofort auf sein Verhalten ein und sagte, dass wir schon das letzte Mal über das Baby gesprochen hätten, das da im Bauch der Mutter wachse. Manuel erzählte uns, dass er da auch mal drin gewesen wäre und dass das Baby, wenn es dann da wäre, noch nicht mit ihm und den Autos werde spielen können. Auch dies hatte er sich aus unserer letzten Begegnung gemerkt.

Nun war der Vater ganz gerührt und stolz darüber, wie Manuel souverän mit mir sprechen konnte. Hier nutzte ich die positiven Gefühle des Vaters und ermutigte ihn, sich mehr Zeit für den Jungen zu nehmen: »Sie als Vater werden in nächster Zeit noch viel wichtiger für Manuel werden als bisher, und er wird Sie brauchen, um die Erweiterung der Familie zu verarbeiten.«

Jetzt wollte der Vater noch von einem Frustrationserlebnis beim Betriebsjubiläum seines Geschäfts berichten: Er war zutiefst enttäuscht, weil sein Sohn an diesem für die *Bude* (mundartlicher Ausdruck fürs Geschäft) wichtigen Tag nicht da gesesen war und er den alten Kunden, die schon zum Vater gekommen waren, seinen Sohn nicht hatte zeigen können. Von diesem Wunsch hatte aber die Frau nichts gewusst und hatte den Sohn aus Entlastungsgründen bei einer Freundin untergebracht. Sie sei damals sehr gekränkt gewesen, weil sie es gut gemeint und sich so eingesetzt habe und der Mann am Ende nicht zufrieden gewesen wäre. So entdeckten sie, dass sie sich gegenseitig mehr mitteilen mussten, um ihre Beziehung nicht zu vergiften oder in einer »inneren Emigration« zu enden. Beide brauchten die Unterstützung des anderen und verstanden, dass sie diese Unterstützung bekämen, wenn sie wieder anfingen, einander ihre Wünsche und Sorgen konstruktiv mitzuteilen.

Die Familie kam nach der Geburt der Tochter Julia ein Jahr lang ca. einmal im Monat zu mir in die Beratung. Dabei standen meist Erziehungsthemen an, aber auch eine »Entwicklungshilfe« bezüglich der Kommunikation zwischen Mann und Frau. Der Vater erinnerte sich an seine Ohnmacht als Junge gegenüber den massiven Streitereien zwischen seinen Eltern und konnte im Laufe unserer Zusammenarbeit eine beeindruckende Motivation für das Ziel aufbauen, es besser als seine Eltern zu machen.

Elternschaftstherapie im Rahmen der Mütterhilfe Zürich

Für mich ist die Elternschaftstherapie ein wichtiger Baustein im Angebot der Stiftung Mütterhilfe Zürich, auch wenn der Name »Mütterhilfe« beibehalten wird, da die Institution sich in der schweizerischen Spenderlandschaft mit diesem Namen in den letzten 60 Jahren einen Namen gemacht hat. Der Stiftungsrat und die Geschäftsleitung schrecken – meiner Meinung nach zu Recht – vor einer Namensänderung, beispielsweise in *Elternhilfe*, zurück, weil die Finanzierung hauptsächlich durch Legate und Spenden ermöglicht wird.

Meine Elternschaftstherapie und besonders die darin enthaltene »Entwicklungshilfe« für Vaterschaft sind klar in das Gesamtkonzept eingebunden, zu dem die sozialarbeiterische Beratung und auch die soziatherapeutische Familienbegleitung gehören. Uns geht es um eine komplexe Hilfestellung in der Entwicklung von sicheren Bindungen zwischen Eltern und ihren Babys oder Kleinkindern. Wir versuchen, so Entwicklungsräume, d.h. eine triadische Entwicklung, zu ermöglichen, damit sich beim Kind auf der Basis einer sicheren Bindung eine gesunde Explorationsfähigkeit entfalten kann. Offene, manifeste Gewalt, aber auch eine sogenannte stille Gewalt in Form von lang andauernden depressiven Verhaltensweisen gegenüber den Babys sollen verhindert werden. Damit in der Familie ein tragfähiger triadischer Entwicklungsraum für die Kinder, aber eben auch für die Erwachsenen entstehen kann, ist viel kreative Arbeit an der Beziehung zwischen Mann und Frau nötig.

Außerdem ist eine Auseinandersetzung mit störenden Verbindungen zu den Herkunftsfamilien überaus wichtig, wie in den Fallbeispielen deutlich zu sehen ist. Denn unaufgearbeitete, unbefriedigte Wünsche an die eigene Herkunftsfamilie können genauso wie unflexible, hohe adoleszente Ich-Ideale dem Aufbau einer reifen Elternschaft im Wege stehen.

Unser in puncto Settingsgestaltung flexibles Angebot mit seiner fokussierten, psychoanalytisch orientierten Arbeit verstehen wir – neben seiner gesundheitlichen Ausrichtung – auch als die Umsetzung eines gesellschafts- und kulturpolitischen Anspruchs.

Reife Elternschaft in der heutigen Zeit

Von daher war es mir eine besondere Ehre, diese Ausführungen an dem historisch wichtigen Ort der Münchener Universität machen zu können. Hier zeigten junge Menschen, wie die Geschwister Sophie und Hans Scholl, enormen Mut. Sie benannten Unrecht und Unmenschlichkeit, wagten Werte auszusprechen, die in der faschistischen Diktatur nicht mehr von den Machthabern anerkannt wurden, und sie übernahmen die Aufgabe, diese Werte zu verteidigen. Ich selber habe als Jugendlicher diesen Mut der Geschwister Scholl benötigt, um meine Schamgefühle als Deutscher angesichts unserer Geschichte etwas besser ertragen zu können.

Die beiden und andere Mutige haben ein Stück Elternschaft für die nachfolgenden Generationen eingenommen. Seien sie uns ein Vorbild! Denn auch heute gilt es, auf allen Ebenen im gesellschaftlichen und kulturellen Leben Widerstand zu leisten gegen unmenschliche und krankmachende Sozialisationsbedingungen. Die Ursachen für die Gefährdung einer entwicklungsförderlichen Eltern-Kind-Beziehung müssen frühzeitig aufgedeckt werden, um die gesunde Entwicklung der Kinder sicherzustellen.

Der Stress für viele Eltern-Kind-Beziehungen, auf die verschiedensten Ursachen zurückzuführen, muss deutlich gemacht werden. Väter und Mütter stehen unter ständigem realem und unter verinnerlichtem Druck!

Zu einer zukünftigen weiteren Auseinandersetzung mit diesen angedeuteten Themen wurde ich durch die Bücher *Zeitgewinn und Selbstverlust* von V. King und B. Gerisch sowie *Der flexible Mensch. Die neue Kultur des Kapitalismus* von R. Sennett angeregt.

Reale materielle Bedrohungen des familiären Zusammenlebens, aber auch die Identifikation mit dem Zeitgeist, sind eine Gefahr für die gesunde Entwicklung von Kindern in heutigen Familien. Reife Elternschaft bedeutet, den Kindern Zeit geben und sich ohne Angst vor dem Verlust der Arbeitsstelle und dem Verlust von Identität Zeit für die nächste Generation zu nehmen!

Heutzutage haben aber die Mütter und ihre Babys nicht mehr *ihre* Zeit, und auch den Vätern wird in unserer Gesellschaft nicht selbstverständlich *ihre* Zeit für ihre Kinder gewährt. Unsere Gesellschaft und die Entwicklung unserer Kultur brauchen gute flexible therapeutische Angebote im Frühbereich – von denen eines hier nun vorgestellt wurde –, aber auch das Engagement für Entschleunigung und Widerstand gegen den Terror des ständigen Zeitmanagements in vielen Bereichen des Zusammenlebens. Die heutigen »grauen Männer« aus Michael Endes Roman *Momo* (2010) müssen als Bedroher einer humanen Gesellschaft enttarnt und verjagt werden.

Literatur

Bauriedl, T. (1994): *Auch ohne Couch. Psychoanalyse als Beziehungstheorie und ihre Anwendungen.* Stuttgart (Verlag Internationale Psychoanalyse).
Brisch, K. H. (2011): *Bindungsstörungen.* 11, vollst. überarb. u. erw. Aufl. Stuttgart (Klett-Cotta).
Bürgin, D. (1998) : *Triangulierung – der Übergang zur Elternschaft.* Stuttgart (Schattauer).
Bürgin, D. & Klitzing, K. von (2001): Triadische Kompetenz: Ressource für die psychische Entwicklung. Aus der Forschung über die Entwicklung der Eltern-Kind-Triade. In: Bohleber, W. & Drews, S. (Hrsg.), *Die Gegenwart der Psychoanalyse – die Psychoanalyse der Gegenwart.* Stuttgart (Klett-Cotta), S. 519–533.
Cramer, D. & Brazelton, T. B. (1991): *Frühe Bindung.* Stuttgart (Klett-Cotta).
Dammasch, F., Katzenbach, D. & Jessica, R. (Hrsg.) (2008): *Triangulierung.* Frankfurt a. M. (Brandes & Apsel).
Diamond, M. D. (1991): Der werdende Vater: Psychoanalytische Ansichten über den vergessenen Elternteil. In: R. M. Friedman & L. Lerner (Hrsg.), *Zur Psychoanalyse des Mannes.* Berlin (Springer), S. 39–65.
Downing, G. (1996): *Körper und Wort in der Psychotherapie.* München (Kösel).
Downing, G. (2010): Videointervention bei gestörten Eltern-Kind-Beziehungen. In: K. H. Brisch & T. Hellbrügge (Hrsg.), *Bindung, Angst und Aggression.* Stuttgart (Klett-Cotta), S. 188–231.
Ende, M. (2010): *Momo oder Die seltsame Geschichte von den Zeit-Dieben und von dem Kind, das den Menschen die gestohlene Zeit zurückbrachte. Ein Märchen-Roman.* Stuttgart (Thienemann).
Fonagy, P., Gergely, G., Jurist, E. L. & Target, M. (2004): *Affektregulierung, Mentalisierung und die Entwicklung des Selbst.* Stuttgart (Klett-Cotta).
Garstick, E. (2001): Vom Elternwerden zur Elternschaft. Erster Erfahrungsbericht aus dem Projekt »Elternschaftstherapie«. In: F. Pedrina (Hrsg.), *Beziehung und Entwicklung in der frühen Kindheit. Psychoanalytische Interventionen in interdisziplinären Kontexten.* Tübingen (edition diskord), S. 31–51.
King, V. (2004): *Die Entstehung des Neuen in der Adoleszenz.* Wiesbaden (VS Verlag für Sozialwissenschaften).
King, V. (2010): Bedingungen der Elternschaftskonstellation. Umgestaltungen der Identität von der Adoleszenz zu väterlichen und mütterlichen Kompetenzen. *Kinderanalyse*, 18, S. 1–27.
King, V. & Gerisch, B. (Hrsg.) (2009): *Zeitgewinn und Selbstverlust.* Frankfurt a. M. (Campus).

Knott, M. (2003): Psychoanalytische Arbeit mit Säuglingen, Kleinkindern und deren Eltern, dargestellt an statistischem Material aus der Psychotherapeutischen Babyambulanz Stuttgart. *Analytische Kinder- und Jugendlichenpsychotherapie*, 34 (120), S. 527–544.

Olivier, C. (1988): *Jokastes Kinder. Die Psyche der Frau im Schatten der Mutter.* Düsseldorf (Claassen).

Pedrina, F. (Hrsg.), *Beziehung und Entwicklung in der frühen Kindheit. Psychoanalytische Interventionen in interdisziplinären Kontexten.* Tübingen (edition diskord).

Schon, L. (1995): *Entwicklung des Beziehungsdreiecks Vater-Mutter-Kind.* Stuttgart (Kohlhammer).

Sennett, R. (2010): *Der flexible Mensch. Die neue Kultur des Kapitalismus.* Berlin (Berliner Taschenbuch Verlag).

Soulé, M. (1990): Das Kind im Kopf – Das imaginäre Kind. Sein strukturierender Wert im Austausch zwischen Mutter und Kind. In: J. Stork (Hrsg.), *Neue Wege im Verständnis der allerfrühesten Entwicklung des Kindes.* Stuttgart-Bad Cannstatt (Frommann-Holzboog), S. 20–80.

Spitz, R. A. (1976): *Vom Dialog.* Stuttgart (Klett).

Stern, D. (1992): *Die Lebenserfahrung des Säuglings.* Stuttgart (Klett-Cotta).

Stork, J. (1986): Der Vater – Störenfried oder Befreier? In: Stork, J. (Hrsg.), *Das Vaterbild in Kontinuität und Wandlung.* Stuttgart-Bad Cannstatt (Frommann-Holzboog), S. 9–30.

Winnicott, D. W. (1976): *Von der Kinderheilkunde zur Psychoanalyse.* München (Kindler).

ROLAND KACHLER

Paare nach dem Verlust eines Kindes

Der Verlust eines Kindes – eine existentielle Katastrophe für die betroffenen Eltern und für deren Eltern- und Paarsystem

Wohl keine Beziehung ist emotional so tief im Bindungssystem verankert wie die Beziehung zu einem eigenen Kind. Der Verlust eines Kindes fordert deshalb das Bindungssystem (Brisch 2009) zu einer intensiven und lange andauernden Reaktion, eben der Trauerreaktion, auf. Mit einem Kind verlieren die Eltern nicht nur ein nahes und geliebtes Bindungsobjekt, sondern auch ein zentrales Kernstück ihrer Zukunft und ihres Lebenssinns. Insofern ist der Verlust eines Kindes eine existentielle Katastrophe für die Eltern und das Eltern- und Paarsystem. In diesem Beitrag werden die typischen Trauerprozesse im Eltern- und Paarsystem sogenannter verwaister Eltern, die Risiken dieser Prozesse und schließlich mögliche Lösungsschritte und -richtungen beschrieben.

Fallvignette 1: In unserer Trauer geht es um dich
Das vor mir sitzende Elternpaar hat die 19-jährige Jenny bei einem Autounfall verloren. Vater und Mutter trauern sehr unterschiedlich. Unterschwellig wirft er ihr vor, dass sie zu sehr trauert und sich zu wenig um die Partnerschaft und Familie kümmert; sie kann nicht verstehen, dass er seine Trauer so wenig zeigt und nicht darüber spricht.

Das Gespräch ist schwierig, mir gelingt es nicht, das Paar in ein konstruktives Gespräch miteinander zu bringen. Ich bitte deshalb das Paar, zum nächsten Termin eine Fotografie von Jenny mitzubringen. In den folgenden Gesprächen steht das Foto auf meinem kleinen Tisch. Immer wieder beziehe ich dieses Bild bzw. Jenny mit ins Gespräch ein. So steht nun nicht mehr die unterschiedliche Trauer der beiden Elternteile im Zentrum, sondern Jenny ist das verbindende Thema zwischen den Eltern. Jetzt kann der Dialog zwischen den Partnern des Paars beginnen, weil ein »Trialog« mit Jenny entstanden ist.

Dieses Fallbeispiel zeigt zwei wesentliche Aspekte des Trauerprozesses von verwaisten Eltern und in Bezug auf deren Eltern- und Paarsystem:

- Der Verlust eines Kindes ist für eine Mutter, für einen Vater und das Paar der tiefste, wohl am schwersten belastende Einschnitt, der die Partnerschaft fast immer – früher oder später – an die äußersten Grenzen der Belastungsfähigkeit bringt (Klass 2010; Fleck-Bohaumilitzky 2000; Wiese 2001) und regelmäßig zu einer Partnerschaftskrise führt. Entgegen der landläufigen Meinung führt dies jedoch nicht zu einer erhöhten Trennungsrate von verwaisten Eltern.
- Das klassische Trauerverständnis, wonach die Trauer eine Abschiedsemotion darstellt, die das sogenannte Loslassen zum Ziel hat, ist bei schweren und schwersten Verlusten nicht hilfreich. Dies gilt insbesondere für verwaiste Eltern, die ihr Kind als Teil ihrer Familie und ihres Lebens bewahren wollen.

Sigmund Freud hat wie kein anderer das vorherrschende wissenschaftliche Verständnis der Trauer geprägt. Von seiner Trieb- und Libidotheorie her begründet, sollen in der Trauer die libidinösen Bindungen an das Beziehungsobjekt gelöst werden. In dem berühmten Aufsatz »Trauer und Melancholie« schreibt Freud 1917 (S. 439): »Worin besteht nun die Arbeit, welche die Trauer leistet? [...] Die Realitätsprüfung hat gezeigt, daß das geliebte Objekt nicht mehr besteht, und erläßt nun die Aufforderung, alle Libido aus ihren Verknüpfungen mit diesem Objekt abzuziehen. [...] Tatsächlich wird aber das Ich nach Vollendung der Trauerarbeit wieder frei und ungehemmt.«

Hier wird zum ersten Mal die Trauer als psychische Arbeit verstanden, was später dann in den bekannten Begriff »Trauerarbeit« gefasst wird. Das Ablösen der Libido bedarf einer psychischen Anstrengung und Arbeit, die vom Trauernden – mit dem Ziel einer emotionalen Freiheit gegenüber dem Verstorbenen – zu leisten ist.

Bowlby (1983) und Parkes (1974) haben die Bindungstheorie zum Verständnis der Trauerprozesse herangezogen und ein erstes Phasenmodell entwickelt. Dieses wurde dann von Kast (1977) weiter ausformuliert, mit den bekannten Phasen des Nicht-wahrhaben-Wollens, der aufbrechenden Emotionen, des Suchens und Sich-Trennens und des neuen Selbst- und Weltbezugs.

In diesen Phasenmodellen wird trauernden Eltern teils explizit, teils implizit zu einem »Loslassen« und zu einem Abschließen des Trauerprozesses geraten. Dies widerspricht dem tiefen Wunsch von verwaisten Eltern, ihr Kind zu bewahren und eine innere Beziehung weiterzuleben. Von daher ist bei schweren Verlusten wie beim Tod eines eigenen Kindes ein neues Trauerverständnis zu entwickeln, wie ich es in verschiedenen Veröffentlichungen (Kachler 2009b, 2010) vorgeschlagen habe. Es bezieht seinen theoretischen Hintergrund aus systemischen und hypnotherapeutischen Ansätzen. Gunther Schmidt hat diese beiden Denkrichtungen schon ab 1980 zu einem hypnosystemischen Ansatz weiterentwickelt (Schmidt 2010b).

Ein neues hypnosystemisches Verständnis von schweren Verlusten

An verschiedenen Stellen wurden erste Schritte zu einem neuen Trauerverständnis beschrieben, die allerdings noch keine ausformulierte Trauertheorie darstellen:

- Schon John Bowlby wies ausdrücklich darauf hin, dass die Verbindung zum Verstorbenen weiterbestehen könne und dass dies ein integraler Bestandteil gesunder Trauer sei (Bowlby 1983, S. 183). Dies wurde in der Trauerforschung und insbesondere in der deutschen Trauerliteratur nicht rezipiert und weiterverfolgt.
- Die bahnbrechende Arbeit mit dem programmatischen Titel *Continuing Bonds* von der Arbeitsgruppe um Dennis Klass (Klass et al. 1996) hat empirisch gezeigt, dass viele Hinterbliebene in einer inneren, weitergehenden Beziehung zum Verstorbenen bleiben.
Leider wurde die Arbeit hier in Deutschland bisher kaum rezipiert. Klass beschreibt die wesentlichen Ergebnisse dieser neuen Sicht der Trauer folgendermaßen: »Das zentrale Thema dieses Buches ist es, dass die Hinterbliebenen den Verstorbenen für lange Zeit, oft für immer, in liebendem Gedächtnis bewahren. Das Aufrechterhalten der inneren Repräsentationen des Verstorbenen ist ganz normal. […] Die Beziehungen zwischen Hinterbliebenen und Verstorbenen können als interaktiv beschrieben werden, obwohl die andere Person physisch abwesend ist.« (Klass et al. 1996, S. 349, Übersetzung: R. K.)
- Für ihre sozialwissenschaftlichen Studie *Den Tod überleben. Deuten und Handeln im Hinblick auf das Sterben eines anderen* (Bednarz 2003; vgl. auch Bednarz 2005) hat Anja Bednarz Trauernde danach befragt, wie sie einen Verlust verarbeiten. Dabei zeigte sich – unabhängig von den Forschungen von Klass –, dass die Verstorbenen ein internaler und weiterhin bedeutsamer Teil in der Person der Hinterbliebenen bleiben.

In verschiedenen Veröffentlichungen habe ich einen neuen beziehungsorientierten Traueransatz vorgestellt, der sich aus systemischen und hypnotherapeutischen Ansätzen speist und der auch Ideen aus der Traumatherapie übernimmt (vgl. bes. Kachler 2009b, 2010). Er kann als hypnosystemischer Ansatz (Schmidt 2004, 2005) der Trauerpsychologie bezeichnet werden. Schmidt, auf den ich mich im Wesentlichen beziehe, hat schon ab 1980 systemische und hypnotherapeutische Ansätze zu einem hypnosystemischen Ansatz zusammengeführt und weiterentwickelt (Schmidt 2010a, b).

Die wesentlichen Grundzüge des hier vorgestellten hypnosystemischen Traueransatzes lassen sich wie folgt benennen:

- *Trauerprozess als systemischer Prozess:* Man kann sich gegenüber dem Verstorbenen nicht *nicht verhalten*. Der Hinterbliebene muss eine eigene, für ihn stimmige Beziehung zu ihm finden.
- *Trauerprozess als Beziehungsprozess:* Im Trauerprozess haben die bisher übersehenen Beziehungsgefühle eine beziehungsstiftende Kraft. Erfahrungen der Nähe zum Verstorbenen, das Mitgefühl mit ihm, die Sehnsucht nach ihm und die Liebe zu ihm bahnen eine weitergehende innere Beziehung zum Verstorbenen an, die über dessen Tod hinausreicht. – Der Gesichtspunkt des Beziehungsprozesses kommt in der zweiten Fallvignette zum Ausdruck:

Fallvignette 2: Kein zweiter Verlust
Eine Mutter, die ihren Sohn verloren hat, bearbeitete ihre Trauer in einer längeren Psychotherapie, was ihr gut gelang, weil sie zum Zulassen und Durchleben ihrer Trauergefühle ermutigt wurde. Als die Therapeutin zunehmend empfahl, den Sohn »loszulassen«, brach die Klientin die Therapie mit den Worten ab: »Ich will doch meinen Sohn nicht ein zweites Mal verlieren«.

- *Trauerarbeit als erzwungene und schmerzliche Realisierungsarbeit:* Der Tod, der Verlust und die bleibende Abwesenheit des nahen Menschen müssen vom Trauernden in einem schmerzlichen Prozess realisiert und als nun gültige äußere Realität anerkannt werden. Der »Widerstand« gegen diese Realisierung ist ganz normal, wünschen Trauernde sich doch als ersehnte beste Lösung, dass der Verstorbene wiederkommen möge. – Ein Beispiel für die »Realisierungsarbeit« ist Fallvignette 3:

Fallvignette 3: Dein Körper konnte nicht mehr leben
Eine 21-Jährige wird von einem schweren LKW überfahren. Das Gesicht bleibt unversehrt, nur am Hinterkopf sind einige Schürfwunden zu sehen. Der Brustkorb und der Bauchbereich dagegen wurden massiv verletzt.

Die Mutter der 21-Jährigen ist Krankenschwester. Sie besteht gegen den gutgemeinten Rat von fast allen Außenstehenden darauf, den Leichnam ihrer Tochter zu waschen und für die Bestattung anzuziehen. Ihr Mann ist nach einem ersten Zögern bereit, sie dabei zu unterstützen. Beide fühlen sich dabei ihrer Tochter sehr nahe, zugleich realisieren sie, dass ihre Tochter tatsächlich verstorben ist. Die Mutter sagt: »Ich musste mit eigenen Augen sehen, dass dieser Körper nicht mehr leben konnte.«

- *Trauerarbeit als Beziehungsarbeit:* Die Trauernden »re-internalisieren« die Repräsentanzen des Verstorbenen angesichts seiner Abwesenheit, etablieren gewissermaßen eine zweite Objektkonstanz und damit eine zweite Bindungssicherheit. Dabei ist die Konstruktion eines sicheren Ortes für den Verstorbenen von zentraler Bedeutung für ein hypnosystemisches Konzept der Trauerarbeit.
- *Trauerarbeit als Suche nach dem sicheren Ort für den Verstorbenen:* Trauernde stellen sich regelmäßig die Frage, wo sich der Verstorbene befindet und wo sein Aufenthaltsort ist. Diese Frage wird ebenso in vielen Weltreligionen und Kulturen gestellt und mit archetypischen Bildern beantwortet (von Barlowen 2000). Die Frage nach dem Aufenthaltsort, den ich in Anknüpfung an den »sicheren Ort« in der Traumatherapie als den »sicheren Ort für den Verstorbenen« bezeichne, ist für Trauernde bei schweren Verlusten existentiell. Hier entscheidet sich auch, ob und wie eine innere Beziehung zum Verstorbenen weitergelebt werden kann. Ist der Verstorbene durch den Tod gänzlich vernichtet oder in einem Nichts verloren, gibt es weder einen Zugang noch eine weitergehende innere Beziehung zu ihm. Deshalb ist das Konzept des sicheren Ortes für den Verstorbenen ein wesentlicher Teil eines beziehungsorientierten, systemischen Verständnisses der Trauer: Der »sichere Ort für den Verstorbenen« ermöglicht und sichert nicht nur die – freilich andere – Art der Existenz des Verstorbenen, sondern auch eine auf Dauer angelegte, weitergehende, internale Beziehung zum Verstorbenen.

Trauernde finden für ihren Verstorbenen ganz unterschiedliche sichere Orte, die sich wie folgt kategorisieren lassen (eine nähere Beschreibung findet sich in Kachler 2009 b, 2007 a):

- konkrete Orte wie das Grab des Verstorbenen, die Unfallstelle, wo er verunglückt ist, ein Zimmer o. Ä.;
- Erinnerung als internaler Raum, in dem der Verstorbene immer wieder aufgesucht und gefunden wird;

- Körper und Körpernahraum als psycho-somatisch erlebter Ort;
- die Familie bzw. das Elternpaar als Ort im System der Zurückbleibenden;
- Orte in der Natur wie ein Stern, Regenbogen u. Ä., als externaler, oft auch symbolisch verstandener Ort;
- spirituelle, religiöse Orte, wie das ewige Licht als transzendenter Ort.

Von einem konkreten sicheren Ort und dessen Funktion in dem weiter bestehenden Beziehungssystem handelt das folgende Fallbeispiel:

Fallvignette 4: In deinem Café bin ich dir nahe
Ein Vater, dessen 30-jähriger Sohn an einer Überdosis Drogen starb, geht immer wieder – vier Jahre nach dem Tod seines Sohnes – in ein Café in der Bahnhofsgegend, in dem sein Sohn häufig verkehrte und das auch jetzt noch von Drogenabhängigen besucht wird. Er bleibt dort eine Stunde, spürt die Präsenz seines Sohnes und fühlt sich ihm nahe. Wenn er das Café verlässt, ist er traurig und getröstet zugleich.

Ein Beispiel für einen sicheren Ort in der Natur, der für die Eltern zugleich eine spirituelle Bedeutung hat, gibt die folgende Fallvignette:

Fallvignette 5: Am Meer spüren wir dich in der Unendlichkeit
Eltern, die ihren 25-jährigen Sohn verloren haben, streuen dessen Asche in einer Meeresbucht aus. Ihr Sohn war begeisterter Surfer und hatte sich oft in dieser Bucht aufgehalten. Immer wieder fahren die Eltern an diese Bucht und erleben in der Weite und Unendlichkeit des Meeres zugleich die Nähe ihres Sohnes.

- *Trauerarbeit als Gestaltung der Beziehung zum Verstorbenen:* Nachdem in der ersten Zeit die Repräsentanzen des Verstorbenen re-internalisiert und die Beziehung nach dem Verlust sicher konstituiert wurde, wird nun die Beziehung Teil des Alltags und über innere Dialoge, Rituale und das Gedenken gelebt.
- *Der Trauerprozess als Transformationsprozess der Trauer und als Prozess des Abschieds von der Trauer:* Hat der Trauernde seine Form einer inneren Beziehung zum Verstorbenen sicher gefunden, kann sich die intensive Trauer allmählich verändern. Die Trauer transformiert sich in Gefühle des Vermissens, der Sehnsucht und der Wehmut. Diese bleiben oft bis an das Lebensende erhalten. Die Trauer kann vom Trauernden dann auch als Gefühl, das seine Funktion erfüllt hat, verabschiedet werden. Allerdings werden Trauergefühle noch sehr lange erneut reaktualisiert, z. B. an Gedenktagen wie dem

Todes- oder dem Geburtstag des Verstorbenen. Dies ist bei schweren Verlusten, insbesondere beim Verlust eines Kindes, völlig normal. Es gibt hier also in der Regel kein vollständiges Beenden der Trauergefühle.

- *Der Trauerprozess als Neukonstruktion des Lebens nach dem Verlust:* Für Trauernde ist das Leben nach einem Verlust ein anderes Leben, das noch einmal neu angeeignet und konstruiert werden muss. Dabei wird die bleibende Abwesenheit und die innere Beziehung zu den Repräsentationen des Verstorbenen ein integraler Bestandteil des Lebens nach dem Verlust.

Ein solches hypnosystemisches Verständnis ist nun für die Trauerarbeit von verwaisten Eltern und deren Paarsystem sehr hilfreich. Damit werden nicht nur die Prozesse im verwaisten Elternsystem und im Paarsystem verständlich, sondern auch die internal-imaginativen Prozesse in der Person von Vater und Mutter. Über hypnotherapeutische Methoden und Interventionen wie Imaginationen kann an der internalen Beziehung zum Verstorbenen auf der Ebene von inneren Bildern, Symbolen und Körpergefühlen gearbeitet werden (Kachler, 2010). Nach meiner vielfältigen Erfahrung in der Trauerbegleitung und psychotherapeutischen Arbeit mit verwaisten Elternpaaren können aus diesem Trauerverständnis konkrete und konstruktive Interventionen für die Begleitung trauernder Eltern abgeleitet werden.

Der Trauerprozess verwaister (Eltern-) Paare und seine Risiken

In diesem Abschnitt werden die spezifischen Trauerprozesse, die Eltern durchlaufen, aufgezeigt. Diese Erfahrungen und Prozesse sind zunächst – angesichts eines als unendlich schwer erlebten Verlustes – ganz normal. Dabei ist zu beachten, dass die intensiven Trauerreaktionen von verwaisten Eltern wesentlich länger dauern als üblicherweise angenommen. Das erste Jahr ist in der Regel ein Jahr des Schocks, des Nichtbegreifens, des Nicht-wahrhaben-Könnens und des Nicht-wahrhaben-Wollens. Im ersten Trauerjahr geht es für die Eltern häufig nur um ein psychisches Überleben. Dabei hilft ihnen, wenn sie in ihrem privaten und beruflichen Alltag ihre »Funktionen« scheinbar reibungslos fortführen bzw. weiterhin übernehmen. In dieser Phase fühlen sich Vater und Mutter in der Regel durch den Verlust ihres Kindes – und in diesem Verlust – miteinander verbunden. Bei allem intensiven Schmerzerleben realisieren Eltern noch nicht, was mit dem Verlust des eigenen Kindes eigentlich passiert und was ihnen mit ihm auf Dauer fehlen wird.

Mit dem ersten Todestag, dem »Eingangstor« zum zweiten Trauerjahr, beginnt der allmählichen Prozess des Realisierens des Verlustes. Jetzt brechen Trauer und Schmerz häufig noch intensiver auf als im ersten Trauerjahr. Dies wird von der Umwelt meist kaum verstanden; häufig machen sich Eltern ihre intensivierte Trauerreaktion auch selbst oder gegenseitig zum Vorwurf. Dabei können der Prozess der Realisierung und die damit verbundene Trauergefühle bis zum Ende des dritten Trauerjahres dauern. Schon mit dem Verlust setzen intensive Bemühungen der verwaisten Eltern ein, ihr verstorbenes Kind z. B. über eine intensive Erinnerungsarbeit noch einmal zu internalisieren, um eine bleibende innere Beziehung zu ihm aufzubauen.

Gegen Ende des ersten Trauerjahres ist diese internale und symbolische Beziehung wieder sicher gebunden und gehört als bleibender Teil zum Leben von verwaisten Eltern. Nun kann sich gegen Ende des dritten und zu Beginn des vierten Trauerjahres allmählich die Trauer in Gefühle von Wehmut, von Vermissen und Sehnsucht transformieren. Nicht selten kehrt die Trauer zu bestimmten Zeiten, z. B. am Todestag, auch noch lange Zeit nach dem Tod des Kindes – wenn auch in abgeschwächter Intensität – zurück (so auch Wiese 2001, S. 21 f.).

Dominanz des Verlustes und der Trauergefühle im Paarsystem

Gefühle wie Trauer, Verlustschmerz, aber auch Verzweiflung, Leere, Wut und Schuldgefühle nehmen nach dem Verlust eines Kindes zunächst den ganzen »Raum« des Eltern-, Paar- und des verbleibenden Familiensystems ein. Das ganze Fühlen der Eltern und ihre Interaktionen werden von Trauer dominiert. Alle anderen Beziehungsgefühle des Paares wie deren Nähe, Verbundenheits- und Liebesgefühle werden von den Trauergefühlen zugedeckt, oft auch beeinträchtigt. Die Trauerarbeit, wie das Aushalten des Schmerzes oder die allmähliche Realisierung des Verlustes, braucht die gesamte Aufmerksamkeit und Energie von Mutter und Vater, die für die Paarbeziehung fehlen.

Der Verlust des Kindes macht die Partner, systemisch verstanden, wieder ganz zu Eltern. Sie sind *nur noch* trauernde Eltern, und das Paar ist nur noch trauerndes Elternsystem. Diese Erfahrungen – das muss immer wieder betont werden – sind zunächst ganz normal und gehören zum Trauerprozess der ersten drei Jahre. Immer wieder erleben Eltern sich aber auch als Partner, die durch den Verlust eine intensive partnerschaftliche Nähe finden. Diese Nähe ist allerdings fast gänzlich durch den Verlust vermittelt und deshalb in der weiteren Entwicklung gefährdet.

Das zentrale Risiko in diesem Prozess liegt darin, dass die Trauergefühle im Paarsystem auf Dauer bestehen bleiben und chronisch werden. Verbleibende Trauergefühle – wie die Trauer selbst oder Schuld- oder Verbitterungsgefühle – wirken wie eine trennende Blockade zwischen Mutter und Vater. Nähe- und Liebesgefühle zwischen den Partnern können nicht mehr entstehen oder werden zunehmend schwächer.

Fallvignette 6: Wie eine dunkle Wolke
Die Eltern, deren 6-jährige Tochter im Urlaub in den Bergen tödlich verunglückte, konnten sich in der ersten Trauerzeit gegenseitig trösten und damit partnerschaftliche Nähe erleben. Doch die Fragen nach einer Mitschuld am Tod der Tochter führten zu einer Chronifizierung der Trauer. Die Mutter beschreibt den Zustand mit folgenden Worten: »Wir leben wie unter einer dunklen Wolke, die alles erdrückt.« Der Vater nickt und ergänzt: »Und wir finden keinen Weg aus diesem Schatten.«

In psychotherapeutischen Trauerbegleitungen oder Trauergruppen werden von den Begleitern häufig Appelle an die Eltern gerichtet, die Trauer hinter sich zu lassen und sich auf die Paarebene zu konzentrieren. Dies ist bestenfalls nicht hilfreich, meist aber fühlen sich Eltern nicht verstanden, weil diese Appelle nicht umgesetzt werden können und die Trauer zunächst wichtig ist, um die Präsenz des verstorbenen Kindes zu spüren. Statt gut gemeinter Appelle muss die intensive Trauer um das gemeinsame Kind als Zeichen der Liebe zum verstorbenen Kind gewürdigt und als eine gemeinsame Aufgabe, die jetzt Vorrang hat und haben darf, anerkannt werden.

Dominanz des verstorbenen Kindes und der Beziehungsgefühle zu ihm im Paarsystem

In der Trauerpsychologie wurde bisher gänzlich ignoriert, dass der Verstorbene weiterhin eine wichtige und wesentliche Rolle im zurückbleibenden System hat. Für verwaiste Eltern gilt dies in einem ganz besonderen Maße. Das verstorbene Kind bleibt auf Dauer ein wichtiger und geliebter Teil des Eltern- und Paarsystems (ausführlich dazu Klass et al. 1996; Klass 2010). Insbesondere in den ersten Monaten nach dem Verlust des Kindes konzentriert sich das Denken, Reden und Erinnern ganz auf das verstorbene Kind. Viele Handlungen – wie das Ansehen von Fotos, das Einrichten einer Erinnerungsplatzes in der Wohnung, die Grabpflege oder das Aussuchen des Grabsteins –, die mit dem Todesfall zusammenhängen, dominieren das Denken, Fühlen und Reden des Elternpaares. Aus dem Paarsystem wird wieder ein Elternsystem, das sich um das – nun verstorbene – Kind zentriert. Dies gleicht in gewisser Weise der Situation bei der Geburt des Kindes, in der sich die Eltern sehr intensiv um das Kind kümmern. Beide Eltern erleben intensive Beziehungsgefühle zum verstorbenen Kind. Die Liebesgefühle richten sich anfangs fast ausschließlich auf das Kind. Die Liebe zum Kind wird zum Zentrum des Erlebens beider Partner und fehlt dann in und für die Paarbeziehung. Die Eltern fühlen sich häufig dem verstorbenen Kind näher als dem Partner, so dass die Paarbeziehung durch die intensive Liebe zum Kind in den Hintergrund tritt.

Auch dieser Prozess ist zunächst ganz normal, muss jeder Elternteil doch eine neue Beziehung zum nun abwesenden Kind finden. Allerdings besteht die Gefahr, dass das Kind zu einem übermächtigen Dritten im Paarsystem wird, dort auf der Paarebene lokalisiert ist und diese auf Dauer blockiert. Ein weiteres Problem für das Paarsystem entsteht, wenn ein Partner sehr viel stärker als der andere durch die Beziehung zum verstorbenen Kind absorbiert ist.

Fallvignette 7: Und überall hängt das Bild von dir
Ein Elternpaar berichtet, dass die Fotografien der verstorbenen Tochter im ganzen Haus an fast allen Wänden hängen. Beide sehen das als Ausdruck der Verbundenheit mit ihrer Tochter. Zugleich spürt das Paar, dass ihre Tochter damit sehr mächtig ist und den Eltern bzw. dem Paar keinen eigenen Raum mehr lässt.

Auch hier führen Aufforderungen an das Elternpaar, das verstorbene Kind loszulassen oder dessen Wichtigkeit zu relativieren, in der Regel zum Abbruch einer Trauerbegleitung. Die intensiven Gefühle für das Kind müssen stattdessen als die berechtigte Anstrengung, dem Kind auch weiterhin einen sicheren und guten Platz im Leben des Paares zu geben, gewürdigt werden.

Exkurs: Elterliche Verantwortung für verwaiste Geschwisterkinder

Gibt es in einer vom Verlust betroffenen Familie noch zurückbleibende, also auch verwaiste Geschwisterkinder, stellt sich dem Elternpaar die Aufgabe, für diese Kinder Verantwortung zu übernehmen, obwohl dies emotional häufig kaum geleistet werden kann. Deshalb besteht der erste Schritt darin, dass die Eltern erkennen, dass sie aufgrund der eigenen Trauer in den ersten beiden Trauerjahren emotional für die anderen Kinder kaum da sein können. Eltern sollten eingeladen werden, sich die Begrenzung ihrer eigenen Elternfähigkeiten zuzugestehen und sie als angesichts eines unendlich schlimmen Verlusts ganz normal anzunehmen.

Die Eltern sollten sich bewusstmachen, dass die verwaisten Geschwister einen eigenen, externen, in der Regel psychotherapeutischen Raum für die eigene Verlustreaktion brauchen. Dieser Raum kann dann für das verwaiste Geschwister zu einem Raum ohne elterliche Trauer und ohne die »konkurrierende« Präsenz des verstorbenen Kindes werden. In diesem Raum kann das verwaiste Geschwister über Methoden der Spiel- und Gestaltungstherapie eine eigene innere Beziehung zum verstorbenen Geschwister finden und diese z. B. im Spiel oder Malen gestalten (zur Trauer von Kindern und Geschwistern: Kachler 2007 b).

Differenzierung der jeweiligen Trauerreaktionen der Partner

Die beiden oben beschriebenen Prozesse werden von Eltern, Trauerbegleitern und Psychotherapeuten meist gegenüber dem dritten Prozess vernachlässigt, der schon vielfach als für das Paarsystem bedrohlich analysiert und benannt wurde. Neuere Studien (When a child dies, 2006) zeigen, dass der Verlust eines Kindes nicht zu einer erhöhten Trennungsrate führt. Er scheint Paare bei allen Differenzen in den Trauerprozessen stärker zusammenzuschweißen, so dass die Trennungsrate hier wohl geringer ist als in der Gesamtbevölkerung.

Schon im ersten Trauerjahr, spätestens mit Beginn des zweiten Trauerjahres setzt eine zunächst ganz normale Differenzierung der Trauerreaktionen der Partner ein. Dies zeigt sich häufig in der unterschiedlichen Trauerintensität und im zeitlichen Verlauf der Trauerreaktionen. Sehr bald zeigen sich auch geschlechtsspezifische Unterschiede, die jedoch nicht für alle Paare gelten. Väter werten die Trauergefühle häufig negativ, während Mütter ihre Trauergefühle produktiv für den Trauerprozess nutzen. Väter trauern in der Regel introvertiert und halten ihre Trauergefühle zurück, sie reden dann oft nicht darüber. Mütter trauern expressiv, zeigen ihre Trauer und möchten über ihre Erfahrungen im Trauerprozess intensiv reden. Väter betonen die Notwendigkeit, dass das Leben weitergehen müsse, während Mütter dem Trauern den Vorrang geben. Man könnte diese Unterschiede als »rationales« versus »emotionales« Trauern beschreiben. Dabei ist zu beachten, dass in der Trauerpsychologie die weibliche Trauer im Sinne eines emotionalen Trauerns als positiv, die männliche, rationale Form des Trauerns häufig als defizient bewertet wird. Dies führt häufig dazu, dass Väter keine Trauerbegleitung in Anspruch nehmen oder diese sehr früh abbrechen.

Die Gründe für diese Unterschiede in den Trauerreaktionen des Vaters und der Mutter sind vielfältig und können hier nur knapp angedeutet werden.

Da Eltern in der Regel schon eine unterschiedliche Beziehung und Bindung zu dem noch lebenden Kind hatten, wirkt sich dieses auch in der Trauerreaktion differenzierend aus. Auch die unterschiedliche Art, den Sterbeprozess, den Tod oder das Überbringen der Todesnachricht zu erleben, wirkt sich differenzierend aus. So hat z. B. eine Mutter weitgehend die Betreuung des Kindes während dessen Krebserkrankung übernommen, oder ein Vater hat den zehnjährigen Sohn suizidiert aufgefunden. Die Unterschiede zwischen der männlichen und der weiblichen Form des Trauerns sind des Weiteren sowohl auf neuro- und evolutionsbiologische als auch auf kulturelle Gender-Prägungen zurückzuführen. Eine ausführliche Diskussion kann hier nicht erfolgen.

Der Differenzierungsprozess im verwaisten Eltern- und Paarsystem kann von den Eltern als Chance verstanden werden, sich in der unterschiedlichen Art der Trauer gegenseitig zu stärken und die Unterschiede als Ergänzung des eigenen Trauerns zu verstehen. Ist die Differenzierung jedoch sehr stark oder »dockt« sie an bisherige Paarkonflikte »an« und aktiviert diese, kommt es zu einer Polarisierung zwischen den Partnern. Dies führt häufig zu verhärteten und mit gegenseitigen Vorwürfen verbundenen Positionierungen, die ihrerseits längerfristig mit hoher Wahrscheinlichkeit zur Trennung führen.

Fallvignette 8: Jeder verstummt in seiner eigenen Trauer
Eine verwaiste Mutter beklagt, dass sie und ihr Partner als Paar nicht mehr miteinander reden können. Der Vater sitzt schweigend daneben und will nicht mehr über seine Trauer reden, weil das »nichts bringt«. »Deshalb«, so drückt es die Mutter aus, »ist jeder in seiner Trauer verstummt.«

Appelle an das Paar, sich in den Trauerreaktionen wieder einander anzunähern, sind in der Regel nicht konstruktiv, weil damit implizit eine Abwertung der Trauer der einzelnen Eltern verbunden ist. Stattdessen sollten die unterschiedlichen Trauerreaktionen als differenzierter und spezifischer Ausdruck der Liebe jedes Elternteils zum Kind gewürdigt und es soll der gemeinsame Fokus des Trauerns, nämlich das verstorbene Kind, betont werden.

Exkurs: Besondere Risiken für das Eltern- und Paarsystem

Der Verlust eines Kindes stellt schon für sich eine hohe Belastung für ein verwaistes Elternpaar dar. Folgende Umstände wirken sich erschwerend aus:

- Tod des Kindes während der Schwangerschaft oder bei der Geburt;
- das verstorbene Kind ist das einzige Kind;

- Miterleben von traumatisierenden Situationen beim Tod des Kindes oder bei der Überbringung der Todesnachricht;
- der Leichnam des Kindes wird nicht aufgefunden;
- Suizid des Kindes;
- Mitverantwortung und reale Mitschuld am Tod des Kindes;
- konfliktbelastete Beziehung zwischen einem Elternteil und dem Kind.

In der Trauerbegleitung von verwaisten Eltern müssen diese kritischen Umstände als zusätzliche schwere Belastung und als potentielles Risiko für eine Polarisierung zwischen den Partnern bedacht und ausführlich bearbeitet werden.

Lösungswege für den Trauerprozess verwaister (Eltern-) Paare

Die Würdigung der Trauer und der Liebe zum Kind als Grundintervention

Die Trauerbegleitung und die psychotherapeutische Arbeit mit verwaisten Elternpaaren erfordern von Beginn an und dauerhaft einige zentrale Grundinterventionen, die den gesamten Prozess der Arbeit mit den verwaisten Eltern begleiten.

So muss gegenüber den Eltern gewürdigt werden, dass das verstorbene Kind und die Trauer um es zunächst Vorrang vor allem anderen, auch vor der Eltern- und Paarbeziehung haben. Alles, was die Eltern in der Beziehung zu ihrem verstorbenen Kind erleben und tun, muss als Versuch anerkannt werden, mit einer unlösbaren, unendlich schmerzlichen Situation zurechtzukommen und angesichts der bleibenden Abwesenheit des Kinde eine weitergehende innere Beziehung zu ihm zu etablieren. Dabei wird zugleich betont, dass das Paar diese Aufgabe am besten als kooperierendes Paar lösen kann, auch wenn mit dem Verlust eines Kindes das Risiko einer Polarisierung verbunden ist. Des Weiteren wird den Eltern von Beginn an als normal und selbstverständlich vermittelt, dass das verstorbene Kind auch weiterhin und dauerhaft einen Platz im Leben des Paares haben darf. Die Arbeit mit dem Paar zentriert sich – neben der Arbeit mit den Trauergefühlen – genau auf diese Paaraufgabe, dem Kind einen guten Platz als Gegenüber des Paarsystems zu geben.

Wenn die Würdigung und Anerkennung der Trauer um das verstorbene Kind und der Liebe zu ihm Grundinterventionen sind, wird das verwaiste Elternpaar am besten dabei unterstützt, autonom die für das Paar stimmigste Entwicklung angesichts einer existentiellen Katastrophe zu finden. Zu solch einer Entwicklung kann als angemessene Lösung auch eine – allerdings nun bewusst vorgenommene – Trennung gehören.

Das verstorbene Kind als bleibendes und begrenztes Drittes für das Paar

Damit das Paar dem verstorbenen Kind einen gewürdigten, aber auch begrenzten Platz geben kann, wird es in einer integrierenden und begrenzenden Arbeit an seiner Beziehung als Paar zu dem verstorbenen Kind begleitet. Der Fokus liegt hierbei auf dem verstorbenen Kind und der Beziehung zu ihm. Das Paar teilt die Erinnerungen aus dem Leben des Kindes, die Beziehungsgefühle zum Kind, die Träume vom Kind und die Reflexionen über das Kind. Gemeinsam überlegt das Paar, an welchem sicheren Ort jeder Partner das verstorbene Kind sieht. Praktisch alle Elternpaare richten einen Gedenk- und Erinnerungsort für das Kind ein, der ein zentraler, gemeinsamer sicherer Ort für das Paar und die Familie darstellt. Für viele Eltern ist das Finden eines transzendenten sicheren Ortes wesentlich (zur Spiritualität von verwaisten Eltern: Klass 2010). Das Paar entwickelt gemeinsam verschiedene Rituale für die Beziehung zum Kind. Wie zu Lebzeiten des Kindes übernimmt das Paar gemeinsam die Aufgabe, weiterhin für ihr Kind zu sorgen, z.B., indem die Eltern Erinnerungen sammeln und in einem Erinnerungsbuch oder auf einer eigens eingerichteten Homepage zusammenstellen.

In diesen Prozessen installiert das Paar eine symbolische und imaginative Beziehung zum Kind. Diese Beziehung wird zu einer zweiten Realität, die zum Leben eines Paares als integraler Bestandteil dazugehört. Die Partner können dabei durchaus unterschiedliche Beziehungsformen und -rituale finden. Entscheidend ist, dass beide Partner eine innere Beziehung zum Kind weiterleben und über das Kind als gemeinsames Drittes verbunden bleiben.

Fallvignette 9: Wir bringen aus dem Urlaub einen Stein an dein Grab
Ein verwaistes Elternpaar sucht in jedem Urlaub gemeinsam einen Stein, den die Partner dann auf das Grab ihrer Tochter legen. Den Stein auszusuchen aktiviert Erinnerungen an die Tochter und das Gespräch über sie. Über diese zum Ritual gewordene Aufgabe fühlen sich die Partner miteinander und mit der Tochter verbunden.

Nun kann sich das Elternpaar darauf einlassen, die emotionale Dominanz, die das Kind in der ersten Trauerzeit im Raum des Eltern-, Paar- und Familiensystems einnimmt, zu begrenzen. Die Eltern müssen nicht mehr befürchten, ihr verstorbenes Kind ein zweites Mal zu verlieren, wenn sie ihm einen begrenzten Platz zuweisen. Die Eltern, die zunächst das ganze Haus mit den Fotografien (Fallvignette 7) ausstatteten, konnten diese wieder abhängen und an einem Gedenkort konzentrieren. Eltern spüren dann, dass mit diesem Begrenzungsprozess die anderen Familienmitglieder, das Paar selbst und jeder Partner wieder seinen eigenen, ihm bzw. ihnen zustehenden Platz bekommen. Das verstorbene Kind bleibt ein Drittes, aber nun ein begrenztes Drittes, das nicht mehr im, sondern dem Eltern- und Paarsystem gegenüber lokalisiert ist.

Die Arbeit an und mit der Differenz der Trauerreaktionen

Jeder Elternteil muss die schmerzliche Realisierungsarbeit leisten, also den Tod und die bleibende äußere Abwesenheit des eigenen Kind als real annehmen. Paare müssen sich dabei vom konkreten Leben und von der erhofften Zukunft mit diesem Kind verabschieden. Der Verlustschmerz und die Trauer zwingen die Eltern zu dieser Realisierung. Dabei erlebt jeder Elternteil die Arbeit an und mit dem Verlustschmerz, der Trauer, der Leere, der Ohnmacht, der Wut und Verzweiflung und den Schuldgefühlen anders. Daraus entstehen Differenzierungen in den Trauerreaktionen, im Tempo und im Verlauf der Trauerprozesse beider Elternteile.

Die Trauerbegleitung und psychotherapeutische Arbeit mit verwaisten Elternpaaren nehmen die Differenzierungsprozesse würdigend auf, lassen sie gelten und nutzen sie für eine Arbeit an und mit den Trauergefühlen. Dabei ist im Besonderen zu berücksichtigen, dass auch die »männliche« Form des Trauerns nicht abgewertet, sondern als eigenständige und adaptive Trauerarbeit gewürdigt wird. Häufig gilt es auch wahrzunehmen, dass Väter ihre Trauer über das Handeln – wie z. B. im Anlegen eines Gedenkortes im Garten – ausdrücken und gestalten. Ein besonderes Problem stellt das Nicht-reden-Wollen oder das Schweigen – meist des Vaters – dar. Hier muss in einem Zwischenschritt die Bedeutung und die Funktion des Nicht-reden-Wollens erarbeitet werden. Erst dann kann entschieden werden, ob eine gemeinsame Paararbeit zum jetzigen Zeitpunkt indiziert ist.

Die unterschiedlichen Trauerreaktionen der beiden Elternteile werden als je berechtigter Teilbeitrag zur gesamten, gemeinsamen Trauer um das verstorbene Kind aufgegriffen. Dann kann erarbeitet werden, wie aus der Trauer beider Partner eine integrierte Trauer werden kann, die dem Verlust und dem verstorbenen Kind angemessen ist. Die Eltern werden eingeladen, wahrzunehmen, was jeder Partner für sein eigenes Trauern vom Trauern des anderen lernen oder übernehmen kann und an welcher Stelle das eigene Trauern auch begrenzt bleibt und bleiben darf.

Bei starken Differenzen oder einer hartnäckigen Polarisierung des Paares wird dieses immer wieder eingeladen, statt der Formen des Trauerns das verstorbene Kind in den Mittelpunkt zu stellen bzw. als Ziel des Trauerns zu bestimmen. So steht nicht mehr das »Wie«, sondern das »Um wen« des Trauerns im Zentrum des gemeinsamen Arbeitens.

Fallvignette 10: Gemeinsam gestalten wir deinen Todes- und Geburtstag
Die beiden Eltern leben ihre Trauergefühle zwar durchaus unterschiedlich, doch finden sie sich immer in der gemeinsamen Gestaltung des Todes- und Geburtstages der verstorbenen Tochter wieder. In den Vorüberlegungen für diesen Tag kommen die beiden wieder miteinander ins Gespräch. Der Vater übernimmt die praktischen Dinge in der Vorbereitung, die Mutter übernimmt die Verbalisierung der Gefühle an diesen emotional intensiven Gedenktagen. Beide fühlen sich über die Beziehungsrituale verbunden, die sie in Form einer schlichten Gedenkfeier gemeinsam vollziehen.

Neben der Arbeit an den Unterschieden der Trauer wird das Paar dabei begleitet, wenn sie den Raum, den die Trauer anfangs einnimmt, allmählich begrenzen (Kachler 2009a). Dies fällt in der Regel den Vätern mit ihrer »rationalen« Form des Trauerns leichter, die Mütter dagegen brauchen hier Unterstützung. Umgekehrt müssen die Väter realisieren, dass die Trauer, Gefühle des Vermissens und des Sehnens weiterhin präsent sein werden und von daher einen berechtigten – aber doch begrenzten – Platz im weiteren Leben des Paares erhalten.

Neukonstruktion des Paarsystems und des gemeinsamen Lebens nach dem Verlust

Das Paarsystem ist in den ersten beiden Trauerjahren – gegenüber dem trauernden Elternsystem – wenig präsent. Deshalb muss es als eigenes System neu gefunden und angesichts der existentiellen Katastrophe des Verlusts neu konstruiert werden. Das ist allmählich möglich, wenn die sichere weitergehende Beziehung zum verstorbenen Kind konstituiert, der Verlust und die äußere Abwesenheit bis zu einem gewissen Grad realisiert sind und wenn die Trauergefühle so weit begrenzt sind, dass das Paar wieder an die Paargefühle gelangen kann. Die Eltern werden eingeladen, sich bewusstzumachen, dass das verstorbene Kind aus ihrer Liebe heraus entstanden ist. Deshalb ist es im Sinne des verstorbenen Kindes, die Paarebene und die Paarliebe wiederzuentdecken. Dabei kann in der psychotherapeutischen Arbeit mit dem verwaisten Elternpaar das verstorbene Kind als Begleiter, Ratgeber und »Supervisor« genutzt werden.

Die Eltern brauchen sozusagen die innere Erlaubnis und Ermutigung vom verstorbenen Kind, die Liebe nicht mehr nur auf es, sondern auf sich als Partner zu richten und damit wieder Paar zu werden. Daneben brauchen Eltern eine Anleitung zu konkreten Schritten, um sich wieder als Paar zu finden. Das Paar kann sich beispielsweise vornehmen, auszugehen und an diesem Abend nicht über das verstorbene Kind zu reden. Es erprobt, wie weit die Loyalität gegenüber dem Kind und die Trauer solche Schritte mit guten Gefühlen zulassen oder an welchen Stellen das Paar oder ein einzelner Partner noch einmal einen Teil der Trauerarbeit leisten muss.

Fallvignette 11: Wir tanzen wieder, und du lächelst uns dabei zu
Fünf Jahre nach dem Tod der Tochter überlegt das Paar, ob es das Tanzen als Freizeitbeschäftigung wieder aufnimmt. Die Mutter hegt noch Zweifel, ob es dazu nicht zu früh ist. Der Vater erwidert darauf: »Ich glaube, Michelle würde sich freuen, wenn sie ihre Eltern wieder tanzen sieht.« Die Mutter überlegt und sagt dann: »Ja, vielleicht lächelt sie uns von oben aufmunternd zu.«

In dieser Fallvignette ist die verstorbene Tochter nicht mehr in der Paarebene lokalisiert, sondern wird als ein Drittes als begrenztes Gegenüber zum Paar gesehen und erlebt. Die intergenerationale Grenze zwischen der Paar- und der Kindebene ist hier wieder sicher installiert und wirksam. Zugleich kann die Repräsentanz des verstorbenen Kindes als Ressource für das Paar verstanden werden, das wiederum den Loyalitätskonflikt zugunsten der Autonomie der Paarebene gegenüber dem verstorbenen Kind gelöst hat.

Das Leben als Paar nach einem Verlust des eigenen Kindes ist und bleibt ein anders Leben, weil die Abwesenheit des Kindes immer wieder – z. B. durch Gedenktage oder andere von außen kommende Auslöser – im Erleben aktualisiert wird. Verwaiste Eltern können nach dem Verlust über dessen Integration und die Integration der Repräsentanzen des verstorbenen Kindes ins Leben wieder zu einem Paar werden, allerdings ist es durch die Verlust- und Trauererfahrung auch ein anderes Paar geworden. Paare, die lange Zeit nach einem Verlust des Kindes weiter zusammenleben, beschreiben sich häufig als einander näher und zugleich als stärker getrennt, als verletzbarer und zugleich als stärker, als reifer und zugleich als verwundet. Verwaiste Eltern, die sich wieder als Paar gefunden haben, müssen also damit leben, dass die existenzielle Katastrophe eines Verlusts des eigenen Kindes tiefste Spuren hinterlässt und das Leben nach dem Verlust auch dauerhaft prägt.

Literatur

Barlowen, C. von (2000): *Der Tod in den Weltkulturen und Weltreligionen*. Frankfurt a.M. (Insel).
Bednarz, A. (2003): *Den Tod überleben. Deuten und Handeln im Hinblick auf das Sterben eines Anderen*. Wiesbaden (Westdeutscher Verlag).
Bednarz, A. (2005): Mit den Toten leben. Über Selbst-Sein und das Sterben eines Anderen. *Familiendynamik*, 30 (1), 4–22.
Bowlby, J. (1983): *Verlust, Trauer und Depression*. (*Bindung und Verlust*, Bd. 3) Frankfurt a.M. (Fischer-Taschenbuch-Verlag).
Brisch, K.H. (2009): *Bindungsstörungen. Von der Bindungstheorie zur Therapie*. 9. Aufl. Stuttgart (Klett-Cotta).
Fleck-Bohaumilitzky, C., Verwaiste Eltern München e.V. (Hrsg.) (2000): *Überall deine Spuren. Eltern erzählen vom Tod ihres Kindes*. München (Don Bosco-Verlag).
Freud, S. (1917): *Trauer und Melancholie*. GW, Bd. X. Frankfurt a.M. (S. Fischer).
Kachler, R. (2007a): *Damit aus meiner Trauer Liebe wird. Neue Wege in der Trauerarbeit*. Stuttgart (Kreuz).
Kachler, R. (2007b): *Wie ist das mit ... der Trauer? Ein Kinderbuch zur Trauer*. Stuttgart (Gabriel-Verlag/Thienemann).
Kachler, R. (2009a): *Meine Trauer geht – und du bleibst. Wie der Trauerweg beendet werden kann*. Stuttgart (Kreuz).
Kachler, R. (2009b): *Meine Trauer wird dich finden. Ein neuer Ansatz in der Trauerarbeit*. 10. Aufl. Stuttgart (Kreuz).
Kachler, R. (2010): *Hypnosystemische Trauerbegleitung. Ein Leitfaden für die Praxis*. Heidelberg (Carl-Auer).
Kast, V. (1977): *Trauern. Phasen und Chancen des psychischen Prozesses*. Stuttgart (Kreuz).
Klass, D. (2010): *Eltern Trauer Seelen Leben. Das spirituelle Leben trauernder Eltern*. Würzburg (Huttenscher Verlag).
Klass, D., Silverman, P.R. & Nickman, S.L. (Hrsg.) (1996): *Continuing bonds. New understanding oft grief*. Washington, DC (Taylor & Francis).
Parkes, C.M. (1974): *Vereinsamung. Die Lebenskrise bei Partnerverlust*. Reinbek b. Hamburg (Rowohlt).
Schmidt, G. (2010a): *Liebesaffären zwischen Problem und Lösung. Hypnosystemisches Arbeiten in schwierigen Kontexten*. 3. Aufl. Heidelberg (Carl-Auer).
Schmidt, G. (2010b): *Einführung in die hypnosystemische Therapie und Beratung*. 3. Aufl. Heidelberg (Carl-Auer).
When a child dies. A survey of bereaved parents [Studien zur Trennungsrate von verwaisten Eltern] (2006). Conducted by Directions Research, Inc., for The Compassionate Friends, Inc. http://www.compassionatefriends.org/pdf/When_a_Child_Dies-2006_Final.pdf.
Wiese, A. (2001): *Um Kinder trauern. Eltern und Geschwister begegnen dem Tod*. Gütersloh (Gütersloher Verlagshaus).

SUSAN GOLOMBOK

Neue Familienformen[1]

Im Juli 2003 feierte Louise Brown, das erste »Retortenbaby«, ihren 25. Geburtstag. Seit ihrer Geburt im Jahr 1978 hat die In-vitro-Fertilisation (IVF) den Schritt aus der Sphäre der Sciencefiction zu einer allgemein akzeptierten Form der Behandlung in Fällen von Unfruchtbarkeit vollzogen. Die 1970er Jahre waren auch die Zeit, in der ein weiterer neuer und umstrittener Familientyp – die lesbische Familie – auf den Plan trat und in der Familien, denen eine heterosexuelle Single-Mutter vorstand, das Stigma von Illegitimität und Scheidung abzuwerfen begannen.

Heute gibt es dank der Fortschritte in den Techniken der assistierten Reproduktion eine Vielzahl neuer Familienformen. Ein Beispiel ist die kleine, aber wachsende Anzahl von Lesben und heterosexuellen Single-Frauen, die sich aktiv für die assistierte Reproduktion, insbesondere die donogene Insemination, entscheiden, die es ermöglicht, ohne unmittelbare Einbeziehung eines männlichen Partners ein Kind zu empfangen.

In diesem Beitrag gehe ich der Forschung zur psychischen Befindlichkeit von Eltern und Kindern in Familien nach, die ihr Zustandekommen der assistierten Reproduktion verdanken, wobei ein besonderes Augenmerk zum einen den Vorbehalten gegenüber dieser Art der Familiengründung und zum anderen den strategischen Aspekten gilt, die damit ins Spiel kommen. Der Text orientiert sich an vier mittlerweile verbreiteten Szenarien der assistierten Reproduktion in unterschiedlichen familiären Kontexten. Dabei geht es 1.) um die »High-Tech«-Familien, die ihr Entstehen einer In-vitro-Fertilisation (IVF) bzw. einer intrazytoplasmatischen Spermieninjektion (ICSI) verdanken, 2.) um Familien, die durch Gametenspende, also durch donogene Insemination (DI) bzw. Eizellspende entstehen, 3.) um nichttraditionelle Familienformen wie die Single-Mutter-Familie und die lesbische Familie und 4.) um die Leihmutterschaft. Auch wenn die vier Szenarien einander nicht ausschließen, wirft doch jedes von ihnen spezifische Fragen zur Funktionsweise der so entstehenden Familie auf.

Die *In-vitro-Fertilisation (IVF)* umfasst die im Labor erfolgende Befruchtung einer menschlichen Eizelle mit Spermien und die Übertragung des daraus entstehenden Embryos in den Uterus der Mutter (Steptoe & Edwards 1978). Werden die Eizelle der Mutter und das Sperma des Vaters verwendet, dann sind beide Eltern genetisch mit dem Kind verwandt. Bei der *intrazytoplasmatischen Spermieninjektion (ICSI)* wird ein einzelnes Spermium direkt in die Eizelle eingebracht, um einen Embryo zu erzeugen. Die *donogene Insemination (DI)* oder *Spenderinsemintion* ist die Insemination einer Frau mit dem Sperma eines Mannes, der nicht ihr Ehemann und nicht ihr Partner ist; das so gezeugte Kind ist genetisch mit der Mutter, nicht aber mit dem sozialen »Vater« und Partner der Mutter verwandt. Die *Eizellspende* ähnelt der donogenen Insemination insofern, als das Kind genetisch nur mit einer der Elternpersonen verwandt ist, aber in diesem Fall ist es eine soziale »Mutter«, mit der das Kind nicht genetisch verbunden ist. Die Eizellspende ist ein sehr viel komplexeres und »aufdringlicheres« Verfahren als die donogene Insemination und ist mit einer In-vitro-Fertilisation verbunden. Werden sowohl die Eizelle als auch das Sperma gespendet – was manchmal als *Embryo-Adoption* bezeichnet wird –, dann ist das Kind mit keiner der Elternpersonen genetisch verwandt, eine Situation, die der einer Adoption ähnelt, nur dass die Schwangerschaft und die Geburt des Kindes in diesem Fall unmittelbar von den Eltern erlebt werden. *Leihmutterschaft* bedeutet, dass eine Frau ein Kind für eine andere Frau austrägt. Es gibt zwei Arten der Leihmutterschaft: die *partielle (genetische) Leihmutterschaft*, bei der die Zeugung mit dem Sperma des auftraggebenden Vaters und der Eizelle der Leihmutter erfolgt, und die *volle (nichtgenetische) Leihmutterschaft*, bei der sowohl Eizelle als auch Sperma von den auftraggebenden Eltern stammen. Wie Einwohner (1989) anmerkt, ist es inzwischen möglich, dass ein Kind fünf Elternpersonen hat: eine Eizellspenderin, einen Samenspender, eine Leihmutter, die das Kind austrägt, und die beiden sozialen Eltern, die das Kind als Mutter und Vater kennt. Im Fall lesbischer Familien sind beide sozialen Eltern Mütter, und in »Solo-Mutter«-Familien ist der Vater häufig ein anonymer Samenspender, den das Kind nie kennenlernen wird.

»High-Tech«-Familien

IVF-Familien

Vorbehalte gegenüber der In-vitro-Fertilisation

Auch wenn es vielleicht so scheint, als unterschieden sich In-vitro-Fertilisation und natürliche Empfängnis einzig durch das Zeugungsgeschehen als solches, kann die Entscheidung für die IVF aus mehreren Gründen für die Eltern zu einer sehr anderen Erfahrung werden. Ein ganz erheblicher Unterschied besteht in der erhöhten Inzidenz von Mehrlingsgeburten, Frühgeburten und untergewichtigen Neugeborenen nach einer IVF (z.B. Olivennes et al. 2002; Vayena et al. 2002). Während nur 1% der auf eine »natürliche« Zeugung folgenden Geburten Zwillings-, Drillings- oder Mehrlingsgeburten sind (Bergh et al. 1999), gilt dies für mehr als ein Viertel der Geburten nach IVF (Nygren & Andersen 2002; Nyboe Andersen et al. 2004). Am größten ist dieses Problem in Entwicklungsländern und vor relativ kurzer Zeit industrialisierten Regionen wie Lateinamerika, wo die Rate der Mehrlingsgeburten nach assistierter Reproduktion im Jahr 2000 50% betrug und mehr als 13,5% der IVF- und ICSI-Geburten Drillings- bzw. Vierlingsgeburten waren (Zegers-Hochschild 2002).

Eltern von Mehrlingen stehen vor der doppelten Herausforderung, dass sie zwei oder mehr kleine Kinder gleichzeitig versorgen müssen und diese Kinder möglicherweise auch größere Bedürfnisse haben, etwa weil sie zu früh geboren wurden und ein niedrigeres Geburtsgewicht hatten (Botting et al. 1990; Vayena et al. 2002). Bei Zwillingen ist die Sprachentwicklung durchweg verzögert, und sie erreichen niedrigere Punktwerte für ihre verbale Intelligenz und ihre Lesefähigkeit (Lytton & Gallagher 2002; Rutter et al. 2003). Über Mehrlinge ist bisher noch wenig bekannt, aber immerhin kommt eine kleine Studie zur Sprachentwicklung zu dem Ergebnis, dass Drillinge auf diesem Sektor stärker beeinträchtigt sind als Zwillinge (McMahon & Dodd 1997). Der Frage, was diese Faktoren für Elternverhalten und Kindesentwicklung bedeuten, muss unabhängig von den Folgewirkungen der IVF per se nachgegangen werden. Die meisten der weiter unten angeführten empirischen Untersuchungen befassten sich mit Familien mit einem nach einer IVF geborenen Einling, um den Konfundierungseffekt bei Mehrlingsgeburten auszuschalten.

Es ist auch die Überlegung geäußert worden, dass der Stress aufgrund der Unfruchtbarkeit und ihrer Behandlung zu Schwierigkeiten im Elternverhalten führen könnte, wenn das langersehnte Kind schließlich geboren wird. Burns (1990) gibt zu bedenken, dass Eltern, die Probleme mit der Zeugung hatten, ihrem langersehnten Kind möglicherweise ein Übermaß an Emotionalität entgegenbringen, und andere Autoren meinen, dass Menschen, die nach einer Periode der Unfruchtbarkeit schließlich doch Eltern werden, sich vielleicht überfürsorglich verhalten oder unrealistische Maßstäbe an die Kinder bzw. an sich selbst als Eltern legen (Hahn & DiPietro 2001; McMahon et al. 1995; Mushin et al. 1985; van Balen 1998). Hinzu kommt die Prognose, dass der Stress aufgrund der Unfruchtbarkeit und ihrer Behandlung bei Menschen, die auf dem Weg über eine IVF dann doch Eltern werden, zu psychischen Störungen und ehelichen Problemen führen könnte (McMahon et al. 1995).

Die Forschung zum Elternverhalten in IVF-Familien.
Die Erkundung des Elternverhaltens in IVF-Familien hat sich auf drei Funktionsbereiche konzentriert: auf das psychische Wohlbefinden der Eltern, auf die Qualität der Eltern-Kind-Beziehungen und auf die Sicherheit in der Elternrolle. Entsprechende Studien, an denen IVF-Familien mit Säuglingen und Kleinkindern teilnahmen, wurden weltweit durchgeführt, so in Australien (Gibson et al. 1999, 2000b; McMahon et al. 1997, 2003), in den Niederlanden (Colpin et al. 1995; van Balen 1996), in Frankreich (Raoul-Duval et al. 1994) und in Großbritannien (Weaver et al. 1993). Generell haben diese Untersuchungen keinen Hinweis auf psychische Schwierigkeiten von IVF-Eltern erbracht. Aber in der einzigen Studie, die auch Väter einbezog, berichteten die Väter von 12 Monate alten IVF-Kindern von einem geringeren Maß an ehelicher Zufriedenheit, verglichen mit Vätern, deren Kinder auf natürliche Weise gezeugt worden waren (Gibson et al. 2000b). Nach Meinung der Autoren waren die IVF-Mütter vielleicht stärker um ihr Baby besorgt, schlossen daher den Vater eher aus als Mütter, deren Kinder auf natürliche Weise gezeugt worden waren, und trugen damit unter Umständen dazu bei, dass die eheliche Zufriedenheit des jeweiligen Partners nachließ. Was die Eltern-Kind-Beziehungen angeht, konnten nur wenige Unterschiede zwischen IVF-Familien und »natürlich« entstandenen Familien identifiziert werden; sie zeigten sich etwa in positiveren Gefühlen gegenüber dem Kind, aber auch in der Tendenz, es eher als verletzlich anzusehen (Gibson et al. 2000b; van Balen 1996; Weaver et al. 1993). Nach Gibson et al. (2000a) betrachteten IVF-Mütter von Kindern im Säuglingsalter sich auch als weniger kompetent, verglichen mit Müttern, deren Kinder auf spontane Weise gezeugt worden waren, was die Autoren darauf zurückführten, dass IVF-Mütter in ihren eigenen Augen »zu harsch« waren. Dagegen stellte van Balen (1996) fest, dass IVF-Mütter zwei- bis vierjähriger Kinder ein höheres Maß an elterlicher Kompetenz für sich in Anspruch nahmen als Mütter, die keine Periode der Unfruchtbarkeit erlebt hatten. Diese Diskrepanz könnte sich sehr wohl mit dem unterschiedlichen Lebensalter der Kinder aus den beiden Studien erklären. Es ist denkbar, dass die Unsicherheit, von der die IVF-Mütter der noch sehr kleinen Kinder berichteten, sich mit der Zeit gibt.

IVF-Familien mit Kindern im Vorschulalter und im frühen Schulalter waren die Zielgruppe der »European Study of Assisted Reproduction Families«, die in Großbritannien, in den Niederlanden, in Spanien und in Italien durchgeführt wurde (Golombok et al. 1995, 1996). Wir stellten fest, dass IFV-Mütter ihren Kindern mit mehr Wärme begegneten, emotional stärker engagiert waren, mehr interagierten und ihre elterliche Rolle als weniger belastend darstellten als

Mütter, deren Kinder spontan gezeugt worden waren. Darüber hinaus waren die IVF-Väter nach dem Bericht der Mütter stärker mit ihren Kindern befasst als die Väter, die ihr Kind auf natürliche Weise gezeugt hatten, und die IVF-Väter selbst berichteten von einem vergleichsweise geringeren Maß an elterlichem Stress. Hahn und DiPietro (2001) führten die erste einschlägige Studie in einer nichtwestlichen Kultur durch: Sie untersuchten taiwanesische IFV-Familien mit Kindern im Vorschul- und im frühen Schulalter. Die Qualität des Elternverhaltens wurde generell für gut befunden, wobei die IVF-Mütter ihren Kindern gegenüber allerdings ein vergleichsweise stärkeres Schutzverhalten zeigten. Die Lehrerinnen, denen die Zeugungsgeschichte der Kinder nicht bekannt war, beurteilten die IVF-Mütter als ihren Kindern stärker zugetan, in ihrem Elternverhalten aber nicht als wachsamer oder intrusiver als die Eltern spontan gezeugter Kinder.

Als wir die Familien aus der europäischen Studie ein weiteres Mal zu dem Zeitpunkt beobachteten, zu dem die Kinder in die Adoleszenz eintraten, stellten wir ein generell gutes Verhältnis zwischen den IVF-Eltern und ihren Kindern fest, das zugleich durch Zuneigung und angemessene Kontrolle gekennzeichnet war (Golombok et al. 2001, 2002a). Die wenigen Unterschiede, die wir zwischen IVF-Familien und den übrigen Familientypen fanden, sprachen für ein positiveres Funktionsniveau der IVF-Familien, wobei allerdings eine kleine Anzahl dieser Eltern möglicherweise übermäßig mit den Kindern befasst war.

Die Kinder in IVF-Familien

Die kognitive Entwicklung
Die frühen Studien zur kognitiven Entwicklung von IVF-Kindern fanden keinen Anhaltspunkt für eine Beeinträchtigung der kognitiven Fähigkeiten durch IVF. Allerdings befassten diese Studien sich nur mit kleinen Stichproben von IVF-Kindern und arbeiteten nicht mit Vergleichsgruppen (Cederblad et al. 1996; Mushin et al. 1985, 1986; Yovich et al. 1986). Mittlerweile wird allerdings von mehreren kontrollierten Studien berichtet. So erbrachte z.B. der Vergleich der Bayley-Test-Ergebnisse von 65 zwölf Monate alten IVF-Kindern mit den Ergebnissen einer entsprechenden Kontrollgruppe von 62 natürlich gezeugten Kindern gleichen Alters keine signifikanten Unterschiede (Gibson et al. 1998). Andere Studien mit großen Stichproben von IVF-Kindern und entsprechenden Vergleichsgruppen berichten von ähnlichen Erkenntnissen auf der Grundlage der Bayley-Skalen (Brandes et al. 1992; Morin et al. 1989), des Brunet-Lézine-

Tests (Raoul-Duval et al. 1993) und des Allgemeinen Kognitiven Index (Ron-El et al. 1994).

Was Kinder im Schulalter angeht, so unterschied eine Stichprobe israelischer IVF-Kinder sich in ihrer kognitiven Entwicklung nicht von natürlich gezeugten Altersgenossen, wie der Wechsler-Intelligenz-Test für Kinder erwies (Levy-Shiff et al. 1998). Ebenso bewegten sich die schulischen Leistungen französischer IVF-Kinder im normalen Rahmen (Olivennes et al. 1997).

Die sozio-emotionale Entwicklung
Nach Aussage der Mütter aus der Studie von McMahon et al. (1997) waren die IVF-Kinder im Alter von vier Monaten vom Temperament her schwieriger und reagierten negativer auf Stress als natürlich gezeugte Kinder. Bei Einjährigen fand sich in Bezug auf die soziale Entwicklung und das Testverhalten kein Unterschied zwischen den beiden Gruppen; was Verhalten und Temperament anging, waren nach Aussage der Mütter aber auch hier die IVF-Kinder schwieriger als die natürlich gezeugten (Gibson et al. 1998). Diese Befunde könnten nach Meinung der Autoren damit zu tun haben, dass IVF-Mütter ängstlicher um das Wohl ihrer Kinder besorgt sind. Die Sicherheit der Kind-Mutter-Bindung wurde anhand der »Fremden Situation« ermittelt, als die Kinder zwölf Monate alt waren (Gibson et al. 2000a): Die IVF-Kinder zeigten vorwiegend sichere Bindungsbeziehungen, und im Anteil der unsicher gebundenen Kinder unterschieden sich die Gruppen nicht voneinander.

IFV-Kinder im Alter zwischen 24 und 30 Monaten unterschieden sich in der Interaktion mit ihren Müttern nach Colpin et al (1995) nicht von ihren natürlich gezeugten Altersgenossen. Und auch zwei Studien, die mit der *Achenbach Child Behavior Checklist* arbeiteten, fanden keinen Hinweis darauf, dass IVF-Kinder etwa mehr psychische Probleme hätten als die allgemeine Population (Cederblad et al. 1996; Montgomery et al. 1999). In der Studie von van Balen (1996) beurteilten die IVF-Mütter – nicht aber die IVF-Väter – ihre zwei- bis vierjährigen Kinder anhand eines Fragebogens als umgänglicher und weniger bockig, als die anderen Mütter dies in Bezug auf ihre Kinder taten.

Im Rahmen der »European Study of Assisted Reproduction Families« bewerteten Mütter und Lehrerinnen die sozio-emotionale Entwicklung vier- bis achtjähriger IVF-Kinder anhand standardisierter Fragebögen zu Verhaltensproblemen und emotionalen Schwierigkeiten (Golombok et al. 1996). Darüber hinaus wurden mit den Kindern Tests durchgeführt, die nach ihrer Selbstachtung und nach ihren Gefühlen gegenüber den Eltern fragten. Nach unseren Feststellungen unterschieden sich die IVF-Kinder in Bezug auf diese Parameter nicht von den – adoptierten oder natürlich gezeugten – Kontrollpersonen. Anhand des *Separation Anxiety Test* wurde auch die Bindungssicherheit britischer Kinder erfasst. Darüber hinaus wurden die Transkripte der Interviews zur psychischen Funktionsweise der Kinder von einem Kinderpsychiater bewertet, der in Bezug auf den jeweiligen Familientyp »blind« war. Wir fanden keine Unterschiede zwischen den Gruppen, sowohl was die Bindungssicherheit als auch was die Inzidenz psychischer Störungen anging (Golombok et al. 1995). Die Folgeuntersuchung der dann Zwölfjährigen zeigte, dass die IVF-Kinder weiterhin gut zurechtkamen (Golombok et al. 2001, 2002a). Eine israelische Studie kam auf eine höhere Inzidenz emotionaler Probleme bei IVF-Kindern im mittleren Schulalter (Lévy-Shiff et al. 1998). Die IVF-Kinder wurden im Vergleich mit natürlich gezeugten Kindern von ihren Lehrerinnen als in der Schule schlechter angepasst beurteilt und schilderten sich selbst als aggressiver, ängstlicher und depressiver. Dieser Befund könnte sich allerdings mit dem fortgeschritteneren Alter der IVF-Eltern erklären.

ICSI-Familien

Vorbehalte gegenüber der intrazytoplasmatischen Spermieninjektion

Die Einführung der In-vitro-Fertilisation hat den Weg hin zu zunehmend technologisch ausgerichteten Formen der Reproduktionsmedizin wie etwa der intrazytoplasmatischen Spermieninjektion (ICSI) geebnet. Konkrete Bedenken, die gegen diese Methode vorgetragen worden sind, gelten der Verwendung abnormer Spermien, der Ausschaltung des üblichen Vorgangs der natürlichen Spermienselektion und der denkbaren Schädigung von Eizelle oder Embryo. Alle diese Szenarien könnten zu Veränderungen im genetischen Material führen (Bowen et al. 1998; te Velde et al. 1998) und damit Folgewirkungen für die psychische Entwicklung der Kinder haben. Wie bei der In-vitro-Fertilisation kommt es auch bei der ICSI häufig zu Mehrlingsgeburten (Van Steirteghem et al. 2002).

Die Forschung zum Elternverhalten in ICSI-Familien

Eine Studie, die an fünf Standorten in Belgien, Dänemark, Schweden, Griechenland und Großbritannien durchgeführt wurde, verglich 440 ICSI-Familien mit 541 IVF-Familien und 542 Familien, deren Kinder auf natürliche Weise gezeugt worden waren. Alle diese Familien unterschieden sich nicht, was das psychische Wohlergehen der Eltern, den Stress der Eltern und die Qualität der ehelichen Beziehung der Eltern anging. Die ICSI- und die IVF-Mütter waren allerdings nach ihrem eigenen Bericht ihrer Mutterrolle stärker verpflichtet und dachten weniger negativ von ihren Kindern (Barnes et al. 2004). Auch eine Studie mit einer belgischen Stichprobe erbrachte keine Unterschiede zwischen ICSI-, IVF- und »natürlichen« Eltern, was Ängste, Depressionen, eheliche Zufriedenheit oder Elternstress anging (Place & Englert 2002). Dagegen war in einer australischen Untersuchung von einem höheren Maß an Ehestress bei Müttern und Vätern von ICSI-Kindern die Rede (Cohen et al. 2001).

Die Kinder in ICSI-Familien

Die kognitive Entwicklung

In Belgien wurden 201 ICSI-Kinder im Alter von zwei Jahren dem Bayley-Entwicklungstest unterzogen (Bonduelle et al. 1998), der keinen Hinweis auf eine verzögerte mentale Entwicklung lieferte. Auch ein Vergleich zwischen 439 ICSI-Kindern und 207 IVF-Kindern, den das gleiche Forscherteam unternahm, erbrachte keinen Unterschied in den Punktwerten der Bayley-Skalen (Bonduelle et al. 2003). Von ähnlichen Ergebnissen wurde bei Anwendung der Griffiths-Entwicklungsskalen auf eine repräsentative britische Stichprobe ein- bis zweijähriger ICSI-Einlinge und auf eine Vergleichsgruppe spontan gezeugter Kinder (Sutcliffe et al. 1999, 2001) sowie bei Anwendung des Bayley-Tests auf eine kleine Gruppe griechischer Kinder (Papaligoura et al. 2004) berichtet. Signifikant niedrigere Punktwerte auf den Bayley-Skalen wurden dagegen bei 89 einjährigen ICSI-Kindern im Vergleich mit 84 IVF- und 80 natürlich gezeugten Kindern in Australien gefunden, hauptsächlich Jungen (Bowen et al. 1998): 17 % der ICSI-Kinder zeigten eine leicht bzw. signifikant verzögerte Entwicklung (MDI [= mentaler Entwicklungs-Index] < 85), verglichen mit 2 % der IVF- und 1 % der natürlich gezeugten Kinder. Bei einer Folgeuntersuchung der dann fünfjährigen Kinder in der mittlerweile vergrößerten Stichprobe fanden sich allerdings keine Unterschiede zwischen den IQ-Werten der ICSI-Kinder und der Kontrollgruppen, und es wurden auch keine Unterschiede im Prozentsatz der Kinder gefunden, die eine verzögerte Entwicklung zeigten (Leslie et al. 2002). Die an fünf Standorten durchgeführte Studie mit den ICSI-, den IVF- und den natürlich gezeugten Kindern fand bei den dann fünfjährigen Kindern keine Unterschiede zwischen den Gruppen, was die Beherrschung der Sprache oder den IQ anging (Ponjaert-Kristoffersen 2003).

Die sozio-emotionale Entwicklung

Wiederum in der an den fünf Standorten durchgeführten Studie fanden Barnes et al. (2004) bei Verwendung der *Achenbach Child Behavior Checklist* keinen Unterschied, was Verhaltens- und emotionale Probleme der fünfjährigen ICSI-, IVF- und natürlich gezeugten Kinder anging. In einer Untersuchung, die sich des *Strengths and Difficulties Questionnaire* (SDQ; Goodman 1994) bediente, fanden Place und Englert (2002) in den Antworten der Eltern und Lehrerinnen keinen Hinweis auf größere emotionale oder Verhaltensprobleme von ICSI-Kindern gegenüber den IVF- und den natürlich gezeugten Vergleichskindern.

Familien, die durch Gametenspende zustande kommen

DI-Familien

Vorbehalte gegenüber der donogenen Insemination

In den zurückliegenden Jahren ist das Geheimnis, das DI-Familien umgibt, zunehmend mit Unbehagen betrachtet worden. Die donogene Insemination wird zwar schon seit mehr als hundert Jahren praktiziert, um Paaren mit einem unfruchtbaren männlichen Partner zur Elternschaft zu verhelfen, aber die meisten auf diesem Wege gezeugten Erwachsenen und Kinder sind noch immer in Unkenntnis darüber, dass die Person, die sie als ihren Vater kennen, nicht ihr genetischer Erzeuger ist. Es ist argumentiert worden, dass das Verheimlichen eine schleichende und schädliche Wirkung auf die Familienbeziehungen und damit auf das betroffene Kind ausüben werde.

Befunde, die für einen Zusammenhang zwischen Verheimlichung der Zeugungsumstände und negativen Folgewirkungen für die Kinder sprechen, entstammen im Wesentlichen zwei Quellen: der Adoptionsforschung und der familientherapeutischen Literatur. Heute wird allgemein anerkannt, dass Adoptivkinder davon profitieren, wenn sie wissen, wer ihre biologischen Eltern sind, und dass Kinder, denen die entsprechende Information vorenthalten wird, bezüglich ihrer Identität in Verwirrung geraten und damit Gefahr laufen könnten, emotionale Probleme zu entwickeln (Brodzinsky et al. 1998; Grotevant & McRoy 1998). Mit Blick auf die – der Adoption – parallele Situation der donogenen Insemination wurde ebenfalls der Gedanke geäußert, dass das Fehlen einer Aufklärung über den Spender schädlich für das Kind sein könnte (Baran & Pannor 1993; Daniels & Taylor 1993; Snowden et al. 1983; Snowden 1990). Familientherapeuten weisen darauf hin, dass eine Verheimlichung die Kommunikation in der Familie gefährden und dazu führen könnte, dass einzelne Familienmitglieder von anderen abrücken (Bok 1982; Karpel 1980; Papp 1993). Clamar (1989) hat zu bedenken gegeben, dass das Verschweigen der Zeugungsumstände diejenigen, die das Geheimnis kennen (die Eltern), von denjenigen, die es nicht kennen (den betroffenen Kindern), trennen wird. Ein weiterer Vorbehalt lautet, dass Eltern gegenüber einem nichtgenetischen Kind unter Umständen weniger positiv fühlen oder handeln und dass das Kind nicht wirklich als Teil der Familie akzeptiert wird, was sein Identitätsgefühl und seine psychische Entwicklung untergraben könnte. Zumal den Vätern wird eine größere Distanz gegenüber ihrem Kind »vorausgesagt« (Baran & Pannor 1993).

Die Forschung zum Elternverhalten in DI-Familien
Die meisten derjenigen Eltern, die sich für die Methode der Gametenspende entschieden haben, unterlassen es, mit ihrem Kind über die Art seiner Zeugung zu sprechen. In einer Übersicht über Studien, die in der Zeit von 1980 bis 1995 erschienen und sich mit dem Verschweigen der donogenen Insemination durch die Eltern befassten, kommt Brewaeys (1996) zu dem Schluss, dass nur wenige Eltern (weniger als 20%) beabsichtigten, ihrem Kind von seinen genetischen Ursprüngen zu erzählen, und in der Mehrzahl der Studien lag der Anteil der insoweit auskunftswilligen Eltern unter 10%. Ungeachtet ihrer Entscheidung zugunsten des Verschweigens hatte allerdings fast die Hälfte der Eltern zumindest einer dritten Person mitgeteilt, dass ihr Kind durch donogene Insemination gezeugt worden war, und damit die Gefahr heraufbeschworen, dass das Kind die Wahrheit eines Tages von anderer Seite erfahren würde. Nach der Geburt ihres Kindes bedauerten viele Eltern, anfangs so offen gewesen zu sein (Amuzu et al. 1990; Back & Snowden 1988; Klock & Maier 1991). Was die jüngeren Studien angeht, so bestand möglicherweise die Erwartung, dass ein größerer Prozentsatz der befragten Eltern bereit sein würde, offen mit ihren Kindern zu reden, doch war das nicht der Fall. Zu diesem Ergebnis kamen auch van Berkel et al. (1999) in ihrem Vergleich von Frauen, bei denen im Jahr 1980 eine DI durchgeführt worden war, mit solchen, die 1996 durch donogene Insemination schwanger geworden waren. Im Rahmen der schon erwähnten europäischen Studie (Golombok et al. 1996, 2002b), die mit einer repräsentativen Stichprobe von mehr als 100 DI-Familien in Italien, Spanien, den Niederlanden und Großbritannien arbeitete, stellten wir fest, dass ausnahmslos alle diese Elternpaare ihrem Kind bis zu dessen frühem Schulalter noch nichts gesagt hatten und dass in nur 8,6% der Fälle die frühadoleszenten Kinder schließlich Bescheid wussten. Jüngere US-amerikanische Studien kommen zu ähnlichen Ergebnissen (Leiblum & Aviv 1997; Nachtigall et al. 1998).

Es gibt allerdings auch Ausnahmen von diesem Muster. In Neuseeland herrscht dank der Tatsache, dass das Wissen um die genetische Herkunft bei den Maori eine große Rolle spielt, eine größere Offenheit in Bezug auf die donogene Insemination (Daniels & Lewis 1996). Einer repräsentativen Studie zufolge hatten 30% der insgesamt 181 Elternpaare ihren bis zu acht Jahre alten Kindern von der donogenen Insemination berichtet, und 77% der verbleibenden Eltern beabsichtigten, dies zu tun (Rumball & Adair 1999). Die Samenbank des Staates Kalifornien hat ein Programm aufgelegt, nach dem Personen, die durch donogene Insemination gezeugt wurden, sich mit Erreichen des 18. Lebensjahres über die Identität des Spenders informieren können. Fast alle Eltern, die für diese Möglichkeit optiert hatten, klärten ihr Kind über die Tatsache der donogenen Insemination auf (Scheib et al. 2003). Die jüngste Information zur Aufklärung über die donogene Insemination in Großbritannien entstammt einer repräsentativen Stichprobe von 50 DI-Elternpaaren, deren Kinder zwischen 1999 und 2003 geboren wurden: 46% dieser Elternpaare sagten aus, dass sie offen mit ihrem Kind darüber reden wollten (Golombok et al. 2004). Diese Zahlen zeigen an, dass erheblich mehr Eltern als bisher beabsichtigen, ihr Kind über die Tatsache seiner Zeugung mittels Samenspende zu informieren. Allerdings waren die hier interessierenden Kinder zum Zeitpunkt der Durchführung der Studie erst ein Jahr alt, und die Längsschnittforschung zeigt, dass manche Eltern, die anfangs zur Offenheit in dieser Sache entschlossen sind, es sich später anders überlegen (Golombok et al. 2002b). Selbst in Schweden, wo das Gesetz dem Einzelnen das Recht einräumt, sich über den Spender und dessen Identität zu informieren, kam eine Studie jüngst zu dem Schluss, dass nur 11% der DI-Eltern ihr Kind über die Art seiner Zeugung aufgeklärt hatten und weitere 41% beabsichtigten, das zu tun (Lindblad et al. 2000; Gottlieb et al. 2000). Eltern, denen dringend daran gelegen ist, Stillschweigen über die genetische Herkunft ihres Kindes zu wahren, werden mit großer Wahrscheinlichkeit nicht an derartigen Untersuchungen teilnehmen, und damit dürfte der hier angegebene Prozentsatz der Eltern, die offen mit ihren Kindern sprechen wollen, zu hoch gegriffen sein.

Eine Reihe von Studien ist der Frage nachgegangen, aus welchen Gründen manche DI-Eltern beschließen, ihren Kindern nichts zu sagen (Snowden et al. 1983; Cook et al. 1995; Nachtigall et al. 1997). An erster Stelle steht dabei die Sorge, die Enthüllung könnte das Kind belasten und sich ungünstig auf die Eltern-Kind-Beziehungen auswirken. Insbesondere fürchten solche Eltern, dass ihr Kind den Vater dann weniger lieben oder vielleicht sogar zurückweisen könnte. Weitere Erklärungen für den Entschluss der Eltern, nichts zu sagen, sind der Wunsch, den Vater vor dem Stigma der Unfruchtbarkeit zu bewahren; die Sorge, die Großeltern väterlicherseits könnten negativ reagieren und das Kind vielleicht nicht als ihr Enkelkind anerkennen; Unsicherheit bezüglich des besten Zeitpunktes und der besten Art und Weise, mit dem Kind zu sprechen; und schließlich der Umstand, dass man dem Kind keine oder keine ausreichenden Informationen über den Spender geben kann. Und schließlich gibt es auch Eltern, denen die sozialen Aspekte der Elternschaft für die psychische Anpassung ihres Kindes wichtiger erscheinen als die biologischen und die deshalb der Ansicht sind, dass es schlicht nicht notwendig sei, ihr Kind über seine genetische Herkunft zu unterrichten.

Brewaeys (1996, 2001) hat auch Studien durchgesehen, die danach fragen, was DI-Eltern kennzeichnet: Den meisten von ihnen erschien die Samenspende als positive Alternative, und fast alle Väter gaben an, das Verfahren habe keinen Einfluss auf ihr Verhältnis zu ihrem Kind, und sie fühlen sich als die »richtigen« Väter. Was die psychische Anpassung und die eheliche Zufriedenheit angeht, finden sich kaum Hinweise auf gestörte Beziehungen bei Paaren, die sich für die donogene Insemination entschieden haben (Humphrey & Humphrey 1987; Klock & Maier 1991; Klock et al. 1994; Owens et al. 1993; Reading et al. 1982; Schover et al. 1992).

Bezüglich des Eltern-Kind-Verhältnisses stellten wir im Rahmen der »European Study of Assisted Reproduction Families« fest, dass es sich in DI-Familien mit vier- bis achtjährigen Kindern ebenso positiv entwickelte wie in den IVF-Familien, was darauf hindeutet, dass genetische Bande für das Funktionieren von Familien weniger wichtig sind als der ausgeprägte Kinderwunsch (Golombok et al. 1996). Bei der Folgeuntersuchung der Familien zur Zeit der Adoleszenz der Kinder verwiesen die Befunde auf ein stabiles und zufriedenstellendes Eheleben der Eltern, auf ihr psychisches Wohlbefinden und auf ein ausgesprochen herzliches Verhältnis zwischen Eltern und Kindern, bei einem angemessenen Maß an Disziplin und Kontrolle von Seiten der Eltern (Golombok et al. 2002a, 2002b). Zwischen den DI- und den IVF-Familien fanden sich keine Unterschiede bei irgendeiner der Variablen, die mit der Qualität der Beziehungen zwischen Eltern und Kind zu tun haben. Ähnliche Befunde ergaben sich auch in einer neuen Kohorte von DI-Kindern, die 15 Jahre später als die Kinder der ursprünglichen Studie geboren wurden (Golombok et al. 2004).

Die Kinder in DI-Familien

Die kognitive Entwicklung
Eine kleine Anzahl unkontrollierter Studien, die von Brewaeys (1996) durchgesehen wurden, galt der kognitiven Entwicklung von Kindern, die durch donogene Insemination gezeugt wurden, im Vergleich mit den für die allgemeine Bevölkerung geltenden Normen. Die Ergebnisse zeigten, dass DI-Kinder in Bezug auf ihre intellektuelle, psychomotorische und sprachliche Entwicklung weiter fortgeschritten waren als ihre gleichaltrigen Peers (Amuzu et al. 1990; Clayton & Kovacs 1982; Izuka et al. 1968; Leeton & Blackwell 1982; Milson & Bergman 1982). Eine kontrollierte französische Studie ermittelte zudem, dass DI-Kinder zwischen drei und 36 Monaten in ihrer psychomotorischen und sprachlichen Entwicklung weiter waren als eine Vergleichsgruppe natürlich gezeugter Kinder (Manuel et al. 1990).

Die sozio-emotionale Entwicklung
Die frühen Studien fanden keinen Hinweis auf Verhaltens- oder emotionale Probleme bei Kindern, die durch DI gezeugt worden waren (Clayton & Kovacs 1982; Leeton & Blackwell 1982). In *einer* Studie wurde auf der Grundlage eines Interviews mit den Eltern in der Tat von einer höheren Inzidenz psychischer Schwierigkeiten bei DI-Kindern, verglichen mit natürlich gezeugten Kindern, berichtet (Manuel et al. 1990), während andere kontrollierte Studien, die mit standardisierten Erhebungsmethoden arbeiteten, keinen Hinweis auf ein höheres Maß an psychischen Störungen unter DI-Kindern erbrachten. Das gilt beispielsweise für sechs- bis achtjährige DI-Kinder und eine Vergleichsgruppe adoptierter bzw. natürlich gezeugter australischer Kinder (Kovacs et al. 1993), und es gilt auch für unseren Vergleich vier- bis achtjähriger DI-Kinder mit adoptierten, IVF- und natürlich gezeugten Kindern in Großbritannien (Golombok et al. 1995) und im übrigen Europa (Golombok et al. 1996) und für die ebenfalls von uns durchgeführte Folgeuntersuchung der dann Elf- bis Zwölfjährigen (Golombok et al. 2002 a; Golombok et al. 2002 b): Die Kinder machten nicht den Eindruck, als hätten die fehlende genetische Verbindung mit ihrem Vater oder die Tatsache, dass ihnen die Umstände ihrer Zeugung verborgen waren, irgendwelche negativen Folgewirkungen für sie.

Über Kinder, die sich ihrer donogenen Herkunft bewusst sind, ist wenig bekannt, und dies vor allem deshalb, weil die meisten so gezeugten Kinder eben *nicht* über die Umstände ihrer Zeugung belehrt worden sind. Rumball und Adair (1999) berichten, dass die Mehrheit der Kinder in ihrer insoweit in der Tat »aufgeklärten« Stichprobe mit Interesse auf diese Mitteilung einging, während andere die Information neutral oder uninteressiert aufnahmen und eine kleine Minderheit ungläubig darauf reagierte. Es gibt auch qualitative Studien mit Erwachsenen, die sich ihrer DI-Herkunft bewusst sind, auch wenn die Anzahl derer, für die systematische Daten vorliegen, noch sehr klein ist. Manche von diesen Erwachsenen berichten von guten Beziehungen zu ihren Eltern (Snowden et al. 1983), während andere eher negative Gefühle wie Feindseligkeit, Distanziertheit und Misstrauen angeben (Cordray 1999; Donor Conception Support Group of Australia 1997; Turner & Coyle 2000). So sprachen z. B. die von Turner und Coyle (2000) befragten Personen von Gefühlen des Verlusts, des Verlassenseins und der Trauer darüber, dass sie nichts über ihre genetische Herkunft wüssten, und von dem Wunsch, etwas über ihren Spendervater zu erfahren und wenn möglich in irgendeine Art von Beziehung zu ihm zu treten, um ein Gefühl der genetischen Kontinuität zu erwerben. Manche von ihnen hatten seit ihrer Kindheit gespürt, dass irgendetwas »nicht richtig« war, und schrieben ihre dürftige Vaterbeziehung nun ihrer DI-Herkunft zu. Allerdings waren diese Personen aus Supportgruppen rekrutiert worden, und es ist nicht bekannt, wie repräsentativ sie für die Gesamtheit der durch DI gezeugten und mittlerweile erwachsenen Individuen sind, die sich ihrer genetischen Herkunft bewusst sind.

Familien, die durch Eizellspende zustande kommen

Vorbehalte gegenüber der Eizellspende

Während die Behandlung mit Spendersamen, die es Paaren mit einem unfruchtbaren männlichen Partner ermöglicht, Kinder zu bekommen, schon viele Jahre lang praktiziert wird, haben unfruchtbare Frauen erst seit 1983 in der Folge der Fortschritte auf dem Gebiet der IVF die Möglichkeit, ein Kind auf dem Weg über eine Eizellspende zu empfangen (Lutjen et al. 1984; Trounson et al. 1983). Die Bedenken, die gegen die Eizellspende geäußert wurden, ähneln den Vorbehalten gegenüber der donogenen Insemination. Am heftigsten wird dabei über das Fehlen des genetischen Bandes zwischen Mutter und Kind und über die möglichen Folgen der Verheimlichung der Zeugungsumstände debattiert. Während bei der donogenen Insemination die Spender gewöhnlich anonym bleiben, sind Eizellspenderinnen häufig Verwandte oder Freundinnen der Eltern und bleiben unter Umständen in Kontakt mit der Familie, während das Kind heranwächst. Der Kontakt mit der genetischen Mutter wird von manchen Beobachtern insofern als positive Erfahrung für das Kind angesehen, als es damit Gelegenheit hat, ein besseres Verständnis für seine Herkunft zu entwickeln.

Allerdings ist nicht bekannt, wie sich dieser Kontakt auf die soziale, emotionale und Identitätsentwicklung des Kindes in den Jahren seines Heranwachsens und bis in sein Erwachsenenleben hinein auswirken wird und was er für die Sicherheit der sozialen Mutter in ihrer Rolle als Mutter und für ihre Beziehung zum Kind bedeutet.

Die Forschung zum Elternverhalten in Familien,
die durch Eizellspende zustande kommen
Die erste Studie zum Elternverhalten in Familien, in denen ein durch Eizellspende gezeugtes Kind lebt, wurde in Frankreich durchgeführt (Raoul-Duval et al. 1994). Die Autoren berichten von zwölf solchen Familien, mit denen sie zu tun hatten, als die Kinder neun bzw. 18 Monate alt waren; mit neun dieser ursprünglich zwölf Familien waren sie dann noch einmal befasst, als die Kinder 36 Monate alt waren. Dem Bericht zufolge waren die Mutter-Kind-Beziehungen in allen Fällen ausgezeichnet. Details bezüglich der Definition »ausgezeichneter« Mutter-Kind-Beziehungen wurden allerdings nicht genannt. In einer kontrollierten britischen Studie über Familien mit drei- bis achtjährigen Kindern verglichen wir Eizellspende-Familien, in denen das Kind genetisch mit dem Vater, nicht aber mit der Mutter verwandt war, und DI-Familien, in denen die Verwandtschaft mit der Mutter, nicht aber mit dem Vater bestand (Golombok et al. 1999). Der einzige Unterschied, der dabei zutage trat, bestand darin, dass die Mütter und Väter der durch Eizellspende gezeugten Kinder ihr Elternsein als weniger anstrengend bezeichneten als die DI-Eltern. Die Eizellspende-Familien funktionierten ebenso wie die DI-Familien gut. Was interessant ist: Nur eines der 21 Elternpaare, deren Kind durch Eizellspende gezeugt worden war, hatte dieses Kind über seine genetische Herkunft informiert. Die Gründe dafür, dass eine solche Information unterbleibt, ähneln denen, die auch im Fall der donogenen Insemination genannt werden: Die Eltern wollen das psychische Wohlergehen des Kindes bzw. die Eltern-Kind-Beziehung nicht gefährden und/oder halten eine solche Information nicht für notwendig (Murray & Golombok 2003). So kam eine finnische Studie, an der 49 Eizellspende-Familien mit Kindern im Alter zwischen sechs Monaten und vier Jahren teilnahmen, zu dem Schluss, dass keines der Elternpaare das Kind über die Umstände seiner Zeugung unterrichtet hatte (Soderstrom-Anttila et al. 1998). Allerdings beabsichtigten 38 % dieser Eltern, das zu tun – ein höherer Prozentsatz als der üblicherweise für DI-Eltern berichtete. Was ebenso für DI-Eltern gilt: Viele dieser Eltern (73 %) hatten sich zwar nicht dem Kind, aber immerhin einer dritten Person gegenüber entsprechend geäußert. Im Rahmen einer jüngeren Studie mit britischen Kindern, die

durch Eizellspende gezeugt und zwischen 1999 und 2001 geboren wurden, äußerten 56% der Eltern die Absicht, offen mit ihren Kindern zu reden – ein höherer Prozentsatz als der für DI-Eltern ermittelte (Golombok et al. 2004).

Die Kinder in Familien, die durch Eizellspende zustande kommen

Die kognitive Entwicklung

Raoul-Duval et al. (1994) fanden bei keinem der zwölf durch Eizellspende gezeugten Kinder aus ihrer Studie einen Hinweis auf eine psychomotorische Retardation.

Die sozio-emotionale Entwicklung

Soderstrom-Anttila et al. (1998) verglichen 59 nach Eizellspende geborene Kinder mit 126 IVF-Kindern, alle im Alter zwischen sechs Monaten und vier Jahren. Sie fanden keine Unterschiede zwischen den beiden Gruppen, was den Anteil der Kinder mit Ess- oder Schlafstörungen anging; die Eltern der nach einer Eizellspende geborenen Kinder zeigten sich im Vergleich zu den IVF-Eltern weniger um das Verhalten ihrer Kinder besorgt. Im Rahmen unserer eigenen Studie (Golombok et al. 1999) mit drei- bis achtjährigen Eizellspende-Kindern wurden die Eltern mittels Fragebogen um Angaben zu etwa vorhandenen Verhaltens- und emotionalen Schwierigkeiten ihrer Kinder gebeten und die Kinder in einem standardisierten Verfahren auf ihre Selbstachtung hin begutachtet. Anhaltspunkte für psychische Schwierigkeiten dieser nach einer Eizellspende geborenen Kinder fanden sich dabei nicht.

Nichttraditionelle Familien

DI-Familien mit lesbischer bzw. »Solo«-Mutter

Vorbehalte gegenüber der donogenen Insemination im Fall von lesbischen und »Solo«-Müttern

Die Frage, ob lesbische Paare und alleinstehende heterosexuelle Frauen Zugang zur assistierten Reproduktion haben sollten, ist in den letzten Jahren sehr kontrovers diskutiert worden. Was die lesbische Familie angeht, sind vor allem zwei Bedenken vorgetragen worden: zum einen, dass die Kinder lesbischer Mütter von ihren Altersgenossen gehänselt bzw. ausgegrenzt werden könnten, weil Homosexualität noch immer mit einem sozialen Stigma belegt ist, und in der Folge

Verhaltens- und emotionale Probleme entwickeln werden; zum anderen, dass das Fehlen einer Vaterfigur neben einer oder zwei Müttern, die nicht der konventionellen Geschlechterrolle entsprechen, die geschlechtsspezifische Entwicklung der Kinder beeinflussen werde (dass Jungen sich also weniger männlich und Mädchen sich weniger weiblich verhalten werden als ihre Altersgenossen aus heterosexuellen Familien). Für beide Annahmen gibt es zwar keine Anhaltspunkte (siehe dazu Golombok 1999; Patterson 1992), aber die frühe Forschung legte den Akzent auf solche Fälle, in denen das Kind in eine heterosexuelle Familie hineingeboren worden war und sich dann – nach der Trennung oder Scheidung der Eltern – in einer lesbischen Familie wiederfand.

In Bezug auf »Solo«-Mütter kreisen die Vorbehalte gegenüber der donogenen Insemination um die Frage, was das Heranwachsen in einer vaterlosen Familie für die Kinder bedeutet. Sie stützen sich auf Forschungen, die auf eine Beeinträchtigung der kognitiven, sozialen und emotionalen Entwicklung von Kindern verweisen, die nach der Scheidung oder Trennung ihrer Eltern von der nunmehr alleinstehenden Mutter großgezogen werden (Amato 1993; Chase-Lansdale & Hetherington 1990; Hetherington & Stanley-Hagan 1995; McLanahan & Sandefur 1994; Weinraub et al. 2002). Freilich haben Faktoren wie ökonomische Notlagen und vorausgegangene Konflikte zwischen den Eltern einen ganz erheblichen Anteil an den Anpassungsschwierigkeiten von Kindern in Single-Mutter-Familien. Solche Folgen können aber nicht verallgemeinert und damit für Kinder von Single-Müttern behauptet werden, die ihre Existenz der assistierten Reproduktion verdanken, denn solche Kinder haben ja keine Elterntrennung erlebt und wachsen in der Regel nicht in beengten finanziellen Verhältnissen auf. Möglich ist allerdings, dass andere Zwänge, mit denen Solo-Mütter sich konfrontiert sehen – etwa das soziale Stigma und der Mangel an Unterstützung von Seiten der Umgebung –, mit ihrem Elternverhalten interferieren und die Kinder für Verhaltens- und emotionale Schwierigkeiten empfänglich machen.

Die Forschung zum Elternverhalten in DI-Familien mit lesbischer bzw. Solo-Mutter

In den zurückliegenden Jahren sind mehrere kontrollierte Studien über lesbische Paare mit einem durch DI gezeugten Kind durchgeführt worden. In den Vereinigten Staaten verglichen Flaks et al. (1995) 15 lesbische und 15 heterosexuelle DI-Familien, und Chan et al. (1998) arbeiteten mit 55 lesbischen und 25 heterosexuellen DI-Familien. Es stellte sich heraus, dass die sexuelle Orientierung der Eltern in keinem Zusammenhang mit ihrer elterlichen Anpassung, ihrer elterlichen Selbstachtung und ihrer Zufriedenheit mit der Beziehung stand. Eine britische Studie (Golombok et al. 1997) verglich 30 lesbische DI-Familien, 41 heterosexuelle Zwei-Eltern-Familien und 42 Familien, denen eine heterosexuelle »Solo«-Mutter vorstand. Sie kam zu dem Schluss, dass die Familien mit lesbischer Mutter gut funktionierten, was die Zugewandtheit der Mutter und die Mutter-Kind-Interaktion anging. Brewaeys et al. (1997) studierten 30 belgische Familien mit lesbischer Mutter und einem vier- bis achtjährigen Kind im Vergleich mit 38 heterosexuellen Familien mit einem DI-Kind und mit 30 heterosexuellen Familien mit einem natürlich gezeugten Kind. Zwischen den lesbischen Paaren und den anderen Familientypen wurden keine größeren Unterschiede in Bezug auf die Qualität des Elternverhaltens bzw. die Qualität der Paarbeziehung gefunden. Der auffälligste Befund aus diesen Untersuchungen lautete, dass die Ko-Mütter in den lesbischen Zwei-Mütter-Familien stärker mit den jeweiligen Kindern »verbandelt« waren als die Väter in den heterosexuellen Zwei-Eltern-Familien. In der belgischen Studie wurden die Eltern auch zu der Überlegung befragt, ob das Kind über die Umstände seiner Zeugung informiert werden sollte oder nicht. Alle lesbischen Mütter beabsichtigten, ihren Kindern zu sagen, dass sie durch donogene Insemination gezeugt worden waren, und 56 % dieser Mütter hätten für die Identifizierung des Spenders optiert, wenn das möglich gewesen wäre (Brewaeys et al. 1995). Vergleichbare Befunde, was die Auskunftsbereitschaft lesbischer Mütter angeht, wurden aus den Vereinigten Staaten gemeldet (Leiblum et al. 1995; Wendland et al. 1996; Jacob et al. 1999). Die Einstellung lesbischer Mütter zu dieser Frage steht in auffälligem Kontrast zur Einstellung heterosexueller Eltern, die es vorziehen, ihrem Kind nichts zu sagen.

Zur Qualität des Elternverhaltens von Single-Frauen, die sich für die donogene Insemination entscheiden, um ein Kind gebären zu können, ist bisher kaum Forschung betrieben worden. Diese Mütter werden als »Solo«-Mütter bezeichnet, um sie von Müttern zu unterscheiden, die in der Folge einer Trennung oder Scheidung erneut zu Singles werden (Weinraub et al. 2002). Eine kleine unkontrollierte Studie mit zehn DI-Anwärterinnen (zitiert in Fidell & Marik 1989) kam zu dem Ergebnis, dass die Entscheidung für dieses Verfahren wesentlich davon bestimmt war, dass diese Frauen es vermeiden wollten, einen Mann ohne sein Wissen und sein Einverständnis zur Zeugung eines Kindes einzusetzen. Die Entscheidung für die donogene Insemination bedeutete darüber hinaus, dass sie Rechte und Pflichten im Zusammenhang mit dem Kind nicht mit einem Mann zu teilen brauchten, dem sie sich emotional nicht verbunden fühlten. Und auch bei den von uns beobachteten 27 Solo-Müttern einjähriger

Kinder stand hinter der Entscheidung für die donogene Insemination in erster Linie die Überlegung, dass sie es damit vermeiden konnten, sich in der Absicht, schwanger zu werden, auf Gelegenheitssex einzulassen (Murray & Golombok 2005). Diesen Frauen mit ihrem lebenslangen Traum von einem Kind war durchaus bewusst, dass die Zeit ihnen davonlief und dass sie keine andere Wahl hatten, sich diesen Traum zu erfüllen, weil es an einem Partner fehlte. Im Vergleich zu verheirateten DI-Müttern wirkten die »Solo«-Mütter aufgeschlossener für den Gedanken, ihrem Kind von seiner donogenen Herkunft zu erzählen: 93 % von ihnen gaben an, dass sie das vorhatten, während von den verheirateten DI-Müttern nur 46 % diese Absicht äußerten. Was die Mutter-Kind-Beziehungen anging, so stellten wir fest, dass »Solo«-Mütter die gleiche Herzlichkeit und Verbundenheit gegenüber ihren DI-Kindern an den Tag legten wie die verheirateten Vergleichspersonen. Allerdings zeigten die »Solo«-Mütter ein geringeres Maß an Austausch und Feinfühligkeit. Das könnte sich damit erklären, dass das Vorhandensein eines Partners es den verheirateten DI-Müttern ermöglichte, mehr Zeit mit ihrem Kind zu verbringen.

Die Kinder in DI-Familien mit lesbischer bzw. »Solo«-Mutter
Bisher sprechen die Anzeichen dafür, dass DI-Kinder lesbischer Mütter sich in Bezug auf ihre geschlechtsspezifische Entwicklung nicht von anderen Kindern unterscheiden (Brewaeys et al. 1997). In der Beurteilung solcher – vier- bis achtjähriger – Kinder durch Mütter und Lehrerinnen fehlt zudem jeglicher Hinweis auf ein höheres Maß an Verhaltensproblemen und emotionalen Schwierigkeiten (Brewaeys et al. 1997; Chan et al. 1998; Flaks et al. 1995; Golombok, et al. 1997). Auch fühlen die Kinder lesbischer Mütter sich von ihren Peers ebenso akzeptiert wie die Kinder heterosexueller Eltern (Golombok et al. 1997). Im Rahmen einer Folgeuntersuchung der ursprünglich von Brewaeys et al. (1997) untersuchten DI-Kinder, die mittlerweile sieben bis 17 Jahre alt waren, sagten 27 %, dass sie die Identität des Spenders gerne kennten, 19 % wünschten sich eine nicht-identifizierende Information über Aussehen und Persönlichkeit des Spenders, während die verbleibenden 54 % keinerlei Information über den Spender wünschten (Vanfraussen et al. 2001). Zur psychischen Anpassung von DI-Kindern heterosexueller Mütter gibt es noch keine detaillierten Untersuchungen. Immerhin stellten wir fest, dass DI-Kinder von Single-Müttern kein größeres Risiko für Ess- oder Schlafstörungen hatten als DI-Kinder verheirateter Mütter (Murray & Golombok 2005).

Leihmutterfamilien

Vorbehalte gegenüber der Leihmutterschaft

Die Praxis der Leihmutterschaft war und ist in hohem Maß strittig. Ähnlich wie Eizellspenderinnen sind auch Leihmütter häufig Verwandte oder Freundinnen des auftraggebenden Paares, und selbst wenn die Leihmutter dem Paar vor dem Leiharrangement nicht bekannt war, hält der Kontakt möglicherweise über die Geburt des Kindes hinaus an. Es ist nicht bekannt, wie sich das auf die psychische und Identitätsentwicklung des Kindes und auf die Gefühle und das Elternverhalten der auftraggebenden Mutter auswirkt, zumal wenn die Leihmutter auch die genetische Mutter des Kindes ist. Ebenso wenig ist bekannt, wie Kinder sich fühlen, wenn sie entdecken, dass die austragende Mutter sie in der erklärten Absicht empfangen hat, sie den auftraggebenden Eltern zu überlassen.

Die Forschung zum Elternverhalten in Leihmutterfamilien

Blyth (1995) stellte fest, dass alle 20 von ihm befragten Auftraggeberpaare der Meinung waren, dem Kind müsse die ganze Wahrheit über seine Herkunft mitgeteilt werden. Nicht bekannt ist allerdings, ob die Eltern diese Absicht dann auch wahrmachten. Und laut MacCallum et al. (2003), die es mit einer Stichprobe von 42 »Bestellerpaaren« einjähriger Kinder zu tun hatten, beabsichtigten alle diese Eltern, offen mit ihrem Kind zu reden. Im Rahmen der letztgenannten Studie stellten wir fest, dass die auftraggebenden Eltern ihrem Kind herzlicher und engagierter begegneten als eine Vergleichsgruppe von Eltern es mit ihren auf natürliche Weise gezeugten Kindern hielt (Golombok et al. 2004). Interessanterweise waren 95 % der Leihmutterfamilien in gewissem Umfang in Kontakt mit der Leihmutter geblieben, und die allermeisten berichteten, dass sie ein gutes Verhältnis zu ihr hatten.

Die Kinder in Leihmutterfamilien

In einer Studie zur kognitiven Entwicklung von Einlingen, die nach IVF-Leihmutterschaft geboren wurden (Serafini 2001), fand sich kein Anzeichen einer sprachlichen oder motorischen Beeinträchtigung dieser Kinder. Eine Erfassung des Temperaments anhand des *Infant Characteristics Questionnaire* (Bates et al. 1979) erbrachte keinen Unterschied zwischen Leihmutter-Kindern und solchen Kindern, die durch Eizellspende oder auf natürliche Weise gezeugt worden waren, was die Labilität des Stimmungszustandes, den allgemeinen Aktivitätspegel, die Voraussagbarkeit von Reaktionen und die Fähigkeit anging, sich an neue Situationen anzupassen (Golombok et a. 2004).

Abschließende Überlegungen

Die Familiengründung auf dem Weg der assistierten Reproduktion hat zu einer Reihe von Vorbehalten bezüglich der potentiell negativen Folgen für Elternverhalten und Kindesentwicklung geführt. Nach den bisher vorliegenden Anzeichen zu urteilen, dürften diese Bedenken allerdings unbegründet sein. Die Eltern künstlich gezeugter Kinder haben im Allgemeinen ein gutes Verhältnis zu ihrem Nachwuchs, und dies selbst in den Fällen, in denen es der einen Elternperson an einem genetischen bzw. schwangerschaftsbedingten *Bindeglied* mit dem Kind fehlt. Und reif geborene IVF- bzw. ICSI-Kinder lassen keine kognitive Beeinträchtigung erkennen, wobei die Forschung im Fall der ICSI-Kinder allerdings noch im Gang ist. Die Berichte von der kognitiven Überlegenheit von DI-Kindern werden durch kontrollierte Makrostudien nicht bestätigt, könnten sich aber damit erklären, dass Spender mit einem hohen Bildungsniveau beteiligt waren. Auch was die sozio-emotionale Entwicklung angeht, scheinen Kinder, die auf dem Weg der assistierten Reproduktion gezeugt wurden, gut zu funktionieren. Die größeren Schwierigkeiten von IVF-Babys kommen in den Berichten der Mütter zur Sprache und gehen wahrscheinlich darauf zurück, dass IVF-Mütter vergleichsweise ängstlich sind. Studien, die mit Vorschul- und Schulkindern durchgeführt wurden, verweisen nicht auf eine höhere Inzidenz von Verhaltens- oder emotionalen Schwierigkeiten bei künstlich gezeugten Kindern. Die neuen Familienformen scheinen also kein Risikofaktor für die Kinder zu sein. Dass Kinder auf ungewöhnliche Weise gezeugt wurden oder in ungewöhnlichen Familienkonstellationen leben, heißt für sich genommen noch nicht, dass sie ein größeres Risiko haben, mit der Zeit psychische Störungen zu entwickeln. Vielmehr deuten die hier wiedergegebenen Befunde darauf hin, dass die Familienstruktur als solche für die psychische Entwicklung kaum von Belang ist. Was dagegen offensichtlich eine Rolle spielt, ist die Qualität des Familienlebens.

Nichtsdestoweniger gibt es nur wenige Studien, die Kinder noch in der Adoleszenz und darüber hinaus begleiten, und wenig ist auch über die Frage bekannt, wie sich die Folgen der künstlich herbeigeführten Zeugung in den Augen der betroffenen Individuen darstellen. Die vorhandenen Studien sind im Übrigen von unterschiedlicher Qualität. Manche zeichnen sich durch ein straff methodisches Vorgehen aus, indem sie z.B. bei der Gegenüberstellung von Reproduktionsfamilien und Vergleichsgruppen auf potentiell konfundierende Faktoren wie das Alter der Mutter, den sozioökonomischen Status und die Anzahl der Kinder in der jeweiligen Familie achten. Die Forschung auf diesem Gebiet wird allerdings dadurch behindert, dass die Stichproben klein, nicht repräsentativ und dürftig definiert sind, dass es an passenden Kontrollgruppen fehlt und dass die Erfassungsinstrumente schlecht validiert sind. Dazu kommt, dass es auf dem Feld der assistierten Reproduktion auch Familientypen gibt, über die wir kaum etwas wissen – etwa Familien, die durch Embryospende zustande kommen (MacCallum 2004).

Grundsätzliche Überlegungen

Angesichts der zunehmenden Bedenken wegen der immer größeren Zahl der Mehrlingsgeburten nach assistierter Reproduktion hat man in den letzten Jahren über die Anzahl der in einem IVF-/ICSI-Zyklus zu verwendenden Embryonen und über die Frage nachgedacht, ob diese Anzahl offiziell geregelt werden sollte. Die Europäische Gesellschaft für Humanreproduktion und Embryologie (ESHRE) hat darauf aufmerksam gemacht, dass es im Zusammenhang mit dieser Frage zu Konflikten zwischen der professionellen Autonomie des Arztes, der für das Wohlergehen der zukünftigen Mutter und ihrer zukünftigen Kinder verantwortlich ist, und dem Selbstbestimmungsrecht der potentiellen Eltern kommen kann, die sich unter Umständen für die Übertragung einer großen Zahl von Embryonen aussprechen, weil sie sich dringend ein Kind wünschen, wiederholte Behandlungszyklen nicht bezahlen können und über die Folgen von Mehrlingsgeburten nicht informiert sind. Aus einer neueren US-amerikanischen Studie geht hervor, dass die Zahl der Mehrlingsschwangerschaften nach IVF zurückgegangen ist, weil weniger Embryonen übertragen wurden (Jain et al. 2004). Allerdings bezieht sich dieser Rückgang nur auf die Anzahl der Drillings- und Mehrlings-, nicht aber auf die Anzahl der Zwillingsgeburten.

Die andere gewichtige Überlegung gilt gegenwärtig der Frage, ob die Anonymität der Spenderpersonen aufgehoben werden sollte, um den Kindern zu Informationen über die Identität der genetischen Erzeugerperson zu verhelfen. Das Ethik-Komitee der American Society for Reproductive Medicine hat sich für eine Information der Kinder über die Tatsache ihrer Entstehung durch Gametenspende ausgesprochen, und die britische Regierung hat jüngst eine Gesetzesänderung angekündigt, der zufolge Kinder, die durch Gametenspende entstanden sind und das 18. Lebensjahr vollendet haben, ab 2005 Zugang zu Informationen über die Identität der Spenderperson haben sollen.[2] Sie können so ihre genetische(n) Erzeugerperson(en) ausfindig machen und unter Umständen kontaktieren und auch Halbgeschwister bzw. – im Fall der Embryo-Spende – Vollgeschwister kennenlernen. Die psychischen Folgen der Spenderidentifizierung für Kinder, Eltern, Spenderperson(en) und ihre Familien sind noch nicht bekannt. Auf diese Frage wird Licht fallen, wenn Kinder, die mit Hilfe identifizierbarer Spender gezeugt wurden, alt genug sind, um sich Informationen über die betreffende Person zu verschaffen. Die ersten »Kinder«, die unter Einschaltung der Sperm Bank of California unter den Bedingungen eines Programms zur Freigabe der Spenderidentität gezeugt wurden, sind gerade 18 Jahre alt geworden und soeben dabei, die Identität ihrer Spender in Erfahrung zu bringen (Scheib et al. 2003). Was das für alle Beteiligten bedeutet, wird in den nächsten Jahren genau beobachtet werden.

Die Richtung der zukünftigen Forschung

Auch wenn das, was wir heute über neue Familienformen wissen, keinen Anlass zur Besorgnis gibt, sind doch viele Fragen offen, denen weiter nachgegangen werden sollte. Welche langfristigen Konsequenzen ergeben sich aus der assistierten Reproduktion und zumal aus der Geheimhaltung der genetischen Herkunft eines Kindes? Wie wirkt es sich auf ein durch Gametenspende gezeugtes Kind aus, wenn es entdeckt, dass es mit einer der Elternpersonen oder auch mit beiden Eltern genetisch nicht verwandt ist? Wie wirkt sich der anhaltende Kontakt eines Kindes mit der Frau aus, die als seine Eizellspenderin bzw. Leihmutter fungierte? Wie reagieren heranwachsende Kinder auf die Erkenntnis, dass ihr Vater ein anonymer Samenspender ist, dem sie nie begegnen werden? Das sind nur einige der Fragen, mit denen wir uns näher beschäftigen sollten. Statt unfundierter Meinungen brauchen wir systematische kontrollierte Studien mit repräsentativen Stichproben, um wirklich zu verstehen, was die spezielle Situation für Eltern und Kinder bedeutet.

Anmerkungen

1 Abdruck mit freundlicher Genehmigung: Susan Golombok, »New family forms« in: Alison Clarke-Stewart & Judy Dunn (Hrsg.) (2006): *Families count. Effects on child and adolescent development.* Cambridge u. a. (Cambridge University Press), S. 273–298.
2 Diese Regelung ist mittlerweile in Kraft.

Literatur

Amato, P. R. (1993): Children's adjustment to divorce: Theories, hypotheses and empirical support. *Journal of Marriage and the Family*, 55, S. 23–38.

Amuzu, B., Laxova, R. & Shapiro, S. (1990): Pregnancy outcome, health of children and family adjustment of children after donor insemination. *Obstetrics and Gynecology*, 75, S. 899–905.

Back, K. & Snowden, R. (1988): The anonymity of the gamete donor. *Journal of Psychosomatic Obstetrics and Gynaecology*, 9, S. 191–198.

Baran, A. & Pannor, R. (1993): *Lethal secrets*. New York (Amistad).

Barnes, J., Sutcliffe, A., Kristoffersen, I., Loft, A., Wennerholm, U., Tarlatzis, V. et al. (2004): The influence of assisted reproduction on family functioning and children's socio-emotional development: Results from a European study. *Human Reproduction*, 19, S. 1480–1487.

Bates, J., Freeland, C. & Lounsbury, M. (1979): Measurement of infant difficultness. *Child Development*, 50, S. 794–803.

Bergh, T., Ericson, A., Hillensjo, T., Bygren, K. G. & Wennerholm, U. B. (1999): Deliveries and children born after *in vitro* fertilization in Sweden 1982–5: A retrospective cohort study. *Lancet*, 354, S. 1579–1585.

Blyth, E. (1995): »Not a primrose path«: Commissioning parents' experiences of surrogacy arrangements in Britain. *Journal of Reproductive and Infant Psychology*, 13, S. 185–196.

Bok, S. (1982): *Secrets*. New York (Pantheon).

Bonduelle, M., Joris, H., Hofmans, K., Liebaers, I. & Van Steirteghem, A. (1998): Mental development of 201 ICSI children at 2 years of age. *Lancet*, 351, 1553.

Bonduelle, M., Ponjaert, L., Van Steirteghem, A., Derde, M. P., Devroey, P. & Liebaers, I. (2003): Developmental outcome at 2 years of age for children born after ICSI compared with children born after IVF. *Human Reproduction*, 18, S. 342–350.

Botting, B. J., MacFarlane, A. J. & Price, F. V. (Hrsg.) (1990): *Three, four and more. A study of triplet and higher order births*. London (HMSO).

Bowen, J. R., Gibson, F. L., Leslie, G. I. & Saunders, D. M. (1998): Medical and developmental outcome at 1 year for children conceived by intracytoplasmic sperm injection. *Lancet*, 351, S. 1529–1534.

Brandes, J. M., Scher, A., Itzkovits, J., Thaler, I., Sarid, M. & Gershoni-Baruch, R. (1992): Growth and development of children conceived by in vitro fertilization. *Pediatrics*, 90, S. 424–439.

Brewaeys, A. (1996): DI, the impact on family and child development. *Journal of Psychosomatic Obstetrics and Gynaecology*, 17, S. 1–13.

Brewaeys, A. (2001): Review: Parent-child relationships and child development in donor insemination families. *Human Reproduction Update*, 17 (1), S. 38–46.

Brewaeys, A., Ponjaert-Kristoffersen, I., van Hall, E. V., Helmerhorst, F. M. & Devroey, P. (1995): Lesbian mothers who conceived after donor insemination: A follow-up study. *Human Reproduction*, 10, S. 2731–2735.

Brewaeys, A., Ponjaert-Kristoffersen, I., Van Hall, E. V. & Golombok, S. (1997): Donor

insemination: Child development and family functioning in lesbian-mother families. *Human Reproduction*, 12, S. 1349–1359.
Brodzinsky, D.M., Smith, D.W. & Brodzinsky, A.B. (1998): *Children's adjustment to adoption. Developmental and clinical issues*. London (Sage Publications).
Burns, L.H. (1990): An exploratory study of perceptions of parenting after infertility. *Family Systems Medicine*, 8, S. 177–189.
Cederblad, M., Friberg, B., Ploman F., Sjoberg, N.O., Stjernqvist, K. & Zackrisson, E. (1996): Intelligence and behavior in children born after in-vitro fertilization treatment. *Human Reproduction*, 11, S. 2052–2057.
Chan, R.W., Raboy, B. & Patterson, C.J. (1998): Psychosocial adjustment among children conceived via donor insemination by lesbian and heterosexual mothers. *Child Development*, 69, S. 443–457.
Chase-Lansdale, P.L. & Hetherington, E.M. (1990): The impact of divorce on life-span development: Short and long-term effects. In: P.B. Baltes, D.L. Featherman & R.M. Lerner (Hrsg.), *Life-span development and behavior*, Bd. 10. Hillsdale, NJ (Erlbaum), S. 105–150.
Clamar, A. (1989): Psychological implications of the anonymous pregnancy. In: J. Offerman-Zuckerberg (Hrsg.), *Gender in transition: A new frontier*. New York (Plenum Press), S. 111–121.
Clayton, C. & Kovacs, G. (1982): AID offspring: Initial follow up study of 50 couples. *Medical Journal of Australia*, 1, S. 338–339.
Cohen, J., McMahon, F., Gibson, F., Leslie, G. & Saunders, D. (2001): *Marital adjustment in ICSI families: A controlled comparison*. Vortrag, gehalten beim 17. World Congress on Fertility and Sterility, Melbourne, Australien.
Colpin, H., Demyttenaere, K. & Vandemeulebroecke, L. (1995): New reproductive technology and the family: The parent-child relationship following *in vitro* fertilization. *Journal of Child Psychology and Psychiatry*, 36, S. 1429–1441.
Cook, R., Golombok, S., Bish, A. & Murray, C. (1995): Keeping secrets: A study of parental attitudes toward telling about donor insemination. *American Journal of Orthopsychiatry*, 65, S. 549–559.
Cordray, B. (1999): *Speaking for ourselves: Quotes from men and women created by DI/remote father conception*. 11. World Congress on In Vitro Fertilization and Human Reproductive Genetics, Sydney, Australien.
Daniels, K. & Lewis, G.M. (1996): Openness of information in the use of donor gametes: Developments in New Zealand. *Journal of Reproductive and Infant Psychology*, 14, S. 57–68.
Daniels, K. & Taylor K. (1993): Secrecy and openness in donor insemination. *Politics and Life Sciences*, 12, S. 155–170.
Donor Conception Support Group of Australia (1997): *Let the offspring speak: Discussions on donor conception*. New South Wales (Georges Hall).
Einwohner, J. (1989): Who becomes a surrogate: Personality characteristics. In: J. Offerman-Zuckerberg (Hrsg.), *Gender in transition: A new frontier*. New York (Plenum Press), S. 123–149.
ESHRE Task Force (2003): *Ethical issues related to multiple pregnancies in medically assisted procreation*. Brüssel (European Society of Human Reproduction and Embryology).
Fidell, L. & Marik, J. (1989): Paternity by proxy: Artificial insemination by donor sperm.

In: J. Offerman-Zuckerberg (Hrsg.), *Gender in transition: A new frontier*. New York (Plenum Press), S. 93–110.

Flaks, D. K., Ficher, I., Masterpasqua, F. & Joseph, G. (1995): Lesbians choosing motherhood: A comparative study of lesbian and heterosexual parents and their children. *Developmental Psychology*, 31, S. 105–114.

Gibson, F. L., Ungerer, J. A., Leslie, G. I., Saunders, D. M. & Tennant, C. C. (1998): Development, behavior and temperament: A prospective study of infants conceived through in-vitro fertilization. *Human Reproduction*, 13, S. 1727–1732.

Gibson, F. L., Ungerer, J. A., Leslie, G. I., Saunders, D. M. & Tennant, C. C. (1999): Maternal attitudes to parenting and mother-child relationship and interaction in IVF families: A prospective study. *Human Reproduction*, 14, S. 131–132.

Gibson, F., Ungerer, J., McMahon, C., Leslie, G. & Saunders, D. (2000a): The mother-child relationship following in vitro fertilization (IVF): Infant attachment, responsivity, and maternal sensitivity. *Journal of Child Psychology and Psychiatry*, 41, S. 1015–1023.

Gibson, F. L., Ungerer, J. A., Tennant, C. C. & Saunders, D. M. (2000b): Parental adjustment and attitudes to parenting after in vitro fertilization. *Fertility and Sterility*, 73, S. 565–574.

Golombok, S. (1999): Lesbian mother families. In: A. Bainham, S. Sclater & M. Richards (Hrsg.), *What is a parent? A socio-legal analysis*. Oxford (Hart), S. 161–180.

Golombok, S., Cook, R., Bish, A. & Murray, C. (1995): Families created by the new reproductive technologies: Quality of parenting and social and emotional development of the children. *Child Development*, 66, S. 285–298.

Golombok, S., Brewaeys, A., Cook, R., Giavazzi, M. T., Guerra, D., Mantovanni, A., Van Hall, E., Crosignano, P. G. & Dexeus, S. (1996): The European Study of Assisted Reproduction Families. *Human Reproduction*, 11, S. 2324–2331.

Golombok, S., Tasker, F. & Murray, C. (1997): Children raised in fatherless families from infancy: Family relationships and the socioemotional development of children of lesbian and single heterosexual mothers. *Journal of Child Psychology and Psychiatry*, 38, S. 783–792.

Golombok, S., Murray, C., Brinsden, P. & Abdalla, H. (1999): Social versus biological parenting: Family functioning and the socioemotional development of children conceived by egg or sperm donation. *Journal of Child Psychology and Psychiatry*, 40, S. 519–527.

Golombok, S., MacCallum, F. & Goodman, E. (2001): The ›test-tube‹ generation: Parent-child relationships and the psychological well-being of IVF children at adolescence. *Child Development*, 72, S. 599–608.

Golombok, S., Brewaeys, A., Giavazzi, M. T., Guerra, D., MacCallum, F. & Rust; J. (2002a): The European Study of Assisted Reproduction Families: The transition to adolescence. *Human Reproduction*, 17, S. 830–840.

Golombok, S., MacCallum, F., Goodman, E. & Rutter, M. (2002b): Families with children conceived by DI: A follow-up at age 12. *Child Development*, 73, S. 952–968.

Golombok, S., Lycett, E., MacCallum, F., Jadva, V., Murray, C., Rust, J., Abdalla, H., Jenkins, J. & Margara, R. (2004): Parenting infants conceived by gamete donation. *Journal of Family Psychology*, 18, S. 443–452.

Goodman, R. (1994): A modified version of the Rutter parent questionnaire including extra items on children's strengths: A research note. *Journal of Child Psychiatry and Psychology*, 35, S. 1483–1494.

Gottlieb, C., Lalos, O. & Lindblad, F. (2000): Disclosure of donor insemination to the child: The impact of Swedish legislation on couples' attitudes. *Human Reproduction*, 15, S. 2052–2056.

Grotevant, M. D., & McRoy, R. G. (1998): *Openness in adoption: Exploring family connections*. New York (Sage).

Hahn, C. & DiPietro, J. A. (2001): In vitro fertilization and the family: Quality of parenting, family functioning, and child psychosocial adjustment. *Developmental Psychology*, 37, S. 37–48.

Hetherington, E. M. & Stanley-Hagan, M. M. (1995): Parenting in divorced and remarried families. In: M. Bornstein (Hrsg.), *Handbook of parenting*, Bd. 3. Hillsdale NJ. (Erlbaum), S. 233–254.

Humphrey, M. & Humphrey, H. (1987): Marital relationships in couples seeking DI. *Journal of Biosocial Science*, 19, S. 209–219.

Izuka, R., Yoshiaki, S., Nobuhiro, N. & Michie, O. (1968): The physical and mental development of children born following artificial insemination. *International Journal of Fertility*, 13, S. 24–32.

Jacob, M., Klock, S. & Maier, D. (1999): Lesbian mothers as therapeutic donor insemination recipients: Do they differ from other patients? *Journal of Psychosomatic Obstetrics and Gynecology*, 20, S. 203–215.

Jain, T., Missmer, S. & Hornstein, M. (2004): Trends in embryo-transfer practice and in outcomes of the use of assisted reproductive technology in the United States. *New England Journal of Medicine*, 350, S. 1639–1645.

Karpel, M. A. (1980): Family secrets: I. Conceptual and ethical issues in the relational context. II. Ethical and practical considerations in therapeutic management. *Family Process*, 19, S. 295–306.

Klock, S. & Maier, D. (1991): Psychological factors related to DI. *Fertility and Sterility*, 56, S. 549–559.

Klock, S., Jacob, M. & Maier, D. (1994): A prospective study of DI recipients: Secrecy, privacy and disclosure. *Fertility and Sterility*, 62, S. 477–484.

Kovacs, G. T., Mushin, D., Kane, H. & Baker, H. W. G. (1993): A controlled study of the psycho-social development of children conceived following insemination with donor semen. *Human Reproduction*, 8, S. 788–790.

Leeton, J. & Blackwell, J. (1982): A preliminary psychosocial follow-up of parents and their children conceived by artifical insemination by donor (AID). *Clinical Reproduction and Fertility*, 1, S. 307–310.

Leiblum, S. & Aviv, A. (1997): Disclosure issues and decisions of couples who conceived via donor insemination. *Journal of Psychosomatic Obstetrics and Gynecology*, 18, S. 292–300.

Leiblum, S., Palmer, M. & Spector, I. (1995): Non-traditional mothers: Single heterosexual/lesbian women and lesbian couples electing motherhood via donor insemination. *Journal of Psychosomatic Obstetrics and Gynecology*, 16, S. 11–20.

Leslie, G. I., Cohen, J., Gibson, F. L., McMahon, C., Maddison, V., Saunders, D. & Tennant, C. (2002): *ICSI children have normal development at school age*. Vortrag, gehalten beim 18. Jahrestreffen der Europäischen Gesellschaft für Humanreproduktion und Embryologie, Wien, 1.–3. 7. 2002.

Levy-Shiff, R., Vakil, E., Dimitrovsky, L., Abramovitz, M., Shahar, N., Har-Even, D., Gross, S., Lerman, M., Levy, I., Sirota, L. & Fish, B. (1998): Medical, cognitive, emotional, and behavioral outcomes in school-age children conceived by in-vitro fertilization. *Journal of Clinical Child Psychology*, 27, S. 320–329.

Lindblad, F., Gottlieb, C. & Lalos, O. (2000): To tell or not to tell – what parents think about telling their children that they were born following DI. *Journal of Psychosomatic Obstetrics and Gynecology*, 21, S. 193–203.

Lutjen, P., Trounson, A., Leeton, J., Findlay, J., Wood, C. & Renou, P. (1984): The establishment and maintenance of pregnancy using in vitro fertilization and embryo donation in a patient with primary ovarian failure. *Nature*, 307, S. 174.

Lytton, H. & Gallagher, L. (2002): Parenting twins and the genetics of parenting. In: M. Bornstein (Hrsg.); *Handbook of parenting*, Bd. 1, 2. Aufl. Mahwah, NJ (Lawrence Erlbaum), S. 227–253.

MacCallum, F. (2004): *Embryo donation families: Parenting and child development*. Vortrag, gehalten beim 20. Jahrestreffen der Europäischen Gesellschaft für Humanreproduktion und Embryologie, Berlin.

MacCallum, F., Lycett, E., Murray, C., Jadva, V. & Golombok, S. (2003): Surrogacy: The experience of commissioning couples. *Human Reproduction*, 18, S. 1334–1342.

Manuel, C., Facy, F., Choquet, M., Grandjean, H. & Czyba, J. C. (1990): Les risques psychologiques de la conception par IAD pour l'enfant. *Neuropsychiatrie de l'enfance*, 38, S. 642–658.

McLanahan, S. & Sandefur, G. (1994): *Growing up with a single parent: What hurts, what helps*. Cambridge, MA (Harvard University Press).

McMahon, S. & Dodd, B. (1997): A comparison of the expressive communication skills of triplet, twin and singleton children. *European Journal of Disorders of Communication*, 32, S. 328–345.

McMahon, C., Ungerer, J., Beaurepaire, J., Tennant, C. & Saunders, D. (1995): Psychosocial outcomes for parents and children after in vitro fertilization: A review. *Journal of Reproductive and Infant Psychology*, 13, S. 1–16.

McMahon, C. A., Ungerer, J. A., Tennant, C. & Saunders, D. (1997): Psychosocial adjustment and the quality of the mother-child relationship at four months post-partum after conception by in vitro fertilization. *Fertility and Sterility*, 68, S. 492–500.

McMahon, C., Gibson, F., Leslie, G., Cohen, J. & Tennant, C. (2003): Parents of 5-year-old in vitro fertilization children: Psychological adjustment, parenting stress, and the influence of subsequent in vitro fertilization treatment. *Journal of Family Psychology*, 17, S. 361–369.

Milson, I. & Bergman, P. (1982): A study of parental attitudes after DI. *Acta Obstetricia et Gynecologica Scandinavica*, 61, S. 125–128.

Montgomery, T. R., Aiello, F., Adelman, R. D., Wasylyshyn, N., Andrews, M. C., Brazelton, T. B., Jones, G. S. & Jones, H. W. (1999): The psychological status at school age of children conceived by in-vitro fertilization. *Human Reproduction*, 14, S. 2162–2165.

Morin, N. C., Wirth, F. H., Johnson, D. H., Frank, L. M., Presburg, H. J., Van de Water, V. L. et al. (1989): Congenital malformations and psychosocial development in children conceived by in vitro fertilization. *Journal of Pediatrics*, 115, S. 222–227.

Murray, C. & Golombok, S. (2003): To tell or not to tell: The decision-making process of egg donation parents. *Human Fertility*, 6, S. 89–95.

Murray, C. & Golombok, S. (2005): Going it alone: Solo mothers and their infants conceived by donor insemination. *American Journal of Orthopsychiatry*, 75 (2), S. 242–253.

Mushin, D., Spensley, J. & Barreda-Hanson, M. (1985): Children of IVF. *Clinical Obstetrics and Gynecology*, 12, S. 865–875.

Mushin, D. N., Barreda-Hanson, M. C. & Spensley, J. C. (1986): In vitro fertilization children: Early psychosocial development. *Journal of In Vitro Fertilization and Embryo Transfer*, 3, S. 247–252.

Nachtigall, R. D., Pitcher, L., Tschann, J. M., Becker, G. & Szkupinski Quiroga, S. (1997): Stigma, disclosure and family functioning among parents of children conceived through DI. *Fertility and Sterility*, 68, S. 83–89.

Nachtigall, R., Becker, G., Szkupinski Quigora, S. & Tschann, J. (1998): The disclosure decision: Concerns and issues of parents and children conceived through donor insemination. *American Journal of Obstetrics & Gynecology*, 176, S. 1165–1170.

Nyboe Andersen, A., Gianaroli, L. & Nygren, K. (2004): Assisted reproductive technology in Europe, 2000: Results generated from European registers by ESHRE. *Human Reproduction*, 19, S. 490–503.

Nygren, K. G. & Andersen, A. N. (2002): Assisted reproductive technology in Europe, 1999: Results generated from European registers by ESHRE. *Human Reproduction*, 17, S. 3260–3274.

Olivennes, F., Kerbrat, V., Rufat, P., Blanchet, V., Franchin, R. & Frydman, R. (1997): Follow-up of a cohort of 422 children aged 6–13 years conceived by in vitro fertilization. *Fertility and Sterility*, 67, S. 284–289.

Olivennes, F., Fanchin, R., Ledee, N., Righini, C., Kadoch, I. J. & Frydman, R. (2002): Perinatal outcome and developmental studies on children born after IVF. *Human Reproduction Update*, 8, S. 117–128.

Owens, D., Edelman, R. & Humphrey, M. (1993): Male infertility and DI: Couples' decisions, reactions, and counselling needs. *Human Reproduction*, 8, S. 880–885.

Papaligoura, Z., Panopoulou-Maratou, O., Solman, M., Arvaniti, K. & Sarafidou, J. (2004): Cognitive development of 12-month-old Greek infants conceived after ICSI and the effects of the method on their parents. *Human Reproduction*, 19, S. 1488–1493.

Papp, P. (1993): The worm in the bud: Secrets between parents and children. In: E. Imber-Black (Hrsg.), *Secrets in families and family therapy*. New York (Norton), S. 66–85.

Patterson, C. J. (1992): Children of lesbian and gay parents. *Child Development*, 63, S. 1025–1042.

Place, I. & Englert, Y. (2002): *The emotional and behavioral development of ICSI children. How are the ICSI families coping in comparison with IVF and run-of-the-mill families?* Vortrag, gehalten beim 18. Jahrestreffen der Europäischen Gesellschaft für Humanreproduktion und Embryologie, Wien.

Ponjaert-Kristoffersen, I. (2003): *Follow-up of ICSI Children: Cognitive and neurodevelopmental outcome*. Vortrag, gehalten beim 19. Jahrestreffen der Europäischen Gesellschaft für Humanreproduktion und Embryologie, Madrid, 29.6.–2.7.

Raoul-Duval, A., Bertrand-Servais, M. & Frydman, R. (1993): Comparative prospective study of the psychologial development of children born by in vitro fertilization and their mothers. *Journal of Psychosomatic Obstetrics and Gynecology*, 14, S. 117–126.

Raoul-Duval, A., Bertrand-Servais, M., Letur-Konirsch, H. & Frydman, R. (1994): Psychological follow-up of children born after in-vitro fertilization. *Human Reproduction*, 9, S. 1097–1101.
Reading, A., Sledmere, C. & Cox, D. (1982): A survey of patient attitudes towards artificial insemination by donor. *Journal of Psychosomatic Research*, 26, S. 429–433.
Ron-El, R., Lahat, E., Golan, A., Lerman, M., Bukovsky, I. & Herman, A. (1994): Development of children born after ovarian superovulation induced by long-acting gonadatrophin-releasing hormone antagonists and menotrophins, and by in vitro fertilization. *Journal of Pediatrics*, 125, S. 734–737.
Rumball, A. & Adair, V. (1999): Telling the story: Parents' scripts for donor off-spring. *Human Reproduction*, 14, S. 1392–1399.
Rutter, M., Thorpe, K., Greenwood, R., Northstone, K. & Golding, J. (2003): Twins as a natural experiment to study the causes of mild language delay. I: Design; twin-singleton differences in language, and obstetric risks. *Journal of Child Psychology and Psychiatry*, 44, S. 326–341.
Scheib, J., Riordan, M. & Rubin, S. (2003): Choosing identity-release sperm donors: The parents' perspective 13–18 years later. *Human Reproduction*, 18, S. 1115–1127.
Schover, L. R., Collins, R. L. & Richards, S. (1992): Psychological aspects of DI: Evaluation and follow up of recipient couples. *Fertility and Sterility*, 57, S. 583–590.
Serafini, P. (2001): Outcome and follow-up of children born after in vitro fertilization surrogacy (IVF surrogacy). *Human Reproduction Update*, 17, S. 23–27.
Snowden, R. (1990): The family and artificial reproduction. In: E. A. Bromham (Hrsg.); *Philosophical ethics in reproductive medicine*. Manchester (Manchester University Press), S. 70–83.
Snowden, R., Mitchell, G. D. & Snowden, E. M. (1983): *Artificial reproduction: A social investigation*. London (George Allen & Unwin).
Soderstrom-Anttila, V., Sajaniemi, N., Tiitinen, A. & Hovatta, O. (1998): Health and development of children born after oocyte donation compared with that of those born after in-vitro fertilization, and parents' attitudes regarding secrecy. *Human Reproduction*, 13, S. 2009–2015.
Steptoe, P. C. & Edwards, R. G. (1978): Birth after reimplantation of a human embryo. *Lancet*, 2, S. 366.
Sutcliffe, A. G., Taylor, B., Li, J., Thornton, S., Grudzinskas, J. G. & Lieberman, B. A. (1999): Children born after intracytoplasmic sperm injection: A population control study. *British Medical Journal*, 318, S. 704–705.
Sutcliffe, A. G., Taylor, B., Saunders, K., Thornton, S., Lieberman, B. A. & Grudzinskas, J. G. (2001): Outcome in the second year of life after in-vitro fertilization by intracytoplasmic sperm injection: UK case-control study. *Lancet*, 357, S. 2080–2084.
te Velde, E. R., van Baar, A. L. & van Kooij, R. J. (1998): Concerns about assisted reproduction. *Lancet*, 351, S. 1524–1525.
Trounson, A., Leeton, J., Besanka, M., Wood, C. & Conti, A. (1983): Pregnancy established in an infertile patient after transfer of a donated embryo fertilized in vitro. *British Medical Journal*, 286, S. 835–838.
Turner, A. & Coyle, A. (2000): What does it mean to be a donor offspring? The identity experiences of adults conceived by donor insemination and the implications for counselling and therapy. *Human Reproduction*, 15, S. 2041–2051.

van Balen, F. (1996): Child-rearing following in vitro fertilization. *Journal of Child Psychology and Psychiatry*, 37, S. 687–693.

van Balen, F. (1998): Development of IVF children. *Developmental Review*, 18, S. 30–46.

van Berkel, D., van der Veen, L., Kimmel, I. & te Velde, E. R. (1999): Differences in the attitudes of couples whose children were conceived through artificial insemination by donor in 1980 and in 1996. *Fertility and Sterility*, 71, S. 226–231.

Van Steirteghem, A., Bonduelle, M., Devroey, P. & Liebaers, I. (2002): Follow-up of children born after ICSI. *Human Reproduction Update*, 8, S. 1–8.

Vanfraussen, K., Ponjaert-Kristoffersen, I. & Brewaeys, A. (2001): An attempt to reconstruct children's donor concept: A comparison between children's and lesbian parents' attitudes towards donor anonymity. *Human Reproduction*, 16, S. 2019–2025.

Vayena, E., Rowe, P. J. & Griffin, P. D. (Hrsg.) (2002): *Current practices and controversies in assisted reproduction. Report of a meeting on medical, ethical and social aspects of assisted reproduction*. Genf (World Health Organization).

Weaver, S. M., Clifford, E., Gordon, A. G., Hay, D. M. & Robinson, J. (1993): A follow-up study of ›successful‹ IVF/GIFT couples: Social-emotional well-being and adjustment to parenthood. *Journal of Psychosomatic Obstetrics and Gynecology*, 14, S. 5–16.

Weinraub, M., Horvath, D. L. & Gringlas, M. B. (2002): Single parenthood. In: M. H. Bornstein (Hrsg.), *Handbook of parenting*, Bd. 3. Hillsdale, NJ (Lawrence Erlbaum), S. 109–139.

Wendland, C., Byrn, F. & Hill, C. (1996): Donor insemination: A comparison of lesbian couples, heterosexual couples and single women. *Fertility and Sterility*, 65, S. 764–770.

Yovich, J., Parry, T., French, N. & Grauaug, A. (1986): Developmental assessment of 20 in vitro fertilization (I.V.F.) infants at their first birthday. *Journal of In Vitro Fertilization and Embryo Transfer*, 3, S. 225–237.

Zegers-Hochschild, F. (2002): The Latin American Registry of Assisted Reproduction. In: E. Vayena, P. J. Rowe & P. D. Griffin (Hrsg.), *Current practices and controversies in assisted reproduction: Report of a meeting on medical, ethical and social aspects of assisted reproduction*. Genf (World Health Organization), S. 355–362.

JOCHEN PEICHL

Destruktive Paarbeziehungen: Wie entsteht die Spirale der Gewalt?

Einleitung

»Die Familie«, so hat Murray Straus, ein bekannter amerikanischer Soziologieprofessor, in den 1990er Jahren einmal geschrieben, »ist für einen Bürger die gewalttätigste Institution, die man erleben kann« (1990, S. 184) – die Familie, ein geschlossenes System, eine Mischung aus abgekapselter, privater Atmosphäre, hoher gegenseitiger Verpflichtung und Anfälligkeit für extreme emotionale Stresszustände.

An der Gültigkeit dieser Aussage hat sich bis heute nichts geändert und sie wird durch Zahlen der UNICEF belegt, die für die Industrieländer von jährlich 3500 toten Kindern im Alter von unter 15 Jahren ausgehen, die durch Misshandlung und Vernachlässigung in Familien sterben. Laut einer Pressemitteilung des Bundesministeriums für Familie, Senioren, Frauen und Jugend (BMFSFJ) aus dem Jahre 2000 verteilen sich die Opfer häuslicher Gewalt auf 1,4 Mio. misshandelter Kinder (11 % der Bevölkerung), 246 000 Frauen (1,0 %) und 214 000 Männern (0,9 %)[1] – auch heute dürften die Zahlen nicht viel mehr Anlass zur Hoffnung geben. Bemerkenswert scheint mir die fast gleich hohe Zahl von Gewaltopfer bei Männern und Frauen, ein Umstand, auf den wir zurückkommen werden – die Zahlen mögen für den einen oder anderen Leser überraschend sein.

Diese Statistik soll genügen, um uns für das Problem zu sensibilisieren: die Kontinuität traumatischer Erfahrungen für Jungen und Mädchen von der Kindheit bis ins Erwachsensein als Mann und Frau. Das Trauma, und das bedeutet vor allem: die Erfahrung von Ohnmacht und Hilflosigkeit, ist ein in unserer medialen Gesellschaft allgegenwärtiges Phänomen und eine Grunderfahrung vieler Menschen, die wegen Partnerschaftsproblemen in die ambulante oder stationäre Therapie kommen – ein Grund, warum die Nachfrage nach einer sogenannten »Traumatherapie« zur Zeit richtig »boomt«. In einer Gesellschaft, in der Macht – der Zugang zu Informationen und Ressourcen – derart ungleich verteilt ist wie in unserer spätkapitalistischen Ordnung, sind traumatische Erfahrungen von Machtlosigkeit und dem Verlust der Selbstbestimmung ein weitverbreitetes Phänomen, eingeübt und körperlich erfahren in der Kindheit, verfestigt in der Schule und verzweifelt reinszeniert in der intimen Paarbeziehung.

Zwei Arten von Gewalt in Paarbeziehungen: Die situative Paargewalt und die patriarchale Gewalt

Michael P. Johnson von der Pennsylvania-Universität, der viele Jahre über Gewalt in Paarbeziehungen geforscht hat, hat in vielen wissenschaftlichen Arbeiten (1993, 1995, 1999, 2000) immer wieder darauf hingewiesen, dass wir beim Auftreten von Gewalt in Intimbeziehungen zwei beschreibbare Erscheinungsformen unterscheiden müssen. Die meisten Untersuchungen über intime Gewalt, die heute vorliegen, beziehen sich auf männliche Gewalt gegenüber Frauen. Wenige Arbeiten finden sich zur Gewalt in gleichgeschlechtlichen Beziehungen, wobei vermutlich dort vieles aus heterosexuellen Partnerschaften übernommen werden kann.

Die beiden Typen von Paargewalt werden von Johnson nicht nach der Art und Weise der Gewalt oder der Häufigkeit ihres Auftretens unterschieden, sondern nur entlang einer paarbezogenen, psychologischen Beziehungsdimension. Die entscheidende Frage ist also nicht, ob die Gewalt gefährlich oder ungefährlich, brutal oder leicht ist, sondern: Ist die Gewalt Teil eines generellen Kontrollverhaltens, mit dem der Partner versucht, die Beziehung zu dominieren – ist die Gewalt ein Phänomen psychopathologischer Dynamik?

Situative Paargewalt

In der ersten Kategorie finden wir körperliche Gewalt als situatives, spontan auftretendes Konfliktverhalten. Bei Johnson (1995) heißt diese Form im englischen Original:

- common couple violence (gewöhnliche Paargewalt) oder
- intimate partner violence (intime Partnergewalt) oder
- situational couple violence (situative Paargewalt)

Diese Art von Gewalt kann von Paar zu Paar variieren, und auch innerhalb einer Paarbeziehung zeigt sie Unterschiede in verschieden Phasen der Auseinandersetzung. Wesentlich dabei ist, dass dieses Auftreten von Gewalt *nicht* an ein generelles Kontrollverhaltensmuster geknüpft ist, mit dem der eine Partner versucht, den anderen zu dominieren. Bestimmte Streitpunkte eines Paares eskalieren, indem verbale Gewalt plötzlich »überschwappt« in körperliche, selten sexuelle Gewalt. Was den Mann als Täter angeht, entspricht er der Kategorie eines »familienbezogenen« Schlägers (»family-only« batterer) bei Holtzworth-Munroe und Stuart (1994) – ein Mann, der außerhalb der Familie nicht als gewalttätig auffällt und kaum sexuellen oder emotionalen Missbrauch einsetzt.

Situationsbezogene Paargewalt ist die am häufigsten auftretende Form intimer Gewalt. Johnson und Ferraro (2000) geben das Geschlechtsverhältnis für diese Form von Beziehungsgewalt mit 56 % für Männer und 44 % für Frauen an. Obwohl diese Form von Gewalt von beiden Geschlechtern etwa gleich intensiv ausgeübt wird, verursachen Männer schwerere Verletzungen, bringen durch ihr Handeln mehr Angst und Terror in eine Paarbeziehung und verursachen mehr Einsätze von Behörden und Polizei.

Die patriarchale Gewalt

Das Merkmal dieser Form von Gewalt, die fast ausschließlich von Männern in heterosexuellen Beziehungen eingesetzt wird, ist, dass sie einen Teil eines wiederholt angewendeten, systematischen Gewalt- und Kontrollverhaltens durch den Mann darstellt. Beziehungen mit regelmäßiger schwerer Gewalt nennt man auch in der Fachliteratur »Misshandlungsbeziehungen«.

Die Gewalt- und Gewaltdrohung hat den Zweck, den anderen, d. h. in der Regel die Partnerin, in eine schwächere Position zu zwingen, um die eigene Machtposition zu erhalten oder auszubauen. Die dazu genutzten Machtstrategien sind physischer, psychischer, sexueller und ökonomischer Art. Häufig beginnend mit subtilen Formen der Aggression, zeigt sich in der Beziehung mit ihrer Fortdauer eine deutliche Zunahme der Gewalt. Bei Johnson (1995) heißt diese Form intimer Gewaltausübung durch Männer:

- patriachal terrorism (patriarchaler Terrorismus) oder
- intimate terrorism (Intimitäts-Terrorismus).

Ziel all dieser Handlungen durch den Mann ist es, eine totale Kontrolle über die Partnerin und damit über die Beziehung zu erlangen. Diese Kategorie entspricht der Beschreibung eines »generell gewalttätig-antisozialen« Schlägers (»generally-violent-antisocial« batterer) bei Holtzworth-Munroe und Stuart (1994).

Die Spirale der Gewalt

Leonore Walker galt in den späten 1970er Jahren in den USA über viele Jahre als *die* Expertin für innerhalb von Partnerschaften geschlagene Frauen. Sie publizierte als Erste das sogenannte »Kreislauf der Gewalt«-Modell (cycle of violence), um ein zirkuläres Geschehen in destruktiven Partnerschaften zu beschreiben und schematisch darzustellen, in der die Frau Opfer und der Mann der Täter ist (Walker 1979, 1984, 1991, 1995).

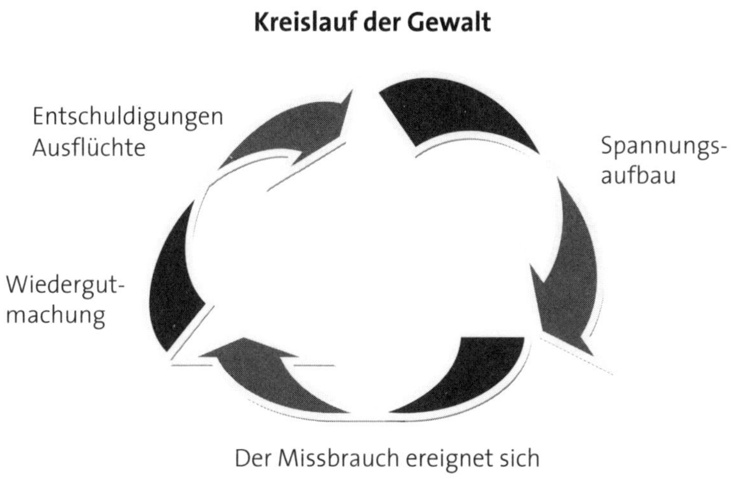

Kreislauf der Gewalt

Entschuldigungen
Ausflüchte

Spannungs-
aufbau

Wiedergut-
machung

Der Missbrauch ereignet sich

Abb. 1: Das Rad der Gewalt nach Leonore Walker

Auch die vorliegende Arbeit orientiert sich bei den Hypothesen zur traumatischen Eskalation in intimen Partnerschaften an diesem dreischrittigen Zyklus, es wird aber dann, abweichend vom Original, eine Erweiterung der Betrachtung auf sechs Schritte vorgeschlagen.

Ein Kreislauf oder eine Spirale nach Leonore Walker hat drei unterscheidbare Phasen.

- zuerst die Spannungsaufbau-Phase (engl. tension build-up),
- gefolgt von der Explosion oder dem akuten Gewalt- (Schlage-) Ereignis (engl. explosion),
- welchem eine Beruhigung und Wiedergutmachungsphase folgt – häufig als »Honeymoon-Phase« bezeichnet.

Jede Phase kann eine unterschiedlich lange Zeit andauern, der ganze Kreislauf kann innerhalb von wenigen Stunden oder auch von Jahren durchlaufen werden. Das Wort »Gewaltspirale« trifft deshalb in den meisten Fällen den Sachverhalt besser, weil sich häufig die Wucht der Auseinandersetzung von Durchlauf zu Durchlauf des Kreises erhöht und sich der Kreis zur Spirale aufwindet. Ich möchte nun die einzelnen Phasen inhaltlich kurz beschreiben, wobei die Betrachtungsperspektive von vornherein auf den Blickwinkel »der Mann ist Täter, die Frau ist Opfer« festgezurrt ist.

Die Phase des Spannungsaufbaus

In der Phase des Spannungsaufbaus erfährt das Opfer verbalen Missbrauch oder leichtere Formen von körperlicher Gewalt, z. B. leichte Schläge oder Schubsen. In dieser Phase versucht das Opfer den Missbraucher friedlich zu stimmen. Es sei nicht auszuschließen, dass die Passivität des Opfers die gewalttätigen Tendenzen noch verstärken könne, schreibt Walker.

Die Phase der Misshandlung

In dieser Phase, in der die körperliche Gewalt stattfindet, ist für Walker die erwartete und reale Gefahr für die Frau maximal groß, ernsthaft verletzt oder gar getötet zu werden.

Sie beschreibt das Verhalten von Frauen in dieser Phase körperlicher Misshandlung als sehr unterschiedlich: Die einen versuchten zu flüchten, sich zu wehren oder einfach nur die Misshandlung zu ertragen, damit es endlich vorbei sei. Schwierig für die Betroffenen ist, dass sie nie wissen, wann dieser Terror enden wird. Die Frauen befinden sich in einer akuten Traumasituation, mit einem Gefühl von Todesangst, absoluter Hilflosigkeit und dem Verlust der Kontrolle über die Situation. Dazu kommen häufig auch noch Schmerzen durch die körperlichen Verletzungen, ein akuter Schockzustand, häufiger mit dissoziativem Erleben. In dieser Phase kommt es neben verbalem Missbrauch auch zu sexuellen Übergriffen und körperlicher Gewalt.

Phase der Beruhigung, »Honeymoon«-Phase

Nachdem der Missbraucher seine Spannung abreagiert hat, indem er das Opfer schlug, ändert sich seine Haltung – er zeigt ein liebevolles Zerknirscht-Sein. In dieser Beruhigungsphase scheint der Missbraucher wie aus einem »bösen

Traum« aufzuwachen und bittet die Partnerin um Vergebung. Nach einer akuten Misshandlung zeigt der Täter oft Reue, verspricht, dass so etwas nie wieder passieren wird. Häufig schiebt er seine Handlung auf den Alkohol oder die Drogen als Ursachen, und zum Zeichen, dass es ihm ernst ist, verspricht er, mit dem Trinken und den Drogen aufzuhören. In dieser Zeit kann es auch sein, dass er sich in einer Beratungsstelle professionellen Rat holt. Er verhält sich seiner Frau und den Kindern gegenüber sehr zugewandt, macht Geschenke, und das gezeigte Gefühl des Zerknirscht-Seins wirkt häufig echt und authentisch. Die Frau vergibt ihm, kehrt aus dem Frauenhaus oder von der Freundin, bei der sie Unterschlupf mit den Kindern gefunden hatte, wieder nach Hause zurück und hofft auf eine bessere Zukunft. Manchmal fühlt sie sich im Hintergrund etwas manipuliert, nimmt dieses Gefühl aber nicht ernst; häufig neigt sie jetzt dazu, sich selbst die Schuld für die Vorkommnisse und die Eskalation zu geben, und beginnt, den Missbrauch zu bagatellisieren oder zu verleugnen. Manchmal verdrängt sie die Ereignisse komplett und hat keine Erinnerung mehr daran, dass sie geschlagen wurde.

Auch wenn hier von Walker an einigen Stellen die Mitbeteiligung des »Opfers« am Geschehen angedeutet wird, so ist die Beschreibung doch eindeutig am Gewaltakt des Mannes orientiert, der sich damit zweifellos ins Unrecht setzt und die Verantwortung für die Brutalität übernehmen muss. Ohne diese Tatsache zu bagatellisieren, soll im nächsten Schritt aus einer psychologischen Betrachtungsweise heraus versucht werden, diejenigen kritischen Verhaltensmomente in der Gewaltspirale zu analysieren, an denen beide Konfliktpartner beteiligt sind.

Es ist zu vermuten, dass die unterschiedlichen psychopathologischen Strukturen der beiden Protagonisten – in der Regel sind es schwere Bindungsstörungen, erworben in einer wenig haltenden und nicht selten seelisch und körperlich traumatisierenden Kindheit – in dieser Art Konfliktspirale eine lange Zeit passgenau ineinandergreifen, bis es dann zum »Befreiungsschlag« kommt, der die interaktive symmetrische Eskalation mit einem buchstäblichen Schlag beendet – ab diesem Zeit betreten Mann oder Frau eine neue Ebene der Auseinandersetzung.

Gewaltdynamik in Paarbeziehungen:
Auf der Suche nach den pathologischen Mustern auf beiden Seiten

Die destruktive Gewalt in einer Paarbeziehung ist, zumindest über einen längeren Interaktionszeitraum, aus Sicht des Autors ein interaktives, zirkuläres Geschehen, auch wenn sich ab einem gewissen Zeitpunkt die dominant männlichen Gewaltpotenziale durchzusetzen scheinen. Um den Eskalationsprozess geschlechtsspezifisch verstehbar machen zu können, soll hierfür ein psychoanalytisch-traumatherapeutischer Zugang genutzt werden, bei Zurückstellung der soziokulturellen oder feministischen Argumentationslinien über Opfer und Täter. Diese hier vorgelegte Beschreibung ist phänomenologisch und vermeidet die Eingruppierung in einfache Diagnoseschemata.

Die Erweiterung der Gewaltspirale: Geschlechtsspezifische Muster

Bislang wurde die »Spirale der Gewalt«, wie wir sie in einer destruktiven Paarbeziehung zwangsläufig finden, als aus drei Phasen aufgebaut beschrieben: die Phase des Spannungsaufbaus, die akute Explosionsphase und die Beruhigungsphase, auch »Honeymoon«-Phase genannt. Gehen wir aber von einem dynamischen Modell, einer über weite Strecken gemeinsamen Inszenierung dieses zirkuläre Prozesses aus, so ist es notwendig, diese Spirale genauer zu betrachten, um den Beitrag von Mann und Frau bei dieser symmetrischen Eskalation klarer zu bestimmen.

Eine generelle Erfahrung vorweg: Aus Sicht des Autors liegt für den Mann der entscheidende psychopathologische Moment *vor* seiner bewussten oder vorbewussten Entscheidung, körperliche Gewalt einzusetzen, bei der Frau scheint der entscheidende Punkt in der Phase *nach* der Explosion von Gewalttätigkeit zu liegen. Dieses soll im Folgenden näher begründet werden, um einer These von der gemeinsame Konstruktion der Gewaltspirale näher zu kommen.

Die um psychodynamische Aspekte erweiterte Spirale der Gewalt

Abbildung 2 zeigt die zur Beschreibung destruktiver Interaktionsprozesse in Paarbeziehungen erweiterte Spirale der Gewalt. Zwei Umschlagpunkte in der Beziehungsdynamik fallen ins Auge: einmal rechts der Punkt der Explosion mit verbaler, physischer und sexueller Gewalt durch einen Täter und rechts die Implosion, die Verwandlung von Hass in Liebe. Dazwischen liegen verschie-

Destruktive Paarbeziehungen

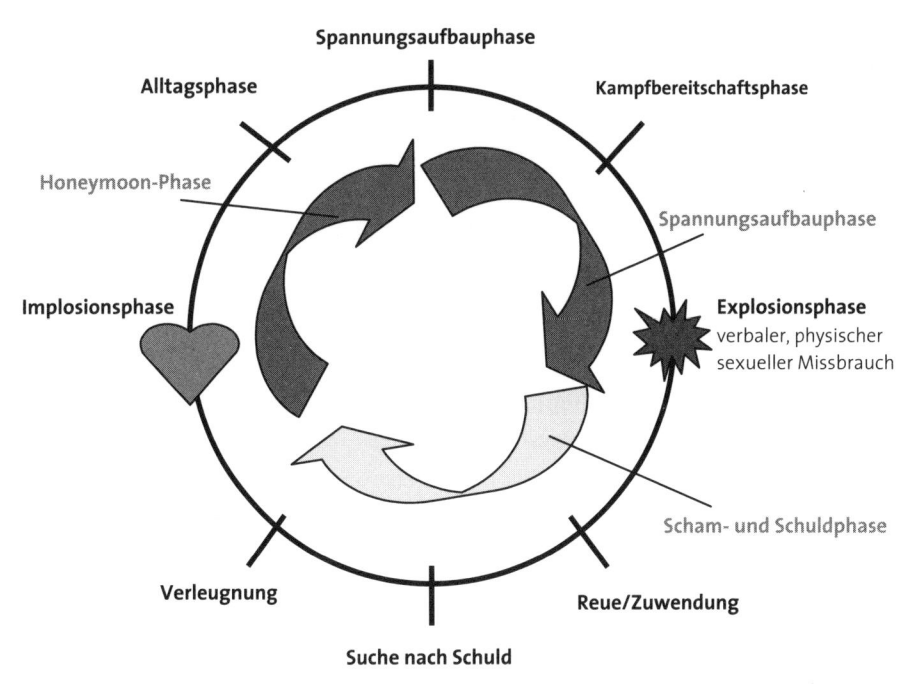

Abb. 2: Die Erweiterung der Spirale der Gewalt

dene Schritte der Eskalation bis zum »Knall« (Alltagsphase – Spannungsaufbauphase – Kampfbereitschaftsphase) und der De-Eskalation bis zur Verwandlung in »Liebe« (Reue und Zuwendung – Suche nach Schuld – Verleugnung). Was ich da »Liebe« nenne, gleicht mehr einer gemeinsamen Konstruktion von »Ungeschehen-Machen« durch Opfer und Täter.

Männer in der Gewaltspirale

Die langjährige ambulante wie stationären Erfahrung des Autors als Therapeut zeigt, dass Männer nicht stolz darauf sind, ihre Frauen zu schlagen. Auch unter Männern ist es nicht verbreitet, darüber zu sprechen oder gar zu prahlen. Es ist ein Tabuthema – kein Mann erzählt freiwillig von seinen Gewalttaten, auch in der Psychotherapie dauert es sehr lange, bis er darüber sprechen kann. Dies könnte damit zusammenhängen, dass in unserer heutigen Gesellschaft Frauen, die über durch Partner erfahrene Gewalt sprechen, eigentlich nur gewinnen – gewinnen an Respekt, an Unterstützung, an Ansehen usw. Das Outing, eine Frau geschlagen zu haben, ist für Männer heutzutage eine Katastrophe, sie können nur noch verlieren.

Männern hingegen, die erzählen, dass sie von ihren Frauen geschlagen wurden (was, wie bereits erwähnt, für die situative, intime Partnergewalt genauso häufig vorkommt), wird meist nicht geglaubt, z. B. werden sie, wenn sie auf einer Polizeistation Meldung machen oder auch wenn sie sich darüber mit Freunden besprechen, häufig als »Looser« belächelt. Es herrscht weiterhin das Stereotyp: Frauen sind Opfer, Männer üben Gewalt aus und können *per se* gar nicht Opfer von Frauengewalt sein.

Ähnlich wie Joachim Lempert in seinem Vortrag: »Gewalt – Männersache?« (2003) hat der Autor weder in vielen Therapiegesprächen mit Männern und auch nicht während seiner Arbeit in der forensischen Psychiatrie mit Gewalttätern gefunden, dass diese damit angeben, Frauen geschlagen und/oder verletzt zu haben. Fast alle Männer erzählten, dass ihnen ihre Partnerin, ihre Frau, das Wichtigste im Leben sei, dass sie sich ihr anvertrauen könnten, dass sie mit allen Sorgen zu ihr gehen könnten – warum es zum Gewaltausbruch kam, ist den meisten ein Rätsel. Lässt sich das Rätsel lösen, warum so viele Männer so heftig am Rad der Gewalt drehen?

Phänomenologisch betrachtet dient gewalttätiges Handeln der Ausübung von Macht und Kontrolle und beruht auf einem mehr oder weniger bewussten Entscheidungsprozess für eine Handlungsstrategie, wobei es auch andere Verhaltensalternativen zur Konfliktbewältigung gäbe. Psychodynamisch gesehen stellt die Gewalthandlung eine Reaktion auf eine subjektiv erlebte Gefährdung der eigenen Macht, bzw. ein Gefühl der Ohnmacht, dar. Da dieser Moment zwischen erlebter Ohnmacht und dem Versuch der Rückgewinnung von Macht durch Gewaltanwendung so spektakulär wie essenziell für den Mann ist, soll dieser Zusammenhang nun näher untersucht werden.

Ein Mann, der seine Frau schlägt, ist in der Regel in Erklärungsnot, und viele Männer haben sich danach selbst schon viele Male gefragt: Wie konnte mir das nur passieren? Häufig können Männer sich das ganze Geschehen nur als Affekthandlung, eine Art Blackout vorstellen oder als eine Reaktion auf etwas, was der andere getan oder nicht getan hat, als Reaktion auf etwas Wesentliches eben: »Ich habe mich nur gewehrt!«

Wenn man in der Kindheit nicht lernen konnte, seine innere Gefühlslandschaft zu kartographieren, seine Gefühle differenziert zu benennen und sich in Gedanken mal einen Schritt neben sich zu stellen, so dass man sich beim Streiten mit »seiner Frau Paula« als Erwachsener zuhören und zuschauen konnte, dann fühlte man sich nur elend, ohnmächtig und innerlich in Hochspannung. Und wenn es einem gewalttätigen Mann mal wieder passiert ist, dass ihm »die Hand ausrutschte«, dann geht es ihm in der Regel danach noch schlechter. »Danach kommt eine Phase, in der der Mann darüber nachdenkt, wie es dazu kommen konnte. Der Mann findet nichts. Das ist kein böser Wille, sondern wir haben gelernt, vieles von dem, was uns belastet, nicht wahrzunehmen. [...] Wenn die Frau [bei sich, J.P.] etwas findet und der Mann nicht, ist scheinbar die Ursache ermittelt: Sie liegt bei der Frau«, schreibt Lempert (2003, S. 4). Deshalb versucht der Mann auch nach der Explosion, die Verantwortung der Partnerin zuzuschieben, sie nach außen abzugeben.

Männer, die in Beziehungen schlagen, Gewalt gegen Frauen oder Kinder anwenden, sind nach Lempert keine Monster, »sondern er [der Mann] ist jemand, der ein Verhalten hat, das absolut inakzeptabel ist, das wir weder tolerieren, noch dulden können und sollten. Gleichzeitig ist es ein Verhalten, das verstehbar ist. Jeder von uns kennt Situationen, in denen man nicht mehr weiterwusste. Jeder hat Situationen erlebt, in denen man mit dem Rücken an der Wand stand, ohne dass wir deswegen gewalttätig geworden wären« (2003, S. 3 f.).

Eine Fallvignette aus der Praxis:

Als mir der 32-jährige Robert – mit zeitlichem Abstand zum Ereignis – in der Therapie vom »fetzigen Krach« mit Julia berichten kann, wirkt er immer noch ratlos und wortkarg. Meiner Bitte, den Dialog zwischen ihnen noch einmal psychodramatisch mit Hilfe von zwei Stühlen zu reinszenieren, kommt er zögernd nach, lässt aber den Teil aus, als es zwischen ihnen beiden handgreiflich wurde – eine achtlose Geste mit der Hand, die gleichzeitig Bedrohung und Distanzierung zu bedeuten schien, brachte mich auf die Spur der »Erinnerungslücke«. Damit konfrontiert, begann er sich widerstrebend zu erinnern, wie jemand, der bei einer »Todsünde« ertappt worden war. Die vorbewusste Erinnerung daran, Julia geschlagen zu haben, so dass sie im Krankenhaus an der Stirn genäht werden musste, war durch die Macht männlicher Selbstüberzeugung vom bewussten Denken abgespalten und wie eine traumatische Erinnerung an die Grenzen des Bewusstseins dissoziiert. Als durch weitere therapeutische Arbeit für Robert die Tatsache seiner Gewaltanwendung nicht mehr zu verleugnen war und er sich seiner Scham und depressiven Selbstentwertung bewusst wurde, setzte reflexartig der Versuch ein, die Schuld für die Eskalation bei Julia zu suchen. Erst nach dem für viele Männer typischen Ablauf – »Es ist doch gar nicht passiert«, gefolgt von: »Wenn es passiert ist, bin ich nicht schuld«, und bis zu »Wenn ich depressiv bin, hasse ich mich« – konnte von mir mit Robert an seiner Eigenverantwortung gearbeitet werden.

Markus Treichler hat ein Buch geschrieben, dem ich viele männliche Leser wünsche: »*Danke, mir geht's gut!*« *Wie Männer mit Depressionen umgehen* (2004) – eigentlich gehen sehr viele von uns gar nicht damit um. Wenn man sie in der Therapie fragt, wie es ihnen geht, so wissen sie darauf keine Antwort, außer dass sie sagen: »Es ist O.K.«. Der Informationsgehalt dieser Antwort ist in etwa so groß wie bei der bei Franken typischen allgemeinen Aussage: »Passt scho«.

In dem Moment wenden wir uns in einer Paartherapie meist an die Partnerin und Ehefrau und bekommen eine differenzierte Antwort – aus ihrer Sicht. Es scheint mir bis heute richtig, was Joachim Lempert und Burkhard Oelemann im Jahre 1994 schrieben, nämlich dass es die Rolle der Frau zu sein scheint, die emotionalen Schwingungen des Ehepartners aufzunehmen und sie in Worten auszudrücken. Sie kann uns genau erzählen, dass sie genau versteht, wie es ihm geht, dass sie viel dazu tut, dass er sich entspannt, dass es ihm besser geht, wenn er am Abend nach Hause kommt usw. Innerhalb von Sekunden weiß die Partnerin, wie es dem Mann geht, und sie wird sich entsprechend verhalten.

So schreiben die beiden Autoren über die Standardaufteilung von Rollen in Partnerschaften, über männliche »Gefühlsanalphabeten« und weibliche »Gedankenleserinnen«. Das Problem für den Mann ist, dass er sich von seiner Frau abhängig macht, indem er die subjektive »Belastungsanalyse« und die Erforschung der eigenen Bedürfnisse, Erwartungen und Wünsche an sie delegiert. Sie ist für den Katastrophenplan zuständig! Gibt es Ärger in der Beziehung oder ist die Partnerin mit eigenen wichtigen Belangen, z.B. dem Baby, beschäftigt, kann sich die Krise zuspitzen: Wer übersetzt das innere Ziehen und Rumoren? Wer sorgt für Entlastung und Wohlbefinden? Was muss sich beim Mann verändern?

Voraussetzung für Veränderung ist, dass der Mann sich als Mann einzugestehen lernt: Es gibt etwas, das mich anstrengt – ich darf auch müde, erschöpft, auch mal depressiv sein und lustlos. Wir Männer haben gelernt, dass jemand, der belastet ist, schon versagt hat. Wer angestrengt aussieht, ist der Erste, der entlassen wird, heute sind wir immer alle »cool drauf«, die Zahl der offiziellen Krankheitstage der Werktätigen ist ständig rückläufig.

Die Erforschung der Phase vor dem Ausbruch der körperlichen Gewalt ist wichtig, um zu verstehen, was Männer erleben und was sie dazu bringt, sich mit ihrem Beziehungsverhalten in die Steinzeit zurückzukatapultieren. Die Gegenregulationen gegen Selbstwert- und Ansehensverlust, die beide als Machtverlust erlebt werden, sind die Anwendung körperlicher Gewalt und die Kontrolle über die Lebensäußerungen des heimlich beneideten anderen.

Gleichwohl ist die Voraussetzung für ein gewalttätiges Ausleben von Kontrollbedürfnissen oder die gewalttätige Kompensation von Ohnmachtsgefühlen ein ausreichendes Machtpotenzial in unserer Gesellschaft; ebenso die relative Gewissheit und männliche Arroganz, bisher kaum negative soziale Konsequenzen befürchten zu müssen – etwas, was sich in den letzten Jahren sichtbar verändert und wodurch Männer weiter unter gesellschaftlichen Druck geraten werden. Für uns Männer – und ich nehme mich da nicht aus – reicht es nicht mehr aus, die Definition unseres Männerbildes den Vorgaben der Hollywood-Produktionen zu überlassen, zumal wir da ja auch immer häufiger gebrochenen Helden begegnen.

Diese oben genannte »männliche Gewissheit« wird in einer Misshandlungsbeziehung durch das Erdulden der Gewalt und dadurch, dass die dem Mann vergebende Partnerin eine entschuldigende Erklärung für den Gewaltausbruch findet, in der »Verleugnungsphase« bestätigt. Das ist wirklich fatal: Die Erklärung des Opfers: »Es war nicht so schlimm, ja, ich habe dich provoziert«, ist eine subjektive und aktive Verarbeitungsform der Frau in einer Traumasituation, die dazu dient, Kontrolle zurückzugewinnen – nach der unbewussten Traumalogik: Es ist besser, Schuld zu haben, als hilflos zu sein. Wer Schuld hat, kann etwas ändern – darauf werde ich im Folgenden noch zurückkommen.

Damit wächst die Gefahr eines Teufelskreises auf der Basis von komplementären Beziehungsmustern, in denen sich das grenzüberschreitende, kontrollierende Verhalten des Mannes und das hinnehmende, paralysierte Verhalten der Frau gegenseitig verstärken. Dennoch sind es nicht selten selbständige, starke Frauen, die noch an gewalttätigen Liebesbeziehungen festhalten und ihre Kraft investieren, um diese zu erhalten, und die versuchen, den Mann zu verändern, da sie, wenn es gelingt, darin einen Beweis ihrer Fähigkeit und ihre Möglichkeit der Einflussnahme sehen. Dieser Teil der Gegenseitigkeit soll nun im nächsten Abschnitt genauer untersucht werden.

Die Beeinflussung des Ablaufs der Gewaltspirale durch die Frau

Die Phase nach Ausbruch der Gewalt durch den Mann wurde von Leonore Walker insgesamt als die Beruhigungs- oder Honeymoon-Phase bezeichnet. In der in Abbildung 2 vorgestellten Spirale der Gewalt in intimen Zweierbeziehungen wurde dieser Abschnitt des Kreislauf in mehrere Schritte unterteilten, da hier ein wesentlicher Punkt zum Verständnis der Rolle der Frau bei der Eskalation liegt und sich daraus auch Möglichkeiten zur Veränderung in der Psychotherapie ergeben.

Es ist bekannt, dass der Mann nach einer akuten Misshandlung typischerweise

Reue zeigt und das Geschehen am liebsten rückgängig machen würde. Aus diesem Grund verspricht er der Frau in glaubhaften Worten, sich ab jetzt zu ändern: »Ich weiß gar nicht, wie das passieren konnte, ich verspreche dir, das wird nie wieder vorkommen«. Der Mann fühlt sich wegen seines gewaltsamen Handelns in der Defensive, er ist beschämt, er empfindet sich als ohnmächtig und befürchtet sehr existenziell, seine Frau zu verlieren. Positiv wäre an dieser Stelle für den Mann, wenn er unter dem Eindruck dieser Erfahrung von explosivem Hass und der darauf folgenden Beschämung und Hilflosigkeit die Gunst der Stunde nutzen könnte, um sich in eine Psychotherapie zu begeben oder zu einer Beratungsstelle für Männer gegen Männergewalt zu gehen – ein mögliches Ausstiegsszenario für den Mann.

In der Regel geschieht das nicht und der Mann wählt einen letztlich redundanten und systemstabilisierenden Bewältigungsstil: Er erkennt zwar seine Hilflosigkeit und Abhängigkeit von der Partnerin, zieht daraus aber die falschen Schlussfolgerungen. Statt sich zu emanzipieren, mehr Selbstbewusstsein und Eigenständigkeit zu entwickeln, beginnt er nun, an die Liebesbereitschaft und auch das Verantwortungsgefühl der Frau zu appellieren, umschmeichelt sie mit schönen Worten und Geschenken und beteuert ihr, dass nur sie ihm helfen und ihn retten könne: »Ich brauche dich, ich bin nichts ohne dich« – bis hin zu offenen oder verdeckten Selbstmorddrohungen.

|Die narzisstische Falle für die Frau ist aufgebaut!|

Dies ist ein entscheidender Moment, denn die Frau kann nun nach der Erfahrung von Hilflosigkeit, Angst, Kontrollverlust und dem Ausgeliefert-Sein an den körperlich übermächtigen Mann plötzlich ein Gefühl von vermeintlicher Macht erleben, sie empfindet ihren Partner, ihr Gegenüber, nun als hoffnungslos unterlegen und sich selbst in einer rettenden, mütterlichen Position, wie einem kleinen Jungen gegenüber wächst sie nun in eine »Mama-Position« hinein – alles, was sie je über »wahre Liebe« gelernt hat, beginnt jetzt mental zu wirken.

In dem Lied »The Power of Love« der Kultband »Frankie Goes to Hollywood« heißt es: »Ich schütze dich vor den versteckten Krallen, / halte die Vampire von deiner Türe fern, / wenn das Geld ausgeht, bin ich da / mit meiner unsterblichen, dem Tode trotzender / Liebe für dich.« Oder, um ein bekanntes, modernes Märchen zu bemühen: Am Ende, als sie sich nun endlich kriegen, Julia Roberts und Richard Geer in dem wunderbaren Film *Pretty Woman*, heißt es: Er, Edward: »Und was passiert, nachdem der Prinz die Prinzessin aus dem Turm gerettet hat?« / Sie, Vivian: »Die Prinzessin rettet daraufhin den Prinzen.« Ist es das, was wir Männer uns wünschen – von der Frau gerettet zu werden?

Machtvoll ist der, der wahrhaftig liebt – so verklärt hat sie es immer wieder gelernt, und in ihr reift der Plan, den »emotionalen Analphabeten«, das hilflose »Innere Kind« im Mann durch die eigene starke Liebe zu erlösen – wie in dem oben genannten Film oder im Musical »Die Schöne und das Biest«.

Clarissa Pinkola Estés nimmt in ihrem Buch *Die Wolfsfrau* (1993) das Märchen vom bösen Grafen Blaubart zu Hilfe, um die »naive Frau als Opfer« (S. 61) zu beschreiben. Die frühe Erziehung zum »Nettsein« habe die Frau veranlasst, ihre Intuition zu unterdrücken und sich immer wieder an den falschen Prinzen zu binden und Höllenqualen zu leiden, ohne dass sie aufhören kann, sich nach jeder körperlichen und seelischen Attacke noch ein bisschen mehr Mühe zu geben, noch mehr Opferbereitschaft zu zeigen und es nur noch einmal ernsthaft zu versuchen. »Selbstverständlich betrachten sie [die Frauen] es dann als ihre heilige Pflicht, diesen armen, kranken Mann durch ihre Liebe von seinen Neurosen und Wahnideen zu heilen, und verbringen zwischendurch viel Zeit damit, sich geflissentlich einzureden, dass sein unheimlicher blauer Bart bei günstigen Lichtverhältnissen beinahe elegant wirkt« (S. 65 f.).

Aus diesem narzisstischen Machtgefühl heraus wächst die Hoffnung, dass sich der Partner nun wirklich durch sie verändern wird, wenn sie sich nur genügend anstrengt, und in dieser Phase vergisst die Frau ihre Trennungswünsche, widerruft Aussagen bei der Polizei oder kehrt aus dem Frauenhaus – unter den verständnislosen Blicken ihrer Betreuerinnen – mit »blauem Auge« nach Hause zurück. Ein Strauß Rosen und das Bekenntnis, von niemanden so geliebt zu sein wie von diesem Mann, bringen sie nach Hause – gibt es noch gemeinsame Kinder in der Beziehung, hilft auch häufig das Angebot von Seiten des Mannes, ab heute ein verantwortungsvoller Vater zu sein. Die Frau kämpft verzweifelt um ihren Mann, hin- und hergerissen zwischen Liebe und Hass, Verletzung und Hoffnung, eine Balance auf Messers Schneide.

Wenn die Frau sich entschieden hat zu bleiben, beginnt sie in den Tagen danach, die Erinnerung an die Misshandlung und die Schmerzen zu verdrängen, und verteidigt ihren Mann häufig gegenüber Außenstehenden; sie verharmlost die erlittene Gewalt und rechtfertigt sein Verhalten gegenüber der eigenen Familie und den Freunden.

Bei einigen Frauen scheint auch nach einer kürzeren oder längeren Zeit die Erinnerung an den Missbrauch total dissoziert zu sein. Unterstützt wird dieser »Gedächtnisbereinigungsprozess« des Paares dadurch, dass auch die Männer in der Lage sind, sehr glaubwürdig gegenüber anderen ihre Zerknirschtheit zu zeigen und Beteuerungen, es künftig anders zu machen, vorzubringen, wodurch Außenstehende, Familienangehörige, Freunde usw. die Frau wiederum bestärken, »ihm doch eine neue Chance zu geben«.

Die Falle ist zugeschnappt!

Nach einer kurzen Zeit der Versöhnung, Ruhe und Hoffnung berichten Frauen davon, dass erneut kleine Missverständnisse im Alltag auftauchen, die alten Wunden wieder aufreißen und von beiden Seiten eine Phase der Schuldsuche und Verantwortungszuschreibung folgt. Viele Männer entschuldigen nun rückblickend ihre Tat als etwas, das »urplötzlich, wie aus heiterem Himmel über sie gekommen sei«, etwas, das sie »nicht kontrollieren konnten«. Sie sprechen die Frau genau an ihrem verwundbaren Punkt an: Ich bin als Frau gemäß traditionellen Liebesvorstellungen in unserer Gesellschaft verantwortlich für die Emotionen, den kommunikativen Kontext und das Wohlbefinden in der Paarbeziehung, in der Familie. Somit beginnen die Männer, die Verantwortung von sich wegzuschieben, und schreiben ihre Handlung entweder äußeren Umständen zu (der zu große Alkoholkonsum, Schwierigkeiten am Arbeitsplatz, Probleme mit den Kindern, die schlimme Kindheit usw.) oder klagen die Partnerin direkt an: »Warum hast du mich denn überhaupt gereizt?«

Durch diese einseitige Zuschreibung von Verantwortung geraten von Gewalt betroffene Frauen zusehends wieder in die Position der Hilflosigkeit, und viele akzeptieren diese Interpretation des Geschehens und verzeihen, voller Schuldgefühle, dennoch. Und jetzt passiert etwas, was wir aus der frühen sexuellen und physischen Traumatisierung von Kindern kennen: Es kommt zur Identifikation mit dem Aggressor. Um das Gefühl totaler Ohnmacht zu vermeiden, übernehmen sie die Verantwortung für sein Handeln und sagen: ›Ja, ich habe dich provoziert, ich bin schuld.‹ Dies ist eine psychische Notfallreaktion in einem Moment von seelischer Bedrohung, ein Erstarren zwischen Angst vor neuer Gewalt und Angst vor dem Verlassenwerden. Die massiven Abwehroperationen der Introjektion der Gewalt und der Identifikation mit dem Aggressor dienen dazu, der Frau eine letzte Möglichkeit zu eröffnen, sich selbst in einer schier ausweglosen Situation zu retten, indem sie eine lebensnotwendige Beziehung zu erhalten sucht. Wenn die Frau sich selbst als die Ursache der Gewalt, des Bösen phantasiert und sich die Schuld dafür zuschreibt, bleibt ein letzter Handlungsspielraum in der Überzeugung, sich dem Bild anpassen zu sollen, welches der gewalttätige Mann von ihr hat. »Wenn ich so werde, wie du mich willst, dann hast du mich wieder lieb.« Die Tragik ist: Nur um den Preis der Selbstaufgabe kann sich die Frau das Bild der »genügend guten Mutter« (Winnicott 1953) im geliebten Partner erhalten und der schleichenden Zerstörung des eigenen Selbstwertgefühls entgehen. Im Gegenzug fühlt sie sich dann aber nicht mehr so ohnmächtig (»Ich kann doch etwas tun«), glaubt durch Einfühlung in die Absichten des Mannes ein Stück Kontrolle zu gewinnen und hat das Gefühl, nicht mehr so einsam und verlassen zu sein. Die eben beschriebenen Vorgänge entsprechen psychologischen Motiven zur Überlebenssicherung, die wir in der Traumatherapie mit dem Begriff »Stockholm-Syndrom« bezeichnen.

Die Übernahme der Tätersicht verschafft ihr die Illusion, eine erneute Gewalteskalation verhindern zu können, indem sie aus der Position des passiven Erduldens und Erleidens in die Position des aktiven Veränderns kommt – die Wendung vom Passiven ins Aktive. In diesem Moment übernehmen Frauen die Verantwortung für eine Tat, die sie nie begangen haben. Dementsprechend müssen sich Männer für ihr Verhalten nicht mehr verantwortlich fühlen, und die Frauen haben die Schuldgefühle, weil sie das gewalttätige Verhalten des Partners nicht verhindern konnten – sie haben einfach nicht genug geliebt.

Wenn nun weder Mann noch Frau Hilfe suchen, um die ungelösten Grundprobleme in der Beziehung und/oder der eigenen Persönlichkeit anzugehen, schleicht sich die Phase des Spannungsaufbaus sukzessive wieder ein. Dies alles ist nur verstehbar vor dem Hintergrund in unserer Gesellschaft vorherrschender Bilder von Weiblichkeit und Männlichkeit, mit den entsprechenden geschlechtsspezifischen Verhaltensnormen und Charakterzuschreibungen, wie sie in unseren gängigen Liebesvorstellungen eingeschrieben sind.

Das ist der Punkt, von dem aus sich die Tragödie des »Wir können nicht miteinander …, wir können nicht ohne einander« destruktiv entfaltet. Die Bindungstraumatisierung der Kindheit wird von den Protagonisten in der Gegenwart ein ums andere Mal reinszeniert.

Die Vergangenheit in der Gegenwart oder ohnmächtige Wut und die wütende Ohnmacht

Die Erfahrung zeigt, dass die meiste von Männern und Frauen ausgeübte psychische und physische Gewalt aus einem inneren Erleben der Machtlosigkeit heraus geschieht, mit dem Ziel, die eigene subjektive Ohnmacht abzuwehren und sich vor einem phantasierten Untergang zu retten – wie ein Ertrinkender, der sich an den herbeigeeilten Retter klammert und ihn mit hinabzuziehen droht. Ohnmächtig sein heißt keine Macht haben, um etwas zu tun, um etwas zu erkennen, und auch keine Möglichkeit haben, das eigene Leben in die Hand zu nehmen, aus einer Isolation gegenüber den anderen herauszutreten. Was ich in meinem Buch über destruktive Paarbeziehungen (2008) das »Trauma intimer Gewalt« genannt habe, verstehe ich als ein Trauma-Reenactment, als ein erneutes Durchlaufen traumatischer Situationen der Kindheit, im Handeln der Gegenwart der Intimbeziehung, wobei der Bezug zum Kindheitstrauma meist für den Protagonisten unbewusst bleibt.

Was die ursprüngliche Traumaerfahrung der Kindheit angeht, so geht das Erleben von ohnmächtiger Wut weit über die spezielle Erfahrung von sexuellem und/oder physischem Missbrauch hinaus. Immer dort, wo Menschen mit übermächtiger Gewalt in Kontakt kommen und nicht mit den natürlichen Schutzreflexen wie Flucht oder Kampf reagieren können, droht die Erstarrung in Hilflosigkeit, Todesangst und Kontrollverlust oder die Unterwerfung (Freeze-Reaktion). Das Aufwachsen in unserer Gesellschaft gibt viele Gelegenheiten, diese Gefühle ohnmächtiger Wut und wütender Ohnmacht »einzuüben«: von Vater/Mutter zu hören, dass man in dieser Welt nicht willkommen ist (Sei-nicht-Botschaft), von anderen ausgegrenzt, beschämt und erniedrigt zu werden, Schlägen und seelischen Grausamkeiten ausgesetzt zu sein, als Mädchen sexuell missbraucht, als Junge geschlagen und ausgelacht zu werden usw. Diese – im Hinblick auf Ohnmacht und Wut – gemeinsamen Erfahrungen von Jungen und Mädchen werden dann entlang des Rollenstereotyps in der Entwicklungsperiode an den »Haltestellen« Kindheit und Jugendalter unterschiedlich weiterverarbeitet und verfestigen sich in geschlechtstypischen Rollenbildern.

Werden die Traumaerlebnisse später in emotional wichtigen Bindungen zu Liebespartnern reaktiviert, ist mit dem extrem intensiven Erleben von Ohnmacht und Wut zu rechnen. Hierbei kann es zu *zwei* gegensätzlichen Handlungstendenzen kommen: der ohnmächtigen Wut, die ausbricht und Raum greift, und dem völligen Zurückziehen in wütende Ohnmacht – dem völligen Abschneiden von den eigenen Gefühlen. Die Erstere, die *aktive* Gegenreaktion auf Ohnmacht, geht mit Wut einher, mit (Selbst-) Aggression, aber auch dem Aufbau einer Scheinwelt (Derealisation), in der Handlungsmacht phantasiert wird (eher das männliches Stereotyp), und die zweite, die *passive* Gegenreaktion mit dem Verlust der Handlungsmacht (Einfrieren und Fragmentierung der Wahrnehmung), dem Verlust der Freiheit, mit Amnesie, Sprachlosigkeit und Einsamkeit (eher das weibliche Stereotyp).

Beide Handlungstendenzen signalisieren ein Schutzbedürfnis, und hinter der scheinbaren Zurückgezogenheit steckt die unausgedrückte Wut, der Zorn als treibende Kraft. Das Gefühl innerer Machtlosigkeit kann zu machtvollem, hasserfülltem Handeln führen, einem unkontrollierten Ausbruch von Wut, dem Um-sich-Schlagen eines Ertrinkenden, welches andere Menschen seelisch und körperlich verletzt und den Teufelskreis von *Machtlosigkeit – Machtdemonstration – Machtlosigkeit* in Gang setzt.

Dieses, so scheint mir, ist der Kern destruktiver Paarbeziehungen, sowohl aus der Sicht des Mannes wie der Frau – diesen Kern habe ich versucht, in diesem Beitrag zu beschreiben.

Anmerkung

1 Zit. n. http://www.vaeter-aktuell.de/infomaterial/Flyer_Gewaltschutz_08-06-02.pdf.

Literatur

Estés, C. P. (1993): *Die Wolfsfrau*. München (Heyne Verlag).
Holtzworth-Munroe, A. & Stuart, G. L. (1994): Typology of male batterers: Three subtypes and the differences among them. *Psychological Bulletin*, 116 (3), S. 476–497.
Johnson, M. P. (1993): Violence against women in the American family: *Are there two forms?* Paper, vorgelegt zum Pre-Conference Theory Construction and Research Methodology Workshop beim Jahrestreffen des National Council on Family Relations, Baltimore, MD.
Johnson, M. P. (1995): Patriarchal terrorism and common couple violence: Two forms of violence against women. *Journal of Marriage and the Family*, 57, S. 283–294.
Johnson, M. P. (1999): Two types of violence against women in the American family: Identifying patriarchal terrorism and common couple violence. Paper, vorgelegt zum Jahrestreffen des National Council on Family Relations, Irvine, CA.
Johnson, M. P. (2000): Conflict and control: Symmetry and asymmetry in domestic violence. Paper, vorgelegt beim National Institute of Justice Gender Symmetry Workshop, Arlington, VA.
Johnson, M. P. & Ferraro, K. J. (2000): Research on domestic violence in the 1990s: Making distinctions. *Journal of Marriage and the Family*, 62, S. 948–963.
Lempert, J (2003): Gewalt – Männersache? Grundlagen für eine veränderte Sicht. http://www.institutlempert.de/download/gewalt_maennersache.pdf (Zugriff: 1.7.2011).
Lempert, J. & Oelemann, B. (1994): »… dann habe ich zugeschlagen«. *Männer-Gewalt gegen Frauen*. Hamburg (Konkret Literatur-Verlag).
Peichl, J. (2008): *Destruktive Paarbeziehungen. Das Trauma intimer Gewalt*. Stuttgart (Klett-Cotta).
Straus, M. (1990): Social stress and marital violence in a national sample of American families. In: M. Straus & R. Gelles (Hrsg.), *Physical violence in American families*. New Brunswick, NJ (Transaction Publishers), S. 181–201.
Treichler, M. (2004): *»Danke, mir geht's gut!« Wie Männer mit ihren Depressionen umgehen*. Esslingen (Gesundheitspflege Initiativ).
Walker, L. E. (1979): *The battered woman*. New York (Harper and Row).
Walker, L. E. (1984): *The battered woman syndrome*. New York (Springer).
Walker, L. E. (1991): Post traumatic stress disorder in women: Diagnosis and treatment of battered woman syndrome. *Psychotherapy*, 28 (1), S. 21–29.
Walker, L. E. (1995). Understanding battered woman syndrome, *Trial*, 31 (2), S. 30–37.
Winnicott, D. (1953): Transitional objects and transitional phenomena. *International Journal of Psychoanalysis*, 34, S. 89–97.

MICHAELA HUBER

Destruktive Täter-Opfer-Bindungen

Einleitung

Warum geht sie nicht weg, obwohl er sie halbtot schlägt? Warum bleibt er, obwohl er weiß, dass diese Beziehung ihn kaputtmacht?

Wieso klammert sich das Pflegekind an den leiblichen Vater, obwohl er es so verletzt hat?

Wie kann es sein, dass der junge Mann seine Mutter immer wieder hereinlässt, obwohl er sie so hasst und sie ihm so zusetzt, dass sich sein Asthma dann verschlimmert?

Oder gar: Weshalb schafft diese Frau den Ausstieg aus der Zwangsprostitution nicht, sondern geht immer wieder zu den Tätern, obwohl sie sich doch gleichzeitig so große Mühe gibt, da herauszukommen?

Fassungslos sehen private wie professionelle Helferinnen und Helfer häufig zu, wie ihre kleinen, jugendlichen oder erwachsenen Freundinnen und Freunde oder Klienten und Klientinnen in zerstörerischen Bindungen verstrickt bleiben, obwohl es Alternativen gäbe. Da stehen die »Aussteiger« sozusagen an der offenen Käfigtür, und dann gehen sie nicht raus. Sie machen anderen Menschen ihr Leid deutlich, diese strecken die Hand aus und versuchen, ihnen beim Ausstieg aus den zerstörerischen Bindungen behilflich zu sein, sie machen auch, mehr oder weniger halbherzig, Schritte der Distanzierung. Doch dann folgen die Rückschritte, indem sie doch wieder den Kontakt zu der Person oder dem Personenkreis suchen, von der bzw. dem sie sich doch lösen wollten.

Bei Kindern verstehen wir, dass sie aufgrund ihres Bindungssystems einen inneren Kampf zwischen dem Bindungsbedürfnis und dem Bedürfnis, Schutz vor Verletzungen zu haben, erleben. Neurobiologen und die Autoren der strukturellen Dissoziationstheorie (van der Hart et al. 2008) sprechen davon, dass bei gequälten Kindern zwei biologische Systeme miteinander konkurrieren, die basal und beide sehr stark sind: das Bindungs- und das Verteidigungssystem. Das Bindungssystem sagt: ›Du musst hin zu dieser Bindungsperson, du musst dich ihr anpassen.‹ Das Verteidigungssystem sagt: ›Duck dich, renn weg oder kämpfe dagegen an; wenn du das nicht schaffst: Geh innerlich weg, ergib dich, stoße den

Bindungsschrei aus (»Hilf mir, sofort!«) und zieh dich innerlich zurück.« Beide neurobiologischen »Aktionssysteme« sind sehr stark: Das Kind muss also aufgrund der Bindungsnotwendigkeit auf die Person zugehen, vor der es sich fürchtet; die Furcht wiederum zwingt das Kind, äußerlich – oder, wenn das nicht geht, innerlich – auf Abstand zu gehen. Die Konsequenz ist häufig Dissoziation: Das Kind, das auf den misshandelnden Papa zuläuft, »weiß« in diesem Augenblick nicht (mehr), dass genau dieser Mensch es ist, vor dem es sich zutiefst fürchtet. Die amerikanische Forscherin Jennifer Freyd schrieb in ihrem Buch *Betrayal Trauma* (1996), warum dies so ist: Das Kind muss den Anteil von sich unterdrücken, der das Böse im Elternteil entdecken könnte, um Bindung aufrechterhalten zu können. Die Kinder-Therapeutin Dorothea Weinberg (2011) spricht von »instinktiven Täuschungsreaktionen« als häufiger »Variante kindlicher Unterwerfung«.

Mit anderen Worten: Ein Kind wird sich mit hoher Wahrscheinlichkeit automatisch für die Bindung entscheiden müssen. Nur wenige Kinder schaffen es, sich eindeutig gegen eine misshandelnde Bindungsperson zu entscheiden und dies auch deutlich zu sagen. Dies sind in der Regel Kinder, die sichere Bindungen zu anderen Bindungspersonen – etwa der Mutter – haben, was ihnen hilft, die Bindungsperson, die sie misshandelt, ablehnen zu können. Oder Kinder, deren Bindungsperson, die sie misshandelte, eindeutig furchterregend und niemals freundlich und sicherheitgebend war, während viele misshandelnde Bindungspersonen ja – siehe unten – ambivalente Signale aussenden. Oder Kinder, die sich mit dem Mut der Verzweiflung einmal deutlich ablehnend äußern – was aber nicht bedeutet, dass sie nicht in anderen Situationen wieder eine Sehnsucht gegenüber der misshandelnden Bindungsperson äußern, ihr gern verzeihen wollen oder dissoziieren, also manchmal »wissen«, dass ihnen weitere Misshandlungen drohen, und manchmal nicht.

Was sollen professionelle Helferinnen und Helfer aus der kindlichen Bindungs-Reaktion gegenüber misshandelnden Elternteilen schließen?

Wer (etwa bei Familienrechts-Streitigkeiten) darüber entscheiden muss, ob ein Kind einem es misshandelnden Elternteil wieder ausgeliefert wird, darf auf keinen Fall das Verhalten des Kindes als Entscheidungskriterium dafür nehmen. Denn das Kind wird sich mit hoher Wahrscheinlichkeit dem Täter anpassen. Das Kind, das sich »freudestrahlend« dem Vater in die Arme wirft, macht nichts anderes als eine Unterwerfungsgeste. Dies – wie es häufig bei Sorgerechtsverfahren geschieht – als »Beweis« dafür zu sehen, dass es in Ordnung ist, das Kind wieder zum ehemals misshandelnden Elternteil gehen zu lassen, ist eine unzulässige und für das Kind potentiell lebensgefährliche Schlussfolgerung. Stattdessen sollte der Grundsatz gelten, dass ein vom Kind »gewünschter« Umgang erst dann ermöglicht werden kann, wenn der Täter bzw. die Täterin nachweislich ihr Verhalten verändert hat.

Bindungspersonen, die ihr Kind, ihr »Schutzbefohlenes«, misshandeln und nicht nachweislich an der Veränderung ihres Verhaltens gearbeitet haben, dürfen nicht die Möglichkeit bekommen, mit ihrem Kind Umgang zu haben. Warum? Es geht hier zum einen um das Kindeswohl. Ludwig Salgo, Familienrechts-Professor der Universität Frankfurt, hat einschlägige Fälle ausgewertet und fordert: »Die Regelvermutung der Kindeswohldienlichkeit von Umgang (§ 1626 Abs. 3 BGB) kann in Fällen von häuslicher Gewalt und/oder bei fortwährendem hohem elterlichen Konfliktniveau keine Geltung beanspruchen« (Salgo 2011). Das bedeutet: Eltern, die sich gegenseitig und/oder ihr Kind quälen, dürfen sich in Streitfällen nicht auf das Umgangsrecht berufen. Es dient nämlich dem Kindeswohl überhaupt nicht, das Kind zu einem Umgang mit solchen gewaltvoll agierenden Eltern zu zwingen. Auf einer Tagung in der Richterakademie Trier im Februar 2011 waren die anwesenden Juristen und Psychotraumatologie-Expertinnen und -Experten weitgehend einig, dass Familienrichter bei häuslicher Gewalt eindeutiger pro Kindeswohl handeln sollten und insbesondere das Umgangsrecht für diese – wahrlich nicht seltenen – Fälle klar zum Schutz der Kinder anwenden sollten.

Beziehungsmuster in dysfunktionalen Familienstrukturen

Zum anderen geht es darum, was vernachlässigende bzw. misshandelnde Personen und ihre Opfer wirklich brauchen, um sich selbst zu verändern. Häufig handelt es sich bei familiärer Gewalt um intergenerationelle Prozesse. Wer verstehen möchte, dass nur eine nachhaltige und letztlich am Verhalten empirisch belegbare Veränderung der gesamten Persönlichkeit destruktive Beziehungen sowohl von Opfer- als auch von Täterseite verändern kann und dass dazu eine räumliche und zeitliche Distanz der Kontakte zwischen Täterin/Täter und Opfer notwendig ist – wer das verstehen will, muss sich mit den Bindungsmustern in zerstörerischen nahen Beziehungen beschäftigen.

Die Beziehungsmuster in zerstörerischen Bindungen sind in der Regel zutiefst widersprüchlich und daher verwirrend. Und Verwirrung ist eine schlechte Voraussetzung für eindeutige (Distanzierungs-) Entscheidungen. Hier zehn grundlegenden Beziehungsmuster in dysfunktionalen zu Misshandlung führenden Familienstrukturen:

1.) Despotismus und Laissez-faire;
2.) Scham- und Schuldabwehr und Schuldübernahme;
3.) Bestechung, Erpressung, Nötigung;
4.) Verführung und brachiale Gewalt;
5.) Geiselnahme und Solidarisierung mit dem Mächtigen;
6.) Verrat;
7.) kollusive Verwicklungen und Parentifizierung;
8.) Opferung;
9.) intergenerationelle Weitergabe;
10.) und manchmal Liebevolles, Sanftes – dann wieder Gewalt, als gäbe es nichts anderes …

Despotismus und Laissez-Faire

Wo Gewalt herrscht, gibt es einen Despoten, also einen Gewaltherrscher. Dies ist, was das Thema »Misshandlung in Partnerschaft und Familie« angeht, oft der Mann bzw. Vater (oder Vater-Ersatz, oder der älteste Bruder oder der Großvater etc.), auch wenn die Dunkelziffer der misshandelnden Mütter und der den Partner misshandelnden Frauen groß ist. Ein Despot ist unberechenbar und zwingt seine Umgebung durch seine gewalttätige Macht dazu, ihn (oder sie, die Despotin) ständig im Auge zu behalten und sich im richtigen Moment zu »ducken« bzw. zu unterwerfen. Kinder von misshandelnden Eltern müssen immer hoch aufmerksam sein, was der Vater bzw. die Mutter gerade tut, wo sie sind, wann sie »ausrasten« und wie sie, die Kinder, das vielleicht verhindern könnten. Dass sie es nicht können, empfinden die Kinder dann als ihr Versagen. John Bowlby, der Begründer der Bindungsforschung, hat es bereits in den 1970er Jahren so beschrieben: Das misshandelte Kind empfindet den misshandelnden Elternteil als gott-gleich mächtig und sich selbst als nicht liebenswert.

Umso verwirrender, wenn es erlebt, dass sich – wie in Misshandlungsfamilien üblich – der Despotismus der Bindungsperson mit Laissez-faire abwechselt: Plötzlich darf das Kind etwas, das es nie zuvor durfte; plötzlich scheint der Misshandler nicht mehr an ihm interessiert zu sein, plötzlich ist Raum, wo vorher nur qualvolle Enge war. Für Kinder, die ja durch die Bindungspersonen und das von ihnen gespiegelte Verhalten lernen, wer und wie sie selbst wohl eigentlich sind, ist das äußerst verwirrend. Sie erleben, dass sie für ein Verhalten einmal eine Belohnung erhalten (»Brav! Du bist ein liebes Kind!«), dann bestraft werden (»Lass das! Du bist böse!«) und ein andermal gar keine Reaktion bekommen. Die Konsequenz ist: Sie bleiben eng an den Despoten gebunden, da nur er ihnen in einer Situation jeweils zu erkennen geben kann, »wer« und wie sie sein sollen, ja wer sie in jedem Moment »eigentlich sind«. Der Täter bestimmt also die Identität des kindlichen Opfers, das sich nicht leisten kann, introspektiv sich selbst zu beobachten und darüber nachzudenken, wie es selbst ›das denn findet‹ und wie es »eigentlich« zu sein meint. Frühestens in der Pubertät, also in der Zeit der inneren Loslösung von der primären Bindung, können misshandelte Kinder erste Abgrenzungen gegen diese Zumutung – der despotische Erwachsene definiert, wer das kindliche Opfer ist – entwickeln. In ihrer Identität gibt es bis dahin bereits mindestens drei Einheiten: das gute Kind, das böse Kind und das ungesehene Kind.

Scham- und Schuldabwehr und Schuldübernahme

Wo Gewalt die zivilisierten Verhandlungs- und Abgrenzungs-Formen ersetzt, gerät jemand außer Kontrolle und muss dies rechtfertigen. »Du bist schuld!«, ist die einfachste Rechtfertigung eines Gewalttäters. In Familien, in denen Gewalt herrscht, gibt es sowohl verbale Gewalt, also Beschimpfungen und Entwertungen, als auch körperliche und vielleicht sogar sexualisierte Gewalt. Wo sexualisierte Gewalt herrscht, gibt es die anderen Gewaltformen in der Regel ohnehin. Verbale Gewalt hat immer etwas damit zu tun, den anderen zu beschuldigen: Du bist schuld daran, wie ich mich fühle. Mehr noch: Du bist schlecht, böse, faul, gemein, falsch, hässlich, dumm, dick, verdorben. Du bist Müll. Kinder können sich innerlich nicht dagegen wehren, auch wenn sie es versuchen. Es wird immer etwas hängen bleiben von diesem Gefühl, tatsächlich dumm, faul, schlecht und »Müll« zu sein. Konsequenz: Die Täterin bzw. der Täter kann davon ablenken, dass sie oder er sich tatsächlich nicht im Griff hat. Sie (er) kann überspielen, dass sie (er) eigentlich dem bösen Impuls nachgibt, jemand Schwächeres mit Gewalt zu unterdrücken. Nicht die Täterin oder der Täter ist dann böse: sondern diese(r) Schwächere. Täter müssen die Schuld abwehren, zumindest erst einmal, sonst müssten sie sich beherrschen. Da sie dies nicht tun, da sie sich gehen lassen, da sie dem Impuls zum Ausrasten nachgeben, können sie dies nur vor sich und anderen (z. B. Familienmitgliedern) rechtfertigen, wenn sie dem Opfer die Schuld geben: Die hat mich provoziert. Der war frech zu mir. Die hat angefangen. Der musste unbedingt gestoppt werden, anders ging es nicht. Mir hat das mehr weh getan als ihr. Und so weiter. Das, z. B. kindliche, Opfer wird also die Schuld bekommen und wird die Schuld auf sich nehmen, auch wenn es sich in einem anderen Teil seines Wesens unschuldig fühlt.

In den meisten Misshandlungs-Beziehungen gibt es aber dann auch plötzlich hin und wieder ein Schuldeingeständnis der Täterin bzw. des Täters, bewusst oder unbewusst: »Da, kauf dir was Schönes.« – »Hab's nicht so gemeint.« – »Ich war einfach fix und fertig.« – »Wie kann ich das bloß wiedergutmachen?!«, bis hin zum verzweifelten: »Bitte bitte verzeih mir«. Es ist ein häufig beschriebener Bestandteil der Gewaltspirale, dass der Täter (die Täterin) dem Opfer immer wieder leid tut: Der meint es nicht so. Es tut ihr selbst am meisten leid. Das macht er nur, wenn er getrunken hat. Wenn ich nur lieb genug bin, wird er (sie) es bestimmt nicht wieder tun ... Ja, wenn das Opfer nur irgendwie anders wäre, als es ist, wenn es alles richtig machen würde, wenn es die Situation entschärfen, die Gefahr voraussehen, die Täterin (den Täter) beruhigen würde – und manchmal gelingt das sogar –, dann ... Ja, dann wird es nicht wieder geschehen. Bis zum nächsten Mal.

Kindliche Gewaltopfer wachsen mit dem Gefühl auf, mindestens schuld daran zu sein, dass sie die Gewalt nicht erfolgreich dauerhaft verhindert haben, wenn nicht sogar daran, dass sie sie verursacht haben. Und viele bleiben lebenslang an die gewalttätigen Bindungspersonen gebunden, nicht zuletzt auch, weil sie dann ihre Geschwister, ihre Mutter, ihre Cousins und Cousinen, ihre Nichten und Neffen schützen wollen. Was genauso vergeblich ist, auch wenn die Illusion lange unzerstörbar zu sein scheint: Wenn ich es nur richtig machen würde, dann ...

Bestechung, Erpressung, Nötigung

»Komm, hol mir das Bier, du weißt doch, dann lass ich dich in Ruhe.« – »Du willst doch das rote Kleidchen haben, also komm her und mach mir's, dann kriegst du's.« – »Ich nehm dich von der Schule, wenn du noch mal jemand mit nach Hause bringst.« – »Deine Mama wird krank, wenn du ihr was erzählst.« – »Du wirst doch wohl nicht schlecht über deine Eltern reden!« – »Noch mal so was, dann kommst du (wieder) ins Heim!«

Ein gequältes Kind wird unzählige solcher Äußerungen zu hören bekommen. Sie enthalten einen heimlichen Lehrplan: Es wird nicht verhandelt. Man bekommt nur etwas, wenn man jemanden dazu zwingt. Und umgekehrt: Wenn ein Schwächerer etwas will, muss er einen hohen Preis dafür zahlen. Also wird das Kind lernen, dass es über alle (Ekel-) Grenzen gehen muss, um etwas zu bekommen. Es wird sich selbst verachten, wenn es um etwas bettelt und etwas tun muss, das es eigentlich nicht tun will. Und wird dieses Muster wiederholen, auch mit Freunden und Helfern: »Es geht mir so schlecht – du *musst* mir jetzt den

Gefallen tun!« – »Jacke her, oder es knallt!« – »Wofür werden Sie bezahlt!?« – »Ich soll mich hier wohlverhalten? Was kriege ich denn dafür?!«

Verführung und brachiale Gewalt

»Du bist einfach unwiderstehlich, ich konnte nicht anders.« Wenn ein Gewalttäter das zu seinem Opfer sagt, etwa ein Vater zu seiner eben vergewaltigten Tochter, dann ist das für das Opfer extrem verwirrend. Es ist irgendwie verführerisch, das soll ja etwas Gutes sein. Und gleichzeitig geschieht etwas Schreckliches. Viele z. B. kindliche Opfer schließen daraus, dass sie nicht verführerisch sein dürfen. Sie hungern sich zum Skelett oder fressen sich einen »unansehnlichen« Panzer an, sie ›gehen in Sack und Asche‹ und trauen sich nicht, den Blick eines anderen Menschen zu erwidern. Andere machen mit: Sie verwandeln sich in eine Art »Lolita«, bewegen sich lasziv, tragen hauteng und weit ausgeschnittene Kleidung, versuchen das Spiel umzudrehen: Ich verführe dich, du zappelst an meiner Angel, ich mache mit dir, was ich will. Nicht wenige haben beide Tendenzen in sich, manche entwickeln für beide Zustände sogar ausgeprägt unterschiedliche Ego-States.

Geiselnahme und Solidarisierung mit dem Mächtigen

Misshandelte Kinder sind die Geiseln ihrer Eltern. Im Überleben von ihnen abhängig, zur Anpassung verdammt. Kinder können nicht fliehen, und viele, die es trotzdem tun, werden schnurstracks von den Behörden wieder bei ihren Erziehungsberechtigten abgeliefert. Ein misshandeltes Kind muss schon sehr viel Glück haben, um äußere Hilfe zu bekommen und vor den elterlichen Tätern geschützt zu sein. Die meisten haben nicht nur aufgrund ihres Bindungssystems das Gefühl, nicht wegzukönnen; sie erleben vielmehr auch, dass es keine Alternative zu geben scheint. Also passen sie sich dem Mächtigen an, und von allen mächtigen Erwachsenen dem Mächtigsten, nämlich dem Gewalttäter.

Viele bewundern dann den Gewalttäter für seine Macht und verachten die schwächeren Erwachsenen, die sich vom Haupttäter herumkommandieren lassen, wobei die klassische Variante diese ist: Das Kind passt sich an den Vater an und verachtet die Mutter. Dabei bleibt es aber oft im Laufe des Lebens sogar mehr an die Mutter gebunden als an den gewalttätigen Vater. Denn später, etwa ab der Pubertät, kann der jugendliche und dann erwachsene Mensch sich vom Gewalttäter abwenden. Schwieriger wird es, von der schwachen Mutter loszukommen, sie klammert und will verstanden und getröstet und versorgt werden.

Und schließlich wünscht sich ein Kind nichts so sehr, und zwar meist lebenslang, als von der Mutter getröstet und versorgt und geliebt zu werden. Ein wenig Freundlichkeit (die Mutter kocht, backt, wäscht, gibt Ratschläge, sorgt daheim für eine »warme Stube« ...), und der Sohn oder die Tochter »klebt« weiterhin am Kontakt zu ihr, auch wenn die Mutter sonst nichts an Schutz und Fürsorge zu geben hat, sondern lebenslang selbst etwas haben will von »ihrem Kind«.

Verrat

Nichts verunsichert ein Kind stärker, als wenn es immerzu verraten wird und erlebt, dass es sich nicht darauf verlassen kann, dass es geschützt wird. In Familien, in denen misshandelt wird, spielt Verrat als Bindungsmuster eine große Rolle. Hier verrät jede(r) jede(n): Mutter schaut weg, wenn Vater gewalttätig wird oder sich nachts über das Kind hermacht. Vater schaut weg, wenn Mutter schreit und tobt und sich verletzt zurückzieht oder depressiv im Bett liegen bleibt, während die Kinder unversorgt sind. Ältere Geschwister schauen weg, wenn die jüngeren in Not sind, vielleicht schämen sie sich ein wenig dafür, bis auch sie gelernt haben, was es hier zu lernen gibt: jeder für sich und alle gegen alle. »Nach vorne« sind alle den Mächtigeren gegenüber vorsichtig und freundlich; »hintenherum« wird schlecht geredet, wird aufgetrumpft: Der wird sich noch wundern, die wird sich noch umgucken, das ist doch das Letzte, jetzt reicht's! Und dann geschieht – nichts. Die Machtverhältnisse bleiben. Bis zur nächsten Trennung der Erwachsenen, die sich dann entweder bald wieder erneut zusammentun, oder es tauchen neue Erwachsene in der Wohnung auf, mehr oder weniger nett, mehr oder weniger gleichgültig, mehr oder weniger gewalttätig. Versprochen? Ach, was kümmert mich das dumme Geschwätz von gestern. Nach dieser Devise wird gelebt, und es lehrt: Vertraue niemandem, pass dich äußerlich an, glaub bloß nicht, was sie dir versprechen. Und doch glaubt man immer wieder, weil man glauben möchte, glauben muss, dass es irgendetwas Stabiles und Verlässliches geben könnte. Häufig vergeblich.

Manchmal gibt es zwei Familienmitglieder, die sich aneinanderklammern, vielleicht sogar inzesthaft: Bruder und Schwester geben einander, was sie von den Erwachsenen nicht bekommen. Häufig dauert es sehr lange, bis dann die Schwester später realisiert, dass Sex und seine Folgen ein hoher Preis waren für das bisschen Wärme und Nähe, dass sie sich wünschte. Und der Bruder wird vielleicht lebenslang die zusätzliche Scham kaum ertragen, selbst gegenüber der Schwester übergriffig gewesen zu sein, um sich bei ihr zu holen, was er für Nestwärme hielt.

Kollusive Verwicklungen und Parentifizierung

In einer Misshandlungspartnerschaft mit oder ohne Kinder weiß der eine nicht, wo er beginnt und die andere aufhört; man behandelt die anderen wie sich selbst: vernachlässigend. Man spricht alles aus, was man denkt, auch das Schlimmste und Entwertendste. Und man tut, was man denkt und gesprochen hat. In diesen Bindungsstrukturen ist niemand erwachsen; alle sind klein, impulsiv und bedürftig. Wo Gewalt herrscht, herrscht Grenzenlosigkeit: Nicht mit dir und nicht ohne dich. Du bist nichts ohne mich (das werde ich dir schon einbläuen), ich kann nicht ohne dich, und du wirst schon merken, dass du nicht kannst ohne mich. »Wenn du gehst, bring ich mich um!« – »Ich hau ab und nehm die Kinder mit!« – »Wenn du das machst, bring ich euch alle um. Und mich dazu.«

Dazwischen schauen die Kinder wie beim Pingpongspiel hin und her und hin und her, und sie wissen nicht, wer hat recht und wer nicht, wer macht das Angekündigte wahr und wer nicht. In ihrer Not versuchen sie, die kindischen Erwachsenen altklug zu beraten, ihnen zu helfen, sie zu versorgen. Sie bringen ein Glas Wasser und eine Tablette. Sie schütten den Alkohol heimlich in den Ausguss. Sie verstecken die Rasierklinge und das scharfe Küchenmesser. Sie streicheln und sprechen mit sanfter Stimme. Sie bringen die Lieblingsgegenstände der Erwachsenen herbei. Und wenn der Sturm vorbei ist, kneifen sie ihre Puppen, die Haustiere oder die jüngeren Geschwister, spielen mit ihnen nach, was sie gesehen und gehört haben, oder in ihnen selbst tobt der Kampf aller (Anteile und Introjekte) gegen alle.

Opferung

Wer in einer Gewaltfamilie groß wird, lernt, dass hier jede(r) jede(n) über die Klinge springen lässt. Oder dass es besser ist, sich selbst zu opfern, um nicht unkontrollierbar überwältigt zu werden. Oder andere zu opfern, um selbst (vorübergehend) davonzukommen. Die Mutter opfert die Tochter. Die Tochter opfert sich für ihre Schwester. Der Sohn bringt die Leistungen in der Schule nicht und wird geopfert, indem er nur einen Hauptschulabschluss machen »darf«. Die Kinder werden dem Misshandler immer wieder ausgeliefert. Die Mutter glaubt, sich »auf dem Altar der Mutterschaft« geopfert zu haben: »Was wäre aus mir geworden, wenn ich dich nicht bekommen hätte …!« Die kranke Mutter scheint sich aufgegeben zu haben und verlangt, dass ihre Tochter ihre eigenen Pläne opfert und sich um sie kümmert. Und die Kinder opfern sich wieder und wieder, wenn die Luft dicker wird. Sie bieten sich an: Schlag mich, nimm mich … Sie laufen weg, weil sie denken, es sei alles ihre Schuld. Sie werden krank oder haben einen spektakulären Unfall, so dass man sich um sie kümmern muss und die Kontrahenten vorübergehend am Bett des Kindes wieder vereint scheinen. Sie kehren immer wieder »nach Hause« zurück, weil sie glauben, ohne sie bräche alles zusammen, ein bisher noch unbehelligtes Kind werde dann »dran« sein, oder es gebe Mord und Totschlag ...

Intergenerationelle Weitergabe

Bindungsmuster wie die gerade beschriebenen werden von einer Generation an die andere weitergereicht. Häufig werden sie von einer Generation zur nächsten in ihrer Ausprägung schlimmer. In einer Generation wird der Ton zwischen den Familienmitgliedern schärfer. In der nächsten wird herumgestoßen, geschlagen, Männer »nehmen« sich ihr »eheliches Recht« bei der Frau. In der übernächsten kommt sexuelle Gewalt von Erwachsenen an Kindern hinzu. Wo alle drei Formen von Gewalt herrschen – seelische, körperliche und sexuelle Quälereien –, sind die Ausprägungen der destruktiven Bindungsmuster besonders deutlich, die Folgen gravierender. Wie die ACE-Studie – eine Langzeitstudie über die Folgen von familiären Belastungen aus den USA (vgl. u. a. Felitti et al. 1998, 2007; weitere Publikationen unter http://www.cdc.gov/ace/publications.htm) – als eine von vielen zeigen konnte, sind die Folgen geradezu »dosis-abhängig«: Je mehr Belastungsfaktoren in der Kindheit, desto gravierender die emotionalen und körperlichen Folgestörungen und -erkrankungen. Wer in einem solchen Familiensystem aufwächst, kennt nichts anderes und hält alles für »völlig normal«, auch wenn es noch so entsetzlich und verwirrend ist. Das ist dann nur durch Abstumpfung und Dissoziation zu ertragen.

Und manchmal Liebevolles, Sanftes – dann wieder Gewalt,
als gäbe es nichts anderes ...

In den meisten Misshandlungs-Familien und -Partnerschaften gibt es auch Freundlichkeit, Kreativität, Humor, stille und nahe Momente. Und gerade das ist das Schlimme, jedenfalls im Nachhinein, wenn die Betroffenen später zu erklären versuchen, warum sie so unendlich lange an der Illusion hingen, alles werde doch noch gut. Denn wenn es wenigstens ab und zu schön ist, dann kann es doch wieder schön werden, oder? »Er kann auch so lieb sein!«, ruft die Frau, die wieder und wieder von ihrem Partner schwerst misshandelt wurde und die doch nicht von ihm lassen kann.

Durch die ständige Bezogenheit, die vielen »heißen Reize« und das manchmal Schöne entwickeln die meisten Kinder, Jugendlichen und Erwachsenen eine regelrechte Phobie vor dem Alleinsein. Der Grund: Wenn man allein ist, kommt man ans Denken. Dann können einem auch sehr unangenehme Gedanken und Gefühle kommen, ja es ist wahrscheinlich, dass diese zuerst kommen, denn da ist so viel Unverarbeitetes im Innern. Also wird das Alleinsein vermieden und im Zusammensein versucht, ständig den anderen unter Kontrolle zu halten. Hinzu kommt: In Trennungsphasen sind die Schwächeren in einer Misshandlungsbeziehung besonders gefährdet. Nicht nur weil sie meist finanziell vom Täter abhängig sind, sondern auch, weil die Gewalt in Trennungsphasen noch einmal eskalieren kann. Gerade dann werden sich Liebesbeteuerungen und (zunehmende) Gewalt in rascher Folge abwechseln.

Nichts kann verwirrender sein, als wenn Gewalt und Zärtlichkeit kurz aufeinander folgen, ja miteinander vermischt zu sein scheinen. Liebevoll angeschaut, gestreichelt werden – um dann abrupt geschlagen, gewürgt, an die Wand geworfen oder innerlich zerrissen zu werden, vielleicht währenddessen tränenreich geküsst und wieder gestreichelt zu werden und so weiter – diese Mischung aus schön und grauenhaft ist so zerstörerisch wie kaum etwas anderes. Sowohl in impulsiven Beziehungen wie in sadistischen Bindungen spielt dieses Doppelte von Zärtlichkeit und Grausamkeit eine entscheidende Rolle dabei, dass alles Unschuldige und Weiche mit Schmerz und Härte kontaminiert wird. Viele Mädchen, die so etwas erlebt haben, können später keinen Orgasmus bekommen, ohne dass ihnen Schmerz zugefügt wird (»Ich kann nur bei SM einen Orgasmus kriegen«); und umgekehrt können seelische und körperliche Schmerzen mit Lustgefühlen, ja Zwangs-Orgasmus verbunden sein. Wenn man dann das eine (Gewalt und Schmerzen) vermeiden will, muss man auf das andere (Zärtlichkeit und Sexualität) verzichten – jedenfalls so lange, wie diese Zwangs-Koppelung nicht durch eine Psychotherapie gelöst werden kann, was schwer genug ist.

Innere Kämpfe als Folge struktureller Dissoziation

Wer unter Misshandlungs-Bedingungen groß wird, wird nicht nur oberflächlich dissoziieren, also mit Nicht-mehr-Wissen (Amnesie) reagieren, mit Verzerrungen der Außenwahrnehmung (Derealisation) oder Entfremdungsgefühlen dem eigenen Selbst und Körper gegenüber (Derealisation). Er entwickelt vielmehr eine tiefe strukturelle Dissoziation als Reaktion auf die krankmachenden Bedingungen seiner Umgebung. Das misshandelte und vernachlässigte Kind entwickelt unter solchen Bedingungen kein kohärentes Selbst – wie sollte es auch. Früher (Bindungs-) Stress wird sein Gehirnwachstum und seine Gehirnstruktur verändern (Teicher 2011), so dass eine kohärente prä-traumatische Persönlichkeitsstruktur von allem Anfang an verhindert wird (Putnam 1997). Die Verhaltenszustände, in die das kleine Kind zunächst gerät, werden nicht genügend koordiniert, um einen Zusammenhalt und einen Aufbau von übergeordneten Strukturen von Selbstbeobachtung, Koordination, Planung, Übersicht und Identitätsfindung zu ermöglichen.

Was die Bindungsstruktur angeht, so aktiviert eine Trennung von der misshandelnden Bindungsperson das Bindungssystem – Nähe aktiviert wiederum das Verteidigungssystem, weil das Kind alle (Selbst-) Schutzmöglichkeiten gegenüber der Misshandlung aktivieren muss. Dieses alternierende Muster führt zu einer Phobie vor Bindung und gleichzeitig einer Phobie vor Trennung. Van der Hart et al. (2008) haben diesen Prozess der Entstehung chronischer struktureller Dissoziation in dauerhaft getrennte Alltags-Funktionen (sie nennen diese ANPs, anscheinend normale Persönlichkeitsanteile) einerseits und dauerhaft trauma-nahe Zustände oder Teilidentitäten andererseits (EPs, emotionale Persönlichkeitsanteile) beschrieben. Sie schlussfolgern, eine chronische strukturelle Dissoziation von Bindung und Verteidigung könne ein Kind in die Lage versetzen, in einer chronisch missbräuchlichen sozialen Umgebung zu überleben.

Diese Dissoziation wird erst dann dysfunktional, wenn sie in anderen Beziehungen ebenfalls angewandt wird, die aber sichere Bindungsmöglichkeiten enthalten. Und das ist dann das Problem der Menschen, die mit ehemals misshandelten Kindern eine Bindung eingehen, ob privat oder beruflich: Sie müssen sich mit der Tendenz der ehemaligen Opfer auseinandersetzen, die Bindungsstrukturen zu wiederholen.

Zu dieser Wiederholung gehören folgende Merkmale: Die Person wird deutliche innere Kämpfe zwischen Opferanteilen und Täterintrojekten sowie zwischen einer Bindung an die Täter und Loslösungs-Bedürfnissen erleben. Sie ist und bleibt – wenn sie nicht lange an sich arbeitet – häufig zustands-abhängig: Ein Wechsel der Umgebungsbedingungen löst potentiell Panik aus (und diese die trauma-nahen Erinnerungen und Zustände) und erfordert sofortige Anpassung an die Gegebenheiten (Alltags-Ich adaptiert um jeden Preis). Jedes Bindungsgeschehen löst zwei oder mehrere parallele und gleichzeitig widersprüchliche Tendenzen aus: weglaufen und hingezogen sein, Zuneigung und Ablehnung, Unterwerfung und Misstrauen, Anpassung und Widerstand, Zärtlichkeit und Ekel, Schmerz und Hoffnung. Die Folge dieser Kontext-Abhängigkeit und der multivalenten inneren Reaktionen sind das Aufrechterhalten innerer Gespaltenheit, Affekt- und Ego-States, große Selbstunsicherheit, latente Verzweiflung bis hin zu chronischer Suizidalität. Die Unverbundenheit unterschiedlicher Ich-Zustände, Fähigkeiten, Gedanken, Gefühle, Verhaltensmuster führt zu starken inneren Kämpfen, innerer Zerrissenheit – »Ich ist viele(s)« – erlernter Hilflosigkeit, Phobien vor dem Innenleben bei ständiger Angst zusammenzubrechen ...

Was das Opfer nicht konnte, kann der Täter – und das Täter-Introjekt

Jedes Opfer von Gewalt nimmt den Täter in sich auf, auch wenn es das nicht will. Das ist der biologischen Notwendigkeit aller sozial lebenden Spezies geschuldet, Empathie lernen zu müssen; eine spezifische Nervenzell-Art, die Spiegel-Neurone, scheint hierbei eine große Rolle zu spielen. Wir verinnerlichen alle für uns relevanten Menschen, und für ein Kind ist niemand relevanter als die primären Bindungspersonen. Ist die Bindungsperson in sich gespalten, wird das Kind die unterschiedlichen Aspekte des Erwachsenen in sich aufnehmen. Im Moment der höchsten Not, etwa während einer Misshandlung, muss das Kind die primäre Dissoziation benutzen, um das Unaushaltbare doch aushalten zu können; es spaltet die Erfahrung auf, sein Gehirn wird eine Notreaktion zeigen, um die Erfahrungs-Partikel daran zu hindern, weiter verarbeitet zu werden. Während der primären Dissoziation des eigenen Erlebens wird jedoch auch das vom anderen, dem Täter, Aufgenommene ebenfalls der Dissoziation unterliegen. Im Moment der höchsten Not also wird sich ein Cluster von Neuronen nur und ausschließlich damit beschäftigen, die Identifikation mit dem Täter zu speichern. Wird die Erfahrung nicht insgesamt verarbeitet, dann bleibt auch das vom Täter Aufgenommene abgespalten und kann ein Eigenleben entwickeln. Das Kind hört dann immer wieder die Stimme des Täters, fühlt seine Hände etc., und mehr noch: Es fühlt das alles so, wie der Täter es fühlte (ein Buch von Joachim Bauer zum Thema Spiegelneurone heißt nicht zufällig: *Warum ich fühle, was du fühlst*). Es spricht da innen, wie der Täter sprach, es erlebt die Entgrenzung, wie der Täter sie erlebte, die Lust am Quälen, wie der Täter sie empfand. Mit anderen Worten: Ein Gewaltopfer hat die Möglichkeit in sich, so zu fühlen, so zu denken und sich so zu verhalten wie der Täter.

Mit der Zeit wird das Täterintrojekt in die Persönlichkeit des misshandelten Kindes »eingebaut«: Wo das Kind selbst nichts kontrollieren konnte, weil nur der Täter die Situation kontrollierte, wird es den »inneren Kontrolletti« entwickeln, den inneren grausamen, aber vielleicht auch beschützenden Anteil, der so spricht und denkt und fühlt und handelt wie der Täter, nur jetzt im Innern. Der bestraft und verhöhnt, der quält und gewährt, der verbietet, zu essen oder zu trinken, der verletzt oder zu Selbstverletzungen zwingt, der mordet oder Suizidattacken auslöst etc. Und der dabei doch gleichzeitig vor Gefahren warnen oder anderen Menschen gegenüber Grenzen ziehen (helfen) kann. Bei manchen komplex traumatisierten Menschen übernehmen Täterintrojekte die gesamten Nicht-Opfer-Bereiche im Denken, Fühlen und Handeln. So dichotom, so zweigeteilt also die Erfahrung der Heranwachsenden war, so zweigeteilt kann auch ihre Persönlichkeitsstruktur aufgebaut sein: hell und dunkel, lieb und böse, ausgeliefert und gewalttätig, weiblich und männlich ... Diese Struktur wird dann durch die zahlreichen unterschiedlichen Ego-States aus der verwirrenden und widersprüchlichen Opfer-Erfahrung ergänzt – mit dem paradoxen Ergebnis, dass die innere »Opfer-Seite« der Betroffenen durch stete Widersprüchlichkeit geschwächt ist, während die »Täter-Seite« eindeutig ist in ihrem Negativismus und ihrer Stärke. Das hat die Konsequenz, dass auf der »Opfer-Seite« in den Betroffenen sehr viel Verwirrung herrscht, weil alle Bindungsprinzipien in ihrer Widersprüchlichkeit vorhanden sind; und auf der »Täter-Seite« gibt es in den Betroffenen sehr klare, weil überwiegend negative, entwertende, verurteilende, bestrafende und grausame Impulse und Handlungen. Mit anderen Worten: Das Täterintrojekt setzt die Machtstruktur fort; es hat die Macht im Innern, es bestimmt, wie weit Fortschritte und Entwicklung erlaubt sind. Die Opferanteile und das Alltags-Ich fühlen sich mehr oder weniger verzweifelt, und manche Anteile darunter sind ausgesprochen täter-loyal. Auch das trägt dazu bei, die Veränderung hin zur Befreiung von abhängigen Beziehungen zu blockieren.

Täter-Loyalität: Der innere Verrat

Wenn es um Täterintrojekte geht, kann man die Loyalität gegenüber dem Täter und die Identifikation mit dem Täter unterscheiden. Bei hoch dissoziativen Menschen kann man oft beide Arten deutlich, etwa in Form unterschiedlicher Ich-Anteile oder innerer »Leute«, unterscheiden. Interessanterweise ist es oft die »Alltagsperson«, bei der ein großes Maß an Täter-Loyalität besteht. Um dies zu verstehen, kann man wiederum die strukturelle Dissoziationstheorie bemühen.

Das Alltags-Ich bei unintegriertem Trauma nennen van der Hart et al. (2008) ja ANP, also »anscheinend normale Persönlichkeit«. »Anscheinend normal«, weil diese Alltagspersönlichkeit zwar funktionieren kann – im Sinne von: alltägliches Bindungsverhalten zeigen, fürsorglich gegenüber anderen sein und explorieren/lernen/Alltagsfunktionen ausführen. Die ANP ist jedoch in dreierlei Hinsicht gegenüber einem nicht (früh) traumatisierten Alltags-Ich benachteiligt: Sie hat Amnesien in Bezug auf Trauma-Inhalte (amnestic), sie ist den traumatischen Erfahrungen gegenüber entfremdet (detached) und gefühlsmäßig eingeengt (numb). »Hauptsache funktionieren« scheint die Devise bei traumatisierten Kindern, Jugendlichen und Erwachsenen zu sein, wenn sie ihre Traumata noch nicht integriert haben. Denn neben dem Alltags-Ich gibt es die EPs, die emotionalen Persönlichkeitsanteile, die in ihrem Denken, Fühlen und (automatisierten) Handeln trauma-nah sind. Die ANP fürchtet sich vor EPs und will sich ihre Funktionstüchtigkeit nicht durch diese Zustände »kaputtmachen lassen«. Andererseits führen die für das Alltags-Ich unberechenbar »einschießenden« oder gar das Bewusstsein und die Handlungsimpulse einnehmenden EPs zur Entwicklung zahlreicher Symptome, die für das Alltags-Ich leidvoll sind: Ängste, Depressionen, Wutdurchbrüche sind direkte Abbilder der immer wieder erlebten Todesangst, des verzweifelten (inneren) Kämpfens ums Überleben, der Täterintrojektion und – was die Depression angeht – des Aufgebens, der totalen Unterwerfung. Andere Symptome haben mehr damit zu tun, dass die Persönlichkeit dadurch, dass sie sich nicht selbst steuern kann, Mittel benutzt, sich zwangsweise in andere Zustände zu katapultieren und den Stoffwechsel zu manipulieren: übermäßig essen, erbrechen, sich schneiden, Alkohol trinken, Medikamente oder Drogen nehmen sind Beispiele für solche Manipulationen. Je früher sie von einer kindlichen oder jugendlichen Persönlichkeit eingesetzt werden, um sich in andere Zustände zu bringen (sich zu beruhigen, zu trösten, oder anzuregen, aus Flashbacks zu »wecken« etc.), desto mehr werden sie integraler Bestandteil der Persönlichkeitsstruktur (s. Farber 2002).

Die ANP wird diese Manipulationen verwenden, um sich das Schlimme »vom Hals zu halten«. Und sie wird gleichzeitig aufgrund des Mangels an Wissen über die wirkliche Bedeutung der traumatischen Geschehnisse dazu neigen, die Eltern zu ent-schuld-igen – »sie sind doch jetzt alt«, »das haben die nicht so gemeint« – und das eigene Leid zu bagatellisieren: »Das war doch gar nichts«, »das hab ich längst verarbeitet«, »das hat mir auch nicht geschadet«. Oder gar: »Das ist mir gar nicht passiert.« Flashbacks, also das Wiedererleben traumatischer Erlebnisqualitäten, werden dann als »Symptom«, als »meine Attacken«, »diese Nervosität«, »der ›Depri‹« oder als »Schlafstörungen und Alpträume« verharmlost. Für Menschen mit komplexen Traumastörungen ist kennzeichnend, dass sie viele Symptome haben und lange versuchen, rein symptomorientiert daran zu arbeiten. Dabei kommt ihnen das bisherige Gesundheitswesen entgegen, in dem immer noch – auch im Bereich Psychiatrie/Psychotherapie – weitgehend symptomorientiert gearbeitet wird, wobei die grundlegende Problematik einer struktuellen posttraumatischen Dissoziation gar nicht oder erst nach einigen Jahren erkannt wird.

Täter-loyal ist also häufig das Alltags-Ich einer komplex traumatisierten Persönlichkeit. Und natürlich sind die Opfer-Anteile in ihr, die sich dem Täter anpassen mussten, ebenfalls täter-loyal: die »kleine Prinzessin«, »Vaters Lieblingskind«, »die brave Tochter«, »Muttis Versorgerin«, »der kleine Ritter« – aber auch andere: etwa Zustände des endgültigen Aufgebens, die sich später als depressive Einbrüche äußern können: »Es hat alles keinen Zweck.« – »Dagegen kommt man sowieso nicht an.« – »Ich gebe auf.« – »Es ist alles zu spät.« – »Ich hätte damals sterben sollen, ich habe mich überlebt, ich werde nicht alt«, etc. Oder Zustände, in denen innerlich die Täter-Sicht auf das Opfer übernommen wird: »Ich bin wirklich lebensunfähig.« – »Ich hab nichts Besseres verdient.« – »Wenn die mich nicht unter Kontrolle halten, mach ich nur Unsinn.« – »Ich bin ein Monster.« – »Mein Vater kennt mich so gut wie keiner, und wenn der das sagt ...« – »Blut ist dicker als Wasser.« Etc.

Wann werden Täterintrojekte aktiv?

Täterloyale Anteile der Persönlichkeit werden das ganze Leben über aktiv sein, bis sie nach und nach verstanden und bearbeitet sind. Täteridentifizierte Anteile werden dagegen unter drei verschiedenen konkreten Lebensumständen aktiv und müssen sehr konkret unter Kontrolle gehalten oder bearbeitet werden.

Eine Identifikation mit dem Täter wird sich vor allem im Innern der Persönlichkeit abspielen, und zwar als Teil-Identität, die:

1.) entweder getriggert, also durch konkrete äußere Situations-Bedingungen ausgelöst wird;
2.) oder auf Dauer – als Täter-Identität – Bestandteil der integrierten Persönlichkeit wird;
3.) und/oder auftritt, sobald es der Persönlichkeit besser geht.

Zu 1: Ein ehemals nachts gequältes Kind wird später z. B., wenn das eigene Kind nachts nackt und hilflos ist und weint, den starken Impuls erleben, auf das Kind »drauf«zugehen. Die Persönlichkeit wird hart daran arbeiten müssen, solchen

Impulsen nicht nachzugeben. Bei hoch dissoziativen Menschen besteht häufig sogar im Alltags-Ich eine Amnesie für die Handlungen, die sie im getriggerten Zustand ausgeführt haben, da das Täterintrojekt ein ebenfalls dissoziierter Anteil der Persönlichkeit geblieben ist.

Zu 2: Wird der destruktive Impuls dem Alltags-Ich bewusst, wird sich entscheiden, ob er zu einem integralen Bestandteil der Persönlichkeit wird (man lässt es zu, sich so zu fühlen, man gibt dem bösen Impuls nach, man hat Gewinn davon, sich entsprechend zu verhalten, man verspürt Lust dazu, sich wieder eine Situation zu suchen, die ähnlich ist, etc.). Erstaunlicherweise sind viele Gewalt-Opfer in der Lage, diesen Prozess aufzuhalten. Selbst Überlebende sadistischer Gewalt sind sehr häufig selbst keine Sadisten, sondern fürchten den sadistischen Impuls, den sie gelegentlich verspüren oder in dissoziativen Zuständen erleben, versuchen ihn aber mit allen zur Verfügung stehenden Mitteln unter Kontrolle zu halten. Nur die wenigsten Opfer von Sadisten- werden selbst Sadisten. Viele Gewaltopfer – schätzungsweise ein Viertel bis die Hälfte – schaffen es, nicht selbst wieder Gewalttäter zu werden. Ebenso viele Frauen schaffen es, ihre eigenen Kinder nicht wieder an neue Täter auszuliefern. Doch nur wenigen gelingt es ohne viel Arbeit an sich selbst, die eigenen Kinder vor ihren (ehemals die Tochter oder den Sohn misshandelnden) Großeltern zu schützen. Die Bagatellisierung von Gewaltstrukturen und die Familienideologie in unserer Gesellschaft tragen sicher dazu bei.

Zu 3: Ein bekanntes Phänomen in Psychotherapien ist die sogenannte »Flirt-Phase«, die erstaunlicherweise häufig in einem Rückschlag endet: In den ersten Psychotherapiestunden machen die Klientinnen und Klienten viele Fortschritte – und plötzlich scheint es zu einem Rückfall in alte Denkmuster zu kommen, die schon veränderten Symptome tauchen wieder auf, alte Gefühle übernehmen wieder, schon überwunden geglaubte Verhaltensmuster rasten wieder ein. Dieses Phänomen taucht in der Therapie mit komplex traumatisierten Menschen regelmäßig auf. Dafür gibt es mehrere Gründe. Einer davon: Das prekäre Gleichgewicht wird gegen Veränderung verteidigt (s. Schwartz 2000); je prekärer das bislang erreichte Gleichgewicht war, desto mehr wird es gegen Veränderung verteidigt, von daher werden Veränderungen in eine Richtung oft durch Rückfälle »ausgeglichen«. Ein weiterer Grund: Sobald die Persönlichkeit sich von dem entfernt, was der (Original-) Täter noch gut oder tolerabel finden würde, wird das Täterintrojekt auf den Plan gerufen. Wie ist das zu verstehen?

Im Moment der höchsten Not hat sich, mitten in dem gesamten dissoziativen Geschehen, ein Teil der Persönlichkeit ausschließlich mit dem Gegenüber, dem Täter, identifiziert. Dieser Teil hat »aufgesogen«, was der Täter tat, ja wie er sich dabei fühlte, wie er »tickte«. Dieser Anteil bleibt bei unbearbeiteten Traumastörungen zunächst dissoziiert, also unintegriert. Bewegt sich die Persönlichkeit später von dem Spektrum an Denken, Fühlen und Verhalten weg, das der äußere Original-Täter noch tolerabel gefunden hätte (oder, falls er noch lebt, das er erklärtermaßen noch tolerabel findet), dann gerät das Täterintrojekt in Not. Es wird »nach vorn« katapultiert, was als Impuls wahrgenommen wird, sich »gefälligst« wieder »auf den alten Platz« zu begeben, also sich nicht mehr zuzutrauen, nicht zu wagen, etwas anderes zu denken, sich kein kritisches Urteil über den Täter zu erlauben, sich nicht von ihm wegzubewegen etc. Psychodynamisch betrachtet ist es, als würde das Täterintrojekt sich in der Psyche des Opfers ganz aufgeregt melden und sagen: »He, ich hab doch gelernt, was man denken, fühlen und tun muss, um zu überleben. Du machst es ganz falsch! Ich sag's dir jetzt noch mal ...!« Und dann wird die Persönlichkeit mit Botschaften von der Täter- (introjekt-) Seite überflutet. So kommt es zu Rückfällen in die alten Muster.

Der Umgang mit täter-loyalen und täter-imitierenden Anteilen in der Persönlichkeit

Wer in Beratung oder Psychotherapie mit früh traumatisierten Menschen arbeitet, die eine komplexe Traumastörung und eine tiefe strukturelle Dissoziation entwickelt haben, könnte vielleicht einige Empfehlungen brauchen, da der Umgang mit den Betroffenen sonst sehr verwirrend oder gar frustrierend sein kann. Hier einige Hinweise:

Täter-loyale und täter-identifizierte Anteile wahrnehmen und willkommen heißen

Ein typischer Anfänger-Fehler von Psychotherapeutinnen und -therapeuten besteht darin, sich automatisch mit dem Anliegen der Alltags-Persönlichkeit nach Symptom-Beseitigung zu identifizieren, sich ausschließlich an die Seite der Opfer-Anteile in der Persönlichkeit zu begeben und die Phobie dieser Anteile (in der Klienten-Persönlichkeit) vor der Täterintrojekt-Seite zu teilen. Dies führt dazu, dass die Seite, die sich automatisch an den Täter anpassen musste bzw. sich mit ihm identifizieren musste, weder wahrgenommen noch angesprochen wird.

Empfehlung: Gezielt danach fragen, ob es in der Persönlichkeit auch Gedanken, Gefühle und Handlungsimpulse gibt, die »ganz anders drauf« sind; fragen, ob es auch die Seite im Innern gibt, die sich eher selbst schuldig spricht – als die Person, die einem etwas getan hat; fragen, ob die Klientin/der Klient es auch kennt, sozusagen die Stimme des Täters im Innern zu haben/zu hören; ob sie/er auch einen Anteil im Innern wahrnehmen kann, der eher so denkt oder fühlt wie »Er«, etc. Dann deutlich machen, dass auch solche Anteile der Persönlichkeit in der Therapie willkommen sind. Erklären, dass es ganz normal ist, weil im Moment der höchsten Not sich immer ein Teil mit dem Täter identifizieren muss, dass man da gar nichts gegen machen konnte, aber jetzt lernen kann, diesen Anteil in sich zu finden, mit ihm Kontakt aufzunehmen, ihn in die Therapie einzuladen, ihm zuzuhören und ihn zu bitten, bei der Weiterentwicklung der Persönlichkeit mitzuhelfen.

Regeln erklären: Keine Gewalt, weder nach innen noch nach außen, im Zusammenhang mit dem, was in der Beratung/Therapie besprochen wird

Gerade wenn nicht klar ist, ob eine Persönlichkeit die destruktiven Impulse schon unter Kontrolle halten kann, empfiehlt es sich, Schritt für Schritt eine Vereinbarung zu treffen, die z.B. so, wie in den folgenden 17 Punkten beschrieben, aufgebaut werden kann, insbesondere bei Klientinnen bzw. Klienten, bei denen man noch nicht genau weiß, ob sie nicht auch noch weiter traumatisiert werden:

1.) »Anderen Leuten kann man etwas vormachen, aber ich (bei hoch dissoziativen Menschen: wir) mache mir (uns) nichts mehr vor.« Das heißt: Es gilt das Prinzip »Aufrichtigkeit sich selbst gegenüber«.
2.) In der Therapie darf man (anders als bei den Tätern) Dinge verschweigen und zu erkennen geben, dass man etwas nicht sagen will. Die Therapeutin (der Therapeut) wird ihrerseits (seinerseits) immer wieder auf dieses Prinzip des »dosierten Sprechens« hinweisen, indem sie (er) etwa auffordert: »Sagen Sie mir nur das, was für Sie in Ordnung ist.«
3.) Das, was man in der Therapie spricht, soll nach bestem Wissen und Gewissen aufrichtig sein. Wieder geht es um das Prinzip Aufrichtigkeit, hier als »Aufrichtigkeit im therapeutischen Kontakt«.
4.) Keine Gewalt, weder nach außen noch nach innen, im Zusammenhang mit dem, was in der Therapie besprochen wird. Auch nicht, wenn man nach der Therapie wieder zu Hause ist. Dieses Prinzip der Gewaltfreiheit kann nur durchgehalten werden, wenn die unter 1.) bis 3.) genannten Vereinbarungen eingehalten werden können.

5.) Um die Gewaltfreiheit einhalten zu können, wird eine Notfall-Liste erstellt: Was tun, wenn der Druck doch steigt, direkt oder indirekt Gewalt anzuwenden, etwa indem man wieder zu den Tätern gehen will, sich selbst verletzen will, suizidale oder gegen andere gerichtete aggressive Impulse hat. Hier wird genau hingesehen, welche Vereinbarungen möglich und nötig sind.
6.) Wenn unklar ist, ob die Klientin (der Klient) weiter traumatisiert wird, kann man fragen: »Gibt es jemanden heute (Monat und Jahr nennen), der oder die außen ist (also nicht innen, auch das muss geklärt werden), der Ihren/ Euren Körper verletzt?« Nächste Frage: »Gibt es jemanden heute außen, der oder die Sie/Euch demütigt, seelisch quält oder vor der Sie/Ihr sich anderweitig fürchten, mit dem sie aber heute noch in Kontakt sind?«
Häufig werden bei noch bestehender Traumatisierung diese Fragen – vorausgesetzt, die Punkte 1.)–5.) sind gut vorbesprochen – direkt bejaht oder zumindest durch eine ostentative Nicht-Reaktion (Schweigen) indirekt bestätigt.
7.) Wenn es Täterkontakt gibt, wird vereinbart, dass es in der Therapie um Ausstieg aus zerstörerischen Beziehungen gehen wird und dass dies Priorität hat, dass aber in jedem Fall alle – auch alle unterschiedlichen – Anteile oder Stimmen oder Gefühle etc. gehört werden und es auf der »inneren Bühne« eine Diskussion dazu geben soll. Es wird erklärt, dass die Therapie nur sehr wenig Sinn macht, solange die Klientin (oder der Klient) mit Menschen in Verbindung ist, die sie (ihn) seelisch und/oder körperlich verletzen. Wenn die Klientin behauptet, sie habe keinen Täterkontakt mehr, sollte sie überzeugend einen Ausstiegsprozess aus der destruktiven Bindung beschreiben können. Sie würde dann beschreiben, dass sie einen erheblichen inneren Kampf deswegen hatte, dass sie immer wieder versucht hat, sich in Sicherheit zu bringen, aber doch wieder Kontakt aufgenommen hat bzw. von dem/ den destruktiven Menschen zum Kontakt genötigt wurde, dass sie mehrfache Fluchtversuche unternommen hat (Rückzug, Bitte, in Ruhe gelassen zu werden, Trennung, Wechsel der Telefonnummer, der Wohnung, des Wohnortes, des Namens; Aufenthalte im Mädchen- oder Frauenhaus, in psychiatrischen und psychotherapeutischen Kliniken, etc.). Und dass sie es dann schließlich geschafft hat, so dass sie seit mehr als einem Jahr keinerlei Kontakt, weder direkt noch indirekt (über Freunde, Geschwister etc.), zu den Tätern hat.
8.) Da dies oft nicht der Fall ist, sondern direkt oder indirekt noch Täterkontakt besteht, wird die Diskussion mit allen Anteilen eröffnet: pro und kontra Rückzug und Beendigung der Beziehung zu der oder den Person/en, zu de-

nen eine zerstörerische Beziehung besteht. Manchmal ist das auch das eigene Kind! Nicht selten sind z. B. männliche Jugendliche schon mit destruktiven Männern identifiziert, wenn die Mutter sich entschließt, sich aus einer Gewaltbeziehung zu lösen – daher auf wirklich alle Formen von Kontakten achten und diese mit der Klientin bzw. dem Klienten diskutieren.

9.) Nicht darauf warten, dass man erst gute Beziehungen hat, bevor man schlechte beendet. Andersherum wird ein Schuh draus: Solange man in destruktiven Bindungen befangen bleibt, hat man keine »Lust« oder keine Energie, andere Formen von Bindungen ernsthaft aufzusuchen und aufzubauen. Erst die Unterbrechung der destruktiven Kontakte und das Durchstehen des Vakuums danach, das sich wie ein Entzug anfühlt, wird dazu führen, dass dann sichere(re) Bindungen aufgesucht und wertgeschätzt werden. Wenn man Glück hat, gibt es bereits in der Phase des Ausstiegs eine Freundin oder Bekannte, die »in Ordnung« ist, und die eine oder andere professionelle Helferin (bzw. einen professionellen Helfer).

10.) Je intensiver der destruktive Kontakt, desto ausschließlicher ist der Ausstieg ein Thema. Wer nur gelegentlich einem Familienfest beiwohnt und danach eine Krise hat, kann auch schon andere Themen bearbeiten. Wer jedoch noch weiterhin traumatisiert wird, vielleicht sogar von mehreren Tätern, kommt nicht umhin, dies in der Therapie vorrangig zum Thema zu machen. Es liegt jedoch an der Beraterin oder Therapeutin (bzw. dem Berater oder dem Therapeuten), ob sie der Vermeidungstendenz der Klientin folgt und/oder selbst Angst vor der Auseinandersetzung mit solchen Themen hat. In jedem Fall ist bei diesen Themen eine Supervision angezeigt. Die Helferin sollte unbedingt für sich klären, wie lange sie bereit ist, mit anzusehen, dass die Klientin weiterhin traumatisiert wird. Hier empfiehlt es sich, sehr genaue Verhaltenskriterien einzusetzen: Die Klientin muss mit ihrem Verhalten deutlich machen, dass sie konkrete Schritte zum Ausstieg unternimmt.

11.) Die Ausstiegs-Reihenfolge könnte z.B. sein: zuerst eine Vereinbarung in der Beratung/Therapie treffen, dass die Klientin (oder der Klient) »keine radikalen Beschlüsse fassen wird, ohne dies in der Beratung/Therapie besprochen zu haben«. Dann wird es anfangs darum gehen, dass die Klientin nicht mehr selbst Kontakt zu den Tätern aufnimmt. Dies muss bereits »dosiert« werden, etwa so: nicht mehr unerwartet von der destruktiven Bindungsperson angerufen werden, also Wechsel des Telefonanbieters und die neue Telefonnummer nicht mitteilen; Vereinbarung, dass die Klientin (der Klient) nicht angerufen werden soll, sondern zu bestimmten Zeiten selbst anruft. Dann diese Anrufe in der Frequenz verringern, schließlich gar nicht mehr selbst anrufen. Der nächste Schritt wird sein, sich vor Tätern, die auftauchen, konsequent zu verbergen. Manche Klienten dürfen in dieser Zeit nicht einmal allein aus dem Haus gehen, so stark sind sie gefährdet. Alle Zugangswege zu sich zu versperren, wird ein weiterer Schritt sein: Konto, E-Mail, Wohnung, Telefone – alles kommt auf den Prüfstand. Haben Täter über diese Mittel Zugang zur Klientin, und was kann sie tun, um sich zu schützen? In der Therapie wird es in dieser Phase sehr darum gehen, dass die Klientin gar nicht mehr »weiß, was der Täter (oder die Täterin) macht«, und große Angst hat, er (oder sie) könnte unvorhergesehen jederzeit kommen und ihr etwas antun. Diese Angst ist oft nicht einmal unberechtigt, daher muss hier ein besonderer Schutz besprochen werden: Welche Freundin, Bekannte (welcher Freund …) etc. kommt auf einen Anruf hin? Wo kann sich die Klientin (der Klient) vor den Tätern verbergen? Kann sie (er) sich auch an besonders »schwierigen« Daten (Feiertage, Geburtstage, Erinnerungsdaten etc.) in einer Klinik kurzfristig in Sicherheit bringen?

12.) Da in dieser Phase die Täterintrojekte sich besonders deutlich melden, ist es wichtig, ihnen mitfühlend zuzuhören: Sie sind in Not; die Klientin entfernt sich gerade von dem, was der Original-Täter noch tolerabel finden würde. Es gilt hier viel zu verhandeln: Was ist für die Täterintrojekte gerade eben noch zu tolerieren? Können sie zu inneren Mahnern, Warnern, Kritikern gemacht werden, zu skeptischen, aber auch beschützenden inneren Begleitern dieses Prozesses? In dieser Phase ist besondere Achtsamkeit und Fingerspitzengefühl von Seiten der Beraterin/Therapeutin vonnöten. Diese möchte einerseits natürlich, dass die Klientin möglichst sofort in Sicherheit kommt und zügig die notwendigen Schritte dazu unternimmt. Andererseits muss alles in der Klientin (dem Klienten) auf den Weg mitgenommen werden, und nicht selten gibt es eine lange, zähe Zeit des inneren Ringens mit Vor und Zurück und viel innerem Hin und Her, bis ein nächster Schritt gegangen werden kann.

13.) Im Notfall kann die Beraterin/Therapeutin (bzw. der Berater/Therapeut) die gute Beziehung zur Klientin in die Waagschale werfen. Etwa indem sie sehr deutlich macht, dass sie in der Lage ist, die Klientin loszulassen, wenn diese jetzt nicht den notwendigen nächsten Schritt unternimmt. Diese klare Ansage ist erfahrungsgemäß im Ausstiegsprozess immer wieder einmal nötig; meist muss dann erst einmal geklärt werden, dass es sich hier nicht – wie bei den Tätern – um Erpressung und Nötigung handelt, sondern um ein therapeutisch indiziertes Vorgehen: Die Therapeutin macht sich nicht »zum Komplizen der schlechten Verhältnisse«. Sie ist nicht dazu da, sich zur ohnmächtigen Zeugin eines zerstörerischen Prozesses machen zu lassen; und sie muss darauf bestehen, dass die Klientin klar überprüfbare nächste Verhaltensschritte unternimmt, um sich aus der destruktiven Bindung zu entfernen.

14.) Den Täter anzuzeigen ist eine Option, die am Ende des Ausstiegsprozesses diskutiert werden sollte, nicht am Anfang. Mit sehr wenigen Ausnahmen (es gibt Zeugen und/oder Beweismaterial für die Gewalttat/en, die auch vor Gericht standhalten würden) handelt es sich bei Beziehungstaten in Familie und Partnerschaft um solche Delikte, die sehr schlecht bewiesen werden können, wo also Aussage gegen Aussage stehen wird. Wer hier nicht klare Beweise oder Zeugen vorweisen kann, sollte nur dann Anzeige erstatten, wenn ihm oder ihr klar ist: Die Anzeige wird erstattet, um eine Anzeige zu erstatten; eine Verurteilung ist nicht zu erwarten.

15.) Je weiter die destruktive Bindung in die Ferne rückt, desto eher wird eine Bearbeitung der Belastungen und der Folgen der Gewalt möglich, einschließlich der notwendigen Trauerarbeit.

16.) Im Zuge der inneren Verständigung werden Alltags-Ich und »Opfer-Anteile« den Täterintrojekten im Innern immer mehr »die Hand hinstrecken«. Sie werden erkennen, dass alle unterschiedlichen Impulse und Anteile zu ein und derselben Persönlichkeit gehören: das »gute, gequälte Kind«, das »böse Kind«, das »innere Monster«, das nicht gesehene Kind, die klugen, kreativen und liebevollen Anteile genauso wie die zarten, zerbrechlichen, verletzten und hilflosen, und diese genauso wie die Anteile im Innern, die »hart drauf« sind oder nichts mit dem Leid zu tun haben wollten.

17.) Traumabearbeitung und Integration stehen am Ende des Prozesses, nicht am Anfang!

Die Übertragungs-Gegenübertragungs-Dynamik beachten!

Kaum eine Konstellation ist in der Psychotherapie so heikel wie die einer Therapeutin (oder eines Therapeuten), die (der) aus sicheren Bindungsverhältnissen kommt, mit einer Klientin (einem Klienten), die (der) noch nie sichere Bindung erlebt hat und noch mit Tätern verwickelt ist. Die Kollegin wird sofort »eingewickelt«: »Du wirst mich/uns retten!« Die Klientin wird ihre Not deutlich machen, wird auffordern, sie darin zu unterstützen, ihr Leben zu verändern, während gleichzeitig eine Unzahl von schwierigen Themen gleichzeitig bearbeitet werden soll: finanzielle Verwicklungen mit den Tätern, schwere Schlafstörungen, die das Arbeiten/die Ausbildung unmöglich machen, schlimme Flashbacks, schwere emotionale Einbrüche zwischen Übererregung und Depression, Süchte, Beziehungskrisen, ungewollte Schwangerschaften etc. Bei Kindern ist es wichtig, sich sofort nach den entsprechenden äußeren Hilfen umzusehen. Doch Jugendliche oder Erwachsene müssen dafür gewonnen werden, dass sie selbst Schritte zu ihrer eigenen Befreiung unternehmen. Die Therapeutin wird sie nicht »bemuttern«, sondern die Assistentin dieses Befreiungsprozesses sein, mehr »Coach« als »Mama«. (Welche Kollegin bzw. welcher Kollege hat das schon in ihrer/seiner Psychotherapieausbildung gelernt?)

Die Klientin (oder der Klient) wird voraussichtlich im Laufe ihres (seines) Veränderungsprozesses mehrfach der Therapeutin (oder dem Therapeuten) eine Täter-Übertragung »verleihen«: »Du bist schuld!« Sie wird die Therapeutin als nicht verlässlich erleben, wird sich verraten, genötigt, erpresst fühlen etc. Umgekehrt fühlen sich manche Kolleginnen und Kollegen einerseits von den ständigen Krisen der Klientin gelähmt, andererseits »kaltgestellt«, ja nicht selten viktimisiert: »Sie gibt mir das Gefühl: Eine falsche Bemerkung von mir, und sie suizidiert sich oder geht zu den Tätern zurück.« Das Dreieck *Täter–Opfer–Retter* wird sich immer wieder drehen, zusätzlich die Gegenübertragung auslösen, dass die Kollegin ohnmächtige Zeugin des unheimlichen, undurchschaubaren, verwirrenden und sehr zerstörerischen Prozesses der Klientin wird. Bis diese es hoffentlich geschafft hat.

Viele Kolleginnen und Kollegen neigen dazu, einer in destruktive Bindung(en) verwickelten Klientin zu nahe zu kommen – sie sozusagen »gesund lieben« bzw. »retten« zu wollen. Und sie enden damit, dass sie eine solche Klientin so schnell wie möglich loswerden wollten, wenn der Prozess qualvoll lange dauert. Daher die Empfehlung an beide Beteiligten, Klientin wie Therapeutin: Rechnen Sie damit, dass es lange dauert. Rechnen Sie damit, dass es weh tut. Jeder möchte Plan A: den »gordischen Beziehungs-Knoten« mit dem Schwert durchschlagen. Und er wird doch Plan B einsetzen müssen: langsam und allmählich, mit allem inneren und äußeren Hin und Her, mit viel Geduld, aber auch klaren Ansagen einen Schritt nach dem anderen tun, das Geflecht der destruktiven Bindung lösen und sich erst in Sicherheit bringen, um dann von den Schrecken zu genesen.

Zum Schluss eine Ermutigung: Nicht alle schaffen es – aber viele. Wer es nicht schafft: Menschen, die keinen eisernen Willen aufbringen können, sich aus zerstörerischen Beziehungen herauszuarbeiten. Und Menschen, die der Faszination erliegen, Böses zu tun, und das immer wieder. Und schließlich solche

Menschen, die schwere Persönlichkeitsdeformationen haben, gänzlich empathieunfähig sind und/oder keine Einsichtsfähigkeit haben, etwa weil sie ihre zerstörerischen Handlungen in einer psychotischen Episode begehen. Alle anderen haben die Chance, aus der gewaltvollen Verstrickung herauszukommen. Und das sind sehr viele.

Literatur

Bauer, J. (2005): *Warum ich fühle, was du fühlst. Intuitive Kommunikation und das Geheimnis der Spiegelneurone.* Hamburg (Hoffman und Campe).
Brisch, K. H. (2010): *Bindungsstörungen: Von der Bindungstheorie zur Therapie.* 10. Aufl. Stuttgart (Klett-Cotta).
Farber, S. (2002): *When the body is the target. Self-harm, pain, and traumatic attachments.* Lanham, MD (Jason Aronson).
Felitti, V.J., Anda, R.F., Nordenberg, D.F., Williamson, D.F., Spitz, A.M., Edwards, V.J., Koss, M.P. & Marks, J.S. (1998): Relationship of childhood abuse and household dysfunction to many of the leading causes of death in adults: The Adverse Childhood Experiences (ACE) study. *American Journal of Preventive Medicine*, 14, S. 245–258.
Felitti, V.J., Fink, P.J., Fishkin, R.E. & Anda, R.F. (2007): Ergebnisse der Adverse Childhood Experiences (ACE)-Studie zu Kindheitstrauma und Gewalt: epidemiologische Validierung psychoanalytischer Konzepte. *Trauma und Gewalt*, 1 (2), S. 18–32.
Freyd, J. (1996): *Betrayal trauma. The logic of forgetting childhood abuse.* Boston (Harvard University Press).
Putnam, F. (1997): *Dissociation in children and adolescents. A developmental perspective.* London: Guilford Press.
Salgo, L. (2011): Vortrag auf der Tagung in der Richterakademie Trier, 12. Februar.
Schwartz, H. (2000): *Dialogues with forgotten voices. Relational perspective on child abuse trauma and the treatment of severe dissociative disorders.* New York (Basic Books).
Teicher, M.H. (2011): Frühe Misshandlungs- und Missbrauchserfahrungen: Gene, Gehirn, Zeit und Pathologie. In: K.H. Brisch (Hrsg.), *Bindung und frühe Störungen der Entwicklung.* Stuttgart (Klett-Cotta), S. 105–135.
Van der Hart, O., Nijenhuis, E. & Steele, K. (2008): *Das verfolgte Selbst.* Paderborn (Junfermann).
Weinberg, D. (2011): Instinktive Täuschungsreaktionen – eine häufige Variante kindlicher Unterwerfung. In: M. Huber (Hrsg.), *Viele sein. Ein Handbuch.* Paderborn (Junfermann), S. 332–350.

KARL HEINZ BRISCH

Die Bedeutung von Gewalt in der Paarbeziehung für die Psychotherapie mit Kindern

Einleitung

In diesem Beitrag wird zunächst gezeigt, wie wichtig die Erfüllung überlebenswichtiger Bedürfnisse durch die Eltern in der frühkindlichen Entwicklung ist und wie sich dies auf die Paarbeziehung auswirkt. Es wird deutlich gemacht, welch große Bedeutung der kindlichen Stressregulation zukommt, die durch die Hilfestellung der Eltern möglich wird, und welche Auswirkungen die Stressregulation auf die Entwicklung der kindlichen Affekte und die Fähigkeit des Kindes zur Selbstregulation von intensiven Gefühlen hat.

Auf diesem Hintergrund werden verschiedene Inszenierungen von Gewalt in der Paarbeziehung und ihre traumatisierenden Auswirkungen auf die Entwicklung des Kindes geschildert. An einzelnen Fallbeispielen werden die Möglichkeiten einer Psychotherapie sowie zum Abschluss das Programm »SAFE® – Sichere Ausbildung für Eltern« vorgestellt, das vor allem die Wiederholung von traumatischen Erfahrungen aus der Paarbeziehung im Verlauf der Entwicklung des Kindes und in der Beziehung zu ihm verhindern soll.

Überlebenswichtige Bedürfnisse des Kindes

Damit sich die Liebesfähigkeit des Kindes und eine gute Beziehung zu ihm entwickeln kann, ist es von großer Bedeutung, dass die Eltern in der Lage sind, seine physiologischen Bedürfnisse zu befriedigen. Hierzu gehören Nahrungsaufnahme (keinen Hunger leiden müssen), das Stillen von Durst, Wärme, Schutz, Schlaf, aber auch frische Luft und Bewegung. Die Befriedigung dieser Bedürfnisse muss nicht nur für das Kind, sondern auch für die Eltern selbst gut reguliert sein – sonst kann es ihnen in der Beziehung zu ihrem Kind nicht gutgehen. Gleichzeitig ist es sowohl für die kindliche Entwicklung als auch die Zufriedenheit in der Paarbeziehung sehr wichtig, dass das Kind positive sichere Bindungserfahrungen macht und die Möglichkeit der Exploration hat. Sowohl gegenüber dem Kind als auch in der Paarbeziehung sollten alle Beteiligten darauf achten, dass negative Reize vermieden werden können. Stark negative Reize, wie sie durch Gewalt, Missbrauch und Vernachlässigung entstehen, sind sowohl für die kindliche Entwicklung als auch für eine positive Paarbeziehung schädlich und wirken sich unter Umständen fatal und traumatisierend aus. Eltern sollten ihren Kindern ermöglichen, Selbstwirksamkeit und Selbsteffektivität zu erfahren, weil hierdurch das Gefühl, ein eigenständiges Selbst und einen Selbstwert zu haben, gefördert wird: eine zentrale emotionale Repräsentation. Sind die Eltern in ihrem eigenen Selbstwertsystem geschwächt oder konnten sie es während ihre eigenen Kindheit nicht gut entwickeln, haben sie große Schwierigkeiten, die eigenen Kinder bei der Entwicklung ihres Selbstwertsystems zu unterstützen: etwa durch Lob, positive Unterstützung und Hilfestellungen, damit die Kinder in ihrem Handeln Selbstwirksamkeit erfahren können (Meins 1997). Die Erfahrung von positiver sensorischer Stimulation im Bereich von Hören, Schmecken, Riechen, Fühlen, Sehen ist ebenfalls sehr essentiell und überlebenswichtig. Besonders die feinfühlige sensorische Stimulation fördert die Entwicklung des Kindes und auch die emotionale Sicherheit in der Paarbeziehung (Lichtenberg et al. 2000).

Die Regulation von stressvollen Affekten

Die Eltern müssen ihrem Säugling helfen, dass er eine Fähigkeit zur Selbstregulation von stressvollen Affekten entwickeln kann. Hierzu ist es notwendig, dass sie von Anfang an die Signale eines Säuglings feinfühlig wahrnehmen und stressvolle übermäßige Erregungszustände vermeiden, indem sie auf diese Signale adäquat und feinfühlig reagieren und prompt die Bedürfnisse des Säuglings – die er etwa durch Schreien ausdrückt – befriedigen. Wenn der Säugling schreit und dabei in Panik ist, so sind solche Zustände vermutlich jeweils mit Todesangst, dem Gefühl, allein zu sein und vernichtet zu werden, und dem Empfinden von Ohnmacht verbunden; dies wirkt sich traumatisierend aus und führt dazu, dass der Säugling schon sehr früh lernt zu dissoziieren: entweder, indem er motorisch und affektiv »einfriert«, erstarrt (sympatikotone Dissoziation) oder indem er in eine Art »Erschlaffungszustand« gerät (parasympatikotone Dissoziation). Letzterer ist dann mehr durch parasympathische Erregung gekennzeichnet, die oft auch mit Einnässen, Einkoten, Erbrechen und ähnlichen Symptomen im Magen-Darm-Bereich verbunden ist. Beide Reaktionsweisen, sowohl das »Einfrieren« wie auch das »Erschlaffen«, sind Formen der psychischen Dissoziation, die wir, wie beschrieben, also schon bei Säuglingen beobachten können (Brisch 2007 a).

Insgesamt ist es wünschenswert und auch erforderlich, dass der Säugling von Pflegepersonen aufgezogen wird, die aufgrund einer eigenen guten Stressregulation in der Lage sind, die vielfältigen Affekte des Säuglings in den ersten Lebensjahren gut »ko-regulierend« zu begleiten; auf diese Weise gewinnt der Säugling die Fähigkeit zur Selbst-Regulation von heftigen Affekten. Hierzu ist nicht nur die Feinfühligkeit, sondern auch die emotionale Verfügbarkeit der Bindungsperson von großer Bedeutung. Möglichst sollten Eltern potentielle eigene traumatische Erfahrungen bereits verarbeitet haben, bevor sie mit der Pflege von eigenen Kindern beginnen. Zumindest sollten sie die Bereitschaft mitbringen, eigene unverarbeitete Traumata durch eine Psychotherapie zu bewältigen. Andernfalls ist zu erwarten, dass traumatische Erfahrungen über Generationen weitergegeben werden. Bestehen bei den Eltern unverarbeitete Traumata, dann ist zu vermuten, dass der Säugling früher oder später in bestimmten affektvollen Risikosituationen durch sein Verhalten alte, nicht vernarbte Wunden aus traumatischen Erfahrungen der Eltern »triggert«, d. h. aus ihrer nur notdürftigen emotionalen Kontrolle herauslöst, und die Eltern dann von diesen Affekten überschwemmt werden und sich diesen Affekten entsprechend – oft nicht mehr kontrollierbar – verhalten, d. h. eventuell gegenüber dem Säugling gewalttätig werden (Brisch & Hellbrügge 2003; Lyons-Ruth et al. 2010).

Damit Fürsorgepersonen für den Säugling verlässlich emotional und pflegend zur Verfügung stehen können, brauchen sie einen großen »Schatz« von Ressourcen. In der Regel achten Eltern über die ersten Monate nicht gut auf ihre Ressourcen, was oft dazu führt, dass sie erschöpft sind; dadurch können große Spannungen – oft auch zwischen den Partnern – entstehen. Die Entwicklung von Ressourcen bereits vor der Geburt und die Pflege von Ressourcen nach der Geburt eines Babys sind eine ganz wichtige Aufgabe von Eltern.

Traumatisierte Partnerschaften

Es ist sehr leicht möglich, dass bei einem der Partner ein Trauma durch Auslöserreize, sprich: bestimmte Verhaltensweisen des anderen Partners, aktiviert wird. Ist das Trauma verarbeitet, so wird dann ein gewisses Gefühl von Wehmut in der Interaktion mit dem Partner ausgelöst. Dies bedeutet aber, dass – auch wenn das traumatisierende Ereignis viele Jahre zurückliegt – ein schwächerer oder stärkerer Schmerz entstehen kann, wenn das Trauma erinnert wird; dabei wird der an sein Trauma erinnerte Partner aber nicht so von Gefühlen überschwemmt, dass er nicht mehr handlungsfähig ist und sich ohnmächtig bzw. von Einsamkeit und anderen Gefühlen überflutet fühlt.

Ist das Trauma dagegen *nicht* verarbeitet, so kommt es durch den Triggerungsprozess zu einer hohen psychischen Erregung; der eine Partner fühlt sich vom anderen bedroht, weil er von Gefühlen überflutet wird und kaum mehr oder gar nicht zu einer Steuerung seiner Affekte in der Lage ist. Der »triggernde« Partner, der durch sein Verhalten – oft unbewusst – solche heftigen Gefühle auslöst, wird dann in der Regel bekämpft; auch dem von seinen Affekten überfluteten Partner ist die Ursache seiner Reaktion in der Regel vollkommen unbewusst. Solche Trigger im Verhalten des Partners können Bindungswünsche, Wünsche nach Nähe, Weinen, Kummer, Schmerz, Bedürftigkeit, Schreien, Wut, Ablösungs- und Abgrenzungswünsche sein.

Wenn der traumatisierte Partner sein Gegenüber »bekämpft« bzw. unter Kontrolle zu bringen versucht, geschieht dies etwa durch die Zurückweisung von Nähewünschen, ein Meiden des Partners, Gewalt, einen abrupten Abbruch des Kontakts mit dem Partner oder auch durch sexuelle Aktivitäten in Kombination mit Gewalt und der Demütigung des Partners. Der traumatisierte Partner kann seine heftigen Affekte meist nicht kommunizieren, sondern »agiert« sie aus. Dabei werden Gefühle von Panik, Wut, Scham und Erregung auf den anderen Partner übertragen, d.h. er wird als Ursache dieser Gefühle erlebt und entsprechend attackiert. Dieser Partner weiß dann in der Regel gar nicht, wie ihm geschieht, und fühlt sich seinerseits jetzt ohnmächtig, angstvoll, wird zunehmend wütender, so dass es wechselseitig zu einem intensiven Prozess von affektiver Erregung kommen kann. Statt seinen Partner z.B. anzugreifen, mundtot zu machen oder durch seine Handlungen unter Kontrolle zu bringen, ihn also aktiv anzugehn, kann es auch sein, dass der traumatisierte Partner in einen kindlich regressiven Zustand verfällt, sich vollkommen klein und abhängig fühlt, kleinkindliche Verhaltensweisen zeigt und kindliche Pflege und Versorgung einfordert. Eine weitere Möglichkeit wäre, dass der getriggerte Partner in einen dissoziativen Zustand gerät, affektiv »abschaltet«, d.h. für den nicht traumatisierten Partner emotional überhaupt nicht mehr erreichbar ist.

Wenn traumatische Erinnerungen wachgerufen werden, kommt es oft zu großen Affektausbrüchen und zu heftigen Interaktionen, zu Streit, Agieren, bis hin zur offenen Gewalt (Brisch et al. 2010a; Brisch 2007b; Milch & Janko 2006; siehe hierzu auch die Beiträge von Peichl und Huber in diesem Band).

Gewalt zwischen den Partnern und die Spiegelneurone des Kindes

Wenn Kinder solch heftig affektgeladene Szenen – bis hin zur gewalttätigen Auseinandersetzung – zwischen ihren Eltern beobachten, werden ihre Spiegelneurone aktiviert (Bauer 2008). In solchen Situationen erleben sie schon im Säuglingsalter die elterlichen Gefühle sowohl von der Opfer- als auch von der Täterseite mit, da ihre Spiegelneuronen sie körperlichen Schmerz, Panik, Wut, Ekel, Scham, Ohnmacht, Hilflosigkeit sowie auch die aggressiven Affekte und Handlungsweisen des Täters und des Opfers miterleben lassen. Nicht selten kommt es auch zu einer Identifikation mit dem Aggressor, so dass auf diese Weise ein sogenanntes »Täterintrojekt« im Gehirn des Kindes verankert und verinnerlicht wird. Wenn das Kind sich mit dem Täter identifiziert, kommt es in der Regel auch zur Ausbildung einer sogenannten »Täterloyalität«. Identifiziert sich das Kind dagegen mit dem Opfer, fühlt es sich hilflos, überwältigt, wird depressiv, zieht sich zurück und erlebt ein Gefühl von Leere, Ohmacht und Hilflosigkeit. Dieses Muster erinnert an das Konzept der »erlernten Hilflosigkeit«, das seit vielen Jahren in engem Zusammenhang mit der Entstehung von Depressionen diskutiert wird (Seligman 1975).

Gewalt zwischen den Eltern

Kommt es zur Gewalt zwischen den Eltern, ist – aus der Perspektive des Kindes – in der Regel eine Bindungsperson bedroht, während die andere bedrohend und gewalttätig ist. In einer solchen Situation kommt es zu einer massiven Aktivierung des kindlichen Bindungssystems, besonders wenn ein Kind solche aggressiven Auseinandersetzungen zwischen den Eltern direkt beobachtet. Über die Spiegelneurone wird das gesamte Paniksystem des Kindes bis hin zur großen affektiven Erregung im Bereich der Amygdala und des limbischen Systems und im Weiteren auch in der gesamten Hormon-Stress-Achse (Hypothalamus-Hypophysen-Nebennierenrinden-Achse, sog. HPA-Achse) aktiviert. Das Kind sucht dann verzweifelt nach einer Bindungsperson, die Schutz und Sicherheit geben kann. Die Bindungspersonen selbst sind aber die Quelle des Stresses und können von ihm nicht aufgesucht werden, so dass es in einer solchen Situation keine hilfreiche, beruhigende Bindungsperson zur Verfügung hat. Dies bedeutet, dass es umso mehr extremen Stress erlebt, den es alleine überhaupt nicht bewältigen kann. Die einzige Möglichkeit zur Verarbeitung einer solch überflutenden Situation besteht darin, dass das Kind in eine sympatikotone Dissoziation oder in eine parasympatikotone Dissoziation flieht. Das Gehirn reagiert mit einem Notfallprogramm auf der Ebene des Reptiliengehirns, damit das Kind überleben kann (van der Hart et al. 2008).

Pathologische Bindung des Kindes an Täter und Opfer

Wenn die Eltern miteinander streiten und aufeinander losgehen, wenn es also zu häuslicher Gewalt kommt, werden die Spiegelneurone des Kindes aktiviert, und es fühlt sich ebenfalls durch den Täter bedroht und leidet mit dem Opfer. Es erlebt Angst und Panik, Abhängigkeit und Ohnmacht, als ob es selbst Opfer in dieser gewalttätigen Auseinandersetzung wäre. In der Regel besteht für das Kind keine Kampf- und keine Fluchtmöglichkeit, sein Bindungssystem ist extrem aktiviert und es sucht nach einer Bindungsperson. Die einzigen verfügbaren Bindungspersonen sind aber seine Eltern, die vor seinen Augen als Täter und Opfer agieren. Aus diesem Grunde kann sich das Kind weder an den Täter noch an das Opfer wenden, um sich dort angesichts seiner großen Angst und der extremen Aktivierung seines Bindungssystems Schutz und Sicherheit zu holen.

Pathologische Bindung an den Täter

Das Kind flüchtet sich in seiner psychischen Erregung in verschiedene mögliche Lösungswege, die sich intrapsychisch abspielen. Durch die Spiegelneurone, die im Kind die Handlungen und Affekte des Täters spiegeln, kann es bei ihm in Bezug auf den Täter verschiedene Wege aus dem Dilemma – als mögliche Lösungsversuche – geben:

Täterloyalität

Das Kind erlebt den Täter als stark, mächtig und aggressiv. Durch die Spiegelneurone kann es sich selbst auch so erleben und schlägt sich intrapsychisch auf die Seite des Täters, verbunden mit der inneren Vorstellung: »Ich helfe dem Täter!« Auf diese Weise kann es intrapsychisch der Bedrohung entgehen und fühlt sich durch die Identifikation mit dem Aggressor stark und ebenfalls potent; die oben beschriebenen bedrohlichen Empfindungen fallen weg. Dies beruhigt sein aktiviertes Bindungssystem.

Täterimitation und -identifikation

Eine weitere Möglichkeit ist die Imitation des Täters: Das Kind sagt sich: »Ich versuche mal, wie der Täter zu sein.« Auf diese Weise, eng gekoppelt mit der Täterloyalität, verhält sich das Kind in seiner Imagination, eventuell später aber auch in Handlungen, wie der Täter und wird ebenso zum Aggressor. Durch sein Handeln und seine Imitationen kann es dazu kommen, dass sich das Kind übermäßig mit dem Täter identifiziert (Täteridentifikation). In diesem Sinne sagt es sich: »Ich bin wie der Täter.« Es fühlt sich durch die Identifikation mit dem Täter groß und stark und übernimmt Eigenschaften, Sprache und Handlungen des Täters – bis hin zur emotionalen und intrapsychischen Verschmelzung mit ihm. Durch diese Handlungen und emotionalen Prozesse ist es möglich, dass das Kind intrapsychisch ein Introjekt vom Täter bildet. In diesem Falle sagt das Kind in seiner Vorstellung: »Ich bin der Täter.« Dann muss es sich gar nicht mehr wie der Täter verhalten, sondern hat selbst die Fähigkeiten und Eigenschaften des Täters introjiziert, und sie werden zum Teil seiner eigenen Persönlichkeit und seines Selbst. Ein solches Täterintrojekt kann ein mehr oder weniger bewusster oder – in den meisten Fällen – ein stark abgespaltener Ego-State sein. Wenn das Kind selber später in diesen Ego-State »rutscht«, d. h. sich psychisch mit dem Täter identifiziert, dann spricht es wie der Täter, handelt wie er, fühlt sich wie er und wird selbst gegenüber anderen – vielleicht sogar später gegenüber den eigenen Kindern – zum Täter. Auf diese Weise wiederholen sich traumatische Erfahrungen über Generationen.

Pathologische Bindung an das Opfer

Hat das Kind um den bedrohten Elternteil Angst, so wird es sich mit diesem identifizieren und versuchen, ihn zu schützen, ihn zu versorgen, was bis dahin führt, dass das Kind zur sicheren Basis für den bedrohten Elternteil wird. Auf diese Weise erlangt das Kind eine hohe soziale emotionale Kompetenz, kann sich aber selbst in Bedrohungssituationen oft keine Hilfe holen und kann seine eigenen Bindungsbedürfnisse gegenüber potentiellen Bindungspersonen nicht äußern. In der Regel kann das Kind sich weder an den Elternteil, der Opfer ist, noch an den, der Täter ist, wenden, um seine Bindungsbedürfnisse bzw. seine Bedürfnisse nach Schutz und Sicherheit einzufordern. Meist werden solche Kinder durch die Situation massiv überfordert und entwickeln früher oder später ein sogenanntes Burn-out-Syndrom. Nicht selten werden diese Kinder später sehr aktive Mitarbeiterinnen und Mitarbeiter in psychosozialen Berufen, sind allseits geschätzt, engagieren sich übermäßig für leidende Menschen, oft mit der

Folge, dass sie erschöpft sind bzw. dann ein Burn-out-Syndrom entwickeln. Wir sprechen in diesem Zusammenhang auch von einer »Bindungsstörung mit Rollenumkehr« (Brisch 2010 a).

Zeuge häuslicher Gewalt sein und die Folgen für Kinder

Neurobiologische Zusammenhänge

Aus den Studien von Martin Teicher (2010) ist bekannt, dass es auch Folgen für das kindliche Gehirn hat, wenn das Kind »nur« Zeuge häuslicher Gewalt wurde; auch hier kommt es zu einer äußerst stresshaften Überflutung des Gehirns durch Affekte und zur Traumatisierung. Dies zeigt sich darin, dass speziell die neuronalen Verbindungen zwischen visuellem Cortex und Amygdala vermindert sind. Eine solche Verminderung der Zahl neuronaler Verbindungen hat Einfluss auf das soziale und das emotionale Lernen und trägt zur Entwicklung von Depressionen, Angststörungen und Somatisierungsstörungen bei, wie die Forscher von der Harvard Medical School in sehr detaillierten Untersuchungen des Gehirns mit Hilfe von Kernspinnuntersuchungen herausfinden konnten.

Weitere Folgen

Aufgrund der Überregung des limbischen Systems entwickelt das Kind oft Symptome wie panische Ängste, depressive Zustände, Schlafstörungen, Essstörungen, somatoforme Schmerzen, aber auch aggressive Verhaltensstörungen und kognitive Leistungsminderungen. Wenn das Gehirn nämlich affektiv überflutet wird, wenn das Kind Zeuge von Gewalt zwischen den Eltern war, gibt es – aufgrund der Aktivierung von Hippocampus, Amygdala und limbischem System – so viel frei fluktuierende Angst, dass die kognitiven Funktionen, etwa wie sie in der Schule gefordert werden, von den Kindern nicht mehr konzentriert genutzt werden können, was zu einer deutlichen Leistungsminderung führt. Bei solchen Kindern wäre eine akute Belastungsreaktion oder auch eine posttraumatische Belastungsstörung zu diagnostizieren. Auf der Verhaltensebene fallen sie alle durch Symptome einer Aufmerksamkeitsstörung und von Hyperaktivität auf (Brisch 2010c; Vuksanovic et al. 2010; Kern et al. 2010; Vuksanovic & Brisch 2010; Brisch et al. 2010b; Kern et al. 2011).

Die Psychotherapie eines Kindes, das Zeuge von Gewalt zwischen den Eltern wurde

Bedingungen einer erfolgreichen Psychotherapie

Damit eine erfolgreiche Psychotherapie möglich ist, braucht das Kind einen sicheren äußeren Rahmen. Hierfür ist es auf jeden Fall erforderlich, dass es nicht mehr Zeuge der Gewalt zwischen den Bindungspersonen – oftmals den Eltern – sein muss; sonst wäre das Wohl des Kindes oftmals extrem gefährdet. In der Regel besteht auch die Gefahr, dass das Kind selbst in den Gewaltinszenierungen zwischen den Eltern zum Opfer wird. Oftmals ist es sogar angeraten, das Kind aus seiner Familie herauszunehmen und es anderswo, etwa in einer Pflegefamilie, unterzubringen, besonders, wenn die Gewalt zwischen den Eltern sich fortsetzt und kein Einzelfall bleibt.

Wenn der sichere äußere Rahmen gewährleistet ist, geht es in der Psychotherapie dann um die Entwicklung eines sicheren inneren Rahmens. Hierzu ist es wichtig, dass eine sichere Bindungsperson für das Kind zur Verfügung steht, die für Pflege, Schutz und emotionale Unterstützung sorgt. Sind die Eltern wegen ihrer häuslichen aggressiven, gewalttätigen Auseinandersetzungen dazu nicht in der Lage, dann muss es eine sichere Ersatzbindungsperson geben, wie dies z. B. Pflegeeltern sein können, wenn das Kind wegen fortdauernder Gewalt in Obhut genommen und bei Pflegeeltern zu seinem Schutz untergebracht werden muss. Auch andere Personen im sozialen Umfeld des Kindes wie Erzieherinnen, andere Familienmitglieder oder auch pädagogische Mitarbeiter in einer Heimeinrichtung könnten für äußere Sicherheit sorgen und dem Kind auch zunehmend emotionale Sicherheit vermitteln. Das Kind könnte auch in der Therapie ein Gefühl von emotionaler Sicherheit in der Übertragung auf die Psychotherapeutin oder den Psychotherapeuten entwickeln. Eine erfolgreiche Psychotherapie ist auf jeden Fall auf die Dauer nur möglich, wenn der äußere Rahmen sicher ist und sich ein innerer sicherer Rahmen im Sinne einer therapeutischen Bindung entwickelt.

Ort der Psychotherapie

Die äußere Sicherheit für das Kind ist auch besonders erforderlich, wenn die Psychotherapie ambulant durchgeführt werden soll. Sie kann nur dann gewährleistet sein, wenn es wirklich nur in einem Fall zur Gewalt zwischen den Partnern kam und das Kind anschließend von den Eltern wieder emotional beruhigt werden konnte. Oft sind die Eltern über die Art der Gewalt selber erschrocken und bemühen sich, durch eine Paartherapie selbst unmittelbar Hilfe und Unterstützung zu bekommen, die sie emotional entlastet und auch die Beziehung zu dem Kind in ein ruhigeres Fahrwasser bringt.

Eine stationäre Behandlung ist immer dann indiziert, wenn keine äußere Sicherheit gegeben ist und sich die Gewalt zwischen den Eltern fortsetzt. Hier ist unmittelbar im Anschluss an die Gewalterfahrung an eine Inobhutnahme des Kindes und an eine Fremdunterbringung in einer Pflegefamilie zu denken. War eine solche Unterbringung des Kindes erforderlich, muss man überlegen und prüfen, ob Besuchskontakte der Eltern mit Begleitung sinnvoll sind bzw. ob solche Kontakte zwischen Eltern und Kind überhaupt notwendig und möglich sein sollen, solange das Kind traumatherapeutisch behandelt wird. Es ist verständlich, dass die Eltern – etwa auf rechtlicher Basis – ein Umgangs- und Besuchsrecht einfordern. Wenn das Kind aber durch die Begegnung mit den Eltern während solcher Kontakte wieder sehr an die traumatischen Szenen erinnert wird, die es zwischen den Eltern beobachtet hat, wird es wieder unter großen Stress geraten. Wir sehen in solchen Fällen regelmäßig, dass die Kinder somatoforme Störungen, Schlafstörungen, Essstörungen entwickeln oder einnässen, einkoten und ähnliche Störungen zeigen. Dies alles sind Symptome, die als Ausdruck von Stress gewertet werden können. Werden solche Symptome entwickelt, plädieren wir sehr eindeutig dafür, dass die Besuchskontakte zwischen Eltern und Kind ausgesetzt werden, da auch eine Begleitung der Besuche durch eine pädagogische Mitarbeiterin nicht für Sicherheit für das Kind sorgen kann, zumindest nicht im emotionalen Sinne. Der Umgang zwischen den Eltern und dem Kind dient also *nicht* dem Kindeswohl!

Es ist dringend notwendig, dass die Eltern selbst durch eine Paartherapie lernen, wie sie mit ihren Affekten besser umgehen können und durch welches Verhalten des Partners sie jeweils »getriggert« werden. Triggerprozesse können nämlich nicht nur in einer Richtung, sondern auch wechselseitig zwischen Partnern bestehen. Zeigt sich, dass ein Partner unverarbeitete traumatische Erfahrungen hat, ist für ihn eine individuelle Therapie angezeigt. Wenn die Eltern sich durch eine Psychotherapie, die über längere Zeit durchgeführt wurde, intrapsychisch verändern, kann erneut über die Möglichkeit von Besuchskontakten gesprochen werden. Lehnen sie allerdings jegliche Form der Therapie ab, so ist das Kind in einer Pflegefamilie oder an einem anderen sicheren Ort wesentlich besser aufgehoben und kann sich dort unter stressfreieren Bedingungen auch emotional gesund entwickeln (Brisch 2008).

Grundlegende Ziele der Psychotherapie

Die folgenden Ausführungen gelten sowohl für die Situation, dass das Kind Zeuge von Gewalt zwischen den Eltern wurde, als auch für die, dass es selbst Opfer von Gewalt durch die Eltern oder einen Elternteil wurde. Da aber die traumatisierende Wirkung der kindlichen Zeugenschaft von Gewalt zwischen den Eltern bei Richterinnen und Richtern sowie Mitarbeiterinnen und Mitarbeitern von Jugendämtern noch wenig anerkannt wird, fokussiere ich im Folgenden besonders auf die Zeugenschaft von Gewalt.

In der Psychotherapie geht es zunächst um die Wiederherstellung der emotionalen Sicherheit, die durch die Beobachtung der Gewalt zwischen den Eltern verlorengegangen war. Wurde nur einmal Gewalt zwischen den Eltern beobachtet, sprechen wir in der Regel von einer akuten Belastungsreaktion des Kindes. Wurden dagegen über lange Zeit gewalttätige Auseinandersetzungen beobachtet, dann führt dies oft zu einem chronischen Stresserregungszustand des Kindes. Hieraus kann über die Zeit eine pathologische Bindung des Kindes sowohl ans Opfer als auch an den Täter entstehen. Über längere Sicht kann dies zu einer Bindungsstörung führen, die sich infolge einer komplexen chronischen posttraumatischen Belastungsstörung entwickelt.

Hat das Kind nur einmalig eine Gewaltszene zwischen den Eltern beobachtet, kann es, wie gesagt, durchaus wieder Erfahrungen von Sicherheit mit ihnen machen und sie als Bindungsressource nutzen. Hat es jedoch wiederholt Gewalt miterlebt, womöglich schon in der frühen Kindheit, könnte es sein, dass das Kind in einer Psychotherapie in der psychodynamischen Übertragung zur Therapeutin erstmals so etwas wie emotionale Sicherheit und Urvertrauen entwickeln kann.

In der Anfangsphase der Psychotherapie stehen zweifelsohne die emotionale Stabilisierung, der Aufbau von Ressourcen und damit die Etablierung eines Gefühls von Schutz und Sicherheit im Vordergrund. In der nächsten Behandlungsphase sollten die traumatischen Bilder und Affekte verarbeitet werden. Hierzu könnten verschiedenste Methoden Anwendung finden, etwa kreative Therapien wie Musik-, Kunsttherapie und konzentrative Bewegungstherapie, aber auch die Kinder-Spieltherapie, Sandspieltherapie etc.

Probleme in der Psychotherapie

Aufgrund der pathologischen Bindung des Kindes an Täter und Opfer möchte es ständig zu seinen Eltern zurück; gleichzeitig hat es aber große, geradezu panische Angst vor einem Kontakt mit den Eltern und vor einer Rückführung; denn durch die Nähe zu den Eltern wird es auch wieder an die stressvollen Situationen und Bilder erinnert. Dies wird sich erst bessern, wenn das Kind die traumatischen Erfahrungen in einer gezielten Traumatherapie, die etwa auch moderne Methoden der Therapie (EMDR, Screentechnik) anwendet, verarbeiten konnte und zur Ruhe gekommen ist.

Da eine emotionale Entwicklung des Kindes oder die Verarbeitung von traumatischen Erfahrungen in Zuständen von Angst und Panik nicht möglich ist, muss von Seiten der Erwachsenen Sicherheit für das Kind hergestellt werden. Werden solche Zustände von Panik aber immer wieder durch Besuchskontakte getriggert, sollte man deutlich dafür plädieren, diese zumindest für die Zeit der Traumatherapie auszusetzen; wir treten gegenüber Richtern immer eindeutig dafür ein, während der Therapie keinen Täterkontakt zuzulassen. Nur unter dieser Bedingung kann sich das Kind in einem ruhigeren emotionalen Milieu auf die Verarbeitung der erlebten stressvollen Ereignisse einlassen.

Auch der Kontakt mit dem Opfer – also dem Elternteil, der Gewalt erfahren hat – ist nicht unproblematisch. Hat das Kind Kontakt mit dem Opfer, werden seine Schutzimpulse im Sinne einer Rollenumkehr des Bindungssystems aktiviert. Erst wenn es seine traumatischen Erfahrungen verarbeitet hat, kommen solche Verhaltensweisen gegenüber dem Opfer seltener vor. Insgesamt erzeugt die Identifikation mit dem Opfer in der Regel aber weniger gravierende Symptome als die mit dem Täter.

Beendigung der Therapie

Die Therapie kann dann beendet werden, wenn die traumatischen Affekte bearbeitet sind, so dass sie nicht mehr ausgelöst werden können, wenn das Kind seine Eltern sieht, und es nicht erneut in Angst und Schrecken gerät, nur wenn es mit den Eltern einen vollkommen unkomplizierten Kontakt hat. Sind die Affekte noch nicht verarbeitet, reicht oft der Kontakt mit den Eltern allein schon aus, um das Kind in Angst und Not zu bringen und auch psychosomatische Symptome, wie etwa Schlafstörungen und Einnässen, auszulösen.

Am Ende der Therapie sollte die Sicherheit emotional so verinnerlicht sein, dass das Kind sich – auch aufgrund der äußeren neuen Sicherheit – mit dem Thema von Abschied und Trennung in der Therapie beschäftigen kann, also auf das Ende der Therapie und den Abschied vom Therapeuten bzw. der Therapeutin vorbereitet werden kann. In der Regel sollte klar sein, wo das Kind nach der Beendigung der Therapie in äußerer Sicherheit weiterleben kann. Aufgrund der neu gewonnenen inneren Sicherheit und der Verarbeitung des Traumas kann das Kind sich dann auch auf neue emotionale Beziehungen zu Freunden, Gleichaltrigen und auch neuen Bindungspersonen einlassen. Sollten zu einem späteren Zeitpunkt Symptome auftreten, kann das Kind jederzeit zu einer Art der Intervallbehandlung zurückkehren. Aufgrund der Bindungsbeziehung, die sich in der Therapie entwickelt hat, wird das Kind seine Therapeutin bzw. seinen Therapeuten rasch wieder als sicheren Hafen nutzen können, um seine neuen Stresserfahrungen emotional gut zu verarbeiten.

**Nach häuslicher Gewalt oder einer Trennung der Eltern:
Die Bindung des Kindes an Vater und Mutter und der Umgang mit ihnen**

Die Art der Bindung des Kindes an seine Eltern und die Gestaltung des Umgangs mit ihnen führen oft zu für Eltern und Kind stressvollen Situationen, besonders wenn es zu Gewalt und aggressiven Auseinandersetzungen zwischen den Eltern gekommen ist und das Kind Zeuge hiervon war. *Alle Überlegungen zur Gestaltung des Kontakts zwischen Kind und Eltern basieren auf dem Primat des Kindeswohls. Alle in einem solchen Prozess Beteiligten sollten sich darüber einig sein, dass die gesunde Entwicklung des Kindes, sowohl körperlich, psychisch, emotional und sozial, an oberster Stelle steht.*

Bei den weiteren Betrachtungen ist jeweils zwischen der *Paarebene* und der *Elternebene* zu unterscheiden. Bei Streitigkeiten, im Scheidungsfall oder auch im Umgangsstreit, werden diese beiden Ebenen oft vermischt, und dies führt zu großem emotionalem Stress.

Im Folgenden wird an verschiedenen Beispielen gezeigt, wie die Trennung bzw. Scheidung der Eltern verlaufen kann, und es werden prototypische Therapiebeispiele angeführt, die zeigen sollen, in welchen Szenarien sich Kinder und Eltern befinden können. Die vorkommenden Namen sind erfunden, um die Anonymität der Personen zu gewährleisten.

»Idealfall« einer Scheidung

Es ist sehr hilfreich, immer zwischen der Paar-Ebene und der Eltern-Kind-Ebene zu unterscheiden.

Gehen wir von einem fiktiven »Idealfall« einer (fairen) Scheidung aus, dann lösen beide Partner ihre Partnerschaftskonflikte auf der *Paarebene*, so dass die *Ebene der Eltern* (ihr Verhalten als Eltern) auf längere Sicht weitgehend frei von aggressiven oder depressiven Gefühlen bleibt. Das Kind hat im besten Fall eine sichere Bindung zu beiden Elternteilen und nutzt diese Beziehung zu Mutter und Vater auch im freien Umgang mit ihnen. Beide Elternteile können vom Kind als sichere emotionale Basis genutzt werden, so dass das Kindeswohl aufgrund der Bindungssicherheit in Bezug auf beide Elternteile gewährleistet bleibt.

Therapiebeispiel: Nadine
Nadine hat eine sichere Bindung zu beiden Elternteilen. Beide Eltern sind ihrerseits sicher gebunden, so dass sie auch emotional in der Lage sind, Trauer, Angst, Wut auf der Paarebene zu besprechen und auch zu klären. Sie tragen beide auf der Elternebene für die Angst und die Trauer des Kindes Verantwortung und gehen sehr fürsorglich mit ihm um. Auf diese Art und Weise ist für Nadine ein relativ stressfreier Umgang mit beiden Elternteilen möglich.

Scheidung bei Partnerschaftskonflikt

In einem solchen Fall lösen beide Partner die Konflikte auf der Paarebene nicht optimal. Es kommt auf der Elternebene (d.h. vor dem Kind und in Fragen der Elternschaft) deswegen zu verbaler Aggression, Streit und depressiven Stimmungen – Probleme, die aus der Partnerebene stammen. Beide Elternteile bedrohen einander und werden auch vom Kind als bedrohlich erlebt, so dass dieses bei einem freien Umgang mit beiden Elternteilen Angst hat. Die Bindung zu beiden Elternteilen ist gefährdet, weil beide Bindungspersonen vom Kind in der emotional bedrohlichen Situation nicht als sicherer Hafen erlebt werden. Eine Lösung könnte darin bestehen, dass das Kind durch eine dritte Person – dies könnte auch die Psychotherapeutin oder der Psychotherapeut sein – in seiner verunsicherten Bindungssicherheit stabilisiert wird.

Therapiebeispiel: Jonas
Jonas' Bindung zu beiden Eltern ist unsicher, die Bindungsrepräsentation beider Eltern ist unsicher. Die Wut, die Angst und die Trauer auf der Paarebene kommen sehr deutlich auf der Elternebene zum Ausdruck, indem die Eltern einander verbal aggressiv bedrohen und auch Jonas von solchen Bedrohungen nicht verschont bleibt. Der große Stress, den Jonas erfährt, führt bei ihm unmittelbar zu Alpträumen, Einnässen, Nägelkauen, Schulverweigerung, Bauchschmerzen und Symptomen der Aufmerksamkeits- und Hyperaktivitätsstörung.

Die Lösung dieser stressvollen Situation besteht in einer Kinder-Spieltherapie mit begleitenden Elterngesprächen. Die Eltern selbst sollten zusätzlich auf der

Paarebene ihre Paarkonflikte und Probleme durch eine Paarberatung oder Psychotherapie lösen. Im weiteren Verlauf zeigt sich, dass aufgrund dieser therapeutischen Intervention (Kinder-Spieltherapie und Paartherapie) bei Jonas eine erhebliche Beruhigung eintritt und die Symptome immer mehr verschwinden.

Gewalttätiges Verhalten eines Elternteils

Lösen die Partner die Partnerschaftskonflikte auf der Paarebene nicht, kann es zu massiven gewalttätigen Auseinandersetzungen zwischen ihnen kommen, mit körperlichen Attacken, gegenseitigen Beschuldigungen und Beschimpfungen. Das Kind bekommt, wenn es Zeuge solcher Gewaltausbrüche wird, Angst vor *beiden* Elternteilen. Im freien Umgang mit ihnen wird es befürchten, dass ähnliche Eskalationen wieder auftreten und auch es selbst betreffen könnten. Besonders die Bindung zu demjenigen Elternteil, der aggressiv und gewalttätig war, ist in der Regel hoch belastet bis gefährdet, so dass das Kind beim Umgang mit diesem gewalttätigen Elternteil nicht mit ihm allein sein sollte. Aber auch ein begleiteter Umgang mit dem bedrohlichen Elternteil kann das Kind nicht vor den heftigen Affekten, die in ihm ausgelöst werden, schützen. Ständig muss es doch auf der Hut sein und befürchten, dass der Täter wieder so aggressiv werden könnte, wie es dies bereits als Zeuge erlebt hat; es wäre überfordert, den damit verbundenen Stress alleine zu bewältigen.

Eine Unterbrechung des Umgangs mit dem gewalttätigen Elternteil ist dringend indiziert. Das Kind sollte in der Kinderpsychotherapie sehr gut versorgt werden und seine inneren Konflikte und Angsterlebnisse im kindlichen Spiel darstellen können. Eine psychotherapeutische Betreuung und Versorgung für die Eltern ist ebenfalls notwendig. Allerdings sind die Eltern oftmals nicht, oder erst sehr spät, zu einer Therapie bereit und streiten stattdessen auf der Paarebene über ihre Rechtsvertretungen weiter. Dies bedeutet, dass der damit verbundene Stress auch das Kind weiter extrem belasten wird und in der Kinderpsychotherapie kaum erfolgreich bearbeitet werden kann, da der Paarkonflikt nicht gelöst wird.

Therapiebeispiel: Jessica

Jessica hat eine desorganisierte Bindung zu beiden Elternteilen. Bei der Mutter ist eine Borderlinestörung mit Suchtverhalten diagnostiziert, beim Vater eine narzisstische Störung mit gelegentlichen manisch-depressiven Episoden. Beide Eltern haben ungelöste traumatische Erfahrungen, die auch in Interaktionen immer wieder wechselseitig durch das Verhalten des jeweils anderen Partners getriggert werden können, so dass es bei beiden zu suizidalen Drohungen, Morddrohungen und selbstverletzendem Verhalten kommt.

In solchen Situationen sind die Eltern weder in der Lage, ihrem Kind einen äußeren noch einen inneren sicheren Rahmen zur Verfügung zu stellen und es in der Bewältigung seiner Angst gut zu unterstützen. Hier muss mit den Eltern die Herausnahme des Kindes aus der Familie und seine Pflege in einer Pflegefamilie besprochen und – bei fehlender Bereitschaft der Eltern, kooperativ zu sein und Hilfen anzunehmen – auch umgesetzt werden. Vater wie Mutter benötigen für sich dringend individuelle psychotherapeutische Hilfe, insbesondere wegen ihrer Persönlichkeitsstörungen. Parallel kann auch eine Möglichkeit der Paarberatung sehr hilfreich sein, damit die Eltern besser verstehen, wie ihre individuellen psychischen Störungen auf der Paarebene eskalieren. In unserem Therapiebeispiel zeichnet sich nach einiger Zeit ab, dass Jessicas Mutter und Vater bereits nach wenigen Stunden Psychotherapie ihre Affekte wesentlich besser kontrollieren können, deswegen auch weniger agieren, ruhiger miteinander sprechen können und seltener dem anderen mit Selbstmord drohen. Diese Veränderung hat auch Jessica sehr entlastet und unmittelbar zu einer Verminderung ihrer Symptome geführt.

Therapiebeispiel: Martin
Vater wie Mutter haben eine Bindungsstörung mit Aggressivität, d. h. sie suchen über aggressive Auseinandersetzungen Nähe zueinander; diese können sie über die Gewalt gegenüber dem anderen auch gleichzeitig wieder vermeiden, so dass sie sich vom anderen distanzieren können. Beide Elternteile wurden in ihrer frühen Kindheit traumatisiert.

Martin ist schon von klein auf Zeuge der Gewalt zwischen den Eltern geworden. Als er 6 Jahre alt ist, verprügelt der Vater die Mutter und Martin in einem solchen Streit, so dass beide in einer Klinik behandelt werden müssen. Die Mutter ihrerseits hatte zuvor den Vater mit heißem Wasser überschüttet und verbrüht. Martin kommt daraufhin in eine Pflegefamilie. Der Vater und die Mutter möchten unbedingt Umgang mit Martin haben. Nach einem Versuch eines begleiteten Umgangs entwickelt Martin massiv Symptome: Schreinanfälle, Erstarren, Selbstverletzung, aggressiv-sadistische Verhaltensweisen gegenüber seinen Meerschweinchen. Er bekommt bei den kleinsten Grenzsetzungen immer häufiger Wutanfälle, in denen er seinen Kopf mit der Stirn auf den Boden schlägt. Viele dieser Symptome sind als Ausdruck eines dissoziativen Zustands bei großem innerem Stresserleben zu werten, entstanden durch den Umgang bzw. Kontakt mit den Eltern, weil Martin in dem Moment, in dem er seine Eltern sieht, die er freudig erwartet, auch gleichzeitig wieder an die bedrohlichen Auseinandersetzungen und die Gewalterfahrungen erinnert und von Stress überflutet wird.

Als Martin acht Jahre alt ist, entwickelt er eine dissoziale Störung und zeigt Verhaltensweisen wie Lügen, Stehlen, Weglaufen, Aggressionen gegenüber anderen, was schließlich zu einer stationären psychotherapeutischen Behandlung führt. Es wurde deutlich, dass Martin bei der Verarbeitung seines eigenen Traumas große Schwierigkeiten hatte und in dieser Phase sehr litt, weil er mörderische Alpträume hatte, die ihn immer wieder aus dem Schlaf hochschrecken ließen.

In der Kindertherapie konnte Martin auf vielfältige Weise (z. B. in der Sandspieltherapie, sowie in kreativen Therapien wie Musik-, Kunst- und konzentrative Bewegungstherapie) geholfen werden, seine traumatischen Erfahrungen zu verarbeiten. Der Umgang der Eltern mit Martin wurde für die Dauer der Traumatherapie durch richterlichen Beschluss ausgesetzt, damit der Junge durch die Begegnung mit seinen Eltern nicht immer wieder neu an seine stressvollen, lebensbedrohlichen Erfahrungen erinnert werden sollte (s. hierzu beispielhaft auch einen Beschluss des Amtsgerichts Westerstede vom 30. 04. 2009, 81 F 1205/06 OS, 81 F 1205/06).[1]

Bindungstraumatisierung durch erzwungenen Umgang

Jegliche Form von Zwang aktiviert Angst und damit das Bindungsbedürfnis des Kindes. Es ist ein Paradoxon, dass – nach den Urteilen von Richtern – der Umgang mit einem Elternteil oder beiden Eltern durch Zwang herbeigeführt werden soll, möglichst auch noch von sicher gebundenen Pflegepersonen. Diese ihrerseits würden aber ein Kind aus sich heraus nicht zu dem betreffenden Elternteil oder den Eltern bringen, weil sie doch wissen, dass es zuvor bei seinen Eltern Aggressivität und Gewalt – zumindest als Zeuge – erlebt hat. Es ist wichtig, dass Richter verstehen und anerkennen, dass eine sichere Bindungsentwicklung zwischen Eltern und Kind – besonders nach einer Traumatisierung oder nachdem das Kind Zeuge traumatischer Geschehnisse war – *nicht* über Zwangsmaßnahmen herbeigeführt werden kann. Es könnte geradezu zu einer »Bindungstraumatisierung« des Kindes kommen, wenn der Umgang durch die Androhung oder die Durchsetzung von Zwangsmaßnahmen forciert wird.

Ebenso wird ein erzwungener Umgang des Kindes mit seinen Eltern bei aggressiver Partnerschaftsbeziehung als hoch problematisch angesehen und von uns abgelehnt. Übermäßige Stressreaktionen des Kindes im Rahmen des Umgangs zeigen sich manchmal unmittelbar, manchmal auch mit einer Latenzzeit, oft in Symptomen wie Schlafstörungen, Einnässen, Alpträumen, aber auch darin, dass das Kind in Bezug auf seine Pflegeltern immer mehr »aus dem Kontakt geht«, indem es sich etwa zurückzieht und nicht mehr mit ihnen spricht. Jede Trennung – und jede Weiterentwicklung – des Kindes muss mit Übergängen gestaltet sein – das Kind muss nach Möglichkeit entsprechend seinem Alter in einer neuen Umgebung mit neuen Bindungspersonen mit ausreichend Zeit eingewöhnt werden, wie das folgende Beispiel zeigen soll.

Fallbeispiel: Der Säugling Julia
Julias Eltern, Herr und Frau P., haben sich getrennt, als der Säugling acht Monate alt war. Der Vater hatte seit dem 6. Schwangerschaftsmonat eine neue Beziehung, wovon die Mutter erst nach der Geburt erfuhr. Dies war für diese eine große Kränkung, sie entwickelte zunehmend mehr Ängste und depressive Verstimmungen. Julia wurde schon als Säugling immer mehr zur emotionalen Trösterin der Mutter. Im 10. Lebensmonat des Kindes forderte der Vater per Gerichtsbeschluss ein regelmäßiges Umgangsrecht mit seiner Tochter ein, die er gerne über das ganze Wochenende alle 14 Tage bei sich haben wollte. Dies sollte ohne Eingewöhnung geschehen, da auch nach Ansicht des Richters Herr P. ja schließlich der Vater des Kindes sei und damit auch eine wichtige Bezugs- und Bindungsperson. Die gewaltsam herbeigeführte, vom Gericht angeordnete Trennung von Mutter und Kind an den Umgangswochenenden – mit Übergabe des Kindes an den Vater – führte zur Entwicklung von Schreistörungen, Essstörungen, Schlafstörungen bei Julia.

Die Eltern begaben sich dann in eine Paarberatung mit Mediation. Dem Vater wurde in wertschätzender Form, aber auch sehr deutlich vermittelt, dass er eine wichtige zentrale Bindungsperson für Julia werden könnte, dass Julia jedoch Angst vor ihm habe, weil er zu diesem Zeitpunkt für sie noch keine sichere Bindungsperson sei. Das Ergebnis war schließlich, dass der Vater sich bereit erklärte, Julia zunächst im Beisein ihrer sicheren Bindungsperson, der Mutter, besser kennenzulernen, mit ihr viel zu spielen, sie zu wickeln und zu füttern, sie schlafen zu legen, zu trösten, bis all dies auch möglich war, wenn die Mutter für kurze Zeiten, die immer länger werden konnten, außer Haus war. Diese Form der feinfühligen Eingewöhnung ermöglichte es dem Vater, immer mehr auch zur sicheren Bindungsperson zu werden und schließlich Julia – als ein erster Schritt – am Wochenende für einen Tag ganz bei sich in seiner Wohnung zu versorgen, allerdings noch ohne Übernachtung bei ihm. Durch die Form der schrittweisen Eingewöhnung Julias beim Vater fühlten sich alle Beteiligten sicherer und Julia genoss zusehends das Zusammensein mit ihrem Vater.

Fallbeispiel: Der Umgang des Vaters mit seinem Sohn Felix
Felix' Eltern lebten nie zusammen. Der Junge hatte bis zum 10. Lebensjahr keinen Kontakt zum Vater. Jetzt war er in einer Entwicklungsphase, in der er den Kontakt mit dem Vater wünschte. Dieser Kontakt wurde aber vom Vater abgelehnt. Schließlich verurteilte das Gericht den Vater zu Zwangskontakten, zeitgleich entwickelte Felix schließlich Asthmaanfälle. Eine ambulante Familientherapie mit den Eltern und Felix ergab, dass der Junge zwar gute kognitive Fähigkeiten besaß, um über den geplanten Kontakt mit dem Vater zu sprechen, dass aber der emotionale Stress bei der Begegnung mit dem Vater sehr ausgeprägt war und er über seine damit verbundenen Gefühle kaum sprechen konnte. Es wurde daher von uns empfohlen, Einzelgespräche mit Mutter und Vater durchzuführen und eine langsame Eingewöhnung zwischen Vater und Felix herbeizuführen, während gleichzeitig mit Felix in einer Einzeltherapie gearbeitet wurde.

Nach einem Gerichtsurteil[2] darf ein Vater nicht zum Umgang mit seinem Kind gezwungen werden, wenn er diesen ablehnt. Es wäre ein zukünftiges Ziel, dass ein entsprechendes analoges Urteil auch für Kinder gefällt würde. Ein solches Urteil müsste beinhalten, dass auch kein Kind zum Umgang mit einem Elternteil oder einer Bindungsperson gezwungen werden darf, wenn es dies ablehnt – aus welchen Gründen auch immer. Zwangsmaßnahmen erzeugen keine sichere Bindung, sondern können eine traumatische Erfahrung sein.

Rückführung der Kinder nach Gewalterfahrungen

Das Thema »Umgang und Rückführung« kann immer wieder mit den leiblichen Eltern oder auch mit den Pflegeeltern besprochen werden. Aus therapeutischer Perspektive ist vollkommen klar, dass an eine Rückführung des Kindes in die Primärfamilie überhaupt nur dann gedacht werden kann, wenn für das Kind äußere und innere Sicherheit gegeben sind. Zusätzlich müssen die Eltern, die zuvor durch Gewalt in der Partnerschaft ihre Kinder traumatisiert haben, durch eine eigene individuelle Psychotherapie eine neue psychische Orientierung und auch neue psychische Qualitäten entwickelt haben. Diese Veränderung muss durch eine psychiatrisch-psychotherapeutische Begutachtung auch entsprechend überprüft werden, denn nur dann ist für die Kinder Sicherheit gegeben. Dies gilt ebenso für den Umgang der Eltern mit ihrem Kind, wenn dieser für die Zeit der Traumatherapie des Kindes ausgesetzt wurde (Brisch 2008)

Prävention – das SAFE®-Programm

Alle den beschriebenen verschiedenen Auswüchsen von Gewalt zwischen den Eltern, den traumatischen Erfahrungen von Kindern, die Zeuge dieser Gewalt werden oder sie selbst erfahren, könnte durch eine frühzeitige Prävention entgegengesteuert werden. Aus diesem Grund haben wir das Programm »SAFE® – Sichere Ausbildung für Eltern« entwickelt, in dem wir Eltern schon ab der 20. Schwangerschaftswoche und bis zum Ende des ersten Lebensjahres ihres Kindes in eintägigen, sonntäglichen Seminaren helfen, eine sichere Bindung zu ihrem Kind zu entwickeln. Vor allen Dingen sollen durch die Teilnahme der Eltern am SAFE®-Programm psychopathologisch auffällige desorganisierte Bindungen der Kinder an ihre Eltern und sogar Bindungsstörungen, die zu den manifesten emotionalen Störungen im ICD-10 gehören, verhindert werden (vgl. www.safe-programm.de). Eine ausführliche Darstellung des SAFE®-Programms gibt das Buch *SAFE® – Sichere Ausbildung für Eltern. Sichere Bindung zwischen Eltern und Kind* (Brisch 2010d).

Ausbildung zum SAFE-Mentor

Viele psychosoziale Berufsgruppen, die mit Eltern und Kindern arbeiten, könnten sich zu einem SAFE®-Mentor ausbilden lassen, wie z. B. Schwangerschaftsberaterinnen, Hebammen, Stillberaterinnen, Krankenschwestern, Geburtshelfer, Psychologen, Kinderärzte, Kinder- und Jugendlichen-Psychotherapeuten. Auf lange Sicht ist es wünschenswert – und eine konkrete Utopie –, dass möglichst viele ausgebildete SAFE®-Mentoren an vielen Stellen der Republik SAFE®-Kurse anbieten und den Eltern schon ab der Schwangerschaft helfen, mögliche eigene traumatische Erfahrungen in einer individuellen Psychotherapie zu verarbeiten, um sich dann emotional sicherer und feinfühliger mit ihrem Kind beschäftigen zu können (zu SAFE®-Mentoren vgl. Brisch 2010d, S. 163 ff.).

Zusammenfassung

Gewalt auf der Paarebene aktiviert ganz extrem die Bindungsbedürfnisse des Kindes. Da die Bindungspersonen selbst Quelle von Angst sind, entsteht eine pathologische Bindung des Kindes an Opfer und Täter, das Kind entwickelt also eine Doppelidentifikation, die entsprechend unterschiedliche Verhaltensweisen und Symptome zur Folge hat. Bei häuslicher Gewalt ist es notwendig, dass das Kind durch Inobhutnahme frühzeitig von seinen Eltern getrennt und in äußere Sicherheit gebracht wird. Wenn Kinder traumatische Erfahrungen gemacht haben – auch als Zeuge gewalttätiger Auseinandersetzungen zwischen ihren Eltern –, ist auf jeden Fall eine intensive Psychotherapie indiziert. Zusätzlich ist eine gute emotionale Unterstützung des Kindes durch weitere Bindungspersonen hilfreich, wie Freunde, Verwandte, größere Geschwister, Erzieher, Patentanten, wenn diese Schutz und Sicherheit vermitteln können. In unserem stationären Behandlungskonzept sorgen wir bei solchen traumatisierten Kindern für eine intensive Psychotherapie (Brisch 2010b). Dies bedeutet, dass die Kinder an 4–5 Stunden Einzelpsychotherapie und mehrfach in der Woche an kreativen Gruppentherapien teilnehmen (Kunst-, Musik- und konzentrative Bewegungstherapie), um wieder emotionale Sicherheit zu erlangen und ihren traumatischen Stress zu verarbeiten.

Weiterhin möchten wir die konkrete Utopie entwerfen, dass in Zukunft so viele SAFE®-Mentoren ausgebildet sein werden und entsprechende SAFE®- oder andere Bindungsseminare für Eltern anbieten, dass möglichst viele Kinder von Anfang an eine sichere Bindungsentwicklung mit ihren Eltern erleben und diese für den Rest ihres Lebens als Schutzfaktor wirkt. Gleichzeitig wäre es wünschenswert, dass traumatisierte Eltern verstehen, dass ihre eigenen unverarbeiteten Traumata ein Risiko für die Bindungsentwicklung ihrer Kinder darstellen, und sich schon frühzeitig in einer Psychotherapie Hilfe zur Verarbeitung ihrer Erfahrungen holen, bevor es zu einer Wiederholung von Gewalt in der Partnerschaft und mit ihrem Kind kommt. Dies wäre eine gute Botschaft, da so ein Beitrag zur Entwicklung sicherer Bindungen geleistet werden kann, die ja ein so grundlegendes stabiles Fundament der Persönlichkeitsentwicklung sind und sehr zur emotionalen Stabilität verhelfen und – wegen der Verbindung zur neugierigen Exploration – auch für die lebendige Erkundung der Welt förderlich sind.

Anmerkungen

1 Im Internet zugänglich unter: http://www.khbrisch.de/files/ag_westerstede_beschluss_30.04.2009_kindeswohl.pdf.
2 Vgl. den Beschluss des Bundesverfassungsgerichts vom 1.4.2008, 1 BvR 1620/04.

Literatur

Bauer, J. (2008): Das System der Spiegelneurone: Neurobiologisches Korrelat für intuitives Verstehen und Empathie. In: K.H. Brisch & T. Hellbrügge (Hrsg.), *Der Säugling – Bindung, Neurobiologie und Gene*. Stuttgart (Klett-Cotta), S. 117–123.
Brisch, K.H. (2007a): Prävention durch prä- und postnatale Psychotherapie. In: K.H. Brisch& T. Hellbrügge (Hrsg.), *Die Anfänge der Eltern-Kind-Bindung. Schwangerschaft, Geburt und Psychotherapie*. Stuttgart (Klett-Cotta), S. 271–303.
Brisch, K.H. (2007b): Unterbrechung der transgenerationalen Weitergabe von Gewalt: Primäre Prävention durch »SAFE® – Sichere Ausbildung für Eltern«. *Psychologie in Österreich*, 1, S. 62–68.
Brisch, K.H. (2008): Bindung und Umgang. In: Deutscher Familiengerichtstag (Hrsg.), *»Siebzehnter Deutscher Familiengerichtstag vom 12. bis 15. September 2007 in Brühl«*. (Brühler Schriften zum Familienrecht, Bd. 15). Bielefeld (Gieseking), S. 89–135.
Brisch, K.H. (2010a): *Bindungsstörungen. Von der Bindungstheorie zur Therapie*. (11., vollst. überarb. u. erw. Aufl.). Stuttgart (Klett-Cotta).
Brisch, K.H. (2010b): Die Therapie von frühen Störungen der Entwicklung. In: K.H. Brisch (Hrsg.), *Bindung und frühe Störungen der Entwicklung*. Stuttgart (Klett-Cotta), S. 301–331.
Brisch, K.H. (2010c): Posttraumatische Belastungsstörung und Störungen der Aufmerksamkeit und Hyperaktivität. In: Die Kinderschutz-Zentren (Hrsg.), *ADHS – Diagnostik und Hilfen für betroffene Kinder und Jugendliche und ihre Eltern*. Köln (Bundesarbeitsgemeinschaft der Kinderschutz-Zentren e.V.), S. 35–71.
Brisch, K.K. (2010d): *SAFE® – Sichere Ausbildung für Eltern. Sichere Bindung zwischen Eltern und Kind*. 3. Aufl. Stuttgart (Klett-Cotta).
Brisch, K.H. & Hellbrügge, T. (Hrsg.) (2003): *Bindung und Trauma. Risiken und Schutzfaktoren für die Entwicklung von Kindern*. (3. Aufl. 2009). Stuttgart (Klett-Cotta).
Brisch, K.H., Kern, C. & Erhardt, I. (2010a): An early intervention for expectant parents to promote attachment security in infants, and to interrupt the transgenerational transmission of trauma. *Infant Mental Health Journal*, 32, suppl., S. 250.
Brisch, K.H., Kern, C. & Vuksanovic, N. (2010b): Reactivity of HPA axis to attachment related stress in former very low birthweight preterm infants. *Infant Mental Health Journal*, 32, suppl., S. 183.
Kern, C., Zeiler, A., Vuksanovic, N. & Brisch, K.H. (2010): Early trauma and insecure attachment in boys with ADHD. *Infant Mental Health Journal*, 32, suppl., S. 181f.
Kern, C., Vuksanovic, N. & Brisch, K.H. (2011): Early trauma and insecure attachment in boys with ADHD symptoms. *European Journal of Psychotraumatology*, Supplement 1, S. 65.
Lichtenberg, J.D., Lachmann, F.M. & Fosshage, J.L. (2000): *Das Selbst und die motivationalen Systeme. Zu einer Theorie psychoanalytischer Technik*. Frankfurt (Brandes & Apsel).
Lyons-Ruth, K., Bureau, J.-F., Nemoda, Z. & Sasvari-Szekely, M. (2010): Qualität der frühen Zuwendung, Trauma und genetische Vulnerabilität als Prädiktoren von Merkmalen einer Borderline-Persönlichkeitsstörung: Eine prospektive Längsschnittanalyse

In: K. H. Brisch, (Hrsg.) *Bindung und frühe Störungen der Entwicklung*. Stuttgart (Klett-Cotta), S. 136–166.

Meins, E. (1997): Security of attachment and maternal tutoring strategies: Interaction within the zone of proximal development. *British Journal of Developmental Psychology*, 15, S. 129–144.

Milch, W. & Janko, S. (2006): Die Wiederkehr des Traumas. Zur transgenerationalen Transmission traumatischer Erfahrungen. In: C. Geißler, P. Geißler & O. Hofer-Moser (Hrsg.), *Körper, Imagination und Beziehung in der Traumatherapie*. Gießen (Psychosozial-Verlag), S. 239–250.

Seligman, M. E. P. (1975): *Helplessness. On depression, development, and death*. New York (W. H. Freeman).

Teicher, M. H. (2010): Frühe Misshandlungs- und Missbrauchserfahrungen: Gene, Gehirn, Zeit und Pathologie. In: K. H. Brisch (Hrsg.), *Bindung und frühe Störungen der Entwicklung*. Stuttgart (Klett-Cotta), S. 105–135.

van der Hart, O., Nijenhuis, E. R. S. & Steele, K. (2008): *Das verfolgte Selbst: Strukturelle Dissoziation und die Behandlung chronischer Traumatisierung*. Paderborn (Jungfermann).

Vuksanovic, N. & Brisch, K. H. (2010): ADHD – trauma – attachment: A new aetiological model. *Infant Mental Health Journal*, 32, suppl., S. 182.

Vuksanovic, N., Kern, C., Borns, J., Zeber, K. & Brisch, K. H. (2010): Adrenocortical functioning in boys with attention-deficit/hyperactivity disorder. *Infant Mental Health Journal*, 32, suppl., S. 182.

Adressen der Autorinnen und Autoren

Dr. Julia Berkic, Dipl.-Psych., und **Julia Quehenberger,** Dipl.-Psych., Staatsinstitut für Frühpädagogik, Winzererstr. 9, Eckbau Nord, 80797 München.
E-Mail: Julia.Berkic@ifp.bayern.de

Prof. Antonia Bifulco, Ph. D., Professor of Lifespan Psychology & Social Science, Lifespan Research Group, Centre for Abuse and Trauma Studies, Kingston University, London, Room 320, Main Building, Penrhyn Road. GB-Kingston KT1 2EE.
E-Mail: antonia.bifulco@kingston.ac.uk

Priv.-Doz. Dr. med. habil. Karl Heinz Brisch, Dr. von Haunersches Kinderspital, Kinderklinik und Poliklinik, Leiter der Abteilung für Pädiatrische Psychosomatik und Psychotherapie, Pettenkofer Str. 8a, 80336 München.
E-Mail: Karl-Heinz.Brisch@med.uni-muenchen.de; Homepage: www.khbrisch.de

Prof. Philip A. Cowan, Ph. D., und **Prof. Carolyn Pape Cowan,** Ph. D., University of California, Berkeley, Department of Psychology, 3210 Tolman Hall-1650, USA-Berkeley, CA, 94720-1650
E-Mail: ccowan@berkeley.edu, pcowan@berkeley.edu

Prof. Judith A. Crowell, M. D., Stony Brook University, NY, und Senior Scientist, Judge Baker Children's Center, Harvard Medical School, Boston MA, sowie Prof. Child and Adolescent Psychiatry, Putnam Hall, State University of New York, Stony Brook, USA-New York 11794–8790.
E-Mail: jcrowell@notes.cc.sunysb.edu

Egon Garstick, Psychotherapeut SPV/SBAP, Elternschaftstherapie; Stiftung Mütterhilfe Zürich, Badenerstr. 18, CH-8004 Zürich; Psychoanalytiker PSZ, Psychoanalytisches Seminar Zürich, Quellenstr. 25, CH-8005 Zürich; Psychotherapeut SPV/SBAP, Interdisziplinäre Beratung von Eltern mit Schreibabys, Zürcher Stadtspital Triemli.
E-Mail: e.garstick@hispeed.ch

Prof. Susan Golombok, Centre for Family Research, Faculty of Politics, Psychology, Sociology and International Studies Free School Lane, University of Cambridge, GB-Cambridge CB2 3RF.
E-Mail: seg42@cam.ac.uk

Ms. Karen Hasselmo, Prof. Dr. James A. Coan und **Dr. Lane Beckes**; Korrespondenzadresse: James A. Coan, Assistant Professor, University of Virginia, Department of Psychology, 102 Gilmer Hall, PO BOX 400400, USA-Charlottesville, VA 22904–4400.
E-Mail: jcoan@virginia.edu; Homepage: http://www.affectiveneuroscience.org/

Michaela Huber, Dipl.-Psych. (Deutsche Gesellschaft für Trauma und Dissoziation), Psychotherapie, Supervision, Ausbildung in Traumabehandlung, Söseweg 26, D-37081 Goettingen.
E-Mail: info@michaela-huber.com; Homepage: www.michaela-huber.com

Dr. theol. Hans Jellouschek, Lic. phil., Transaktionsanalytiker (DGTA), Eheberater, Lehrtherapeut für Transaktionsanalye und systemisch-integrative Paartherapie, Baumgartenring 7, 72119 Ammerbuch (Entringen).
E-Mail: info@institut-jellouschek.de; Homepage: www.hans-jellouschek.de

Roland Kachler, Dipl.-Psych., Psychologischer Psychotherapeut, Psychotherapeutische Praxis, Christofstr. 16, 71686 Remseck.
E-Mail: Roland.Kachler@t-online.de; Hompepage: www.kachler-roland.de

Dr. med. Jochen Peichl, FA für Psychiatrie und Neurologie, FA für Psychotherapeutische Medizin. Psychotherapie, Psychoanalyse, Leiter des Institutes für hypno-analytische Teiletherapie InHAT, Innere Hallerstr 5/RG, 90419 Nürnberg.
E-Mail: Jochen.Peichl@t-online.de; Homepage: www.Teiletherapie.de

Prof. Dr. Kirsten von Sydow, Professur für Klinische Psychologie, Schwerpunkt Tiefenpsychologisch fundierte Therapie, Psychologische Hochschule Berlin (PHB), Am Köllnischen Park 2, 10179 Berlin; sowie Psychologische Psychotherapeutin, Praxis Osterstr. 163, 20255 Hamburg;
E-Mail: kirsten.von.sydow@psychologische-hochschule.de und kirsten.von.sydow@t-online.de; Homepage: www.psychologische-hochschule.de und www.kirsten-von-sydow.de

Ms. Kate White, Psychotherapeutin, Ausbildungstherapeutin, Supervisorin und Lehrerin am Bowlby Centre, London; Adresse: 12 Nassington Road, GB-NW3 2UD London.
E-Mail: km_white@mac.com

www.klett-cotta.de/fachbuch

Karl Heinz Brisch
Bindungsstörungen
Von der Bindungstheorie zur Therapie
10. Auflage 2010. 378 Seiten, gebunden. ISBN 978-3-608-94532-4

Ein Bestseller und Standardwerk, das Strategien weist für Diagnostik, Therapie und Prävention.

Karl Heinz Brisch
SAFE® – Sichere Ausbildung für Eltern
Sichere Bindung zwischen Eltern und Kind
3. Auflage 2011. 176 Seiten, gebunden. ISBN 978-3-608-94601-7

Karl Heinz Brisch (Hrsg.)
Bindung und frühe Störungen der Entwicklung
2011. 333 Seiten, gebunden. ISBN 978-3-608-94666-6

Karl Heinz Brisch / Theodor Hellbrügge (Hrsg.)
Bindung, Angst und Aggression
Theorie, Therapie und Prävention
2010. 297 Seiten, gebunden. ISBN 978-3-608-94517-1

Karl Heinz Brisch / Theodor Hellbrügge (Hrsg.)
Wege zu sicheren Bindungen in Familie und Gesellschaft
Prävention, Begleitung, Beratung und Psychotherapie
2009. 373 Seiten, gebunden, 28 Abb. ISBN 978-3-608-94509-6

Fach-
buch
Klett-Cotta

www.klett-cotta.de/fachbuch

Karl Heinz Brisch / Theodor Hellbrügge (Hrsg.)
Der Säugling – Bindung, Neurobiologie und Gene
Grundlagen für Prävention, Beratung und Therapie
2. Auflage 2010. 349 Seiten, gebunden. ISBN 978-3-608-94477-8

Karl Heinz Brisch / Theodor Hellbrügge (Hrsg.)
Die Anfänge der Eltern-Kind-Bindung
Schwangerschaft, Geburt und Psychotherapie
2. Auflage 2008. 304 Seiten, gebunden. ISBN 978-3-608-94428-0

Karl Heinz Brisch / Theodor Hellbrügge (Hrsg.)
Kinder ohne Bindung
Deprivation, Adoption und Psychotherapie
3. Auflage 2009. 278 Seiten, gebunden. ISBN 978-3-608-94182-1

Karl Heinz Brisch / Theodor Hellbrügge (Hrsg.)
Bindung und Trauma
Risiken und Schutzfaktoren für die Entwicklung von Kindern
3. Auflage 2009. 270 Seiten, gebunden. ISBN 978-3-608-94061-9

Karl Heinz Brisch / Karin Grossmann /
Klaus E. Grossmann / Lotte Köhler (Hrsg.)
Bindung und seelische Entwicklungswege
Grundlagen, Prävention und klinische Praxis
3. Auflage 2010. 382 Seiten, gebunden. ISBN 978-3-608-94353-5

Fach-
buch
Klett-Cotta